Périgord Quercy

Cet ouvrage tient compte des conditions de tourisme
connues au moment de sa rédaction.
Certains renseignements peuvent perdre de leur actualité
en raison de l'évolution incessante des aménagements
et des variations du coût de la vie.
Nos lecteurs sauront le comprendre.

ér. 1

46, avenue de Breteuil – 75324 Paris Cedex 07
Tél. 01 45 66 12 34
•
www.michelin-travel.com

MANUFACTURE FRANÇAISE DES PNEUMATIQUES MICHELIN

Société en commandite par actions au capital de 2 000 000 000 de francs

Place des Carmes-Déchaux – 63000 Clermont-Ferrand – R. C. S. Clermont-Fd 855 200 507

Dépôt légal mars 2000 – ISBN 2-06-036205-9 – ISSN 0293-9436

Printed in the EU 01-2000

Compograveur : Nord-Compo à Villeneuve d'Ascq – Impression et brochage : Casterman à Tournai

Conception graphique : Christiane Beylier à Paris 12e

Maquette de couverture extérieure : Agence Carré Noir à Paris 17e

LE GUIDE VERT, l'esprit de découverte !

Avec cette nouvelle collection LE GUIDE VERT, nous avons l'ambition de faire de vos vacances des moments passionnants et mémorables, d'accompagner votre découverte de nouveaux horizons, bref... de vous faire partager notre passion du voyage.

Voyager avec LE GUIDE VERT, c'est être acteur de ses vacances, profiter pleinement de ce temps privilégié pour découvrir, s'enrichir, apprendre au contact direct du patrimoine culturel et de la nature.

Le temps des vacances avec LE GUIDE VERT, c'est aussi la détente, se faire plaisir, apprécier une bonne adresse pour se restaurer, dormir, ou se divertir.

Explorez notre sélection !

Une mise en pages claire, attrayante, illustrée d'une nouvelle iconographie, des cartes et plans redessinés, outils indispensables pour bâtir vos propres itinéraires de découverte, une nouvelle couverture parachevant l'ensemble...

LE GUIDE VERT change.

Alors plongez vite dans LE GUIDE VERT à la découverte de votre prochaine destination de voyage. Partagez avec nous cette ouverture sur le monde qui donne au temps des vacances son sens, sa substance et en définitive son véritable esprit.

L'esprit de découverte.

Jean-Michel DULIN
Rédacteur en Chef

Sommaire

Informations pratiques

Invitation au voyage

Noblesse des maisons à pans de bois à Saint-Céré

Promenade en gabare au fil de la Dordogne, à La Roque-Gageac

Villes et sites

Assiette fabriquée à l'occasion de la fête de la « Félibrée »

Le foie gras : une spécialité régionale de renommée nationale

Cartographie

Les cartes routières qu'il vous faut

Tout automobiliste prévoyant doit se munir d'une bonne cartographie. Les produits Michelin sont complémentaires : chaque site présenté dans ce guide est accompagné de ses références cartographiques sur les différentes gammes de cartes que nous proposons. L'assemblage de nos cartes est présenté ci-dessous avec délimitation de leur couverture géographique.

Pour circuler sur place vous avez le choix entre :

• les **cartes régionales** au 1/200 000 n°s 233, 234, 235, 239 qui couvrent le réseau routier principal, secondaire et de nombreuses indications touristiques. Elles seront favorisées dans le cas d'un voyage qui couvre largement un secteur. Elles permettent d'apprécier chaque site d'un simple coup d'œil. Elles signalent, outre les caractéristiques des routes, les châteaux, les grottes, les édifices religieux, les emplacements de baignade en rivière ou en étang, les piscines, les golfs, les hippodromes, les terrains de vol à voile, les aérodromes...

• les **cartes détaillées**, dont le fonds est équivalent aux cartes régionales, mais dont le format est réduit à une demi-région pour plus de facilité de manipulation. Celles-ci sont mieux adaptées aux personnes qui envisagent un séjour davantage sédentaire sans déplacement éloigné. Consultez les cartes n°s 72, 75, 79.

• la **carte départementale** (au 1/150 000, agrandissement du 1/200 000) n° 4024 est une carte de proximité. Très lisible, elle permet de circuler au cœur de la Dordogne.

Et n'oubliez pas, la **carte de France** (n° 989) vous offre la vue d'ensemble de la région Périgord-Quercy, ses grandes voies d'accès d'où que vous veniez. Le pays est ainsi cartographié au 1/1 000 000 et fait apparaître le réseau routier principal.

Enfin sachez qu'en complément de ces cartes, un serveur Minitel **3615 Michelin** permet le calcul d'itinéraires détaillés avec leur temps de parcours, et bien d'autres services. Les **3617** et **3623 Michelin** vous permettent d'obtenir ces informations reproduites sur fax ou imprimante. Les internautes pourront bénéficier des mêmes renseignements en surfant sur le site **www.michelin-travel.com**

L'ensemble de ce guide est par ailleurs riche en cartes et plans, dont voici la liste :

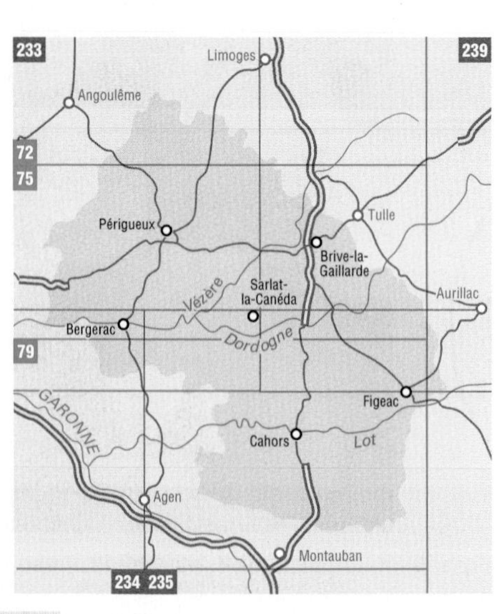

Cartes thématiques

Plans de ville

Plans de monument

Cartes des circuits décrits

Légende

Monuments et sites

	Itinéraire décrit, départ de la visite
	Église
	Temple
	Synagogue - Mosquée
	Bâtiment
	Statue, petit bâtiment
	Calvaire
	Fontaine
	Rempart - Tour - Porte
	Château
	Ruine
	Barrage
	Usine
	Fort
	Grotte
	Monument mégalithique
	Table d'orientation
	Vue
	Autre lieu d'intérêt

Signe particulier

Bastide : dans le Sud-Ouest de la France, ville neuve créée aux 13e-14e s. et caractérisée par son plan régulier.

Sports et loisirs

	Hippodrome
	Patinoire
	Piscine : de plein air, couverte
	Port de plaisance, centre de voile
	Refuge
	Téléphérique, télécabine
	Funiculaire, voie à crémaillère
	Chemin de fer touristique
	Base de loisirs
	Parc d'attractions
	Parc animalier, zoo
	Parc floral, arboretum
	Parc ornithologique, réserve d'oiseaux
	Promenade à pied
	Intéressant pour les enfants

Abréviations

A	Chambre d'agriculture
C	Chambre de commerce
H	Hôtel de ville
J	Palais de justice
M	Musée
P	Préfecture, sous-préfecture
POL.	Police
	Gendarmerie
T	Théâtre
U	Université, grande école

	site	station balnéaire	station de sports d'hiver	station thermale
vaut le voyage	★★★			
mérite un détour	★★			
intéressant	★			

Autres symboles

Symbole	
	Information touristique
	Autoroute ou assimilée
	Échangeur : complet ou partiel
	Rue piétonne
	Rue impraticable, réglementée
	Escalier - Sentier
	Gare - Gare auto-train
S.N.C.F.	Gare routière
	Tramway
	Métro
	Parking-relais
	Facilité d'accès pour les handicapés
	Poste restante
	Téléphone
	Marché couvert
	Caserne
	Pont mobile
	Carrière
	Mine
B F	Bac passant voitures et passagers
	Transport des voitures et des passagers
	Transport des passagers
③	Sortie de ville identique sur les plans et les cartes Michelin
Bert (R.)...	Rue commerçante
AZ B	Localisation sur le plan
	Hébergement
	Lieu de restauration

Carnet d'adresses

20 ch : 250/375F	Nombre de chambres : prix de la chambre une personne/chambre double. *(Chambre d'hôte : petit déjeuner compris)*
45F	Prix du petit déjeuner
jusq. 5 pers. : sem 1500F, w.-end 1000F	Capacité du gîte rural : prix pour la semaine, pour le week-end
100 appart. 2/4 pers. : sem. 2000/3500F	Nombre d'appartements et capacité, prix minimum/maximum par semaine *(résidence ou village vacances)*
100 lits : 50F	Nombre de lits et prix par personne *(auberge de jeunesse)*
120 empl. : 80F	Nombre d'emplacements de camping et prix pour 2 personnes avec voiture
110/250F	Restaurant : prix mini/maxi des menus servis midi et soir ou à la carte
rest. 110/250F	Repas dans un lieu d'hébergement : prix mini/maxi des menus servis midi et soir ou à la carte
restauration	Petite restauration proposée
repas 85F	Repas type « Table d'hôte »
réserv.	Réservation recommandée
	Cartes bancaires non acceptées
P	Parking réservé à la clientèle de l'hôtel

Les prix sont indiqués pour la haute saison

ANGOULÊME
LIMOGES
CHARENTE
Bussière-Badil
Varaignes
D 75
D 96
Dronne
D 83
Nontron
Saut du Chalard
N 21
D 939
Jumilhac-le-Grand
Lizonne
Villars
Mareuil
Puyguilhem
Isle
Vendoire
D 98
D 707
Pays de Bourzac
Périgord Vert
St-Jean-de-Côle
D 93
D 78
la Tour-Blanche
Brantôme
Excideuil
D 100
Lusignac
Bourdeilles
Sorges
Aubeterre-sur-Dronne
D 705
Agonac
D 68
Grand-Brassac
D 939
D 20
D 17
Merlande
D 106
D 3E
Tourtoirac
Ribérac
D 710
St-Privat-des-Prés
Chancelade
D 5
D 8
les Bories
D 67
Pays d'Ar
D 43
Grand étang de la Jemaye
Périgueux
St-Astier
N 89
D 38
la Double
D 3
Neuvic
Château de l'Herm
Montignac
Grignols
LIBOURNE
Lascaux
Plazac
Isle
N 89
Mussidan
DORDOGNE
D 710
le Thot
Vergt
Rouffignac
A 89
Montpon-Ménestérol
D 6
Montréal
la Roque St-Christophe
Villefranche-de-Lonchat
D 21
la Madeleine
les Eyzies-de-Tayac
N 21
D 11
D 32
D 703
le Bugue
Puymartin
Paunat
Montaigne
Limeuil
D 35
D 25
Cingle de Trémolat
Proumeyssac
Montcaret
Bergerac
Beynac-Cazenac
D 936
D 660
VALLÉE DE LA DORDOGNE
St-Cyprien
LIBOURNE
Dordogne
Lanquais
Cadouin
Castelnaud
D 660
St-Avit-Sénieur
GIRONDE
Bridoire
Monbazillac
la Roque Gageac
Beaumont
Belvès
D 2
Issigeac
la Bessède
D 676
Prats du Périgord
Eymet
Monpazier
D 710
N 21
Biron
D 933
Bonaguil
Marmande
LOT-ET-GARONNE
Puy-l'Evêque
GARONNE
BORDEAUX
A 52
D 911
Lot
Villeneuve-sur-Lot
ROCAMADOUR
★★★
Vaut le voyage
Cahors
★★
Mérite un détour
D 2
St-Geniès
★
Intéressant
Lauzerte
Agen
Donzenac
Autre site décrit dans ce guide
TARN-ET-GARONNE
0
20 km
A 62
N 21
GARONNE
TARBES
TOULOUSE

Les plus beaux sites

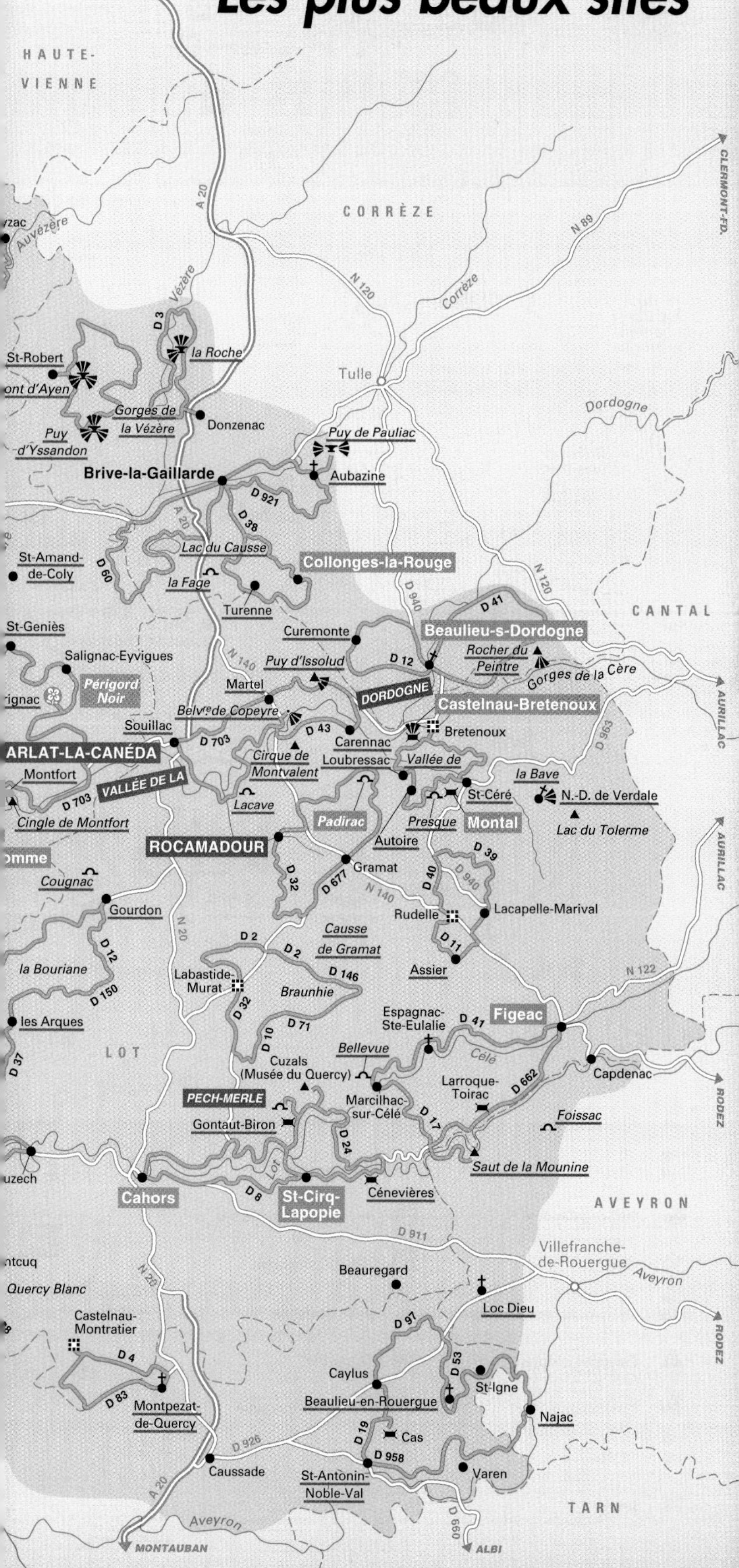

ANGOULÊME
LIMOGES
Varaignes
le Bourdeix
Augignac
Teyjat
Nontron
CHARENTE
Saut du Chalard
St-Jean-de-Côle
Thiviers
Puyguilhem
Brantôme
Bourdeilles
Aubeterre-sur-Dronne
Sorges
Ribérac
Chancelade
St-Aulaye
St-Privat-des-Prés
St-Astier
Périgueux
Neuvic
Grignols
Montignac
Lascaux
Mussidan
Montpon-Ménestérol
Carsac-de-Gurson
Montréal
la Gaubertie
St-Léon
la Roque St-Christophe
les Eyzies-de-Tayac
Préhistoparc
Cingle de Trémolat
le Bugue
Montpeyroux
Montaigne
Bergerac
Montastruc
Ste-Foy-la-Grande
Lanquais
Beaumont
Cadouin
Castelnaud
Monbazillac
Issigeac
St-Avit-Sénieur
Belvès
Monpazier
Eymet
GIRONDE
DORDOGNE
Puy-l'Evêque
Bonaguil
Fumel
Montaigu-de-Quercy
Lauzerte
LOT-ET-GARONNE
TARN-ET-GARONNE
TARBES
TOULOUSE
Site antique
Aquarium
Édifice religieux
Château
Chemin de fer touristique
Curiosité naturelle
Fortification
Grotte
Jardin
Loisirs sportifs
Panorama
Promenade en bateau
Site remarquable
Ville ancienne
Vignoble
Village pittoresque
Musée
Dégustation

Circuits de découverte
Pour de plus amples explications, consulter la rubrique « Itinéraires à thème »
1 Haut Périgord et Périgord Vert
2 Forêt, vignoble, et bastides du Bergeracois
3 Le Périgord Noir
4 Les portes du Périgord
5 Les causses du Haut Quercy
6 Les vallées du Lot et du Célé
7 Du causse de Limogne au Rouergue
8 Le vignoble du Lot et le Quercy Blanc
LIMOGES
HAUTE-VIENNE
CLERMONT-FD.
CANTAL
AURILLAC
RODEZ
AVEYRON
TARN
ALBI
MONTAUBAN
Mont d'Ayen
la Roche
Pans de Travassac
Tulle
Brive-la-Gaillarde
Aubazine
Larche
Noailles
Lac du Causse
la Fage
Collonges-la-Rouge
Turenne
Curemonte
Beaulieu-s-Dordogne
St-Geniès
Salignac-Eyvigues
Martel
Carennac
Souillac
Castelnau-Bretenoux
Padirac
Lacave
St-Céré
Montal
Autoire
Rocamadour
N.-D. de Verdale
Lac du Tolerme
Gramat
Gourdon
Lacapelle-Marival
Causse de Gramat
Espagnac-Ste-Eulalie
Figeac
Bellevue
Marcilhac-s-Célé
Capdenac
Cuzals (Musée du Quercy)
St-Pierre-Toirac
Pech-Merle
Cajarc
Larroque-Toirac
Luzech
St-Cirq-Lapopie
Saut de la Mounine
Cahors
Cénevières
Laramière
Villefranche-de-Rouergue
Montcuq
Lalbenque
Varaire
Loc Dieu
Belmont-Ste-Foi
Beaulieu-en-Rouergue
Castelnau-Montratier
Caylus
Montpezat-de-Quercy
Najac
Cas
Varen
Caussade
St-Antonin-Noble-Val
Dordogne
Aveyron
Célé
0
20 km

Informations pratiques

Avant le départ

adresses utiles

Ceux qui aiment préparer leur voyage dans le détail peuvent rassembler la documentation utile auprès des professionnels du tourisme de la région. Outre les adresses indiquées ci-dessous, sachez que les coordonnées des offices de tourisme ou syndicats d'initiative des villes et sites décrits dans le corps du guide sont précisées au début de chaque chapitre (paragraphe « la situation »).

Comités régionaux de tourisme

Aquitaine – Cité mondiale, 23 parvis des Chartrons, 33074 Bordeaux Cedex, ☎ 05 56 01 70 00, fax 05 56 01 70 07. Site Internet : www.cr.aquitaine.fr/tourisme.

Limousin – 27 bd de la Corderie, 87000 Limoges, ☎ 05 55 45 18 80, fax 05 55 45 18 18.

Midi-Pyrénées – 54 bd de l'Embouchure, BP 2166, 31022 Toulouse Cedex 2, ☎ 05 61 13 55 55, fax 05 61 47 17 16.

Comités départementaux de tourisme

Corrèze – Quai Baluze, 19000 Tulle, ☎ 05 55 29 98 78.

Dordogne-Périgord – 25 r. du Président-Wilson, BP 2063, 24002 Périgueux, ☎ 05 53 35 50 24. Site Internet: www.perigord.fr. E-Mail : cg.cdt@perigord.tm.fr.

Lot – 107 quai Eugène-Cavaignac, BP 7, 46001 Cahors Cedex 9, ☎ 05 65 35 07 09. E-Mail : le-lot@wanadoo.fr.

Tarn-et-Garonne – 2 bd Midi-Pyrénées, 82000 Montauban, Cedex, ☎ 05 63 63 31 40.

Adresses électroniques

Internet – Surfez sur les sites de la Corrèze : www.cg19.fr.la Dordogne : www.perigord.tm.fr/accueil.htm, et le Lot : http://www.quercy.net/le.lot/

Ruelle à Monpazier

D'autres sites sont prêts à vous faire découvrir la région d'un point de vue plus historique, plus artistique ou encore plus archéologique : http://www.arachnis.asso.fr/Dordogne/Guide.htm et http://www.micronet.fr/~chlenoir/perigord.htm

Minitel – Pianotez sur le 3615 Périgord et 3615 Quercy.

météo

Quel temps pour demain ?

Le service Météo-France a mis en place un système de répondeurs téléphoniques : les bulletins diffusés sont réactualisés trois fois par jour et sont valables pour une durée de six jours (les trois derniers jours sont accompagnés d'un indice de confiance).

Prévisions générales – ☎ 08 36 68 00 00.

Pour les informations localisées – ☎ 08 36 68 02 suivi du numéro du département recherché. (☎ 08 36 68 02 46 pour le Lot par exemple.)

Climat

Sur la route de Paris aux Pyrénées, à égale distance du pôle et de l'équateur, la Dordogne est traversée par le 45e parallèle. Elle bénéficie de par sa localisation d'un climat tempéré qui en fait une région agréable à vivre en toutes saisons. Variant de – 10° à 14° en hiver, et de 25° à 35° l'été, les températures relèvent à la fois de la sécheresse continentale du Massif Central et de l'humidité de l'Atlantique. Les chutes de pluies les plus importantes se produisent au printemps et à l'automne, et en cette saison, elles sont très bien accueillies par la population, car elles favorisent alors la « venue » des cèpes !

transports

Par la route

Principaux accès – Par le Nord : Paris-Orléans (A 10), Orléans-Vierzon (A 71), Vierzon-Châteauroux-Limoges-Brive-Souillac (A 20), Souillac-Cahors (ce tronçon de l'A 20 est en cours de construction). Par le Sud : Toulouse-Montauban (A 62), Montauban-Cahors (A 20). Par l'Ouest : Bordeaux-Périgueux-Brive (N 89) ; Bordeaux-Bergerac (D 936), Bergerac-Sarlat (D 660, D 29, D 25, D 703 et D 57) ; Bergerac-Cahors (D 660 et D 911). Par l'Est : Clermont-Ferrand-Brive (N 89).

Tourisme-Informations sur Minitel - Consulter le **3615 Michelin** (1,27F la minute) : ce serveur vous aide à préparer ou décider du meilleur itinéraire à emprunter en vous communiquant d'utiles informations routières. Les 3617 et 3623 Michelin vous permettent d'obtenir ces informations sur fax et imprimante.

Information autoroutière - Du lundi au vendredi : Centre d'information des autoroutes, 3 r. Edmond-Valentin, 75007 Paris, ☎ 01 47 05 90 01, sur Minitel 3615 autoroute et sur Internet www.autoroutes.fr. Consulter l'Atlas autoroutier n° 914.

Location de voitures - Les principales sociétés sont représentées dans la région.

En train

Les liaisons avec Périgueux s'effectuent à partir des gares de Bordeaux, Libourne ou Limoges ; celles avec Cahors se font à partir des gares de Brive ou de Montauban. La ligne Paris (gare d'Austerlitz)-Rodez dessert les villes de Martel, Rocamadour, Gramat, Assier, Figeac et Capdenac. Aucun TGV ne dessert la région. Si vous voulez descendre rapidement de Paris, prenez le TGV jusqu'à Bordeaux (3h) et attendez les correspondances ! Pour un Paris-Périgueux en train normal, il faut compter entre 5 et 6 heures. Informations générales, Minitel 3615 ou 3616 SNCF ; informations sur le réseau régional, 3615 ou 3616 TER ; informations, réservation, vente, ☎ 08 36 35 35 35 ; informations par répondeur, ☎ 08 36 67 68 69.

En avion

L'avion est sans conteste plus rapide et peut-être plus commode pour la région. Il faut essayer...
La compagnie **Air Littoral**, ☎ 04 67 15 88 88, assure les liaisons avec Mulhouse, Nice, Paris et Strasbourg, depuis l'aéroport de Bergerac ; avec Lille, Nice, Paris et Strasbourg depuis l'aéroport de Périgueux.

Aéroport de Brive Laroche - Situé à l'Ouest de Brive : 19100 Brive, ☎ 05 55 86 88 36.
Les liaisons avec Paris et Toulouse sont assurées par la compagnie TAT (Transport Aérien Transrégional), ☎ 08 00 05 50 05 (appel gratuit).

Aéroport de Bergerac Roumanière - Situé à 5 km au Sud-Est de Bergerac : 24100 Bergerac ; ☎ 05 53 57 00 09.

Aéroport Périgueux Bassillac - Situé à l'Est de Périgueux : 24330 Bassillac, ☎ 05 53 02 79 71.

Pigeonnier dans le Lot

tourisme et handicapés

Un certain nombre de curiosités décrites dans ce guide sont accessibles aux handicapés. Elles sont signalées par le symbole ♿. Pour de plus amples renseignements au sujet de l'accessibilité des musées aux personnes atteintes de handicaps moteurs ou sensoriels, contacter la Direction des musées de France, service Accueil des publics spécifiques, 6 r. des Pyramides, 75041 Paris Cedex 1, ☎ 01 40 15 35 88.

Guides Michelin Hôtels-Restaurants et Camping Caravaning France - Révisés chaque année, ils indiquent respectivement les chambres accessibles aux handicapés physiques et les installations sanitaires aménagées.

3614 Handitel - Ce serveur Minitel est proposé par le **Comité national français de liaison pour la réadaptation des handicapés**, 236 bis r. de Tolbiac, 75013 Paris, ☎ 01 53 80 66 66. Ce service télématique assure un programme d'information au sujet des transports et des vacances.

Guide Rousseau H... comme Handicaps - En relation avec l'association France handicaps (9 r. Luce-de-Lancival, 77340 Pontault-Combault, ☎ 01 60 28 50 12), il donne de précieux renseignements sur la pratique du tourisme, des loisirs et des sports accessibles aux handicapés.

Hébergement, restauration

Le Périgord et le Quercy sont « un royaume de gueule ». Leurs noms évoquent truffes, foies gras, pâtés et confits, des spécialités qui comptent parmi les gloires culinaires de la France. Les fermes du pays assurent une sélection savante, un élevage et un gavage minutieux, restant fidèles à des savoir-faire plusieurs fois séculaires. Ce sont elles que les gastronomes et gourmands en herbe doivent se faire un devoir de découvrir : en plus de leurs produits, elles proposent souvent un gîte et un accueil aussi inégalables que leurs recettes...

les adresses du guide

C'est une des nouveautés du Guide Vert : partout où vous irez, vous trouverez notre sélection de bonnes adresses. Nous avons sillonné la France pour repérer des chambres d'hôte et des hôtels, des restaurants et des fermes-auberges, des campings et des gîtes ruraux... En privilégiant des étapes agréables, au cœur des villes ou sur nos circuits touristiques, en pleine campagne ou les pieds dans l'eau ; des maisons de pays, des tables régionales, des lieux de charme et des adresses plus simples... Pour découvrir la France autrement : à travers ses traditions, ses produits du terroir, ses recettes et ses modes de vie.
Le confort, la tranquillité et la qualité de la cuisine sont bien sûr des critères essentiels ! Toutes les maisons ont été visitées et choisies avec le plus grand soin ; toutefois, il peut arriver que des modifications aient eu lieu depuis notre dernier passage : faites-le nous savoir, vos remarques et suggestions seront toujours les bienvenues !
Les prix que nous indiquons sont ceux pratiqués en haute saison ; hors saison, de nombreux établissements proposent des tarifs plus avantageux, renseignez-vous...

Mode d'emploi

Au fil des pages, vous découvrirez nos carnets d'adresses : toujours rattachés à des villes ou à des sites touristiques remarquables du guide, ils proposent une sélection d'adresses à proximité. Si nécessaire, l'accès est donné à partir du site le plus proche ou sur des schémas régionaux.
Dans chaque carnet, les maisons sont classées en trois catégories de prix pour répondre à toutes les attentes :
Vous partez avec un petit budget ? Choisissez vos adresses parmi celles de la catégorie « **À bon compte** » : vous trouverez là des campings, des chambres d'hôte simples et conviviales, des hôtels à moins de 250F et des tables souvent gourmandes, toujours honnêtes, à moins de 100F.
Votre budget est un peu plus large, piochez vos étapes dans les « **Valeurs sûres** » : de meilleur confort, les adresses sont aussi plus agréablement situées et aménagées. Dans cette catégorie, vous trouverez beaucoup de maisons de charme animées par des passionnés, ravis de vous faire découvrir leur demeure et leur table. Là encore, chambres et tables d'hôte sont au rendez-vous, avec des hôtels et des restaurants plus traditionnels, bien sûr.
Vous souhaitez vous faire plaisir, le temps d'un repas ou d'une nuit, vous aimez voyager dans des conditions très confortables ? La catégorie « **Une petite folie !** » est pour vous... La vie de château dans de luxueuses chambres d'hôte – pas si chères que ça – ou la vie de pacha dans les palaces et les grands hôtels : à vous de choisir ! Vous pouvez aussi profiter des décors de rêve des palaces mythiques à moindres frais, le temps d'un brunch ou d'une tasse de thé... À moins que vous ne préfériez casser votre tirelire pour un repas gastronomique dans un restaurant étoilé, par exemple. Sans oublier que la traditionnelle formule « tenue correcte exigée » est toujours d'actualité dans ces lieux élégants !

L'Hébergement

Les hôtels

Nous vous proposons un choix très large en termes de confort. La location se fait à la nuit et le petit déjeuner est facturé en supplément. Certains établissements assurent un service de restauration également accessible à la clientèle extérieure.

Calme et confort dans les chambres d'hôte de la Métairie Haute, près de Sarlat.

LES CHAMBRES D'HÔTE

Vous êtes reçu directement par les habitants qui vous ouvrent leur demeure. L'atmosphère est plus conviviale qu'à l'hôtel, et l'envie de communiquer doit être réciproque : misanthrope, s'abstenir ! Les prix, mentionnés à la nuit, incluent le petit déjeuner. Certains propriétaires proposent aussi une table d'hôte, en général le soir, et toujours réservée aux résidents de la maison. Il est très vivement conseillé de réserver votre étape, en raison du grand succès de ce type d'hébergement.

LES RÉSIDENCES HÔTELIÈRES

Adaptées à une clientèle de vacanciers, la location s'y pratique à la semaine, mais certaines résidences peuvent, suivant les périodes, vous accueillir à la nuitée. Chaque studio ou appartement est généralement équipé d'une cuisine ou d'une kitchenette.

LES GÎTES RURAUX

Les locations s'effectuent à la semaine ou éventuellement pour un week-end. Totalement autonome, vous pourrez découvrir la région à partir de votre lieu de résidence. Il est indispensable de réserver, longtemps à l'avance, surtout en haute saison.

LES CAMPINGS

Les prix s'entendent par nuit, pour deux personnes et un emplacement de tente. Certains campings disposent de bungalows ou de mobile homes d'un confort moins spartiate : renseignez-vous sur les tarifs directement auprès des campings. NB : Certains établissements ne peuvent pas recevoir vos compagnons à quatre pattes ou les accueillent moyennant un supplément ; pensez à demander lors de votre réservation.

La Restauration

Pour répondre à toutes les envies, nous avons sélectionné des restaurants régionaux, bien sûr, mais aussi classiques, exotiques ou à thème... et des lieux plus simples, où vous pourrez grignoter une salade composée, une tarte salée, une pâtisserie ou déguster des produits régionaux sur le pouce.
Quelques fermes-auberges vous permettront de découvrir les saveurs de la France profonde. Vous y goûterez des produits authentiques provenant de l'exploitation agricole, préparés dans la tradition et généralement servis en menu unique. Le service et l'ambiance sont bon enfant. Réservation obligatoire !
Enfin, n'oubliez pas que les restaurants d'hôtels peuvent vous accueillir.

et aussi...

Si d'aventure, vous n'avez pu trouver votre bonheur parmi toutes nos adresses, vous pouvez consulter les Guides Michelin d'hébergement ou, en dernier recours, vous rendre dans un hôtel de chaîne.

LE GUIDE ROUGE HÔTELS ET RESTAURANTS FRANCE

Pour un choix plus étoffé et actualisé, le Guide Rouge Michelin recommande hôtels et restaurants sur toute la France. Pour chaque établissement, le niveau de confort et de prix est indiqué, en plus de nombreux renseignements pratiques. Les bonnes tables, étoilées pour la qualité de leur cuisine, sont très prisées par les gastronomes. Le symbole ☺ (Bib gourmand) sélectionne les tables qui proposent une cuisine soignée à moins de 130F.

LE GUIDE CAMPING FRANCE

Le Guide Camping propose tous les ans une sélection de terrains visités régulièrement par nos inspecteurs. Renseignements pratiques, niveau de confort, prix, agrément, location de bungalows, de mobile homes ou de chalets y sont mentionnés.

Ville et nature : Brantôme

LES CHAÎNES HÔTELIÈRES

L'hôtellerie dite « économique » peut éventuellement vous rendre service. Sachez que vous y trouverez un équipement complet (sanitaire privé et télévision), mais un confort très simple. Souvent à proximité de grands axes routiers, ces établissements n'assurent pas de restauration. Toutefois, leurs tarifs restent difficiles à concurrencer (moins de 200F la chambre double). En dépannage, voici donc les centrales de réservation de quelques chaînes :

- Akena, ☎ 01 69 84 85 17
- B&B, ☎ 0 803 00 29 29
- Etap Hôtel, ☎ 08 36 68 89 00 (2,23F la minute)
- Mister Bed, ☎ 01 46 14 38 00
- Villages Hôtel, ☎ 03 80 60 92 70

Enfin, les hôtels suivants, un peu plus chers (à partir de 300F la chambre), offrent un meilleur confort et quelques services complémentaires :
- Campanile, ☎ 01 64 62 46 46
- Climat de France, ☎ 01 64 62 48 88
- Ibis, ☎ 0 803 88 22 22

SERVICES DE RÉSERVATION LOISIRS ACCUEIL

Ils proposent des circuits et des forfaits originaux dans une gamme étendue : gîtes ruraux, gîtes d'enfants, chambres d'hôtes, meublés, campings, hôtels de séjour.
La Fédération nationale, 280 bd St-Germain, 75007 Paris, ☎ 01 44 11 10 44. Elle édite un guide national annuel et, pour 58 départements, une brochure détaillée. Sur Minitel **3615 Resinfrance**.
Pour une réservation rapide, s'adresser directement au « Loisirs-Accueil » du département concerné :

Corrèze – Quai Baluze, 19000 Tulle, ☎ 05 55 29 98 70.

Dordogne-Périgord – 25 r. du Président-Wilson, BP 2063, 24002 Périgueux, ☎ 05 53 35 50 24.

Lot – Pl. François-Mitterrand, BP 162, 46003 Cahors Cedex, ☎ 05 65 53 20 90.

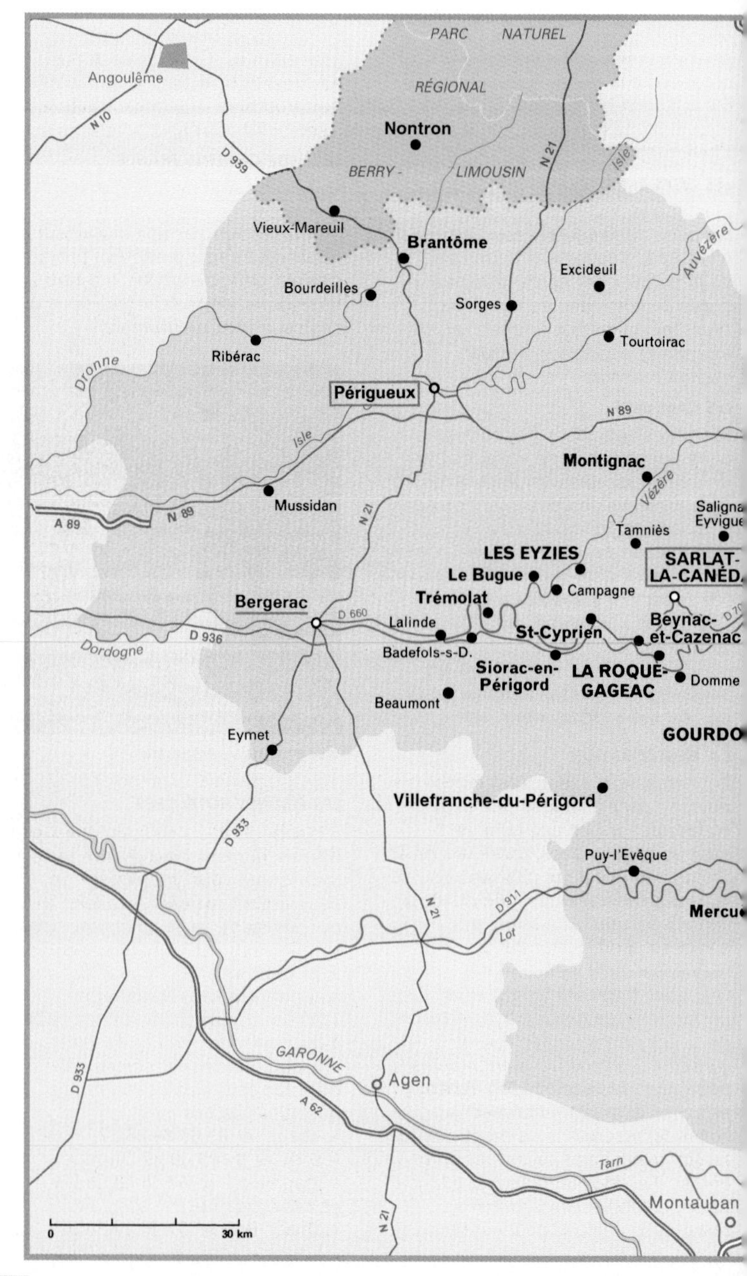

E-Mail : loisirs.accueil; lot@wanadoo.fr.

Tarn-et-Garonne – 2 bd. Midi-Pyrénées, 82000 Montauban ☏ 05 63 66 04 42.

CLÉVACANCES

54 bd de l'Embouchure, BP 2166, 31022 Toulouse Cedex, ☏ 05 61 13 55 66, fax 05 61 13 55 94, Minitel 3615 clévacances. La Fédération nationale Clévacances France propose près de 20 000 locations de vacances réparties sur 43 départements en France, de la villa à la chambre en passant par l'appartement ou le chalet. Cet organisme publie un catalogue par département (passer commande aux services de réservation de chacun des départements) : **Dordogne**, ☏ 05 53 35 50 31, **Lot**, ☏ 05 65 53 01 02 **et Aveyron**, ☏ 05 65 75 55 88.

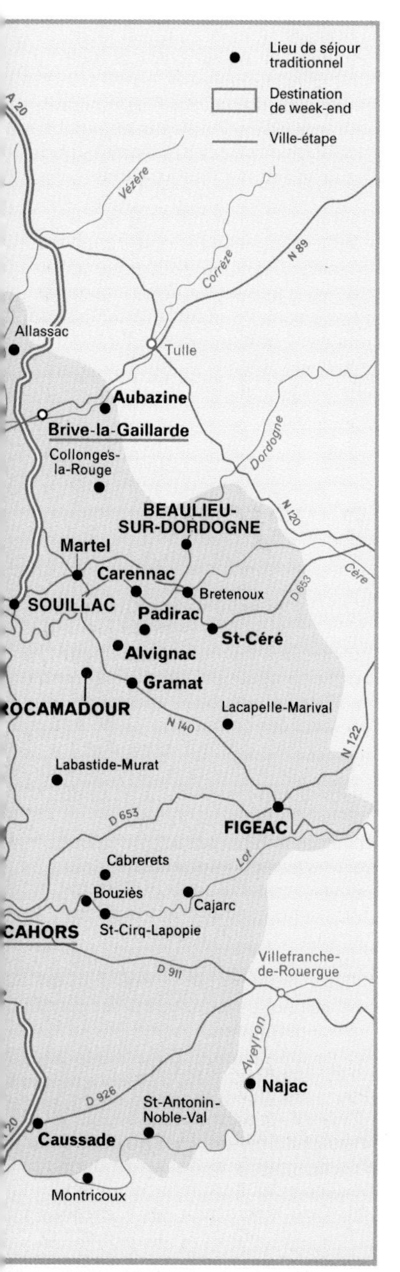

HÉBERGEMENT RURAL

Pour tout savoir sur les chambres d'hôtes, les gîtes, les fermes équestres ou les fermes-auberges, l'accueil d'enfants ou le camping caravaning à la ferme, se renseigner auprès des chambres d'agriculture régionales ou départementales.

Corrèze – 10 bd Clemenceau, 19200 Ussel, ☏ 05 55 96 24 95.

Dordogne – 4 pl. Francheville, 24000 Périgueux, ☏ 05 53 35 88 88.

Lot – La Peyrugue, 46300 Gourdon, ☏ 05 65 41 34 57.

GÎTES DE FRANCE

59 r. St-Lazare, 75439 Paris Cedex 09, ☏ 01 49 70 75 75. Cet organisme donne les adresses des relais départementaux et publie des guides sur les différentes possibilités d'hébergement en milieu rural (gîte rural, chambre et table d'hôte, gîte d'étape, chambre d'hôte et gîte de prestige, gîte de neige, gîte et logis de pêche, gîte équestre). Renseignements sur serveur Minitel 3615 gîtes de France.

Les gîtes de France proposent également des vacances à la ferme avec trois formules : ferme de séjour (hébergement, restauration et loisirs), camping à la ferme et ferme équestre (hébergement et activités équestres). Renseignements et réservation dans les relais départementaux : Corrèze, ☏ 05 55 21 55 61; Dordogne, ☏ 05 53 35 50 24 ; Lot, ☏ 05 65 53 20 75.

STATIONS VERTES

Hôtel du département BP 598, 21016 Dijon Cedex, ☏ 03 80 43 49 47. Cet organisme édite annuellement un répertoire de localités rurales sélectionnées pour leur tranquillité et les distractions de plein air qu'elles proposent. Renseignements sur les 553 stations vertes de vacances et les 29 villages de neige disponibles auprès de la Fédération.

HÉBERGEMENT POUR RANDONNEURS

Les **randonneurs** peuvent consulter le guide *Gîtes et refuges, France et frontières*, par A. et S. Mouraret (Éditions La Cadole, 74 r. Albert-Perdreaux, 78140 Vélizy, ☏ 01 34 65 10 40). Cet ouvrage est principalement destiné aux amateurs de randonnées, de cyclotourisme et de canoë-kayak.

AUBERGES DE JEUNESSE

Ligue française pour les auberges de jeunesse – 67 r. Vergniaud, 75013 Paris, ☏ 01 44 16 78 78 ou par Minitel, 3615 auberge de jeunesse.

La carte LFAJ est délivrée contre une cotisation annuelle de 70F pour les moins de 26 ans et de 100F au-delà de cet âge.

sites remarquables du goût

C'est un label dotant des sites dont la richesse gastronomique s'appuie sur des produits de qualité et, ce qui ne gâte rien, un environnement culturel et touristique intéressant. En Périgord-Quercy, en bénéficient Brive-la-Gaillarde, pour ses foires et ses marchés, Sarlat, pour son marché au gras et aux volailles, Martel-en-Quercy, pour son huile de noix, Monbazillac, célèbre dans le monde entier pour son vin, Lablenque pour son marché de la truffe, et enfin Najac, pour sa fouace, promenée dans le village le jour de la Saint-Barthélemy.

choisir son lieu de séjour

Faire un tel choix, c'est déjà connaître quel type de voyage vous envisagez. La carte que nous vous proposons p. 20 fait apparaître des **villes-étapes**, localités de quelque importance possédant de bonnes capacités d'hébergement, et qu'il faut visiter. Les **lieux de séjour traditionnels** sont sélectionnés pour leurs possibilités d'accueil et l'agrément de leur site. Enfin Périgueux et Sarlat-la-Canéda méritent d'être classées parmi les **destinations de week-end**.
Les offices de tourisme et syndicats d'initiative renseignent sur les possibilités d'hébergement (meublés, gîtes ruraux, chambres d'hôte) autres que les hôtels et terrains de camping décrits dans les publications Michelin, et sur les activités locales de plein air, les manifestations culturelles ou sportives de la région.

Propositions de séjour

Si vous avez décidé de dormir toute la journée ou de passer votre temps à goûter tous les produits du terroir : parfait ! La région le permet. Mais elle propose tellement d'autres plaisirs que nous vous proposons de vous soumettre à ses mille tentations.

idées de week-ends

Périgueux

Un petit déjeuner place de la Clautre, la place où se tiennent quelques marchés, avant de partir déambuler dans le vieux centre-ville et ses nombreuses rues piétonnes. Au cœur du quartier, la cathédrale St-Front aux formes byzantines, dont l'intérieur recèle un monumental retable de style baroque. Une petite balade, le temps de se mettre en appétit devant les nombreuses boutiques de produits régionaux (cédez à l'envie de rapporter quelques souvenirs !), et il est l'heure de passer à table. Au programme de ce samedi après-midi, la visite des vestiges de l'antique cité bâtie à proximité de la source sacrée de la Vésone. À la belle saison, profitez des rayons du soleil pour faire une petite balade sur les rives de l'Isle : guinguette, sentiers ou promenades en bateau : ce ne sont pas les solutions qui manquent...
Après une bonne nuit, un dimanche matin didactique avec la visite du musée du Périgord, riche d'innombrables œuvres antiques et médiévales et d'une remarquable section consacrée à la préhistoire. L'après-midi, sortez de Périgueux pour découvrir l'abbaye de Chancelade, et, non loin, le petit prieuré de Merlande, niché dans un site rafraîchissant à l'écart des grands axes touristiques.

Bergerac et le vignoble

Pour bien débuter ce petit week-end, mettez-vous dans l'ambiance en visitant la maison des Vins, sise dans l'un des plus beaux lieux de la ville : le cloître des Récollets. Après la visite, faites un petit détour par le musée du Tabac, tout proche. Puis, partez à la recherche de la terrasse de vos rêves pour un repas bien mérité. Poursuivez ensuite votre découverte du vieux Bergerac sur les pas du héros local, Cyrano, jusqu'aux portes de l'église Notre-Dame. Vous pourrez finir cette journée comme vous l'avez débutée, par le vin, en visitant l'intéressant musée qui lui est consacré, ainsi qu'à la Batellerie et à la Tonnellerie. Le lendemain, quittez Bergerac aux aurores pour parcourir le vaste vignoble du Bergeracois : Rosette, Montravel, Saussignac, Pécharmant... Faites vos jeux ! (avec modération, bien sûr) sans oublier l'incontournable visite du château de Monbazillac et de ses caves, havre de fraîcheur aux heures chaudes de la journée.

Sarlat et ses environs

Le samedi matin, un petit déjeuner sur la place de la Liberté avant de parcourir les rues et ruelles du vieux Sarlat, de l'ancien évêché à l'hôtel Plamon en passant par le Présidial. Après l'effort, le réconfort : voici l'heure de se sustenter dans un des nombreux restaurants du centre. L'après-midi sera consacré à la visite du musée Automobile. Après une bonne nuit de sommeil, rendez-vous au moulin de la Tour, situé à une poignée de kilomètres de la ville. Après vous être familiarisé avec la fabrication de l'huile de noix, poussez jusqu'aux magnifiques frondaisons des jardins d'Eyrignac. Les uns y trouveront matière à disserter sur l'art paysager, les autres profiteront du calme du lieu pour se laisser aller à quelques pensées vagabondes... Rejoignez la vallée de la Dordogne à hauteur de Carlux pour contempler la silhouette du château de Fénelon et la beauté du cingle de Montfort par la route de la falaise. En fin d'après-midi, vous aurez gagné La Roque-Gageac et Beynac pour parcourir ces deux petits bourgs qui étalent leurs belles maisons de pierre ocre sur les berges de la rivière.

Cahors

Pour débuter la visite de la ville, privilégiez les heures fraîches du matin pour parcourir ses rues et ruelles animées entre l'îlot Fouillac au Nord et la rue Lastié au Sud. Profitez des heures chaudes du jour pour visiter les édifices religieux de Cahors : la cathédrale St-Étienne, son auguste portail Nord, son cloître et la chapelle St-Gausbert, l'église St-Urcisse, mais aussi, la maison Roaldes, et, à l'écart du centre, l'église St-Barthélemy. Après un petit déjeuner en terrasse, quitter le centre pour découvrir les sites excentrés de la ville : le pont Valentré, magnifique pont fortifié qui toise de ses hautes tours les eaux du Lot, la Barbacane et la tour St-Jean, comme les nombreux points de vues situés alentour qui embrassent le cingle du Lot et la ville. Après la pause déjeuner, quittez Cahors pour l'après-midi en direction des vignobles de l'AOC, en suivant vers l'Ouest les flots tranquilles du Lot qui se frayent un chemin à travers le causse, et poussez jusqu'à Luzech, voire Puy-l'Evêque, petite cité épiscopale blottie à flanc de colline.

L'exceptionnel pont Valentré de Cahors

Rocamadour et sa région

Ce n'est pas à un séjour mais un véritable pèlerinage que cette proposition vous convie. Elle vous emmène découvrir le somptueux site de Rocamadour, son vieux bourg animé de ses chalands, de ses terrasses ombragées, et de son musée de la Miniature qui occuperont votre matinée. Réservez l'après-midi pour découvrir la magnifique verticalité de la cité religieuse, du parvis des églises au musée d'Art sacré. Après un sommeil réparateur, consacrez votre dimanche matin à l'Hospitalet et à ses quelques sites : forêt des Singes, grottes des Merveilles ou encore Euro Mini-Land, ou profitez tout simplement des nombreux magasins de souvenirs. L'après-midi, la tendance n'est plus à l'élévation spirituelle, mais à la descente dans les entrailles de la Terre : le gouffre de Padirac n'est qu'à une poignée de kilomètres de Rocamadour. Un voyage inoubliable, teinté de folklore, pour découvrir l'un des plus fameux site des causses du Quercy.

idées de séjours de 3 à 4 jours

le Périgord blanc et le Périgord Vert

Après la visite de Périgueux, le premier jour *(voir « idées de week-ends »)*, partez le long de l'Isle pour Chancelade (abbaye), Neuvic (château et jardin botanique), ville-porte de la Double que vous traverserez jusqu'à

St-Aulaye (église Ste-Eulalie). Puis, remontez sur Aubeterre-sur-Dronne (église troglodytique). Le troisième jour, parcourez le Ribéracois et le pays de Bourzac à la découverte des églises à coupoles : St-Privat-des-Prés, Cumond, Ribérac, Lusignac, St-Martial-Viveyrol jusqu'à Vendoire (écomusée de la Tourbe) pour regagner Bourdeilles.
Le quatrième jour sera consacré à la découverte du Brantômois et de la gastronomie périgourdine avec la cité de Brantôme, Puyguilhem (château), les grottes de Villars, St-Jean-de-Côle (village médiéval), Thiviers (maison de l'Oie et du Canard) et Sorges (maison de la Truffe).

L'art pariétal reconstitué

Le Périgord noir, de la Vézère à la Dordogne

Le séjour débute par la visite de Sarlat *(voir « idées de week-ends »)*. Le deuxième jour, parcourez les limites orientales du Périgord : Temniac et Carluc et pour leur églises, Salignac-Eyvigues (château médiéval), les jardins d'Eyrignac, le moulin de la Tour et le cingle de Montfort en regagnant la vallée de la Dordogne. Le troisième jour, vous avez rendez-vous avec l'histoire en Périgord sur les sites de Domme (bastide), Castelnaud (forteresse), les Milandes (château Renaissance), La Roque-Gageac et Beynac (villages pittoresques). Le quatrième jour sera consacré à la préhistoire en visitant quelques-uns des nombreux sites de la vallée de la Vézère autour du Bugue, des Eyzies-de-Tayac, voire de Montignac (Lascaux II).

La Dordogne quercynoise, les causses et le pays de St-Céré

Le premier jour, découvrez l'époustouflant site de Rocamadour et le petit moulin de Cougnaguet pour ensuite gagner la vallée de la Dordogne et les grottes de Lacave. Le second jour, deux demi-journées pour arpenter les rues de Souillac et de Martel, sur le causse du même nom. Poursuivez par la découverte des nombreux sites et villages de charmes de la vallée le troisième jour, pour enfin visiter Carennac (village pittoresque et église St-Pierre) et Padirac (gouffre). Au programme du quatrième jour, site naturel (cirque d'Autoire), vieux villages (Autoire et Loubressac) et enfin, châteaux et forteresses (Montal et Castelnau-Bretenoux) après une petite pause à St-Céré.

Cahors, les vallées du Lot et du Célé et Figeac

Après la visite de Cahors *(voir « idées de week-ends »)*, le deuxième jour sera placé sous le signe d'architectures étonnantes avec, au programme, le village perché de St-Cirq-Lapopie, le château de Cénevières, le bourg de Cabrerets et les grottes du Pech-Merle. Le troisième jour sera l'occasion de parcourir les deux vallées, de Cajarc à St-Pierre-Toirac en passant par le saut de la Mounine (panorama) dominant le Lot, aux vestiges de Marcilhac (ancienne abbaye) et autres villages de Brengues et Espagnac-Ste-Eulalie sur le Célé.
Le quatrième jour sera moins chargé : déambulez dans les vieilles rues de Figeac sur les pas de Champollion à la découverte de l'Égypte ancienne.

La Bouriane, la basse vallée du Lot et le Quercy Blanc

Le séjour débute au Nord du Lot, par le vert pays de Bouriane : découvrez Gourdon, sa capitale, Cougnac (grottes), et Le Vigan (église gothique), et l'après-midi, les villages de Salviac (vitraux de l'église), des Arques (musée Zadkine), de Lherm et des Junies. Le deuxième jour peut être consacré à la visite de Cahors (description dans la partie « week-end ») d'où débutent les pérégrinations du troisième jour : descendez le cours du Lot à la découverte des bourgs de Luzech (site), de Puy-l'Évêque (ancienne ville épiscopale) et de Bonaguil (forteresse), situé aux marches du Quercy. Le quatrième et dernier jour, changement de décor : vous parcourrez le Quercy blanc, paysage mamelonné parsemé de bastides (Lauzerte, Montcuq, Castelnau-Montratier, Montpezat...) et de moulins à vent après une halte rafraîchissante au plan d'eau de Malivert (Molières).

idées de séjours d'une semaine

Le Périgord

Départ de Bergerac (comptez une journée), puis (2e jour), gagnez les fraîches frondaisons de la forêt de la Double pour rejoindre le Ribéracois et

Imposant : le château de Castelnaud

ses églises saintongeaises avant de poser vos valises à Brantôme, la Venise du Périgord. Le lendemain (3e jour), visitez la ville, excellent point de départ d'une petite excursion en Brantômois. Au programme : Puyguilhem, abbaye de Boischaud, grottes de Villars et St-Jean-de-Côle. Après une nuit à Périgueux, prenez le temps de découvrir les nombreux charmes de ses vieux quartiers, blottis au pied des dômes de la cathédrale St-Front, ainsi que les vestiges gallo-romains de la cité antique (4e jour). Le 5e jour, traversez le pays d'Ans pour visiter le château de Hautefort, afin de rejoindre la vallée de la Vézère à Montignac. Non loin, visitez le site de Lascaux II, remarquable introduction à la journée suivante. En effet, le 6e jour, vous descendrez la vallée de la Vézère sur les traces des hommes du paléolithique et de grottes magnifiquement décorées (fresques et concrétions naturelles : stalagmites, stalactites, excentriques...). Pour clore ce séjour (7e jour), offrez-vous une visite du vieux centre de Sarlat-la-Canéda, puis, une petite excursion sur les bords de la Dordogne, de Beynac (vieux village et château) au cingle de Montfort par La Roque-Gageac, Castelnaud (forteresse) et Domme (bastide).

Les causses du Quercy

Au départ de Cahors (comptez une journée), suivez (2e jour) le cours du Lot en direction de l'ancienne ville épiscopale de Puy-l'Évêque et de la forteresse de Bonaguil (forteresse). Puis, gagnez les Arques, afin de vous arrêter, en fin de journée, à Gourdon. La 3e journée ne sera pas de trop pour parcourir les causses de Gramat et de Martel. Au programme, Rocamadour, Souillac, Martel et la Dordogne quercynoise. Soufflez un peu le lendemain (4e jour), en découvrant le gouffre de Padirac et le pays de St-Céré où vous poserez vos valises le temps d'une nuit. Le 5e jour, prenez la route en direction d'Assier, courte halte avant de gagner Figeac. L'après-midi sera consacré aux trésors de cette riche cité médiévale. Au programme de la 6e journée, la vallée du Célé en matinée et celle du Lot l'après-midi, avec deux visites impératives : les grottes du Pech-Merle et le bourg de St-Cirq-Lapopie. Passez la nuit à Villefranche-de-Rouergue, excellent point de départ pour parcourir les confins du Quercy et du Rouergue (7e jour) où vous découvrirez les bourgs de Caylus, St-Antonin-Noble-Val et les gorges de l'Aveyron, l'abbaye de Beaulieu-en-Rouergue, et le site médiéval du village de Najac.

Collégiale St-Martin de Montpezat-du-Quercy

Itinéraires à thème

routes historiques

Pour découvrir le patrimoine architectural local, la Caisse nationale des monuments historiques et des sites a élaboré des itinéraires à thème. Tracés et dépliants sont disponibles auprès des offices de tourisme. Sur le terrain, chaque route historique est signalée par des panneaux nominatifs tout au long du parcours emprunté. La région couverte par LE GUIDE VERT Périgord – Quercy est parcourue par les routes historiques suivantes :

Portail de l'église Saint-Amand-de-Coly

La **route historique des Mille et Un Châteaux du Périgord.**
La **route historique des Marches du Quercy**. De Capdenac jusqu'à Brive en passant par Souillac et St-Céré, cette route parcourt trois régions riches en châteaux et en édifices religieux depuis le Haut Moyen Âge, autrefois aux confins du duché d'Aquitaine et des possessions du comte de Toulouse. (Comités départementaux de tourisme du Lot, ☎ 05 65 35 07 09 et de la Corrèze, ☎ 05 55 29 98 78.)
Les **routes de Saint-Jacques en Limousin**. Elles vous entraînent sur les pas des pèlerins d'autrefois, sans vous conduire toutefois jusqu'en Espagne. (UD. OTSI-Corrèze à Brive ☎ 05 55 24 08 80.)
La **route des Comtes de Toulouse**, traversant les régions du Quercy, du Rouergue et de l'Albigeois.

autres routes thématiques

Routes de l'Art roman

Circuit des Églises romanes du causse de Gramat – Réalisé par l'Office du tourisme de Gramat, ☎ 05 65 38 73 60.
La route des Églises romanes du Ribéracois, de part et d'autre de la vallée de la Dronne.
Circuit de l'Auvézère en Périgord, mis en place par les syndicats d'initiative intercommunaux du pays d'Ans, d'Excideuil et de Lanouaille.

Routes des Bastides

Les bastides du Sud Bergeracois – Circuit d'une journée pour parcourir les confins du Bergeracois et de l'Agenais et découvrir une quinzaine de bastides admirablement préservées. Se reporter au « Guide pratique », document gratuit disponible à l'Office du tourisme de Bergerac, ☎ 05 53 57 03 11.
Circuits gourmets des bastides et cités médiévales – Découvrir le long des routes et des chemins foies gras et bastides, confits et cités moyenâgeuses, Villeréal, ☎ 05 53 36 09 65.

Routes des Métiers d'art

La route des Métiers d'art en Périgord – Mise en place par la chambre des métiers de Dordogne, ☎ 05 53 35 87 00. Propose six itinéraires pour partir à la rencontre des métiers d'autrefois : la **route des Bûcherons**, la **route des Éclusiers**, la **route des Cavaliers**, la **route des Tailleurs**, la **route des Papetiers** sans oublier la **route des Vignerons**.
Le berceau de la charentaise – Aux confins du Périgord vert et de l'Angoumois, un pays d'ateliers de filatures et de bonneteries dans le Parc naturel régional du Périgord-Limousin.

Et encore

La vallée de la Dordogne – Sous cette dénomination générique, l'Office du tourisme de Souillac propose huit petits circuits pour découvrir le Périgord noir et le Quercy.
La route des Vins – Informations au CIVRB, ☎ 05 53 63 57 57.

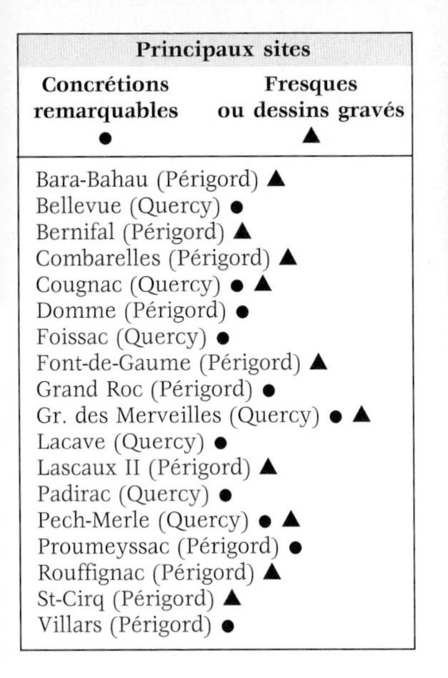

Principaux sites

Concrétions remarquables ●	Fresques ou dessins gravés ▲

Bara-Bahau (Périgord) ▲
Bellevue (Quercy) ●
Bernifal (Périgord) ▲
Combarelles (Périgord) ▲
Cougnac (Quercy) ● ▲
Domme (Périgord) ●
Foissac (Quercy) ●
Font-de-Gaume (Périgord) ▲
Grand Roc (Périgord) ●
Gr. des Merveilles (Quercy) ● ▲
Lacave (Quercy) ●
Lascaux II (Périgord) ▲
Padirac (Quercy) ●
Pech-Merle (Quercy) ● ▲
Proumeyssac (Périgord) ●
Rouffignac (Périgord) ▲
St-Cirq (Périgord) ▲
Villars (Périgord) ●

Il existe aussi des circuits de découverte sur les traces de Jacquou le Croquant, la route du Tabac, de Bergerac à Sarlat, ou encore Promenade littéraire en Périgord.
Le Périgord préhistorique : visite des principaux sites de la vallée de la Vézère et du Périgord noir, en axant les visites sur l'art pariétal et ses superbes fresques ou sur le magnifique spectacle des concrétions minérales, ou tout simplement, en conjuguant les deux.

circuit de découverte

Pour visualiser l'ensemble des circuits proposés, reportez-vous à la carte p.12 du guide.

1 Haut Périgord et Périgord vert

Circuit de 280 km au départ de Périgueux – Ce circuit relie les capitales de la gastronomie, des arts et de l'artisanat du Périgord vert : Périgueux, l'incontournable capitale du Périgord, dominée par l'altière silhouette de la cathédrale St-Front, Sorges, la capitale de la truffe où vous dégusterez, à la morte saison, le champignon en salade et autres omelettes savoureuses, mais aussi Nontron, aux portes de la Charente, capitale régionale du couteau. Vous descendrez la vallée de la Dronne à la rencontre de l'écrivain Brantôme et des puissants seigneurs de Bourdeilles pour joindre Ribérac et ses marchés au gras réputés.

2 Forêt, vignoble et bastides du Bergeracois

Circuit de 226 km au départ de Bergerac – C'est au pays des gens d'esprit et de lettres que vous emmène cet itinéraire : sur les pas de

Église de Collonges-la-Rouge

Montaigne, aux confins du Périgord et de la Guyenne, et sur ceux de Cyrano, le plus célèbre des Bergeracois au fameux appendice nasal.
Esprit et nez toujours, que celui du vin de la région, ou plutôt, des vins, tant le vignoble du Bergeracois décline de nuances : Pécharmant, Rosette, Montravel, Saussignac, mais surtout Monbazillac, dont vous visiterez les caves du château.

3 Le Périgord noir

Circuit de 185 km au départ de Montignac – Autour des vallées de la Vézère et de la Dordogne, parcourez 30 000 ans d'histoire de l'humanité. Partez à la rencontre des premiers hommes dans la vallée de la Vézère, de Lascaux au Bugue, en passant par Les Eyzies, « capitale de la préhistoire ». De Beaumont à Domme, c'est avec l'époque des chevaliers que vous avez rendez-vous : forteresses, bastides et abbayes racontent ici les terribles heures de la guerre de Cent Ans. Quittez la vallée de la Dordogne pour vous enfoncer au cœur du Périgord noir, où Sarlat-la-Canéda déploie ses charmes de belle cité Renaissance. Vous y dégusterez foie gras et vins de Bergerac dans les nombreuses échoppes de la ville.

4 Les portes du Périgord

Circuit de 195 km au départ de Brive-la-Gaillarde – Ce n'est plus tout à fait le Berry, sans être vraiment le Périgord : dans un paysage de collines verdoyantes entrecoupées de peupliers et de cultures maraîchères, découvrez les portes du Périgord. Au programme, le monastère d'Aubazine, la vieille ville de Brive-la-Gaillarde, les puys de l'Yssandonnais (St-Robert, Mont d'Ayen...) et surtout, les trésors de la vicomté de Turenne : le superbe village de Collonges-la-Rouge serti des châteaux de Curemonte et de Turenne. Un magnifique voyage à travers l'histoire qui vous emmènera jusqu'à Beaulieu-sur-Dordogne, aux confins de la Corrèze (superbe église romane St-Pierre).

5 Les causses du Haut-Quercy

Circuit de 125 km au départ de Padirac – Un séjour magique tout en verticalité. Dans les entrailles de la terre d'abord, au gouffre de Padirac, pour un étonnant voyage qui vous emmènera jusqu'à 100 m sous le niveau du sol. Vers le ciel ensuite, à Rocamadour, haut lieu de pèlerinage où la Vierge noire intercédera peut-être en votre faveur. La route vous mènera alors aux portes du Périgord noir, à la rencontre des villes de Souillac et de Martel sur le causse du même nom. Vous parcourrez ensuite la vallée de la Dordogne, enserrée entre ses hautes falaises pour gagner le pays de St-Céré, jardin de collines verdoyantes que dominent les silhouettes des châteaux de Castelnau et de Montal.

6 Les vallées du Lot et du Célé

Circuit de 120 km au départ de Figeac – Entre St-Cirq-Lapopie, capitale haute en couleur et en saveurs du Quercy, et Figeac, où l'on cultive le souvenir de Champollion, l'enfant du pays, les deux rivières ont entaillé le causse en larges méandres. À chaque virage, un paysage différent vous attend, tour à tour torturé par la pierre d'abruptes falaises, ou champêtre, parcouru d'un camaïeu de verts. Au programme, les grottes de Pech-Merle et leurs extraordinaires peintures rupestres, le village perché de St-Cirq-Lapopie, ou encore le gros bourg de Cajarc, le temps d'un rafraîchissement en terrasse, mais aussi les châteaux de Cénevières, Laroque-Toirac, sans oublier les églises de St-Pierre-Toirac et de Marcilhac...

7 Du causse de Limogne au Rouergue

Circuit de 175 km au départ de Cahors – Une superbe invitation au voyage à travers une région encore méconnue. Au Sud-Est, les portes du Rouergue, marquées dans le paysage par les magnifiques gorges de l'Aveyron : découvrez le bourg de St-Antonin-Noble-Val, le village perché de Najac, mais aussi Villefranche-de-Rouergue, ancienne étape sur la route de St-Jacques-de-Compostelle.
Vers le Nord-Ouest, parcourez le causse de Limogne à travers des paysages arides des abbayes cisterciennes de Beaulieu-en-Rouergue et de Loc-Dieu jusqu'au bourg de Lalbenque, étape renommée pour ses marchés de truffes.

8 Le vignoble du Lot et le Quercy blanc

Circuit de 185 km au départ de Cahors – Ample et majestueux, le Lot s'épanouit ici dans de larges méandres dominés par les alignements du fameux vignoble de Cahors. Les bourgs de Luzech, de Belaye, perché au sommet d'une falaise et de Puy-l'Évêque, étagé sur les berges de la rivière, animeront ce parcours de leur attachante beauté jusqu'aux vestiges de Bonaguil, étonnante forteresse plantée aux confins du Périgord et du Quercy. Au-delà de la vallée du Lot et de son vignoble, s'ouvre le fameux Quercy blanc. Ici, vous ressentirez les premières influences du Sud vers lequel s'écoulent rivières et ruisseaux pour visiter des bastides aux toits roses, des moulins à vent que l'on actionnera pour vous : des lieux à découvrir d'urgence.

stages

Préparation de foie gras

Ils se déroulent le week-end ou en semaine sur une durée de 2 à 3 jours (voire plus), pendant la saison du gras, généralement d'octobre à mars. Les personnes désirant apprendre à confectionner le foie gras, le confit, le cou farci, etc., sont reçues dans des fermes, gîtes ou hôtels. Le prix du stage (entre 800 et 1 500F par personne) comprend l'initiation (découpe, transformation et conservation), les repas et l'hébergement. Ces prestations

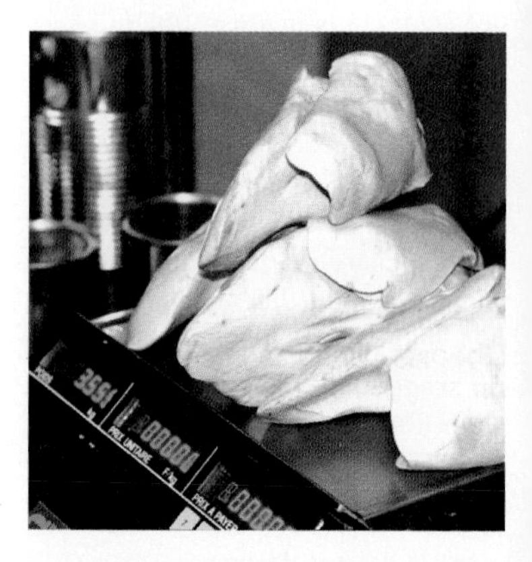

ne comprennent pas l'achat de l'oie (compter environ 85F par kg en sachant que l'animal pèse entre 8 et 9 kg) ou du canard (environ 600F).

Loisirs-Accueil Dordogne – 25 r. du Président-Wilson, 24000 Périgueux, ☎ 05 53 35 50 24.

Fort de la Rhonie – Famille Coustaty, Boyer, 24220 Meyrals, ☎ 05 53 29 24 83. Préparation du foie gras d'oie ; condition du stage : de 2 (voire 1) à 8 stagiaires.

La Maurinie – Famille Alard, Eyliac, 24330 St-Pierre-de-Chignac, ☎ 05 53 07 57 18. Préparation du foie gras de canard ; un minimum de stagiaires est demandé pour débuter le stage.

Loisirs-Accueil Lot – Pl. François-Mitterrand, BP 162, 46003 Cahors Cedex, ☎ 05 65 53 20 90. Liste détaillée des stages et inscription.

Classes de découvertes

Du patrimoine en Périgord-Limousin – Histoire, géographie, préhistoire, expression artistique, gastronomie... Une démarche pédagogique pour découvrir une région et ses atouts, sa richesse ethnologique de façon didactique. Forfaits de 5 jours à une demi-journée. Renseignements et documentation : Centre d'étude et de découverte du patrimoine, Varaignes, ☎ 05 53 56 23 66.

Frissons dans le labyrinthe végétal

Découvrir autrement la région

sur terre

Trains touristiques

Autorail Espérance – Un petit tour dans cet autorail satisfera votre appétit pour la culture comme pour les plaisirs de la table. Commentaire des paysages et sites et dégustation de produits régionaux. Ce train de l'espérance relie Sarlat à Bergerac en 1 h (☎ 08 36 35 35 35).

Quercyrail – Cet autorail des années 1950 emprunte l'ancienne voie ferrée Cahors-Capdenac, permettant aux visiteurs de découvrir autrement les méandres et les principaux sites de la vallée du Lot. ☎ 05 65 35 09 56 (réservation recommandée).

Roulottes

Amateurs de nature et de retour aux sources, vous pouvez louer une roulotte et découvrir une région au rythme de la foulée du cheval (4 km/h), en empruntant des voies secondaires. La vie de nomade peut durer de 2 à 7 jours suivant le type de circuit organisé par le loueur. Pour visiter le Périgord ou le Quercy en roulotte aménagée (couchettes, coin-cuisine), à raison de 15 à 20 km parcourus journellement, compter un budget de 5 000 F (location en saison).

Roulottes du Périgord – Métairie du roc, 24560 Faux, ☎ 05 53 24 32 57.

Tourisme attelé Diffusion – Château d'Aynac, 46120 Aynac, ☎ 05 65 10 23 30.

Les roulottes du Quercy – 46700, Sérignac, ☎ 05 65 31 96 44.

Le Périgord en calèche – 24550 Mazeyrolles, 05 53 29 98 99.

Une autre façon de se promener : à dos d'âne

Pour randonner sans les contraintes du poids du sac à dos, l'âne est le compagnon idéal. Pouvant porter des bagages de 40 kg, il emboîte le pas à la famille et motive les enfants à la marche. L'ânier loue ses animaux à la journée ou à la semaine (possibilité de randonnées accompagnées) et propose de nombreuses prestations pour faciliter la découverte du pays. L'âne est équipé d'un bât qui se place sur son dos pour fixer les bagages, d'un licol qui passe autour de son cou et d'une longe, qui, attachée au licol, sert à mener l'animal.

Fédération nationale ânes et randonnées (FNAR) – Broissieux, 73340 Bellecour-en-Bauges, ☎ 04 79 63 84 01.

Arcâne – Le Moulin Peyrié, 24250 Daglan, ☎ 05 53 59 63 79.

Brahmâne – Cazillac, 82110 Cazes-Mondenard, ☎ 05 63 95 84 61.

vue du ciel

Si l'élévation du corps est semblable à l'élévation de l'âme, alors n'hésitez pas : vu du ciel, le Périgord dévoile toutes ses couleurs.

En hélicoptère

Héli Périgord - Route d'Agen, 24100 Bergerac, ☎ 05 53 63 19 96. Cette société propose 4 circuits touristiques. 2 personnes minimum : à partir de 590 F.

En montgolfière

Montgolfière du Périgord - Le Clos St-Donat, 24250 La Roque-Gageac, ☎ 05 53 28 18 58. Préparatifs et vol tous les jours en début de matinée et en fin de journée (saison) ; le reste de l'année sur demande préalable. 1 100F (1 h) ; 700F (1/2 h) le mardi et le vendredi.

au fil de l'eau

Bateau à moteur

D'une durée d'un week-end à une semaine, voire plus, la location d'un bateau dans lequel vous pouvez dormir et manger, en somme habiter, s'effectue sans pilote accompagnateur. Aucun permis n'est exigé, mais le barreur doit être majeur ; une leçon théorique et pratique est donnée à bord avant le début de la croisière. Le respect des limitations de vitesse, la prudence et les conseils du loueur, en particulier pour passer les écluses et accoster, suffisent pour manœuvrer ce type de bateau. Le prix moyen de la location varie selon la saison, mais il

faut compter un budget de 8 000F pour une semaine (famille de 4 personnes).

Babou Marine - Rivière de St-Mary, 46000 Cahors, ☎ 05 65 30 08 99.

Crown Blue Line - Le Moulinat, 46140 Douelle, ☎ 05 65 20 08 79.

Locaboat Plaisance - Cévenne de Caix, 46140 Luzech, ☎ 05 65 30 71 11 ou Minitel 3615 penichette.

Lot Navigation Nicols - Le Bourg, 46330 Bouziès, ☎ 05 65 30 24 41.

Gabare

Vous pouvez également découvrir le Périgord à bord d'une gabare, et revivre l'épopée de la batellerie sur la Dordogne au siècle dernier, immortalisée par le feuilleton télévisé *La Rivière Espérance*. Le bateau part du village de Beynac, passe au pied du château et remonte vers le château de Castelnaud, avec de belles vues sur les châteaux de Fayrac, Marqueyssac et Lacoste.

Gabares de Beynac - ☎ 05 53 28 51 15.

Sports et loisirs

canoë-kayak

La pratique de cette activité connaît un succès croissant car les eaux paisibles des rivières périgourdines et quercinoises se prêtent bien à la découverte du canoë-kayak.
Le **canoë** (d'origine canadienne) se manie avec une pagaie simple. C'est l'embarcation pour la promenade fluviale en famille, à la journée, en rayonnant au départ d'une base, ou en randonnée pour la découverte d'une vallée à son rythme.
Le **kayak** (d'origine esquimaude) se déplace avec une pagaie double. Les lacs et les parties basses des cours d'eau offrent un vaste choix de parcours.
La descente de la Dordogne ou du Lot se révèle idéale pour une initiation. Le débutant peut aussi développer sa technique sur des parcours de faible difficulté inscrits dans des sites remarquables : bas Célé (Lot), Dordogne, Lot, basse Vézère. Bien que paisibles, ces eaux nécessitent le respect des règles de sécurité.
Pour sortir des eaux calmes, le sportif confirmé pourra descendre la Corrèze, l'Elle *(Corrèze)*; l'Auvezère, le Céou, la haute Dronne, la haute Isle *(Dordogne)* ; le haut Célé.

Fédération française de canoë-kayak

87 quai de la Marne, BP 58, 94344 Joinville-le-Pont, ☎ 01 45 11 08 50. Avec le concours de l'IGN, la

fédération publie une carte de France (905) des cours d'eau praticables.

COMITÉS RÉGIONAUX DE CANOË-KAYAK

Aquitaine – CROS, 4 cours de Verdun, 33000 Bordeaux, ☎ 05 56 52 80 90.

Midi-Pyrénées – Allées du Duc-de-Ventadour, 31810 Venerque, ☎ 05 61 08 74 40.

COMITÉS DÉPARTEMENTAUX DE CANOË-KAYAK

Corrèze – Dominique Laurent, lycée Danton, 19100 Brive-la-Gaillarde.

Dordogne – Philippe Vallaeys, 83 r. du 8-Mai-1945, 24430 Marsac-sur-l'Isle, ☎ 05 53 04 13 00 ; en juillet et août, ☎ 05 53 29 83 43.

Lot – Gilles Fromonlet, 1 pl. Chico-Mendès, 46000 Cahors, ☎ 05 65 35 91 59.

Tarn-et-Garonne – Gérard Fortier, 1040 r. Édouard-Forestie, 82000 Montauban, ☎ 05 63 63 11 71 (HR).

LES PRINCIPAUX LOUEURS

Leurs bases accueillent les débutants comme les pratiquants confirmés, proposant la descente ou la randonnée libre (parfois accompagnée), ainsi que d'autres prestations (VTT, spéléologie, etc.). Certains organismes proposent des itinéraires à la carte, des navettes étant prévues pour le retour à la base. Prix moyen de location : 80F à 100F (kayak) ; 110 à 220F (canoë).

Canoës des Courrèges (Dordogne et Vézère) – Route du Buisson, 24260 Le Bugue, ☎ 05 53 08 75 37.

Canoës du port d'Enveaux (Dordogne) – 24220 St-Vincent- de-Cosse, ☎ 05 53 29 54 20.

Canoë Raid (Céou, Dordogne et Vézère) – Campeyral, 24170 Siorac-en-Périgord, ☎ 05 53 31 64 11.

Copeyre Canoë (Dordogne) – Quercy Land, 46200 Souillac, ☎ 05 65 37 33 51.

Jean Rivière Loisirs (Dordogne et Vézère) – 24510 Limeuil, ☎ 05 53 63 38 73.

Promenade en canoë sur le Lot

Kalapca (Lot et Célé) – Halte nautique, la Plage, 46330 St-Cirq-Lapopie, ☎ 05 65 30 23 33.

Safaraid (Dordogne, Lot et Célé) – 46140 Albas, ☎ 05 65 30 74 47. Possède plusieurs bases : Vayrac, Souillac, Vitrac, Bouziès.

golf

Les amateurs de ce sport consulteront la carte *Golf, les parcours français*, établie à partir de la **carte Michelin 989**.

Fédération française de golf – 68 r. Anatole-France, 92309 Levallois-Perret Cedex, ☎ 01 41 49 77 00.

Éditions Plein-Sud – 46 av. Aristide-Briand, 92300 Levallois-Perret, ☎ 01 47 48 03 03.

pêche

La région propose à l'amateur un riche réseau de rivières et de ruisseaux, de vastes étangs et de plans d'eau classés en deux catégories :

– **Eaux à salmonidés** (truites). Classées en 1re catégorie, elles occupent le cours supérieur de rivières importantes. Vous en trouverez entre autres au lac du Tolerme, à Sénaillac-Latronquière, et au plan d'eau de Dégagnac.

– **Eaux à cyprinidés** (ablette, barbeau, brème, carpe, gardon, tanche). Classées en 2e catégorie, elles occupent les cours moyen et inférieur des rivières, le lac du Causse (Lissac-sur-Couze), le lac du Rosier (Coursac), et le lac de St-Sernin (Montcuq).

Même s'ils ne sont pas classés, ces plans d'eau ont une certaine classe puisqu'ils vous proposent à la fois les loisirs de la baignade, de la pêche et de la planche à voile : plan de Rouffiac (Angoisse), lac de Gurson (Carsac-de-Gurson), étang de St-Estèphe, barrage de Mauzac à Trémolat, plan d'eau de Cazal, lac de Gourdon, lac de Brugale à Laval-de-Cère, base de Caix (Luzech), lac de Malivert (Molières) et lac de Parisot.

RÉGLEMENTATION

Quel que soit l'endroit choisi, il convient, d'observer la réglementation nationale ou locale, de s'affilier, pour l'année en cours, à une association de pêche et de pisciculture agréée, d'acquitter les taxes afférentes au mode de pêche pratiqué, etc.

Pour certains étangs ou lacs, des cartes journalières sont délivrées.

AU NIVEAU LOCAL

Syndicat d'initiative du pays de Lanouaille en Périgord vert, ☎ 05 53 62 17 82 ou 05 53 52 60 21.

AU NIVEAU DÉPARTEMENTAL

Fédérations de pêche

Corrèze – Claude Chevalier, 1 av. Winston-Churchill, 19000 Tulle, ☎ 05 55 26 11 55.

Dordogne – Jacques Laguerre, 2 r. Antoine-Gadaud, BP 2072, 24002 Périgueux Cedex, ☎ 05 53 53 44 21.

Lot – Patrick Ruffie, 182 quai Cavaignac, 46000 Cahors, ☎ 05 65 35 50 22.

Tarn-et-Garonne – René Perié, 56 av. Gambetta, 82000 Montauban, ☎ 05 63 63 01 77.

AU NIVEAU NATIONAL

Une carte-dépliant commentée, *Pêche en France,* est en vente (15F) auprès du Conseil supérieur de la pêche, 134 av. de Malakoff, 75016 Paris, ☎ 01 45 02 20 20.

Carpe et truite fario

randonnée cycliste

S'il n'existe pas de piste cyclable en Périgord et Quercy, des milliers de kilomètres de routes et de chemins, en partie épargnés par l'intense trafic automobile de saison, sont en revanche à la disposition des cyclistes.

Cyclotourisme

Fédération française de cyclotourisme

8 r. Jean-Marie-Jégo, 75013 Paris, ☎ 01 44 16 88 88 ou Minitel 3615 FFCT.

LIGUES RÉGIONALES

Aquitaine – Av. de Belfort, 33700 Mérignac, ☎ 05 56 97 02 06.

Limousin – 76 r. Les Coussières, 23000 St-Sulpice-le-Guérétois.

Pyrénées – 7 r. André-Citroën, 31130 Balma, ☎ 05 61 99 86 46.

COMITÉS DÉPARTEMENTAUX

Corrèze – 55 av. Galandy, 19600 St-Pantaléon-de-Larche.

Dordogne – Les Bretannets, 24680 Lamonzie-St-Martin, ☎ 05 53 24 04 97.

Lot – Av. de la Dordogne, 46600 Martel, ☎ 05 65 37 30 82.

Tarn-et-Garonne – 3 r. Cyprien-Portal, 82000 Montauban, ☎ 05 63 66 15 58.

VTT

L'évolution technique du vélo a déclenché, depuis les années 1990, le phénomène VTT (vélo tout terrain). Née en Californie, cette génération de vélos franchit l'Atlantique, après treize ans de pratique, pour faire son apparition en France en 1983. Initialement conçu pour la descente, le VTT touche aujourd'hui un large public, roulant désormais sur l'asphalte. Ce sport rassemble de nombreux compétiteurs se divisant en quatre disciplines : descente, cross-country, rallye, trial.
Quelques circuits balisés ont été mis en place, notamment autour de Lalinde *(Dordogne)* et de Cahors *(Lot)*, où les sentiers proposés varient en distance, permettant à chacun de partir pour quelques heures ou pour la journée.

Fédération française de cyclisme

5 r. de Rome, 93561 Rosny-sous-Bois Cedex, ☎ 01 49 35 69 45. Publie le *Guide des centres VTT* et s'occupe de la compétition, Minitel : 3615 FFC ou 3615 VTT. Site Internet : www.ffc.fr.

randonnée équestre

La région dispose de centaines de kilomètres d'itinéraires équestres disséminés à travers les forêts, les causses et les vallées des principales rivières.

ORGANISMES NATIONAUX

Fédération française d'équitation – 9 bd Mac Donald, 75009 Paris, ☎ 01 53 26 15 50.

Délégation nationale du tourisme équestre (DNTE) – 30, av. d'Iéna, 75116 Paris, ☎ 01 53 67 44 44. Édite un guide Tourisme et loisirs équestres en France (50 F) répertoriant, région par région, les centres équestres dûment patentés, et énumérant leurs activités.

ASSOCIATIONS RÉGIONALES DE TOURISME ÉQUESTRE (ARTE)

Limousin – Jean-Charles Sanconie, Romanet, 19470 Le Lonzac, ☎ 05 55 98 20 23.

Midi-Pyrénées – Patrice Gleize, 7 descente de la Halle-aux-Poissons, 31000 Toulouse, ☎ 05 61 14 04 58.

COMITÉS DÉPARTEMENTAUX DE TOURISME ÉQUESTRE (CDTE)

Corrèze – Roger Mallet, La Valade, Cublac, 19520 Mansac, ☎ 05 55 82 23 25.

Dordogne – 4-6 pl. Francheville, 24016 Périgueux Cedex, ☎ 05 53 35 88 90.

Lot – Denis Letartre, BP 103, 46002 Cahors Cedex 9, ☎ 05 65 35 07 09.

Tarn-et-Garonne – Jacques Dalla-Riva, Villeneuve, 82290 Barry-d'Islemade, ☎ 05 63 31 65 49.

Itinéraires balisés

Dordogne : 850 km – La carte « Sentiers et relais équestres du Périgord » est disponible auprès du CDTED.

Lot : 1 500 km – Une « Carte départementale de la randonnée » (échelle 1/200 000), reprenant le tracé des sentiers de Grande Randonnée et de pistes équestres, est disponible auprès du CDTEL.

Promenades en calèche

Les attelages du Haut Repaire – Haut Repaire, 24390 Coubjours, ☎ 05 53 50 32 79.

La Double au rythme du cheval – Moulin de la Gacherie, 24410 Festalemps, ☎ 05 53 90 09 42.

Calèches de Dordogne – Charmonteil, 24350 Lisle, ☎ 05 53 03 58 35.

Périgord en calèche – Bourg, 24550 Mazeyrolles, ☎ 05 53 29 98 99.

Tourisme attelé diffusion – Château d'Aynac, 46120 Aynac, ☎ 05 65 10 23 30.

randonnée pédestre

Des sentiers de **Grande Randonnée (GR)**, jalonnés de traits rouges et blancs horizontaux, permettent de découvrir la diversité des paysages de la région. Des topoguides en donnent le tracé détaillé et procurent d'indispensables conseils aux randonneurs ; renseignements sur le Minitel : 3615 rando.

GR 6 – Le Périgord et le Quercy de Monbazillac à Figeac, via Les Eyzies.

GR 36 – La « Traversée du Périgord » sillonne les routes de Dordogne de Mareuil à Monbazillac (départ de Puymoyen), puis celles du Lot de Castillonnès à Cahors.

Anciens abris des bergers, les bories rendent aujourd'hui service aux randonneurs pris sous la pluie !

GR 46 – Le « Tour des gorges de l'Aveyron » emprunte les routes du Lot de Cahors à Beauregard, puis celles du Tarn-et-Garonne et du Tarn de Loze à Penne (vers Mazamet).

GR 65 – Le « Sentier de St-Jacques » traverse la partie Sud-Est du Quercy, de Montredon à Cahors (départ de Conques) ; puis la partie Sud-Ouest, de Cahors à Moissac (vers Roncevaux).

Les sentiers de **Petite Randonnée (PR)** sont destinés aux marcheurs d'un jour. Au départ des circuits, des balisages de couleur indiquent la durée de la promenade :

Bleu – jusqu'à 2 h.

Jaune – de 2 h 15 à 3 h 45.

Vert – de 4 h à 6 h.

Organismes nationaux

Fédération française de la randonnée pédestre – 14 r. Riquet, 75019 Paris, ☎ 01 44 89 93 90.

Comité national des sentiers de Grande Randonnée – 64 r. de Gergovie, 75014 Paris, ☎ 01 45 45 31 02.

Cette fédération édite des topoguides et un guide annuel, *Rando guide*.

Comités régionaux

Aquitaine – Étienne Huc, rte d'Agen, 47300 Pujols, ☎ 05 53 70 31 36.

Midi-Pyrénées – CORAMIP, 16 r. Sébastopol, BP 394, 31007 Cedex 6, ☎ 05 61 29 54 11.

Comités départementaux

Corrèze – 37 r. Ingénieur-Brassard, 19100 Brive-la-Gaillarde, ☎ 05 55 23 66 19.

Dordogne – Jean-Marie Archambeaud, Lacoste 24250 Castelnaud-la-Chapelle, ☎ 05 53 29 99 94.

Lot – BP 7, 46001 Cahors Cedex 9, ☎ 05 65 35 07 09.

Tarn-et-Garonne – Les Crambies, Bioule, 82800 Nègrepelisse, ☎ 05 63 64 21 80.

Circuits

En Périgord – L'Office du tourisme de Sarlat édite les « **Chemins de petites et moyennes randonnées en Périgord noir** » ; sous forme de fiches, ce livret propose 25 circuits de 3 à 42 km.

L'Office du tourisme du Ribéracois organise des randonnées pédestres accompagnées, le mercredi et certains samedis en matinée de juin à septembre, ☎ 05 53 90 03 10.

Dans le Quercy – Il existe une collection de 7 petits guides « **Promenades et randonnées** » décrivant chacun 20 à 30 circuits de petite randonnée *(titres des guides : voir au chapitre livres)*.

ski nautique

Eh oui ! Cela peut surprendre, mais on peut faire du ski nautique dans le Périgord : à Trémolat, un bassin nautique international a été aménagé sur la Dordogne (retenue de Mauzac).

Fédération française de ski nautique – 16 r. Clément-Marot, 75008 Paris, ☎ 01 47 20 05 00.

spéléologie

Le Périgord et le Quercy, aux reliefs calcaires truffés de grottes et de cavités, se prêtent à merveille à la pratique de la spéléologie.

ORGANISMES NATIONAUX

Fédération française de spéléologie – 130 r. de St-Maur, 75011 Paris, ☎ 04 43 57 56 54.

École française de spéléologie – 28 r. Delondine 69002 Lyon, ☎ 04 72 56 09 63. Cette école édite chaque année un calendrier de stages tous niveaux.

COMITÉS SPÉLÉOLOGIQUES RÉGIONAUX

Aquitaine – Av. d'Espérance, 40140 Soustons, ☎ 05 58 41 55 10.

Midi-Pyrénées – 7 r. André-Citroën, 31130 Balma, ☎ 05 61 11 71 60.

COMITÉS DÉPARTEMENTAUX DE SPÉLÉOLOGIE

Dordogne – Les Crouzilles, 24250 Grolejac, ☎ 05 53 31 27 30.

Lot – Mairie, 46240 Labastide-Murat, ☎ 05 65 35 73 53 (M. Bonnet).

Souvenirs

Que rapporter d'un séjour dans le Périgord et le Quercy ? Tous les produits du terroir que vous avez goûtés sur place et que vous aimeriez goûter une fois de plus, histoire de confirmer votre jugement : l'incontournable foie gras, les gésiers de canard ou d'oie, les magrets, les cèpes, les truffes, les escargots, les châtaignes, les noix, les pruneaux et pourquoi pas quelques fraises, si vous passez au printemps. Pour les amateurs de salé, une spécialité de fromage à ne pas manquer : le cabécou (fromage au lait de chèvre). Pour les amateurs de sucré, les friandises et autres douceurs sont nombreuses. Enfin tout en prévenant contre l'abus dangereux d'alcool, apéritifs, vins et liqueurs marient à leur manière salé et sucré.... Et comme un couteau est très utile pour ce genre de souvenirs, n'hésitez pas à aller en acheter plusieurs à Nontron.

à déguster

PÂTISSERIES

Coque de Cahors – Pâte briochée au cédrat confit, parfumée à la fleur d'oranger.

Croquants aux noix – La Croquanterie, Porte Hugon, 46500 Rocamadour.

Gâteau aux noix – Il en existe plusieurs variétés suivant la région ; à goûter celui, moelleux et fondant, qui est en vente à l'Écomusée de la noix à Castelnaud.

Lotois – Les délices du Valentré, place De-Gaulle, 46000 Cahors, ☎ 05 65 35 09 86.

Pastis Quercynois – Feuilletage badigeonné d'huile, fourré de pommes. La Borie Grande, 46120 Aynac, ☎ 05 65 11 20 95.

Ségala – Gâteau à la broche, spécialité de Figeac.

CONFISERIES DE NOIX

Arlequines de Carlux – Cerneaux de noix enrobés de poudre de chocolat.

Bouchées aux noix – Noix et chocolat noir.

Nogaillous du Périgord – Cerneaux de noix enrobés de chocolat brillant.

Noir et noix – Barre enrobée de chocolat noir dont l'intérieur est composé d'un savoureux mélange de pâte de noix et de caramel.
Ces spécialités artisanales, fabriquées au **domaine de Béquignol**, 24370 Carlux, ☎ 05 53 29 73 41, sont distribuées dans les principales boutiques régionales du Périgord et du Quercy et à l'Écomusée de la noix à Castelnaud.

Chais du château de Chambert (Floressas)

APÉRITIFS

Quinquinoix *(Corrèze)* - Maison Denoix, 9 bd du Maréchal-Lyautey, BP 236, 19108 Brive Cedex, ☎ 05 55 74 34 27.

Béquinoix *(Dordogne)* - Domaine de Béquignol, 24370 Carlux, ☎ 05 53 29 73 41.

VINS DE BERGERAC

Riche de ses douze appellations d'origine contrôlée, le vignoble du Bergeracois propose un large choix de visite de propriétés viticoles, répertoriées dans le Guide de la route des Vins. On peut également se rendre à l'accueil de la maison des Vins (cloître des Récollets) où, sur demande, une banque de données régulièrement actualisée est à la disposition du visiteur.
CIVRB - 1 r. des Récollets, 24104 Bergerac Cedex, ☎ 05 53 63 57 57.

VINS DE CAHORS

UIVC - 430 av. Jean-Jaurès, 46000 Cahors, ☎ 05 65 23 22 24, s'occupe de la promotion du Cahors AOC et édite une carte des grands vins de Cahors (disponible auprès des offices de tourisme).

Château de Chambert - Marc et Joël Delgoulet, 46700 Floressas, ☎ 05 65 31 95 75.

Château de Haute-Serre - Georges Vigouroux, 46230 Cieurac, ☎ 05 65 20 80 20.

Clos Triguedina - Jean-Luc Baldès, 46700 Puy-l'Évêque, ☎ 05 65 21 30 81.

Monbazillac : La douceur de ce vin liquoreux fut vantée par Rabelais et Brantôme. Le vignoble a été créé par les moines au 11e s. Au début de l'automne, la proximité de la Dordogne favorise l'alternance de brumes matinales et d'après-midi ensoleillés : ce phénomène climatique va peu à peu « rôtir » les raisins et donner naissance à la pourriture noble qui concentre le sucre de chaque grain, donnant ainsi au vin de Monbazillac son caractère exceptionnel.
Les granges, M. Soulier, 24560 Issigeac ☎ 05 53 58 70 08
Le Cap del Rat, M. Veyssi, 24560 Issogeac, ☎ 05 53 58 72 68

DIGESTIFS

Suprême Denoix : eau de noix *(Corrèze)* - Maison Denoix *(voir adresse ci-dessus)*.

Cerneaux de noix à la liqueur et Carlnoix *(Dordogne)* - Domaine de Béquignol.

La vieille prune de Souillac *(Lot)* - Distillerie Louis Roque, 41 av. Jean-Jaurès, 46200 Souillac, ☎ 05 65 32 78 16.

Le célèbre marché aux truffes de Lalbenque se prépare...

les marchés

Des producteurs fermiers diffusent leurs spécialités en se regroupant sur des marchés, assurant ainsi eux-mêmes la promotion de produits de qualité.

Marchés de pays en Dordogne - De la bourgade à la ville, ils sont la vitrine du savoir-faire périgourdin : Bergerac, Brantôme, Le Bugue, Excideuil, Montpon-Ménestérol, Mussidan, Périgueux, Ribérac, St-Astier, Sarlat, Sorges, Thenon, Thiviers, Terrasson, Tocane-St-Apre, Vergt.
Agneau fermier du Quercy, foie gras, truffes, fromage de chèvre de Rocamadour, noix et fruits des coteaux du Quercy (melon, prune, raisin) garnissent principalement les étalages des marchés du Lot.

Marché des producteurs de pays - Disposant d'une charte de qualité, ces marchés se tiennent le matin ou en fin d'après-midi (saison) - Bétaille, Brengues, Gourdon, Labastide-Murat, Lacapelle-Marival, Lalbenque, Les Quatre-Routes, Livernon, Miers, Montcuq, Payrac, St-Germain-du-Bel-Air, avec parfois une animation folklorique.
Les marchés aux noix, aux châtaignes et aux champignons se tiennent généralement en octobre et novembre, les marchés aux gras (volailles grasses, foies gras...) de novembre à mars, les marchés aux truffes de décembre à mars, les marchés aux fraises entre avril et novembre. Les principaux sont indiqués ci-dessous :

Belvès
Marché fermier - Le mercredi à 16 h, en juillet et août.
Marché aux noix - Le mercredi matin, d'octobre à mi-décembre.

Brantôme
Marché fermier - Le mardi en juillet et août.
Marché aux noix - Le vendredi en octobre et novembre.
Marché aux gras - Le vendredi de novembre à février.

Brive-la-Gaillarde
Marché aux gras - Trois foires grasses primées : mi-décembre, début janvier et mi-février.

Excideuil
Foire aux gras et aux truffes - Le jeudi en décembre et janvier.

Lalbenque
Marché aux truffes - Le mardi à partir de 13 h 30 de fin novembre à mars.

Limogne-en-Quercy
Marché aux truffes - Le vendredi à 10 h 30 de décembre à mars.
Marché aux truffes d'été - Le dimanche à 10 h 30 de juin à septembre.

Montignac
Marché aux noix - Le mercredi en octobre et novembre.

Périgueux
Marché aux animaux vivants (place de la Clautre) et aux fleurs (place de la Mairie) - Le mercredi et le samedi toute l'année.
Marché aux gras (place St-Louis) et aux truffes (place St-Silain) - Le mercredi et le samedi matin de novembre à mars.

Sarlat
Marché aux noix et aux châtaignes - Le samedi en octobre et novembre.
Marché aux gras et aux truffes - Le samedi de novembre à mars.

Thiviers
Marché aux foies gras et volailles grasses - Le samedi de mi-novembre à mars.

Vergt
Marché aux fraises - Tous les jours à 14 h 30 de mi-avril à mi-novembre.

Villefranche-du-Périgord
Marché aux châtaignes - Le samedi de fin septembre à novembre.
Marché aux cèpes - En semaine à partir de 16 h et le dimanche toute la journée de juin à octobre (en temps de pousse).

dans les fermes

Elles sont le lieu idéal pour faire les meilleurs achats de produits à déguster dès votre retour. Elles proposent par ailleurs des visites accompagnées que l'on effectue avec son propre véhicule. Ces visites sont organisées par certains offices de tourisme. Vous pourrez y goûter tous les produits de vos rêves, assister à un gavage ou encore aller sur les traces d'une truffière...

Élevage d'oisons.

Belvès - En juillet et août, ☎ 05 53 29 10 20.

Brantôme - Le mercredi après-midi en juillet et août, ☎ 05 53 05 80 52.

Ribérac - Le mardi après midi de fin juin à début septembre, ☎ 05 53 90 03 10.

Visites d'élevages (gavage) et conserveries artisanales

RÉGION DE BERGERAC

Le domaine de Barbe - Famille Kuster, 24150 Badefols-sur-Dordogne, ☎ 05 53 73 42 20. Du 1er juillet au 31 août, le mardi et le jeudi à 10 h 30 et à 17 h 30, visite commentée ; les autres jours, visite libre. Le reste de l'année sur rendez-vous.

RÉGION DE BRIVE

Domaine de Lintillac - Lintillac, 19270 Ussac, ☎ 05 55 87 65 24.

RÉGION DE FIGEAC

Les Sols de Fons - 46100 Fons, ☎ 05 65 40 11 54. Le mercredi en saison ; sur demande préalable le reste de l'année. Accès fléché à partir de Camburat ou de Mouret. Pour les amateurs de « sucré-salé », ne pas manquer la dégustation des pruneaux fourrés au foie gras.

RÉGION DE PÉRIGUEUX

La ferme de Puygauthier - 24750 Marsaneix, ☎ 05 53 08 87 07.

RÉGION DE SARLAT

Fort de la Rhonie - Boyer, 24220 Meyrals, ☎ 05 53 29 24 83. S'adresser à la ferme-auberge Coustaty.

RÉGION DE SOUILLAC

Foie Gras Jacquin - Emboly, 46350 Lamothe-Fénelon, ☎ 05 65 37 65 67. Tous les soirs à 18 h (sauf le dimanche).

Kiosque

Ouvrages généraux et tourisme

Brantôme, P. Dubuisson, Ouest-France.
Cahors ; Les Causses du Quercy, C. Chantraine, Ouest-France.
Périgueux, G. Mandon, Ouest-France.
Rocamadour, C. Rickard, Ouest-France.
Sarlat, J.-C. Aubarbier, Ouest-France.
Les Causses du Quercy, C. Chantraine, éditions du Laquet.
La Bouriane ; Le Quercy blanc, coll. Tourisme et Patrimoine, éditions du Laquet.
Dordogne Périgord, éditions Bonneton.
Itinéraires romans en Périgord, J. Secret, éditions du Zodiaque.
Le Périgord, J.-F. Di Meglio, Ouest-France.
Le Quercy ; Sarlat, J.-L. Aubardier, Ouest-France.
Les Eyzies, Ouest-France.

Collonges-la-Rouge : le tympan de l'église

Architecture – Art – Archéologie

Les Bastides du Périgord et les Châteaux du Périgord, par J.-L. Aubarbier et M. Binet, éditions Ouest-France.
Beauté du Périgord, Minerva.
Jazz à Souillac, S. Copans et R. Peyrillou, éditions du Laquet.
Quercy roman, M. Vidal, J. Maury et J. Porcher, éditions du Zodiaque.
Maisons et paysages du Quercy, J.-L. Obereiner, Privat.
Périgord roman, J. Secret, éditions du Zodiaque.
Rocamadour, N. et J. Godin, éditions du Zodiaque.

BD

Le Secret des bois de Lascaux, par Félix et Bigotto, éditions Dolmen.

Histoire et civilisation

Aimer la préhistoire en Périgord et *Sites préhistoriques du Périgord*, J.-L. Aubarbier et M. Binet, Ouest-France.
La Vézère des origines, N. Anjoulat et J.-M. Genste, Guides archéologiques de la France.
Contes et légendes des Deux Rivières, J. Heslewood, éditions du Laquet.
Contes et légendes du Périgord, M. Secondat, Fanlac.
Hommes et femmes célèbres de Dordogne, M. Combet, B. Lesfargues, J. Roux, éditions du Bonneton.

Gastronomie – Nature

Meilleures recettes du Périgord, R. Charlon, Ouest-France.
Recettes du Périgord, C. Duluat et J.-G. Modin, éditions du Laquet.
Recettes du Quercy, C. Duluat et J. Pouget, éditions du Laquet.

Littérature

Le Déjeuner de Sousceyrac, P. Benoît, Le Livre de Poche.
La Grâce et le venin, M. Jeury, Le Livre de Poche.
Des grives aux loups, C. Michelet, Press Pocket.
J'ai choisi la terre, C. Michelet, Press Pocket.
Jacquou le croquant, E. Le Roy, Press Pocket.
La Rivière Espérance, C. Signol, Press Pocket.

Loisirs sportifs

Autour de Brive, B. Barbarin, Les Créations du pélican.
Autour de Cahors et de Montauban, M.-F. Couppey et B. Barbarin, Les Créations du pélican.
Entre Lot et Célé, Le Jardin du Ségala, Le Causse de Gramat, La Bouriane, Les Marches du Sud Quercy, La Vallée du Lot de Vers à Soturac, La Vallée de la Dordogne et *Le Causse de Martel*, Collection Promenades et Randonnées, Comité départemental du Lot.
Le Périgord à pied, 55 balades, M.-F. Couppey et B. Barbarin, Fanlac.
Périgord noir, sélection de 20 promenades très faciles (Carnet de croquis d'un promeneur curieux), C. Tijou et B. Deubelbeiss, Coll. Les Balades d'Archibald, éditions Chamina.
Le Lot en Quercy : VTT, 36 circuits, éditions du Laquet.

Cinéma

Le Périgord est un décor de choix, et le septième art ne s'y est pas trompé. Ont été tournés :

Au château de **Beynac** et à **Sarlat** (Dordogne) :
La Fille de d'Artagnan (1994) de Bertrand Tavernier, avec Philippe Noiret et Sophie Marceau.

À **Biron**, **Hautefort** et **Monpazier** (Dordogne) :
Le Capitan (1960) d'André Hunebelle, avec Jean Marais et Bourvil.

Au château de **Bruniquel** (Tarn-et-Garonne) :
Le Vieux Fusil (1975) de Robert Enrico, avec Philippe Noiret et Romy Schneider.

À **Carennac** *(Lot)* :
La Rivière Espérance (1995), de Josée Dayan, avec Manuel Blanc, J.-C. Drouot et Claire Nebout.

À **Clermont-de-Beauregard** et **St-Martin-des-Combes** (Dordogne) :
Les Bois noirs (1989) de Jacques Deray, avec Béatrice Dalle et Stéphane Freiss.

À **Domme** et **Sarlat** (Dordogne) :
Le Tatoué (1968) de Denys de La Patellière, avec Jean Gabin et Louis de Funès.

À **Hautefort** (Dordogne) :
Plenty (1985) de Fred Schepisi avec Meryl Streep et Sam Neil.

À **Monpazier**, **Sarla**t et **Sireuil** (Dordogne) :
Les Misérables (1982) de Robert Hossein, avec Lino Ventura, Michel Bouquet, Évelyne Bouix et Jean Carmet.

À **Périgueux**, **St-Astier**, **St-Aulaye** et **St-Léon-sur-l'Isle** (Dordogne) :
Champ d'honneur (1987) de J.-P. Denis, avec Cris Campion et Pascale Rocard.

À **St-Léon-sur-l'Isle** (Dordogne) :
Histoire d'Adrien (1980) de J.-P. Denis, avec Bernard Sautereau et Serge Dieuaide.
La Palombière (1983) de J.-P. Denis avec J.-C. Bourbault et Christiane Millet.

À **Sarlat** (Dordogne) :
Pontcarral, colonel d'empire (1942) de Jean Delannoy, avec Pierre Blanchard et Simone Valère.
Collinot-Trousse Chemise (1974) de Nina Companeez, avec Brigitte Bardot et Francis Huster.
Elle voit des nains partout (1981) de J.-C. Sussfeld, avec Zabou et Christian Clavier.
Périgord noir (1989) de Nicolas Ribowski, avec Roland Giraud, Jean Carmet et Odette Laure.

À **Sarlat** et à **Castelnaud** (Dordogne) :
Vautrin (1943) de Pierre Billon, avec Michel Simon et Madeleine Sologne.
Le Destin exécrable de Guillemette Babin (1949) de G. Radot, avec Jean Davy et Héléna Bossis.

À **Sarlat** et **Sireuil** (Dordogne) :
Duellistes (1977) de Ridley Scott, avec K. Carradine, H. Keitel.

À **Trémolat** (Dordogne) :
Le Boucher (1970) de Claude Chabrol, avec Jean Yanne et Stéphane Audran.

Château de Hautefort

Calendrier festif

festivals

Juin-Juillet

Le Printemps de Cahors (fin juin-début juillet), ☎ 01 41 12 80 50. — **Cahors**

Juillet

Festival de blues (mi-juillet), ☎ 05 65 35 22 29. — **Cahors**

Festival de folklore et d'amitié (dernière semaine du mois), ☎ 05 53 51 86 88. — **Montignac**

Festival de jazz « Sim Copans » (3e week-end du mois), ☎ 05 65 37 81 56. — **Souillac**

Juillet-août

Festival du pays d'Ans (de mi-juillet à début août), ☎ 05 53 51 14 35. — **Badefols, Hautefort**

Rencontre de violoncelle (fin juillet à début août), ☎ 05 65 24 14 75. — **Belaye**

Musique en Périgord (de mi-juillet à mi-août). — **Bergerac, Le Bugue,**

Festival du Périgord pourpre (de mi-juillet à mi-août), ☎ 05 53 22 68 59. — **Biron, Bergerac, Cadouin, Monpazier**

Festival de théâtre, ☎ 05 53 71 17 17. — **Bonaguil**

Festival du Quercy blanc (de fin juillet à mi-août), ☎ 05 65 31 83 12. — **Cahors, Lauzerte, Montcuq**

Rencontres estivales (de mi-juillet à mi-août), ☎ 05 65 41 20 06. — **Gourdon**

Musique et paroles en Ribéracois (de mi-juillet à mi-août), ☎ 05 53 90 28 67. — **Ribérac**

Festival des jeux de théâtre (dernière semaine de juillet à mi-août), ☎ 05 53 31 10 83. — **Sarlat**

Festival de musique et d'art lyrique (fin juillet à mi-août), ☎ 05 65 38 28 08. — **St-Céré**

Festival musical du Périgord noir (dernière semaine de juillet et 3e semaine d'août), ☎ 05 53 51 95 17 et 05 53 51 61 61. — **St-Léon-de-Vézère**

Fête de la Félibrée

Festival musical dans les abbayes et églises, ☎ 05 53 51 95 17. — **Montignac**

Les mercredi de Rocamadour, ☎ 05 65 33 22 00. — **Rocamadour**

Visite nocturne : les nocturnes de Castelnaud : pièce (le scénario change chaque année) interprétée dans les salles du château. La nuit et la lueur des flambeaux confèrent au site une atmosphère singulière où le visiteur devient un témoin privilégié de l'intrigue, mettant en scène les personnages qui ont fait l'histoire du château. 2 représentations (sauf le week-end) à 20 h 30 et — **Château de Castelnaud**

22 h 15, places limitées à Gourdon : 1189, Bertrand de Gourdon, spectacle théâtral historique autour de la ville au Moyen Âge et de ce personnage haut en couleur qui aurait, selon la légende, mortellement blessé le roi Richard Cœur de Lion à Chalus en 1199.

Renseignements et réservations, Office du tourisme de Gourdon, 24, rue de Majou, 46300 Gourdon.

Août

Mimos : festival international du mime (début du mois), ☎ 05 53 53 55 17. — **Périgueux**

Festival de théatre (1re quinzaine du mois), ☎ 05 53 71 17 17. — **Bonaguil**

Août-septembre

Festival de la chanson française (de fin août à début septembre), ☎ 05 53 53 32 95. — **Périgueux**

Septembre-octobre

Sinfonia en Périgord (les trois derniers week-ends de septembre), ☎ 05 53 53 32 95. — **Bourdeille, Chancelade**

Novembre

Foire du livre (début du mois), ☎ 05 55 92 39 39. — **Brive**

Novembre-décembre

Salon international du livre gourmand (du vendredi au dimanche), ☎ 05 53 53 18 71. — **Périgueux**

foires

Janvier

Foire des Rois (début du mois). — **Brive**

Foire des Rois (1er mercredi à partir du 6 du mois). — **Périgueux**

Foire des Rois (début du mois). — **Thiviers**

Mars

Foire de l'arbre et du bois (2e dimanche du mois), ☎ 05 65 40 20 10. — **Latronquière**

Avril

Foire aux chèvres (dimanche après la St-Georges). — **Aubazine**

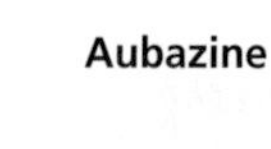

Mai

Foire aux fleurs (1er du mois), ☎ 05 65 37 97 87. — **Calès**

Foire à la laitière (1er du mois), ☎ 05 53 90 81 33. — **St-Aulaye**

Mai-juin

Foire aux fromages (dimanche de Pentecôte), ☎ 05 65 33 62 74. — **Rocamadour**

Juillet

Foire à la laine (le 23 du mois), ☎ 05 65 37 43 44. — **Martel**

Beaucoup de patience pour beaucoup de cerneaux...

Août

Foire aux vins et aux produits régionaux (14 et 15 du mois), ☎ 05 65 24 65 50. **Duravel**

Foire aux dindons (1er lundi du mois). **Hautefort**

Foire aux vins (1er week-end du mois). **Lalinde**

Foire aux melons (15 du mois). **Belfort-du-Quercy**

fêtes

Dimanche de Pentecôte

Fête de la Ringueta : jeux traditionnels (tous les deux ans). **Sarlat**

Juillet

Fête de la gourmandise, « La Table de Cyrano Bergerac ». **Bergerac**

Fête de la Félibrée (1er dimanche du mois). Chaque année, une ville différente du Périgord accueille cette fête. **Les Eyzies-de-Tayac**

Grotte de Pech-Merle

Invitation au voyage

Une terre plurielle, une terre féconde

Paysage verdoyant de la vallée du Lot

Jules Verne vous a fait rêver avec ses voyages au centre de la Terre, vous aimez l'histoire avec un grand « H », les paysages torturés par la lente érosion de l'eau, les petites églises nichées au cœur de vallons verdoyants ? En Périgord et Quercy, plusieurs millénaires d'humanité s'égrènent au milieu d'un paysage de causses ponctués de grottes et de gouffres, et de vallées profondes décrivant de larges méandres.

Noix

Châtaignes

Séchage de feuilles de tabac

Les Périgord : vert, noir, blanc

C'est au pluriel qu'il faut parler du Périgord tant la région présente de paysages variés, tant la nature s'est plu ici à brouiller les cartes. Point de vastes plaines, ni de grands plateaux, mais une mosaïque de pays individualisés.

Le Périgord vert

De Nontron à Excideuil, le Périgord vert reste le domaine d'une polyculture soignée, colorée par les carrés de tournesols, qui annoncent déjà le Limousin. Symbole de cette parenté, la récente création d'un Parc régional naturel du Périgord-Limousin. Nontron, Mareuil, Jumilhac-le-Grand, Bussière-Badil, Varaignes : la poignée de cités jalonnant cette marche verdoyante du Massif Central associe la petite industrie (charentaises, couteaux de Nontron) à la commercialisation de la production agricole.

Le Périgord blanc

Prolongement de la Saintonge, cette « champagne », immense clairière de calcaire crayeux aux sols blanc et gris, correspond à peu près au Ribéracois, grenier à blé du Périgord et au Brantômois. À ces importantes cultures céréalières, s'ajoutent l'élevage des vaches laitières et celui des veaux blancs. Ribérac, la capitale de la région, est un important marché agricole.

La Dordogne est un des premiers producteurs de fraises en France

Le Périgord central

Autour de Périgueux, les paysages de collines et de coteaux présentent des prairies entrecoupées de taillis de chênes et de châtaigniers. Cette région est traversée par les rivières de Beauronne, de Vern, de la Dronne. La vallée de l'Isle, la plus importante, est jalonnée de petites villes à vocation industrielle ; les terrains alluviaux se partagent entre la prairie temporaire, le maïs, le tabac et le noyer.
Au Sud de Périgueux, les sables riches en minerais de fer qui recouvrent le calcaire s'avèrent un terrain de choix pour la culture de la fraise dont le gros bourg de Vergt semble la capitale. Au Nord-Est de la ville, le Périgord central vient buter sur le causse périgourdin. Ce bloc de calcaire jurassique, taillé par les vallées de l'Isle, de l'Auvézère et de la Loue, présente une végétation maigrichonne, caractéristique des causses. C'est au pied des chênes rabougris qui le parsèment que pousse la truffe la plus parfumée.

La Double et le Landais

Au Sud de Ribérac, de vastes forêts de chênes pédonculés, de châtaigniers et de pins maritimes se sont constituées sur les dépôts sableux provenant du Massif Central. Autrefois très insalubre, cette région ponctuée d'étangs est aujourd'hui exploitée pour le bois et le gibier. Au Sud de l'Isle, le Landais, moins sauvage, est recouvert d'une forêt de pins maritimes et sur ses limites, de vignobles et de prairies.

Le Bergeracois

Autour de Bergerac, plusieurs entités se dessinent, profitant chacune d'un climat très doux propice aux cultures méridionales : dans la vallée de la Dordogne, très large à cet endroit, des parcelles produisent du tabac, du maïs et du tournesol grâce à la fertilité des alluvions ; à l'Ouest du Bergeracois domine l'arboriculture, alors que sur les coteaux s'étendent les vignobles de Bergerac et de Monbazillac. Au Sud, de petits terrains vallonnés et coupés de massifs forestiers, sont voués aux céréales et au prunier d'ente.

Périgord noir

Découpé au quaternaire par les vallées de la Vézère et de la Dordogne, il doit son nom au taux de boisement très élevé et à la présence largement répandue du chêne vert ou yeuse, au feuillage dense, sombre et persistant, très abondant dans le Sarladais. Sur le limon des vallées, les cultures sont variées : blé, maïs, tabac, noyers. Les marchés prospères proposent des noix excellentes, des champignons, des truffes et des foies gras.

Bassin de Brive

Coincée entre le plateau d'Uzerche et les corniches calcaires des causses du Quercy, la dépression de Brive, est drainée par les eaux de la Corréze et de la Vézère. Les vallons coupés de peupliers, les pentes douces des collines bien exposées portent de riches cultures fruitières. Au Sud, s'étend le causse corrézien où s'égrènent truffières, élevages d'oies à gaver et parcs à agneaux.

Cerneaux de noix.

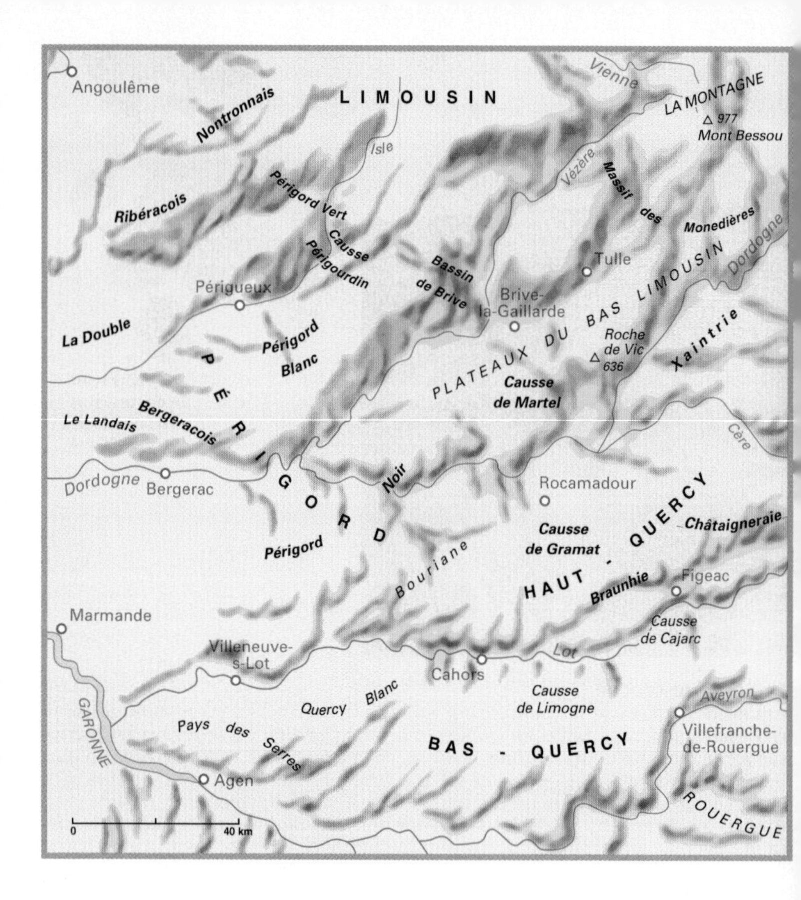

Causses et vallées du Quercy

Né il y a 260 millions d'années, par les dépôts de sédiments marins, le Quercy appuie ses vastes étendues calcaires au flanc Sud-Ouest du Massif Central. Loin de la monotonie des étendues languedociennes, le causse quercynois est une terre à la végétation clairsemée où l'eau n'est jamais loin, travaillant sans relâche la roche qui affleure à tous endroits.

Plus que d'un causse, il convient de parler des causses, tant les nuances sont nombreuses entre le bassin de Brive au Nord et les gorges de l'Aveyron au Sud.

Les causses de Gramat, Martel et Limogne

Entaillés de vallées sèches, les « combes » sont le domaine du genévrier, du chêne, de l'aubépine, du caroubier et... des brebis aux yeux cerclés de taches noires qui paissent au milieu d'enclos de pierres sèches. Ce mouton caussenard, dit « à lunettes », est apprécié pour sa laine et pour la délicatesse de sa chair très peu enrobée de graisse. Les agnelles et les jeunes béliers font l'objet d'une sélection très rigoureuse.

Au Nord du Quercy, coincé entre le Limousin et la vallée de la Dordogne, le **causse de Martel**, du nom de sa principale localité, est plus riche que ses voisins en vallées sèches et en cultures.

Entre les vallées de la Dordogne et du Célé, s'étend le **causse de Gramat**. Cet énorme bloc de calcaire est entaillé de magnifiques gorges, tour à tour vallées sèches qui accueillent un vert ruban de prairies, ou vallées « actives » comme les canyons de l'Ouysse et de l'Alzou aux falaises duquel s'accroche Rocamadour. Entre les étroites coupures de l'Alzou et du Célé s'étend la Braunhie (prononcer « Brogne »), région aride criblée de gouffres et de grottes.

Le bonheur des oies est dans le pré...

Plus au Sud, le **causse de Cajarc**, de faible étendue, est enserré par les rives du Célé et du Lot dont les méandres sont entourés de riches cultures.
Le **causse de Limogne**, bordé par le Lot au Nord, est parsemé de champs de lavande et, expression du renouveau d'une activité ancestrale, de safran, assiégés par les taillis de chênes blancs. Ici et là des gariottes construites en bordure d'anciennes vignes servent d'abri aux bergers. Deux gros bourgs, Limogne en Quercy et Lalbenque, se sont implantés sur ce causse essentiellement rural, et constituent encore aujourd'hui des marchés agricoles actifs.
Enfin, le **causse de Caylus**, longtemps resté inaccessible par la présence d'un camp militaire. L'habitat rural de ce causse présente déjà quelques influences méditerranéennes avec toits de tuiles canal.

Les vallées

S'encaissant dans les calcaires durs, les rivières descendues du Massif Central ont creusé patiemment leur vallée, dessinant des méandres qui s'élargissent vers l'aval pour devenir d'amples cingles. Ces vallées de la Dordogne, du Célé, du Lot sont le domaine du maïs, de la vigne avec le vignoble de Cahors dans la vallée du Lot, et des arbres fruitiers.
Les villes s'y sont installées : Souillac dans la vallée de la Dordogne, Figeac dans celle du Célé et Cahors dans un méandre du Lot.

Les Marges du Haut-Quercy

À l'Est, une zone fertile sépare les causses des terrains cristallins du Massif Central. Il s'agit du **Limargue** et du **Terrefort**. Les terrains qui s'étalent en bassins et vastes plaines favorisent les cultures les plus variées : reines-claudes et fraisiers entre Carennac et Saint-Céré, vignes, noyers, tabac, voisinant avec de grandes prairies.

Troupeau de brebis et leur berger

Sur ses confins orientaux, le **Haut-Quercy** englobe, prise entre les gorges vertigineuses de la Cère et du Lot, la partie occidentale de la Châtaigneraie, haut pays de terres froides cristallines appartenant au Massif Central, domaine du châtaignier et du bouleau. Autour des fermes et hameaux dispersés sur les lourdes croupes, on se consacre à la culture de céréales de printemps, ainsi qu'à l'élevage des porcs et veaux blancs.
À l'Ouest de la N 20, une couverture de sable et d'argile, déposée à l'époque tertiaire, il y a 65 millions d'années, donne naissance à une végétation composée de landes de bruyère, de taillis et de bois : c'est la **Bouriane** et son moutonnement de collines, qui s'apparente plus au Périgord voisin qu'au Quercy. Autour de Gourdon, sa capitale, s'organisent, entre autres activités économiques, l'exploitation de la résine, le commerce du bois, les marchés de châtaignes, de noix et de bestiaux.

Le Quercy blanc

Au Sud-Ouest de Cahors, le causse devient *planhès*, grandes surfaces mamelonnées blanchâtres qui ont valu à cette région le nom de Quercy blanc. Ces plateaux, découpés en lanières (les serres), portent des pâturages à moutons, des bois de chênes et, lorsque le sol devient argileux, de belles cultures. Entre ces serres, les vallées ouvertes dans la molasse sont des couloirs fertiles où les prairies bordées de peupliers produisent fruits, vignes, céréales et tabac.
Les principaux bourgs, Montcuq, Lauzerte, Castelnau-Montratier, Montpezat-de-Quercy, ont trouvé refuge sur des *puechs*, sortes de petits pitons, où ils s'animent les jours de marché.

Grottes et gouffres : un univers souterrain

Présent aux marches du Périgord où il tranche par son aridité dans un paysage très verdoyant, le causse l'est également dans le Quercy où il déroule à perte de vue ses solitudes pierreuses. Cette sécheresse s'explique par la nature calcaire du sol qui absorbe comme une éponge les eaux de pluie. À cette aridité de surface correspond une intense activité souterraine.

Merveilles des grottes de Lacave

L'infiltration des eaux

Chargées d'acide carbonique, les eaux de pluie dissolvent le carbonate de chaux contenu dans le calcaire. Se forment alors des dépressions généralement circulaires et de dimensions modestes appelées **cloups**, terme local de **dolines**. La dissolution des roches calcaires produit une terre arable propice aux cultures : lorsque les cloups s'agrandissent, ils forment de plus vastes dépressions fermées appelées **sotchs**. De la taille des fissures dans les roches calcaires dépend l'importance du travail d'érosion et de corrosion de l'eau de pluie qui s'infiltrera alors plus profondément dans le sol. Affaiblie par ce patient travail de sape, de creusement et de dissolution, la couche calcaire s'effondre, donnant naissance à des puits naturels ou abîmes appelés **igues** en Quercy, **edzes** ou **eidges** en Périgord.

Les rivières souterraines

Les eaux d'infiltration finissent par former d'importantes galeries souterraines et se réunissent en une rivière à circulation plus ou moins rapide. Parfois chargées de matériaux abrasifs, elles élargissent leur lit et se précipitent en torrents souterrains. Lorsqu'elles s'écoulent lentement elles forment, en amont, des barrages naturels appelés **gours** qui s'édifient peu à peu par les dépôts de carbonate de chaux. Il arrive qu'au-dessus des nappes souterraines la dissolution de la croûte calcaire se poursuive : des blocs se détachent de la voûte, un dôme se forme, dont la partie supérieure se rapproche irrémédiablement de la surface du sol. C'est le cas du Grand Dôme de Padirac que quelques mètres seulement séparent de la surface du causse de Gramat. Lorsque la voûte du dôme devient très mince, un éboulement découvre la cavité et ouvre un **gouffre**.

Formation des grottes

Au cours de sa circulation dans les fissures et les interstices, l'eau abandonne lentement (à l'échelle géologique, soit des milliers d'années) le calcaire dont elle s'est chargée en pénétrant dans le sol. Elle édifie ainsi de magnifiques concrétions aux formes fantastiques. Dans certaines grottes, le suintement des eaux donne lieu à des dépôts de calcite blanchâtre (carbonate de chaux) qui constituent des cônes, des pendeloques, des pyramides, des draperies, dont les représentations les plus connues sont les stalactites, les stalagmites et les excentriques.

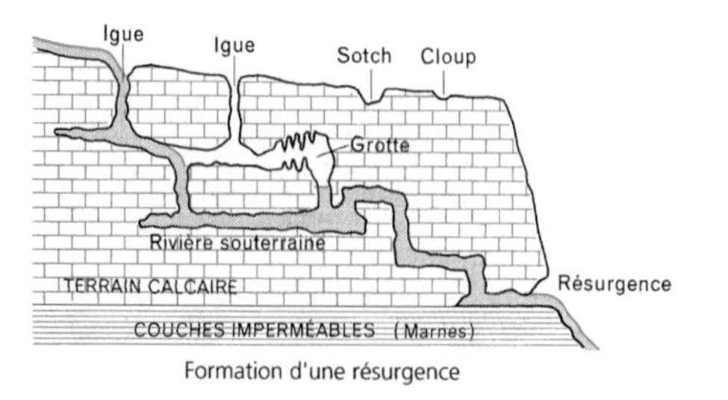

Formation d'une résurgence

Les **stalactites** se forment à la voûte. Chaque gouttelette qui suinte au plafond y dépose, avant de tomber, une partie de la calcite dont elle s'est chargée. Peu à peu s'édifie ainsi la concrétion le long de laquelle d'autres gouttes d'eau viendront couler et déposer leur calcite.

Les **stalagmites** sont des formations de même nature qui s'élèvent du sol vers le plafond. Les gouttes d'eau tombant toujours au même endroit déposent leur calcite qui forme peu à peu un cierge. Celui-ci s'élance à la rencontre d'une stalactite avec laquelle il finira par se réunir pour constituer un **pilier** reliant le sol au plafond.
La formation de ces concrétions est extrêmement lente : elle est, actuellement, de l'ordre de 1 cm par siècle sous nos climats.
Les **excentriques** sont de fines protubérances en forme d'aiguille, dépassant rarement 20 cm. Elles se développent dans une apparente anarchie sous forme de minces rayons ou d'éventails translucides. Formées par cristallisation, elles n'obéissent pas aux lois classiques de la pesanteur. Plus rarissimes mais tout aussi étonnants sont les **disques** (Pech-Merle), dont la forme spectaculaire s'explique aussi par quelques lois physiques de cristallisation.

Grotte à concrétions :
① Stalactites ② Stalagmites
③ Colonne en formation
④ Colonne formée

Les résurgences

Les circulations souterraines s'alimentent soit avec les pertes d'un cours d'eau dans une igue du causse, soit par accumulation des eaux d'infiltration atteignant le niveau des couches imperméables (marnes ou argiles). Elles s'écoulent par conduite forcée ou par gravité, suivant l'inclinaison des couches jusqu'à réapparaître à l'air libre au flanc d'un versant : c'est une résurgence.
Ainsi, la rivière souterraine de Padirac resurgit à 11 km environ de l'endroit où se termine la visite de la salle des Grands Gours, au cirque de Montvalent, dans la vallée de la Dordogne.

Du terroir à la table

« Le meilleur guide de ma santé à table, c'est la volupté que j'éprouve en mangeant », se plaisait à dire Montaigne qui donna à la gastronomie périgourdine le titre de « science de gueule ». La cuisine du Quercy n'est pas en reste, qui propose aussi nombre de plats tour à tour subtils et copieux. Une bonne table bien garnie : telle semble être la maxime que ces deux gastronomies ont adoptée et sur laquelle elles ont assis leur réputation... Jugez plutôt.

Les fruits de la terre

Le Périgord et le Quercy sont par excellence des pays où l'on mène de front les cultures les plus variées. Trois productions symbolisent cette région : les noix, les fraises et le tabac.

La noix

La noix *marbot*, variété la plus courante dans le Lot, très précoce, est souvent vendue comme noix fraîche. La noix *grandjean*, produite dans les régions de Sarlat et de Gourdon, fournit une grande partie des cerneaux (noix vertes tirées de leurs coques) du Périgord et du Quercy. La noix *corne* est répandue dans la région de Hautefort et sur les meilleurs sols du causse : c'est une noix de qualité mais, de petites dimensions, elle rencontre quelques difficultés de commercialisation. La noix *franquette* se trouve dans les nouvelles plantations.
Toutes ces noix, cultivées au Nord du Périgord, dans le Sud de la Corrèze et dans une grande partie du Quercy, sont encore récoltées en abondance bien que leur production tende à décliner.

La fraise, la belle de mars

La Dordogne se classe parmi les premiers départements producteurs de fraises en France. Cultivées d'abord dans les vallées du Lot et de la Dordogne, les fraises ont peu à peu gagné les plateaux de la région de Vergt et de Rouffignac dans le Périgord central.
On cultive les fraisiers sous des bandes de plastique qui strient le paysage de longs rubans argentés au printemps. On laisse ensuite les fruits mûrir sur ces mêmes bandes de plastique avant de les ramasser pour les expédier sur les grands marchés de la région parisienne et du Nord de la France où les fraises du Périgord, pour un bon tiers d'entre elles des gariguettes, sont particulièrement appréciées.

Le Bergerac rouge se prépare.

Vignoble de Cahors.

Gastronomie et convivialité périgourdine

Le tabac

Il trouve en Périgord et en Quercy, comme dans tout le Sud-Ouest de la France, des conditions particulièrement favorables à sa culture. Cette plante vigoureuse, importée d'Amérique au 16e s., fut à l'origine utilisée pour ses propriétés médicinales *(voir musée du Tabac à Bergerac)*. Exigeant des soins minutieux et une main-d'œuvre nombreuse, la production du tabac n'en assure pas moins des revenus substantiels pour les exploitations familiales qui s'adonnent à sa culture. Elle se pratique surtout sur les sols alluviaux des vallées de la Dordogne et du Lot et sur les terres limoneuses des replats des collines du Périgord et du Quercy.

Séchage des noix

Les variétés traditionnelles, qu'elles soient brunes (destinées à la SEITA.) ou claires (traitées à l'usine de Sarlat), connaissent un même cycle de production : les semis de graines sélectionnées sont réalisés fin mars ; durant la fin du printemps et l'été ont lieu les travaux de repiquage, de binage, d'étêtage, et d'ébourgeonnement. La récolte traditionnelle s'effectue tige par tige, chacune étant couverte de 10 à 12 feuilles atteignant 60 à 90 cm de longueur. Le séchage, d'une durée d'un mois et demi, a lieu dans des hangars aérés, constructions typiques des régions tabacoles. Triées, les feuilles séchées sont acheminées vers les dépôts de la coopérative. Le Lot a la quasi-exclusivité de la production de tabac à priser.

Filets installés pour la cueillette des noix

Le marché du tabac – La demande de produits dits de « goût américain », fabriqués à partir du tabac blond, ne cesse de croître. Cette situation a rendu nécessaire la mise en œuvre d'un programme de recherche et de développement de ces variétés de tabac blond *(virginie)* ou clair *(burley)* à l'Institut du tabac de Bergerac. La culture du *virginie* nécessite des équipements spéciaux (fours de séchage), mais ces variétés sont cependant en constante expansion.

Fort de plusieurs centaines de producteurs, le département de la Dordogne occupe le premier rang en France (environ 15 % de la production française).

Et les autres...

Le tableau ne serait pas complet s'il n'évoquait les productions de prunes, comme la reine-claude, les châtaignes, les cèpes, les melons, la vigne, mais aussi, le safran...

Le foie gras s'affiche sur de nombreuses enseignes de boutiques à Sarlat.

Foies, truffes et confits

Voici, dans le désordre, le tiercé gagnant sur lequel le Périgord a assis sa réputation de région de la gastronomie, des spécialités qui comptent parmi les gloires culinaires de la France.

Les foies gras

Cette spécialité régionale a entraîné un plein essor de l'élevage des palmipèdes, où les canards, plus rentables, dominent les oies dans les basses-cours du Périgord et du Quercy. Cet élevage, orienté vers la préparation de foies gras et de confits, ne suffit pas à la production locale, et doit être complété par l'importation de foies d'Israël ou de Hongrie.

Le gavage – Dès que l'emplumement est suffisant (environ 1 mois), canards et oies sont élevés en plein air. Pour les préparer au gavage, ils reçoivent une nourriture composée de céréales et de luzerne, favorisant la dilatation de leur système digestif. Après trois mois de pâturage, les volailles sont installées dans des épinettes (cages individuelles) pour une période de claustration de 15 à 18 jours. Progressivement suralimentés, les palmipèdes ingurgitent (à l'aide d'une gaveuse pneumatique) de la semoule, puis des grains entiers de maïs, 2 à 3 fois par jour ; pendant ce traitement, un canard recevra de 10 à 15 kg de maïs contre 15 à 20 kg à l'oie. En fin de gavage, leur foie doit avoir triplé, voire quadruplé, pour atteindre un poids idéal de 450 à 500 g pour un canard et de 800 à 900 g pour une oie.
Conseil : Foie gras d'oie ou foie gras de canard ?
Tout dépend de la finalité du produit : le foie gras d'oie occupe une place privilégiée dans le cœur des gourmets. Plus cher que le foie de canard, il est apprécié pour ses saveurs délicates, sans préparation de préférence. Quant au second, il aura connu un notable développement, le canard étant plus facile à élever que l'oie. Les connaisseurs se délectent de son goût rustique et de sa facilité à être cuisiné.

La préparation – Le foie gras convient fort bien à la conserve qui se commercialise sous diverses formes, aussi convient-il de bien distinguer l'appellation du produit : un foie gras entier consiste en un ou plusieurs lobes simplement dénervés et assaisonnés, puis stérilisés (la version mi-cuit doit être conservée à +3 °C et consommée rapidement) ; un bloc de foie gras est une reconstitution de fragments de lobe malaxés à très grande vitesse, puis émulsionnés par adjonction d'eau. Le foie gras est aussi présenté sous forme de parfait (75 % de foie gras), de mousse, de pâté, de médaillon ou de galantine (50 % de foie gras).

La dégustation – Les foies gras se servent frais (compter 50 g par personne) et se coupent avec un couteau trempé dans l'eau chaude ; ils s'accompagnent volontiers d'un verre de Monbazillac.

Foies gras entiers

Les confits

Fond rituel des cuisines périgourdine et quercynoise, le confit était avant tout un procédé qui permettait aux paysans de conserver les différentes parties de l'oie après avoir récupéré les foies gras. Aujourd'hui spécialité gastronomique, les confits sont toujours préparés de manière traditionnelle. Les morceaux découpés sont mis à cuire dans leur graisse pendant 3 heures, puis conservés dans des pots de grès, les tupins. Ce procédé est utilisé pour l'oie, le canard, la dinde et aussi la viande de porc (les confits de porc sont appelés « enchauds »). La graisse d'oie pure remplace le beurre dans la cuisine périgourdine (Curnonsky la disait en conséquence « sans beurre et sans reproche »...), et sert entre autres à faire revenir les pommes de terre sarladaises.

Le marché aux gras de Brive s'anime.

Les truffes

Étrange production du règne végétal, la truffe est un champignon souterrain qui se développe à partir du mycélium, réseau de filaments, autour du noisetier, du tilleul et du chêne.

Elle aime les terrains calcaires secs, une bonne exposition au soleil et des saisons marquées. D'une grande exigence en matière d'éléments nutritifs et d'eau, la truffe monopolise toutes les ressources alentour, si bien qu'en surface, la végétation disparaît, décrivant les fameux « ronds de sorcières » aux allures dénudées.

Elle naît au printemps, se développe pendant tout l'été, parvient à maturité en automne pour être « récoltée » entre les mois de novembre et février. Le caveur, s'accompagnant d'une truie ou d'un chien dressé au cavage, voire d'une... mouche, laisse l'animal creuser le sol pour récolter les truffes lorsqu'elles sont mûres et bien parfumées.

Il existe une trentaine d'espèces de truffes, mais la plus intéressante est la variété connue sous le nom de « truffe du Périgord », ou plus exactement, la *tuber melanosporum.*

Les principaux centres de production et de vente en Périgord sont Brantôme, Thiviers, Excideuil, Périgueux, Thenon, Terrasson, Sarlat, Domme, Sorges, et, dans le Quercy, Cahors, Limogne, Sauzet et surtout Lalbenque.

La truffe, considérée jadis comme une production d'appoint, n'a pas toujours été cet or noir que les « orpailleurs des causses » se disputent aujourd'hui. Il fut même un temps où les vignerons tentaient de l'éloigner de leurs alignements de vignes et creusaient des tranchées autour du vignoble.

Le phylloxéra fit venir la truffe sur le devant de la scène, envahissant les ceps, débarrassés avec soin de toute végétation parasite. Une aubaine pour le champignon dont l'explosion de la production ouvrit de nombreux appétits. Délaissée au début du siècle dans la tourmente de la Première Guerre, abandonnée par les nouvelles générations et l'exode rural, la production connaît un déclin régulier depuis plusieurs décennies. Pire, le Périgord n'est plus la première région de production de ce curieux champignon. Des plantations de chênes truffiers entretiennent cependant l'espoir d'améliorer le rendement en ce domaine. (Pour plus de détails sur la culture de la truffe, s'adresser à la Maison de la truffe à Sorges.)

Conseil : Comment choisir ses truffes ?

Elles doivent être très fermes au toucher. Si elles suintent quand on les presse, elles ont subi les assauts du froid. Si elles paraissent sèches et légères, elles ont été immodérément exposées au soleil. Si elles n'ont pas d'arôme, elles ne sont pas forcément mauvaises, mais tout simplement pas assez mûres. Inversement, une truffe pourrie exhale une odeur nauséabonde qui ne trompera personne.

Truffes par dizaines : un véritable trésor

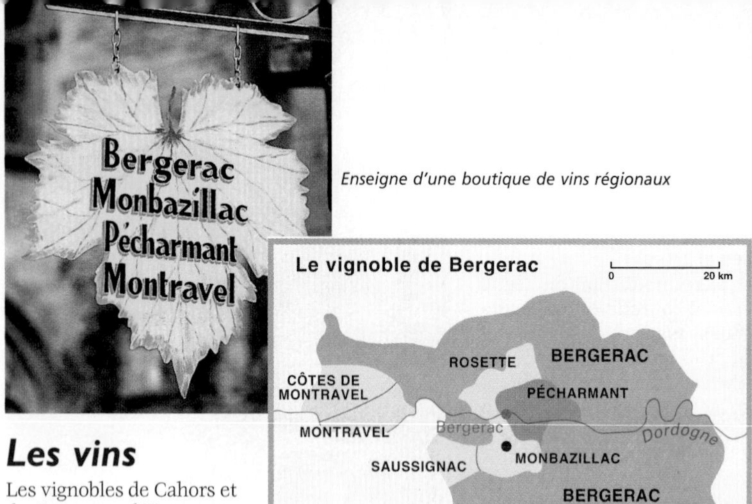

Enseigne d'une boutique de vins régionaux

Les vins

Les vignobles de Cahors et de Bergerac, déjà renommés à l'époque gallo-romaine, ont connu de nombreuses vicissitudes, dont la catastrophe du phylloxéra qui a totalement anéanti le vignoble lotois au 19e s. Aujourd'hui, ils retrouvent un nouvel essor et donnent des vins d'appellation d'origine contrôlée de qualité.

Le vignoble de Bergerac

Le vignoble de Bergerac, sur lequel une large part est faite au cépage Sauvignon, recouvre environ 13 000 ha répartis sur 90 communes. S'étalant en terrasses au-dessus de la vallée de la Dordogne, il se répartit en plusieurs zones donnant des crus différents : les bergerac et côtes-de-bergerac, le monbazillac, le montravel et les côtes-de-Montravel, le pécharmant – dont le nom viendrait de Pech Armand –, les côtes-de-saussignac et le rosette.

Parmi les vins blancs, le **monbazillac** a une place à part. Doré, onctueux, parfumé, ce vin liquoreux se sert en apéritif ou avec le foie gras, les viandes blanches, poissons en sauce et les desserts. Il doit son bouquet particulier à la pourriture noble qui réduit l'acidité du raisin ; le procédé date de la Renaissance : la vendange (« tries ») s'effectue comme pour le sauternes en plusieurs fois ; on ne récolte à chaque passage que les grains parvenus à l'état souhaité. Le monbazillac acquiert toute sa saveur après deux ou trois années et peut se conserver trente ans. Son terroir s'étend sur 2 700 hectares et cinq communes : Pomport, Rouffignac, Colombier, St-Laurent-des-Vignes et Monbazillac.

LES VINS BLANCS SECS

Il s'agit des **montravel**, dont le terroir, berceau de Montaigne, est situé à proximité du St-Émilionnais, et de certains **bergerac**. Aromatiques, veloutés, nerveux et fruités, ils accompagnent parfaitement fruits de mer et poissons. Tous deux sont issus d'un assemblage de cépages sémillon et muscadelle.

LES VINS BLANCS MOELLEUX

Sous cette même désignation, cohabitent des vins nuancés très agréables en apéritif, sur les viandes blanches et les fromages forts : les **côtes-de-bergerac** et les **côtes-de-montravel** conjuguent fraîcheur et rondeur ; la discrète appellation **Rosette** désigne des vins à la robe légèrement paillée ; quant aux **saussignac**, récoltés aux limites de la « surmaturation », ils présentent une grande élégance.

LES VINS ROUGES

Les bergerac rouges et les côtes-de-bergerac rouges, bouquetés, fruités, bien charpentés, peuvent se consommer jeunes, alors que le pécharmant, excellent vin corsé et généreux, n'acquiert toutes ses qualités qu'après un long vieillissement. Ce dernier accompagnera idéalement un gibier en sauce ou un carré de bœuf.

LES VINS ROSÉS

Seul le **bergerac** se décline en rosé. Récemment développé pour satisfaire une demande croissante, ce vin complète une gamme de vins d'appellation déjà très diversifiée. Issu de vinifications courtes, il se distingue par sa fraîcheur et sa vivacité. À découvrir...

Situé à Bergerac, le Conseil interprofessionnel des vins de la région de Bergerac (le CIVRB) contrôle la qualité de tous ces vins et leur attribue l'appellation d'origine contrôlée.

Liqueur de noix de Brive

Vieux crus de Monbazillac

Eau de vie « la vieille Prune », Souillac

Avant le vin, le raisin !

Le vignoble de Cahors

Fort célèbres au Moyen Âge, les vins de Cahors, transportés par gabares jusqu'à Bordeaux, puis par navires vers les différentes capitales d'Europe, étaient très recherchés. On raconte aussi que le roi François Ier aurait exigé d'en faire transplanter des ceps au château de Fontainebleau. En 1868, le vignoble, alors en pleine prospérité, fut complètement détruit par le phylloxéra. Le sol fut laissé à l'abandon et les viticulteurs émigrèrent. Après la Seconde Guerre mondiale, il fut décidé de reconstituer le vignoble de Cahors avec le plant de l'Auxerrois – le cot noir – sur les versants ensoleillés de la vallée du Lot et les terrasses caillouteuses des plateaux. La véritable renaissance de ce vignoble eut lieu dans la décennie 1960-1970 et s'est poursuivie depuis. Entre 1962 et 1992, la superficie du vignoble est passée de 208 à 3 850 ha pour s'asseoir sur deux terroirs : la vallée du Lot où les terrasses sont constituées de sous-sols calcaires enrichis d'alluvions, et le causse calcaire, composé de pierrailles argileuses et marneuses.

Vignoble de Bergerac.

Le vignoble de Cahors ne donne qu'une seule sorte de vin très tannique, ample en bouche et caractérisé par sa couleur rouge foncé, son goût corsé. Le vin du plateau est plus tonique et plus dur que celui de la vallée. La classification AOC fut attribuée en 1971.

Accompagnements – Un vin de Cahors jeune accompagnera convenablement viandes en sauces, foie gras et charcuteries. Un vin plus vieux, aux arômes plus subtils et raffinés, se mariera avec les viandes rouges aux cèpes, les truffes, les gibiers et le fromage.

... et les autres : liqueurs et eaux-de-vie

Dans la région, on ne fait pas pousser que de la vigne ! Prunes, noix, genièvres, noisettes sauvages, châtaignes, framboises, mais aussi... truffes sont, depuis des générations, le centre d'intérêt de liquoristes et autres brûleurs de crus locaux comme la famille Roque, originaire de Sarlat et installée à Souillac depuis le début du siècle. Un travail scrupuleux pour respecter la tradition familiale, une sélection des fruits en fonction de leurs qualités et de leur provenance, un vieillissement en barriques et voilà la vieille prune, le fleuron de la maison qui tire à 42 % d'alcool, devenir ni plus ni moins que l'un des symboles gastronomiques du Quercy.

Un nom de renommée internationale

La cuisine par le menu

Comment passer à l'as la gastronomie de la région quand presque chaque ville et village du Périgord comme du Quercy possède son marché au gras ? Quand, n'en déplaisent aux Lyonnais et aux Bourguignons, la région phare de la gastronomie nationale dans l'esprit des Français, rime avec Périgord ? Talleyrand, fort de ses attaches périgourdines, n'a-t-il pas gagné ses plus rudes batailles diplomatiques autour d'une table somptueusement servie faisant du pâté truffé et du monbazillac ses plus sûrs alliés ? De nos jours, la seule évocation du Périgord évoque arts de vivre, fumets délicats et produits du terroir : ces truffes, cèpes, noix, et surtout oies, canards et porcs qui font la fierté des fermes du pays.

La soupe

Le repas commence immanquablement par le traditionnel **tourin** blanchi, soupe à l'ail ou à l'oignon, à la graisse d'oie saupoudrée d'une cuillère de farine et généralement liée aux œufs, enrichie d'oseille ou de tomate.

Les entrées

Puis vient le foie gras ou le pâté de foie ou de perdrix, le gésier de canard en salade, l'omelette aux cèpes ou à la truffe. Cette dernière, considérée par le gastronome Curnonsky comme « l'âme parfumée du Périgord » ponctue tous les mets de ses larges taches sombres et règne sur les foies gras, les pâtés, les volailles, les ballottines et les galantines. Elle embellit tout ce qu'elle touche grâce à son arôme qui imprègne les aliments. Ne dit-on pas que le secret d'une bonne brouillade à la truffe consiste à enfermer œufs et truffe dans une boîte hermétique le temps que les puissants arômes du champignon traversent la coquille ?
Mais elle ne peut donner toute satisfaction au gastronome que si elle est proposée fraîche ou en très bonne conserve artisanale. Elle peut alors se consommer en salade, ou encore, luxe suprême, entière, seulement préparée à la cendre.

Les plats de résistance

Bien sûr, il n'y a pas d'œufs sans volatiles. Les **volailles** constituent une des bases de la gastronomie périgourdine et quercynoise. Incontournable, le confit d'oie aux pommes sarladaises – pommes de terre sautées à cru, à la graisse d'oie ou aillées-mais aussi, le magret de canard aux cèpes et aux morilles, ou la bécasse et ses rôties en cocotte aux mogettes, le flageolet local... Les **sauces** les plus fréquemment employées dans la préparation des mets sont la « rouilleuse », qui accompagne et colore la fricassée de volaille, et la sauce Périgueux, sauce Madère mijotée à partir de carcasses de ces mêmes volailles, à laquelle on incorpore des truffes bien fraîches.
Le Quercy résonne du bêlement des **moutons** de race caussenard dont les producteurs ont adhéré au label « Païs Midi-Pyrénées » (Label rouge depuis 1991), garantissant des agneaux élevés sous leur mère, et non en batterie. Résultat : une viande tendre et goûteuse, légèrement teintée de rouge, et tour à tour fondante ou croustillante selon le mode de cuisson. Les recettes ne manquent pas : épaule farcie, rouelles de gigot fermier à la persillade, ris d'agneau aux cèpes, daube au vin de Cahors...

Tourte aux pruneaux

Le tourin ségalain

Dans une sauteuse, faire revenir 80 g de lard finement coupé. Ajouter 3 oignons émincés, 2 tomates pelées et concassées. Laisser mijoter quelques instants, puis mélanger 20 g de farine. Cuire 5 mn, déglacer avec 10 cl de vin blanc et laisser réduire. Verser ensuite 1 l de bouillon de volaille. Saler, poivrer ; ajouter du thym et du laurier. Laisser mijoter 45 mn à feu doux, à couvert. Servir en soupière.

Haricots blancs à la périgourdine.

À regarder avec le palais...

Les **escargots**, les « cagouilles », forcément farcis à la périgourdine ou en ragoût, mais aussi les **poissons**, ne sont pas en reste : le sandre est accommodé à l'oseille, les écrevisses en soupe, le saumon au foie et aux cèpes... Curieusement, le poisson s'accommode souvent avec le porc comme, dans la préparation du brochet aux lardons ou de la carpe au confit...

La **farce** est fréquemment utilisée dans la cuisine locale : onctueuse et relevée, parsemée de foie et de truffes, elle garnit les volailles - comme le fameux cou d'oie farci - le gibier, et les cochons de lait.

Les **huiles** jouent aussi un rôle important dans les préparations culinaires du Périgord et du Quercy. Tout particulièrement l'huile de noix, toujours fabriquée à l'ancienne par certains dans de magnifiques moulins : une grosse meule de pierre réduit les cerneaux en une pâte mise à chauffer au four à bois. Enveloppée dans une toile, cette pâte est ensuite pressée. Les résidus, appelés « tourteau », serviront d'appât aux pêcheurs. L'huile très parfumée sera alors coupée avec une huile moins aromatique pour pouvoir servir d'assaisonnement.

Le fromage

Nul n'ignore l'existence du cabécou, petit fromage de chèvre emblématique du Quercy qui se décline aussi sur la table de différentes façons : pané ou rôti sur un lit de salade, nappé de miel, ou tout simplement frais, de préférence crémeux, c'est-à-dire, après neuf jours d'affinage.

Ce petit palet onctueux possède actuellement l'AOC sous le nom de « Rocamadour », s'imposant ainsi dans le cercle très fermé des fromages protégés des terroirs de France.

Les desserts

Les desserts de la région sont tout aussi généreux que les autres préparations, avec les gâteaux ou les tartes aux noix, les tourtières aux pruneaux, mais surtout, le pastis. Loin de Marseille, le pastis du Quercy, croustillant et parfumé, se mange à pleine bouche. Rappelant pour certains la pastilla marocaine, ce dessert feuilleté se gorge de beurre et de pommes marinées dans le rhum et l'eau de fleur d'oranger.

Les digestifs

Le **vin de noix** reste un digestif très apprécié. On l'élabore à partir des noix de juillet, cueillies encore vertes et mises en macération dans du bon vin et un doigt d'eau-de-vie. Au bout de trois mois, le jus obtenu est filtré.

Soupe au petit salé.

De Lascaux à Pech-Merle

La richesse et la diversité des sites souterrains du Périgord et du Quercy ont fait la réputation de la région. Habitués que nous sommes à l'échelle de l'histoire chrétienne, le dépaysement est ici total : se côtoient, dans un même foisonnement de cavernes, l'œuvre patiente de dame Nature, mesurable en millions d'années, et celle de nos lointains et habiles ancêtres, il y a « quelques » dizaines de millénaires...

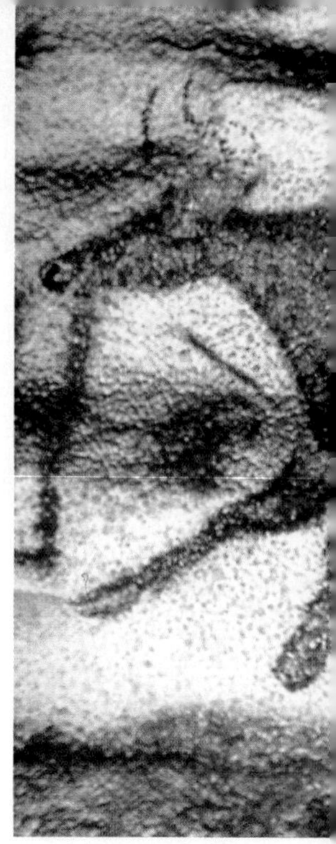

Le grand taureau noir de Lascaux

L'évolution du genre humain au cours de la préhistoire

L'ère quaternaire, dans laquelle nous vivons encore actuellement, commence vers - 1,8 million d'années. Elle est caractérisée par une grande instabilité climatique où des phases glaciaires alternent alors avec des phases plus clémentes, par l'apparition de la faune animale moderne et, surtout, par le développement du genre humain né à la fin de l'ère tertiaire. C'est au cours du quaternaire que se déroulent les principales étapes de la préhistoire en Périgord et en Quercy.

L'apparition de l'homme

L'homme est né en Afrique de l'Est, aux alentours de la région des Grands Lacs et de la vallée du Rift, vers - 4 millions d'années (voire plus), vraisemblablement à partir d'une espèce d'*australopithèque, dont les chercheurs discutent encore pour savoir laquelle.*

L'arrivée de l'homme en Europe

De plus en plus de spécialistes admettent que le continent européen est « colonisé » en plusieurs fois : les plus anciennes traces dont on soit sûr remontent à - 1,8 million d'années, découvertes en Géorgie pour les premières, sur le site de *Dmanisi*, puis en Espagne, à *Atapuerca*, *Gran Dolina*, vers - 780 000 ans. Une dernière vague de peuplements, située vers - 500 000 ans, apporterait à l'Europe la domestication du feu (*Menez-Dregan*, en Bretagne, *Terra-Amata*, dans le Var) et la taille du biface (*Acheuléen*). Cette ultime colonisation aurait évolué sur place, pour donner l'homme de *Néandertal*, il y a de cela environ - 100 000 ans.

Crâne de l'homme de Néandertal

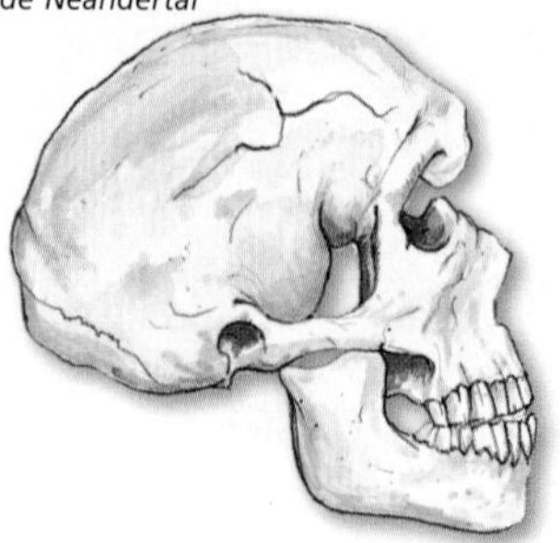

L'homme de Néandertal

Cet homme fait montre d'une certaine spiritualité : il enterre ses morts (comme le confirment les sites de **La Ferrassie**, **Le Moustier**, et **Le Regourdou**, en Périgord), collectionne les fossiles, les belles pierres et, peut-être, s'essaie à des œuvres d'art encore très frustes (les cupules de **La Ferrassie**). Ses outils sont malgré tout très élaborés, apportant quelques

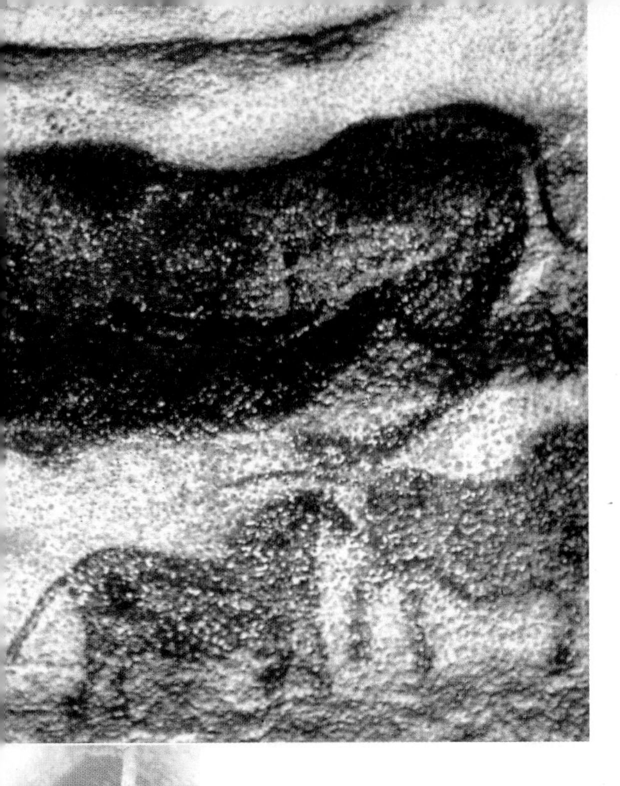

nuances sur les jugements portés à son encontre : bien qu'il ait eu à subir des phases de refroidissement du climat très intenses, cet homme n'est certainement pas la bête brute que certains voudraient voir en lui !

L'homme moderne

L'homme moderne, *Homo sapiens sapiens*, apparaît vers - 200 000 ans en Afrique du Nord et au Proche-Orient. Il semble arriver en Europe au plus tard vers - 43 000 ans, date approximative des éléments retrouvés dans les Balkans. Vers - 35 000 ans, on le retrouve en Périgord (**Cro-Magnon**, dont les premiers restes furent mis au jour en 1868). On pense qu'il cohabite alors pacifiquement avec l'homme de Néandertal, le repoussant progressivement vers le Nord de la France (*Arcy-sur-Cure*, en Bourgogne) et le Sud de l'Espagne au-delà du fleuve du Tage (*Zafarrayah*). Peut-être victime du climat, ou d'une inadaptation à son milieu, l'homme de Néandertal s'éteint, respectivement sur ces deux sites, vers -30 000 et -23 000 ans. Au *mésolithique*, vers -10 000 ans, le climat connaît une évolution semblable au nôtre. Plus tard, vers -6 000 ans, une nouvelle vague de peuplement arrive du Proche-Orient ; ce sont les pasteurs et les agriculteurs du *néolithique*, qui remplacent progressivement les derniers chasseurs-cueilleurs (voir quelques objets au musée du Périgord de Périgueux). Les sociétés se développent, se hiérarchisent, se sédentarisent, édifiant sur place menhirs et dolmens ; vers - 3000, c'est l'*âge des métaux*, puis le début de l'histoire...

Figure de nos ancêtres, au Préhistoparc de Tursac

Néandertal ou Cro-Magnon : pas le même crâne...

Sans doute doué d'une intelligence comparable à la nôtre, parfaitement bipède, l'homme de Néandertal est doté d'un aspect plus robuste : il possède une taille petite (1,60 m), des os plutôt épais, un front encore fuyant, un crâne ovale, large et long, avec une arcade sourcilière proéminente et un fort développement des sinus frontaux. Ces caractéristiques physiques sont peut-être à mettre en rapport avec ses dures conditions d'existence (périodes glaciaires). L'homme moderne, qui vient d'Afrique, pays sensiblement plus chaud, dispose d'une anatomie plus gracile : son crâne est plus haut et la réduction de sa mandibule a fait saillir un menton (à l'image du crâne de Néandertalien de **La Ferrassie** et du crâne d'homme moderne du site de **Cro-Magnon**).

Crâne de l'homme de Cro-Magnon

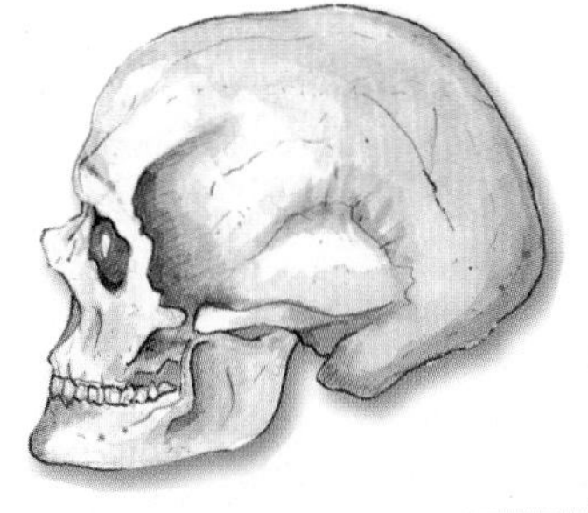

Les cultures de l'homme préhistorique au paléolithique supérieur en Périgord et en Quercy

Avant le paléolithique supérieur

Biface acheucéen.

On divise le paléolithique en plusieurs périodes dites archaïque, ancien, moyen et supérieur ; le *paléolithique archaïque* correspond aux premiers temps de l'évolution humaine, de –4 à –1,5 million d'années. Il est essentiellement africain. Le *paléolithique ancien* (de –1,5 million d'années à –100 000 ans) est caractérisé par *l'acheuléen*, industrie avec bifaces, et le *tayacien*, industrie sur éclats et sans biface (**La Micoque**). Progressivement, les bifaces prennent des formes plus variées donnant naissance au *micoquien*, du nom du site des premières découvertes. Le *moustérien* qui lui succède est une culture extrêmement complexe aux multiples formes, définissant par son apparition et sa disparition le *paléolithique moyen*. On le rencontre en Périgord, entre autres, sur les sites du **Moustier**, **La Ferrassie** et **Le Regourdou**. Le *moustérien* fut pratiqué surtout par l'homme de Néandertal, mais aussi par l'homme moderne. Vers –40 000 ans (date controversée) débuterait le *paléolithique supérieur*.

Pointe Levallois

Depuis –100 000 ans, la Terre connaît une phase glaciaire, avec quelques épisodes de courts réchauffements. Le paysage est celui d'une steppe d'un genre particulier, ponctuée de rares arbres et parcourue par des troupeaux de chevaux et de rennes ; on y rencontre aussi des bouquetins, des mammouths et des rhinocéros laineux. Dans les bois circulent des cerfs et des sangliers.

Châtelperronien et aurignacien

Aux alentours de –40 000 ans, le climat est relativement clément, mais se dégrade très vite. Deux humanités et deux datations cohabitent alors en Périgord et en Quercy. D'un côté, le *châtelperronien* et l'homme de Néandertal (site de **La Ferrassie**). Aux outils typiquement moustériens s'ajoute la taille de lames et de « couteaux ». Cantonné à la France et au Nord de l'Espagne, ce Châtelperronien disparaît de ces régions avec l'homme de Néandertal, vers - 30 000 ans. De l'autre, l'homme moderne, qui pratique l'*aurignacien*, culture que l'on retrouve dans toute l'Europe depuis - 36 000 ans. L'outillage est fait de grandes lames, parfois « étranglées », et de sagaies (**Abri Pataud**). La parure est bien développée (perles, pendeloques, retrouvées au **Cro-Magnon**), mais curieusement, alors qu'ailleurs l'art est très élaboré (Sud-Ouest de l'Allemagne, grotte Chauvet en Ardèche), il reste dans ces régions assez frustes, fait des gravures sur blocs de cupules, symboles féminins et animaux schématiques (en Périgord, les *Abris Blanchard* et *Castanet*, au **Castel-Merle**, et aussi au musée du Périgord de Périgueux, *Abri Cellier*, au musée national de Préhistoire des Eyzies). L'Aurignacien s'efface ensuite, en Périgord et en Quercy, devant le Gravettien vers –25 000 ans.

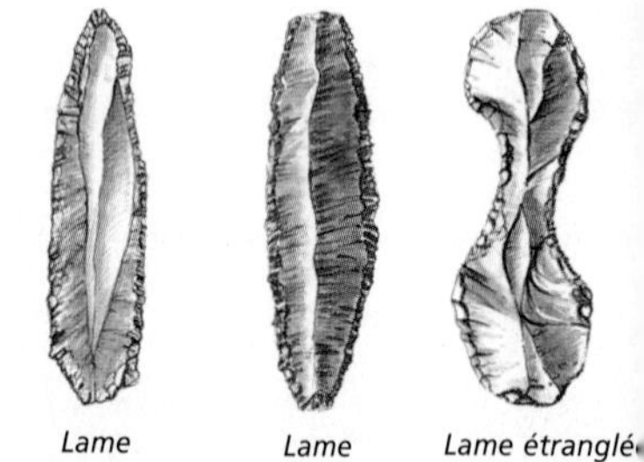

Lame aurignacienne — *Lame aurignacienne* — *Lame étranglée aurignacienne*

Gravettien

Localement appelé *Périgordien*, cette culture est uniformément répandue en Europe, depuis –28 000 ans. En Périgord, elle dure jusque vers –22 000 ans. Les outils sont principalement des pointes à dos, pointes pédonculées, ainsi que des burins de formes particulières (**Abri Pataud**, **La Ferrassie**, **Laugerie-Haute**). L'art se développe, les styles se diversifient (*Abri Labattut*, au **Castel-Merle**, **Abri**

Salmonidé, sculpture en bas relief, Abri du poisson

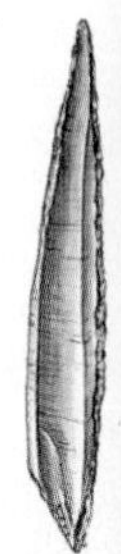

Pointe de la Gravette

Main négative, grotte de Pech-Merle

du Poisson), l'art pariétal se développe (débuts de l'ornementation de **Cougnac** et **Pech-Merle**) notamment dans sa façon de représenter la femme, présentée avec une forte poitrine, un ventre énorme et des hanches généreuses. Au début du siècle, on les appelait les « Vénus » et l'on pensait que c'étaient des représentations réalistes. Aujourd'hui, on penche plutôt pour des conventions stylistiques, pour exprimer la fécondité.

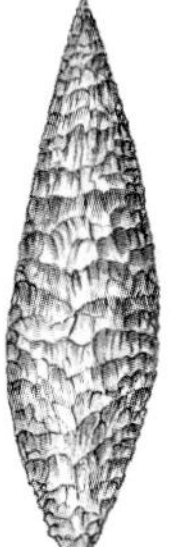
Feuille de laurier

Solutréen

Il est présent seulement en France et en Espagne, alors que la période glaciaire est à son paroxysme (–21 000 ans). Le travail de la pierre est de toute beauté, ayant acquis, grâce à la retouche par pression, une très grande finesse : feuilles de laurier et pointes à cran sont parmi les outils les plus caractéristiques. Ce sont les Solutréens (*Solutré*, Saône-et-Loire) qui ont inventé l'aiguille à chas. Outre sa finesse, cet art solutréen offre un mélange très intéressant de naturalisme et d'archaïsme : si les

Temps	Espèces humaines	Civilisations et courbe climatique	Outils	Art
		Froid — *Tempéré*		
-10 000	Homme moderne			Combarelles
-12 000		*Supérieur*	Harpon	La Mairie
-14 000		Magdalénien *Moyen*		Bernifal, Cap-Blanc, Rouffignac
-16 000				
-18 000		*Ancien*	Triangle scalène	Fond-de-Gaume, Lascaux, Villards
			Feuille de Laurier	
-20 000		Solutréen	Pointe à cran	Cougnac, Pech-Merle
-22 000		Badegoulien	Aiguille à chas.	
-24 000		Gravettien	Pointe de la Gravette	Abri du Poisson
-26 000				
-28 000				
-30 000				
		Aurignacien	Lame étranglée, Sagaie	Blanchard
-32 000	Homme de Néandertal			
-34 000				
-36 000			Couteau de Châtelperron	La Ferrassie
-38 000		Châtelperronien		
-40 000				

Cheval bichrome de Lascaux

figures commencent à s'animer, l'ensemble reste massif et très stylisé (voir le bouquetin de l'**Abri Pataud** et le bloc du *Fourneau du Diable*, exposé au musée national de Préhistoire des Eyzies). Selon le préhistorien Jean Clottes, des signes abstraits très particuliers en forme d'accolades, appelés « *aviformes* », datent aussi de cette époque (**Cougnac**, **Pech-Merle** et jusqu'en Charente, à la grotte du *Placard*). Sur ces sites, un nouveau thème figuratif apparaît, celui de « l'homme blessé », au corps percé de traits. Le Solutréen se prolonge par le *Badegoulien*, avant de laisser la place au *magdalénien*, qu'il a pu influencer partiellement.

Magdalénien

Étendu à toute l'Europe et débutant vers –18 000 ans, le *magdalénien* se divise en trois phases, en raison de la formidable explosion des formes d'art et d'outillage : ancien, moyen et supérieur. Il se caractérise aussi par un réchauffement du climat ponctué d'épisodes plus froids.

Ancien – Cette époque est celle de **Lascaux** (vers –17 000 ans). Bien qu'encore emprunt des conventions du Solutréen (perspective semi-tordue des encornures), le style montre des figures animées qui gambadent sur les parois avec une grande liberté d'expression. Un même thème, celui du « chasseur en difficulté », se retrouve alors tant à Lascaux qu'au **Villars**. Il semble que les Magdaléniens aient aussi commencé à orner la grotte de **Font-de-Gaume** à cette époque. L'outillage osseux se développe et se régionalise (différents types de sagaies). Les outils en silex prennent une forme triangulaire.

Bison, Fond de Gaume.

Moyen – Entre –16 000 à –13 000 ans, on assiste à l'explosion de l'art en Périgord, comme à l'Abri du **Cap-Blanc**, l'*Abri Reverdit*, au **Castel-Merle** (voir aussi au musée national de Préhistoire des Eyzies), **Bara-Bahau**, **St-Cirq-du-Bugue**, **Bernifal**, aux **Combarelles**, à **Font-de-Gaume** ou encore **Rouffignac**. Ces quatre derniers sites présentent un signe commun, en forme de maison, appelé *tectiforme*. Le style des figures est plus réaliste, et la perspective des encornures est respectée. Il est possible

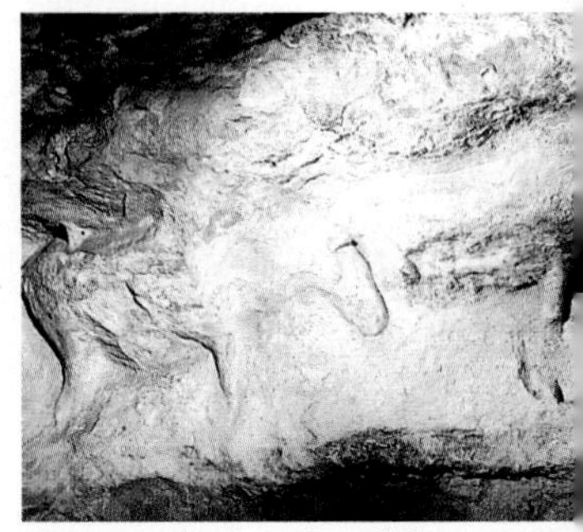

Chevaux, sculpture en bas-relief, Abri du Cap-Blanc

qu'une partie des représentations de **Cougnac** et **Pech-Merle** date de cette époque. Parallèlement, l'art mobilier sur objets en os, bois de cervidés et ivoire atteint une grande maîtrise **(Laugerie-Basse)**.

Supérieur - De -13 000 à -10 000 ans, il voit la fin de la phase glaciaire. Un nouvel outil apparaît alors : il s'agit du harpon. L'art a évolué vers un style hyper-réaliste, presque « photographique », évolution très visible sur l'art mobilier (**La Madeleine**, **Laugerie-Basse**, voir au musée national de la Préhistoire des Eyzies) et dans l'art pariétal (grotte de *La Mairie*, à **Teyjat**, et peut-être certaines figures des **Combarelles**). À partir de -10 000 ans, le climat devient semblable à ce qu'il est aujourd'hui ; les mammouths, bouquetins, rhinocéros laineux, chevaux et rennes disparaissent. Le *magdalénien* fait place au *mésolithique* ; l'art change de forme, se fait plus schématique : c'est la culture de l'*azilien (voir Musée du Périgord de Périgueux).*

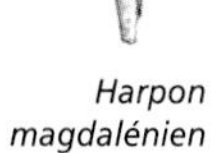

Harpon magdalénien

Bison polychrome, Fond de Gaume

Les pionniers de la recherche

Depuis la plus haute Antiquité, le mythe de « l'homme sauvage » accompagne la pensée occidentale. Il revient à **A. Boucher de Perthes** (1788-1868) d'avoir créé la *préhistoire*, science de l'étude de l'humanité et de son environnement avant l'invention de l'écriture.

C'est surtout dans la région des Eyzies que cette science se développe : à la suite des prospections d'E. Lartet et H. Christy, à la fin du 19e s., de nombreuses fouilles sont conduites dans cette région, notamment par les abbés **A.** et **J. Bouyssonie**, **L. Capitan**, **E. Cartailhac**, **G. Chauvet**, **O. Hauser**, l'abbé **Lemozi** et **D. Peyrony**. Le docteur **H. Martin** (1864-1936) invente alors la *taphonomie*, c'est-à-dire l'étude des altérations des ossements après leur dépôt. Mais il faut attendre la découverte de la grotte de *La Mouthe* par **E. Rivière**, en 1895, pour faire admettre l'existence de l'art pariétal. Les travaux de l'abbé **H. Breuil** (1877-1961) mettront alors de l'ordre dans les classifications chrono-stratigraphiques, et contribueront à faire connaître l'art paléolithique par ses relevés.

La préhistoire moderne

F. Bordes (1919-1981) perfectionne la typologie des industries lithiques et définit précisément le *Moustérien*. **HL Movius** († 1987), par ses fouilles à l'**Abri Pataud**, permet d'affiner la succession des cultures du paléolithique supérieur en Périgord. **A. Leroi-Gourhan** (1911-1986) élabore enfin une nouvelle méthode de fouilles, plus précise et plus fine ; avec **A. Laming-Emperaire**, il construit un système d'analyse des associations de figures dans l'art paléolithique, nuancé depuis par **D. Vialou** et **G. Sauvet**, mettant également sur pied une classification stylistique évolutive, mais qui n'est plus utilisée aujourd'hui qu'à titre indicatif.

Architecture rurale

Solides et élégantes, les architectures rurales du Périgord et du Quercy comptent parmi les plus belles de France. Murs ocre jaune, toits abrupts recouverts de tuiles roses ou brunes, pigeonniers massifs perchés sur pilotis, caselles perdues au milieu du causse..., l'habitat local s'est habillé d'une identité ancrée dans la terre à peine mâtinée d'influences méridionales.

L'habitat traditionnel

De nombreuses maisons rurales ont été sauvées de la ruine à laquelle les vouait l'exode rural, par des citadins épris de vieilles pierres. Plus de la moitié des maisons du Lot sont ainsi des résidences secondaires.

Le Périgord

La maison du Périgord noir se présente sous la forme d'un édifice d'aspect massif en calcaire jaune coiffé d'un haut toit pentu couvert de tuiles plates brunes ou de lauzes (petites dalles de calcaire très lourdes). Dans les demeures les plus riches, de petits pigeonniers-tours à pans de bois encadrent la maison.

Dans le Périgord blanc, les maisons basses en calcaire blanc ou gris sont percées de fenêtres surmontées d'œils-de-bœuf. Le toit plat couvert de tuiles romaines a déjà un aspect très méridional.

Dans la Double, pays de forêt et de bois, les maisons étaient traditionnellement construites en torchis maintenu par des colombages.

Dans la « vinée » de Bergerac, la maison vigneronne est reconnaissable en particulier à son système de chais construit en U, ou sur deux cours successives. Au milieu des vignes, on peut encore apercevoir les masures des « bordiers » (ouvriers agricoles).

Dans les villes du Périgord, comme en Bouriane, les anciennes maisons bourgeoises présentent encore de jolies lucarnes ornées de coquille ou soleil.

Maison de maître apparue au 17e s., la **chartreuse** se répand au siècle suivant et connaît encore une grande vogue jusqu'à la fin du 19e s. Cette maison rurale sans étage est souvent liée à l'exploitation de la vigne. Ses éléments architecturaux extérieurs, la recherche de symétrie, les moulurations, ou les terrasses à balustres... les différencient de la maison paysanne classique. Un couloir aménagé au Nord dessert les pièces disposées en enfilade. Les chartreuses, surtout construites entre 1650 et 1850, manifestent, plutôt qu'une condition sociale ou un désir ostentatoire, un certain art de vivre.

Le Quercy

Construites en moellons de calcaire blanc noyés dans du mortier de chaux, les solides demeures du Quercy présentent un ensemble de volumes et de décrochements, de tours, d'ouvertures qui en font un type très séduisant de maisons rurales.

Traditionnellement, le rez-de-chaussée, légèrement en sous-sol, appelé la « cave », abrite l'écurie, les remises, les magasins. Le premier étage sert d'habitation. On y accède par un escalier extérieur en pierre qui donne sur une terrasse sous auvent, « le bolet », supporté par des colonnes de pierre ou de bois. Deux sortes de

Borie

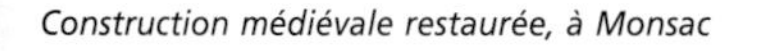

Construction médiévale restaurée, à Monsac

toits sont courants : le toit à forte pente (également appelé toit celtique) couvert de tuiles plates, parfois de lauzes à ses extrémités, et le toit à faible pente, couvert de tuiles romaines roses, dont les limites fluctuent entre le Lot et la Dordogne.

Les constructions annexes

Les dépendances

Celles de la ferme comprennent parfois, en Haut-Quercy notamment, un fournil, bâtiment bas terminé par une abside qui contient le four à pain. Les plus jolis puits sont couverts d'une voûte en tas de charge ou d'une toiture appareillée pyramidale.
Sur les serres du Bas-Quercy subsistent des moulins-tours à calotte tournante.

Le Périgord vert et la châtaigneraie quercynoise conservent quelques séchoirs à châtaignes appelés « clédiers ». Sur toute la marche auvergnate du Périgord et du Quercy, on rencontre des granges à montoir (Braunhie), plan incliné qui facilite le stockage du foin au premier étage, le rez-de-chaussée étant réservé à la stabulation.

Maison de Sarlat

Les pigeonniers

Ils sont très nombreux, et souvent élégants : tantôt tourelles flanquant la maison, tantôt isolés, parfois surmontant un porche ou montés sur colonnes. Avant 1789, le droit de pigeonnage est en principe réservé aux grands propriétaires terriens, mais le Quercy et, à un degré moindre, le Périgord font exception. Les colombidés étaient élevés surtout pour leur fiente, la « colombine », dont l'importance se mesurait à l'heure des successions : elle était partagée entre les héritiers, au même rang que la terre et le bétail. Excellent engrais, elle était aussi prisée en boulangerie (pour aromatiser les petits pains), en pharmacie (pour, entre autres, ramollir les goîtres...). Après 1850, l'apparition d'engrais chimiques entraîne le déclin de cette production. Les pigeonniers isolés les plus anciens sont de type « suspendu », posés sur des colonnes pour les protéger de l'humidité où des « capels », chapiteaux circulaires créant un surplomb, dissuadent les rongeurs d'entreprendre l'ascension. Les exemples de plan carré ou circulaire sont en général plus récents et destinés au stockage du grain... À l'approche de la vallée de la Garonne, la toiture se chapeaute d'un lanterneau d'envol parfois très effilé.

Les cabanes en pierres sèches

On rencontre encore, isolées dans les champs, au milieu du causse ou plus rarement groupées en hameau, comme les cabanes du Breuil *(voir ce nom)*, ces petites constructions bâties en pierres sèches du sol au faîte du toit, toujours conique. Appelées *gariottes, caselles, bories*, etc., leur utilisation passée reste incertaine. Certaines sont encore utilisées comme granges ou remises à outils.

Charme fleuri des vieilles pierres...

Quelques faits historiques

Dès le paléolithique moyen, le Périgord et le Quercy sont habités par l'homme.

Gaulois et Romains

AVANT J.-C.

Le territoire actuel du Périgord est occupé par les Pétrocores *(voir Périgueux)*, et celui du Quercy par les Cadurques.

- **59-51** – Conquête romaine. La dernière résistance du peuple gaulois a lieu à Uxellodunum que les historiens situent dans le Quercy *(voir p. XXX)*.
- **16** – L'empereur Auguste crée la province d'Aquitaine. Le pays des Pétrocores a pour capitale Vesunna (Périgueux) et celui des Cadurques, Divona (Cahors).

APRÈS J.-C.

- **1er au 3e s.** – La Paix romaine. Pendant trois siècles, les villes se développent, de nombreux monuments publics sont édifiés. Dans les campagnes, autour des villes, de nouvelles cultures sont introduites : noyer, châtaignier, cerisier et surtout la vigne.
- **235-284** – Les invasions (Alamans et Francs) ravagent la région. En l'an 276, plusieurs villes sont rasées. Vesunna se protège derrière un épais rempart élevé à la hâte avec les pierres de bâtiments publics romains démantelés.

Mérovingiens et Carolingiens

- **486-507** – Clovis, roi des Francs, conquiert la Gaule jusqu'aux Pyrénées après avoir défait le roi wisigoth Alaric II en 507 à Vouillé (près de Poitiers).
- **8e s.** – Le Quercy et le Périgord : deux comtés rattachés au royaume d'Aquitaine. Fondation de l'abbaye de Brantôme.
- **9e s.** – Les vallées de l'Isle et de la Dordogne, ainsi que Périgueux sont dévastés par les Normands.
- **10e s.** – Les quatre baronnies du Périgord se mettent en place : Mareuil, Bourdeilles, Beynac et Biron, ainsi que les châtellenies d'Ans, Auberoche, Gurson...

Le comté du Périgord passe à la maison des Talleyrand.

De puissantes familles se partagent le Quercy : les Gourdon, les Cardaillac, les Castelnau, les Turenne et les St-Sulpice.

- **Vers 950** – Début du pèlerinage de St-Jacques-de-Compostelle.

Guerres entre l'Angleterre et la France

En 1137, le prince Louis, fils du roi de France, épouse Aliénor, fille unique du duc d'Aquitaine, qui lui apporte en dot la Guyenne, le Périgord, le Limousin, le Poitou, l'Angoumois, la Saintonge, la Gascogne et la suzeraineté sur l'Auvergne et le comté de Toulouse.

Mariage mal assorti : Louis, devenu Louis VII, mène une vie monacale, tandis que la reine est de caractère frivole. Après quinze ans de mésentente conjugale, le roi, de retour de croisade, fait prononcer son divorce par le concile de Beaugency.

- **1152** – Outre sa liberté, Aliénor recouvre sa dot qu'elle apporte en remariage à Henri Plantagenêt, comte d'Anjou et suzerain du Maine, de la Touraine et de la Normandie.

Pour les Capétiens, c'est une catastrophe politique : les domaines réunis d'Henri, futur roi d'Angleterre sous le nom d'Henri II, et d'Aliénor sont aussi vastes que ceux du roi de France.

Cette fois l'équilibre est rompu et la lutte franco-anglaise qui s'engage durera trois siècles. Elle se double des conflits entre Aliénor et son second mari, entre le roi et ses fils. Elle se complique par les pressions exercées sur les populations et la versatilité des grands féodaux.

- **1190** – Philippe Auguste cède aux Anglais le Quercy à l'exception de deux abbayes : Figeac et Souillac.

Aliénor d'Aquitaine et la Belle Rosamonde, *tableau de Sir Edward Burne-Jones.*

• **1191** – Mort de Richard Cœur de Lion à Châlus.
• **Début 13e s.** – Croisade des Albigeois. Simon de Montfort fait des incursions dans le Quercy et le Périgord. Développement des bastides *(voir chapitre sur l'art).*
• **Au cours du 12e s.** – Fondation d'abbayes : Cadouin, Dalon, Sarlat, Boschaud, Chancelade... et dans le Quercy : Rocamadour, Figeac, Souillac et Carennac.
• **1214** – Victoire de Bouvines.
• **1229** – Le traité de Meaux, entre le roi de France et le comte de Toulouse, reconnaît que le Quercy appartient à Raymond VII, comte de Toulouse.
• **1259** – Par le traité de Paris, Saint Louis abandonne le Périgord et le Quercy aux Anglais. Ce traité doit mettre fin aux luttes et permettre aux populations de vivre en paix. Mais rapidement, ce traité signé avec Henri III d'Angleterre s'avère caduque et les conflits reprennent.
• **1331** – Fondation de l'université de Cahors.
• **1340** – Édouard d'Angleterre se proclame roi de France. Avec l'appui des Flamands, Bretons et Normands, il impose sa suprématie militaire et s'empare de l'Aquitaine.
• **1345** – Début de la guerre de Cent Ans en Aquitaine, Jean le Bon cherche à reprendre les terres d'Aquitaine.
En 1356, il est vaincu à Poitiers par le Prince Noir.
• **1360** – Le traité de Brétigny donne toute l'Aquitaine aux Anglais.
• **1369** – Le Quercy et le Périgord sont repris par le roi de France. Du Guesclin participe à la libération du Périgord.
Par la suite, les seigneurs du Nord du Périgord seront fidèles au roi de France tandis que ceux du Sud prendront le parti des Anglais, passant parfois des uns aux autres en fonction de leurs intérêts.
• **1429-1439** – Des bandes de routiers travaillant indifféremment pour les deux partis dévastent la région.
• **1453** – La bataille de Castillon met fin à la guerre de Cent Ans.
Pendant la seconde motié du 15e s., période de paix et de prospérité, les villes se reconstruisent. Au 16e s., de nouveaux châteaux s'élèvent en Périgord et en Quercy (Carennac, Puyguilhem), d'autres sont complètement remaniés (Biron, Beynac, Castelnaud...). La vie littéraire est brillante et les ateliers d'imprimerie se multiplient à Périgueux, Cahors et Bergerac.

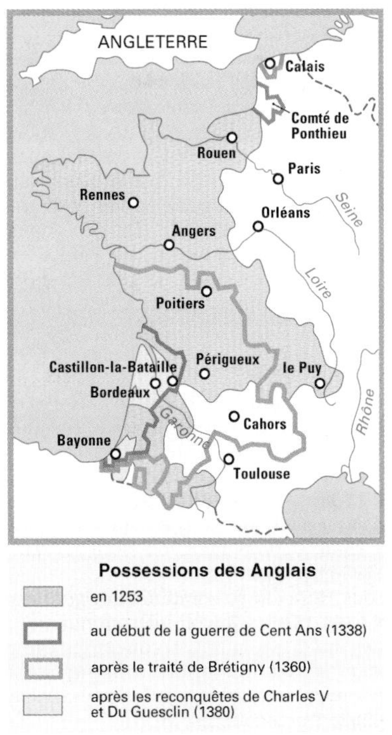

Le massacre de Cahors en novembre 1561, gravure.

Guerres de Religion

Dès 1540, un premier foyer protestant se développe à Ste-Foy-la-Grande ; quatre ans plus tard la Réforme atteint Bergerac. Le protestantisme devient alors l'affaire des grands, il est soutenu dans le Périgord par les princes de Bourbon-Albret (dont Jeanne d'Albret, mère de Henri de Navarre) et les Caumont-Laforce et dans le Quercy par Jeanne de Genouillac, les Gourdon et les Cardaillac.
Bergerac et Ste-Foy-la-Grande deviennent alors des bastions de la Réforme, tandis que Périgueux et Cahors soutiennent la Ligue.

• **1544** – Mort dans la solitude du Cadurcien Clément Marot (1496-1544), aimable poète qui excella dans les épigrammes et les sonnets, et qui séduisit par cet art le roi. Il fut le valet de chambre de Marguerite d'Alençon, future reine de Navarre, puis du roi François Ier avant d'être nommé poète officiel. Sa brillante vie de cour fut entrecoupée de passages en prison dus à ses sympathies pour la Réforme.

• **1548** – L'humaniste Étienne de La Boétie (1530-1563), ami de Michel Eyquem de Montaigne (1533-1592), achève la rédaction de son *Discours de la servitude volontaire* qui s'élève contre la tyrannie.

• **1553** – Olivier de Magny (1529-1561), Cadurcien lié d'amitié à Du Bellay, fait ses débuts poétiques à travers le brillant recueil de sonnets intitulé *Amours.*

• **1562** – Massacre de protestants à Cahors.

• **1569** – Massacre de La Chapelle-Faucher : l'amiral de Coligny, chef huguenot, fait enfermé 300 paysans dans le château et y met le feu en représailles d'attaques subies par l'armée protestante.
Pierre de Bourdeille (Brantôme), bouleversé par ce massacre, dénonce dans ses écrits cette guerre civile et ces luttes fratricides.

• **1572** – Massacre de la Saint-Barthélemy au cours duquel Clermont de Piles, chef des armées huguenotes en Périgord, trouve la mort. Homme de guerre rusé, Geoffroi de Vivans prend la tête des armées protestantes et met la région à feu et à sang, cherchant à tout prix à s'emparer des villes fidèles à la Ligue.

• **1575** – Les troupes de Geoffroi de Vivans s'introduisent un soir de carnaval à Sarlat et s'emparent de la ville.

• **1577** – Paix de Bergerac qui annonce l'édit de Nantes.

• **1580** – Prise de Cahors par Henri de Navarre.

• **1584** – Pierre de Bourdeille (1535-1614), plus connu sous son pseudonyme de Brantôme (nom de l'abbaye dont il fut l'abbé) se retire sur ses terres. Il décrit sa société contemporaine dans *Vie des hommes illustres et des grands capitaines* et *Vie des dames illustres et des dames galantes*, des œuvres qui seront éditées à titre posthume.

• **1588** – Geoffroi de Vivans s'empare de la bastide de Domme *(voir ce nom)*, un exploit qui est resté dans les annales.

• **1589** – Avènement de Henri IV qui se convertit au catholicisme en 1593 et est sacré roi en 1594.
Sous Henri IV le comté du Périgord est rattaché au domaine royal.

• **1594-1595** – Révolte des croquants.
Les luttes paysannes secouent les campagnes par intermittence pendant deux siècles. La misère et la famine sévissent, redoublant pendant les périodes de troubles, et les paysans ne peuvent plus payer les taxes de plus en plus lourdes.

Michel Eyquem de Montaigne

En 1594, les croquants se révoltent alors que les guerres de Religion ont laissé la région exsangue. Ils se réunissent pour rédiger des doléances à transmettre au roi, se donnent une structure militaire, refusent de travailler pour les seigneurs et organisent des expéditions punitives contre leurs « exploiteurs ». La noblesse réagit rapidement, une armée est organisée sous les ordres du sénéchal de Bourdeille. Un combat à St-Crépin-d'Auberoche en août 1595, puis un autre à Condat-sur-Vézère défont l'armée des paysans. Ceux-ci, plus misérables que jamais, retournent alors à leurs terres.

• **1598** – Édit de Nantes. Après l'avènement de Henri IV, le protestantisme se renforce : les protestants obtiennent la liberté de culte, ainsi que des places de sûreté.

• **1610** – Assassinat de Henri IV, début du règne de Louis XIII ; Richelieu, Premier Ministre, amenuise l'importance politique du protestantisme.

• **1637** – Nouvelle révolte des croquants contre le gouvernement de Louis XIII et de Richelieu.

La condition des paysans n'a pas changé, les taxes n'ont fait que s'alourdir et une levée extraordinaire de blé pour le ravitaillement des troupes déclenche l'insurrection. Des « gabeleurs » chargés de percevoir les impôts sont assassinés. Un gentilhomme du nom de La Mothe La Forêt prend alors la tête d'une armée paysanne de plusieurs milliers d'hommes, tente d'investir Périgueux le 1er mai et s'empare de Bergerac le 11. La résistance de Ste-Foy-la-Grande arrête cette armée dans sa progression sur Bordeaux. Le gouverneur de Guyenne lève alors une armée qui écrase les croquants à La Sauvetat. La Mothe La Forêt obtient une reddition honorable et dissout ses troupes. Les mois qui suivent, la guérilla se propage dans les campagnes. Des bandes, constituées d'anciens « soldats » de l'armée des croquants, parviennent à repousser les troupes royales. En 1642 le pouvoir royal vient enfin à bout des rebelles.

• **1646** – François Maynard (1582-1646), disciple de Malherbe, publie *La Belle Vieille*. Ces vers, dédiés à Cloris, frappent par leur beauté exprimant une mélancolie sereine et l'espoir. L'auteur quercynois laisse aussi à la postérité des odes, des épîtres, des sonnets et des épigrammes non dépourvus de grâce.

• **1685** – Révocation de l'édit de Nantes sous Louis XIV. De nombreux Périgourdins protestants s'expatrient.

• **1699** – Fénelon (1631-1715) voit paraître, sans son accord, son *Télémaque*, ouvrage pédagogique rédigé à l'intention de son élève le duc de Bourgogne, dauphin de France et dans lequel il critique la politique de Louis XIV.

Du 18e s. à nos jours

• **1707** – Nouvelle révolte paysanne, dite des Tard-Avisés (nom déjà donné aux révoltés de 1594). Elle éclate dans le Périgord et le Quercy et est très vite étouffée par l'armée du gouverneur de Guyenne.

• **1743-1757** – Tourny, intendant de la généralité de Bordeaux, est le promoteur de nombreux aménagements dans les villes du Sud-Ouest, dont les allées qui portent son nom à Périgueux.

• **1789** – Réunion des états généraux ; Assemblée constituante ; prise de la Bastille ; abolition des privilèges.

Dernier sursaut des révoltes paysannes, quelques jacqueries accompagnent la Révolution dans les campagnes.

• **1790** – Formation du département de la Dordogne.

• **1812-1814** – Le Périgord est un fief bonapartiste. Plusieurs généraux et maréchaux de Napoléon sont originaires de cette région : Murat, Fournier-Sarlovèze, Daumesnil.

• **1838** – Naissance de Léon Gambetta à Cahors.

• **1868** – La crise du phylloxéra détruit le vignoble de Cahors et de Bergerac et entraîne un véritable exode rural.

• **1899** – Eugène Le Roy publie *Jacquou le Croquant*.

• **1940** – Découverte par quatre jeunes gens de la grotte de Lascaux.

• **1960** – Création des régions ; la Corrèze est rattachée à la région Limousin, la Dordogne à la région Aquitaine et le Lot à la région Midi-Pyrénées.

• **1983** – Ouverture du site de Lascaux II au public.

Portrait de Murat par Gros, 1812

ABC d'architecture

Architecture religieuse

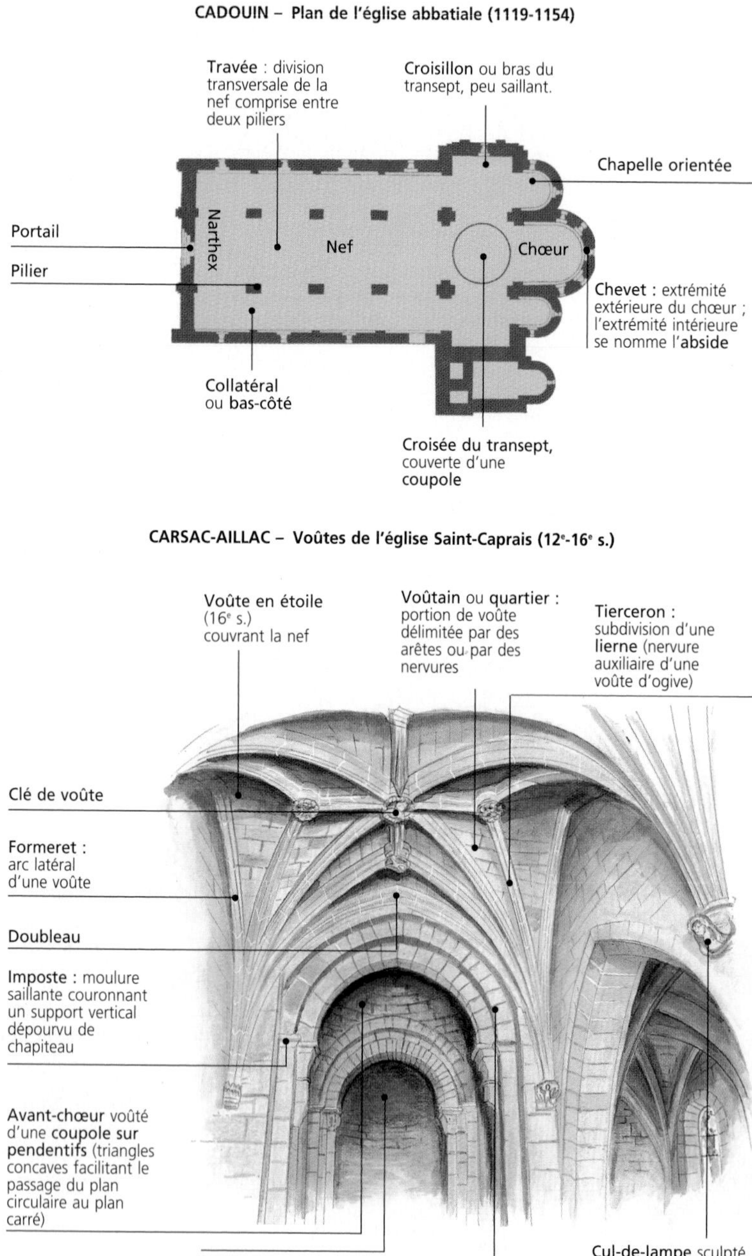

BESSE – Portail de l'église Saint-Martin (fin du 11e-début du 12e s.)

SOUILLAC – Chevet de l'ancienne abbatiale Sainte-Marie (12e s.)

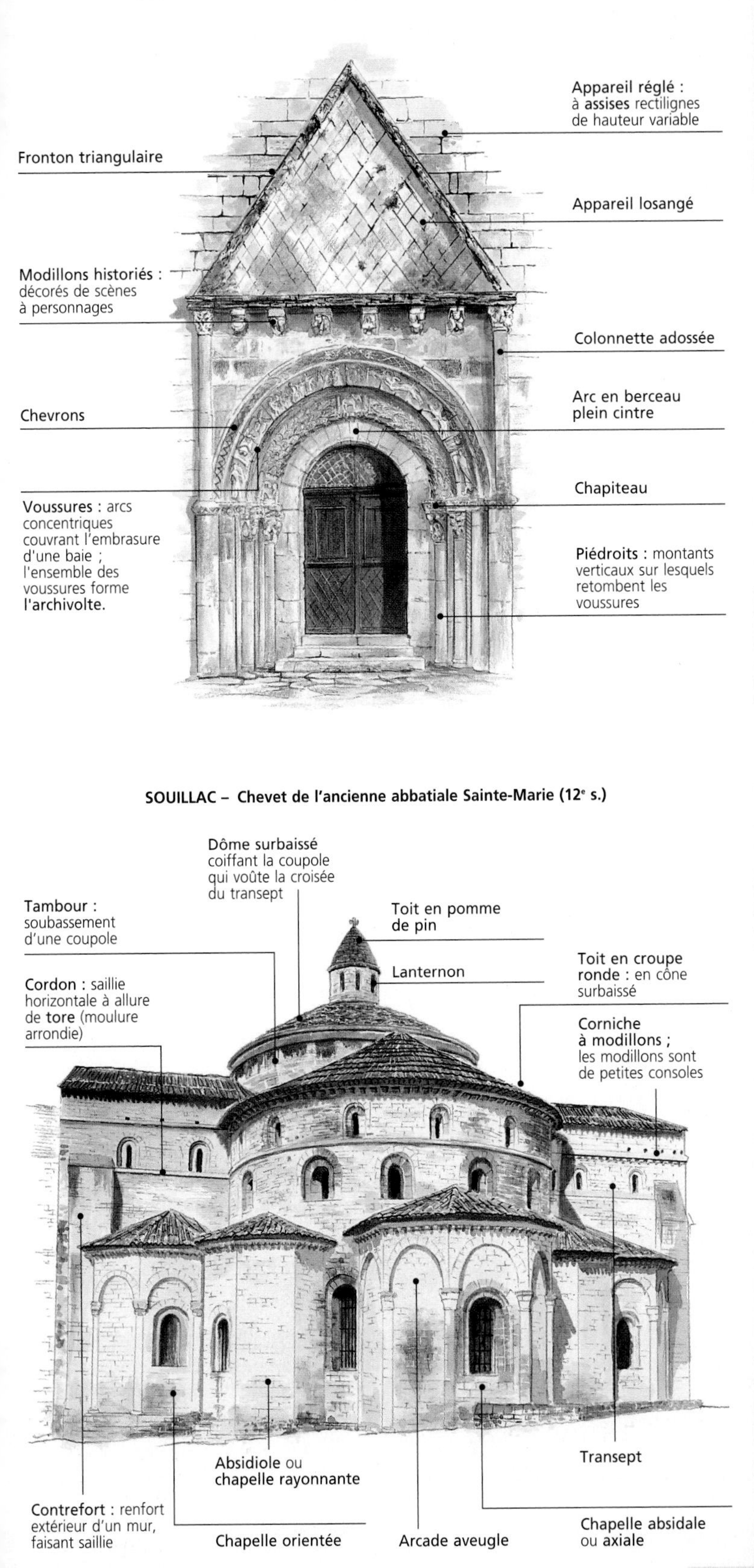

BRANTÔME – Clocher de l'ancienne abbatiale Saints-Pierre et Sicaire (11e s.)

SAINT-AMAND-DE-COLY – Église fortifiée (12e et 13e s.)

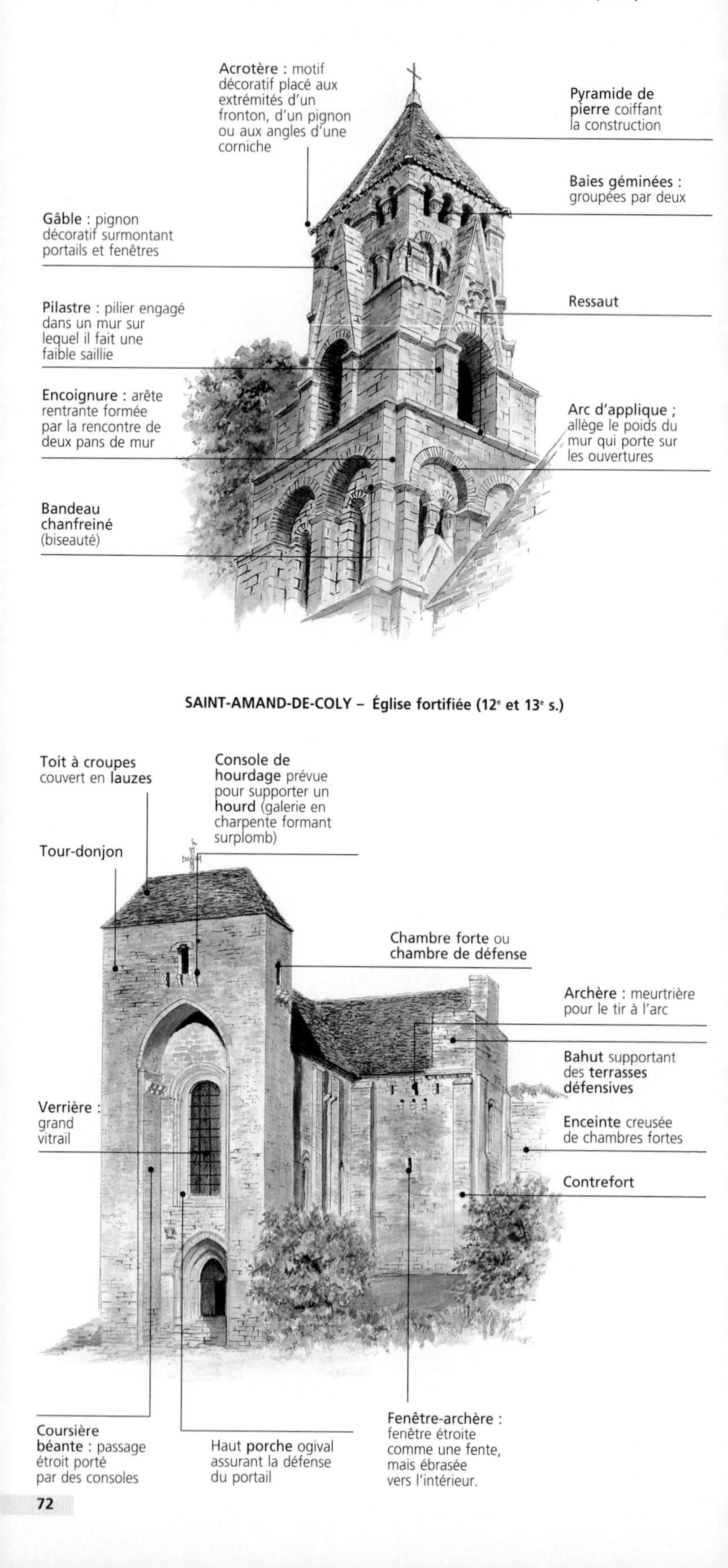

Châteaux

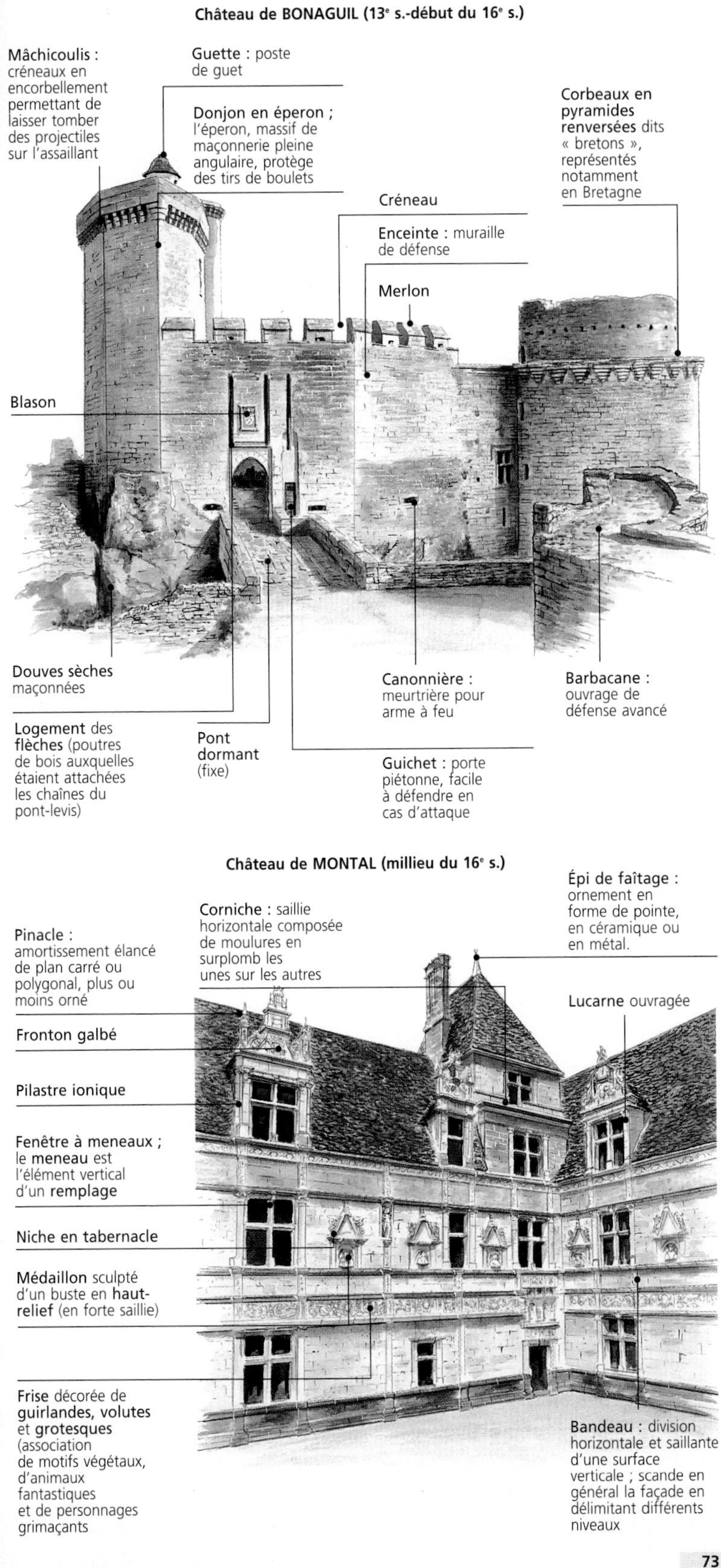

Château de BONAGUIL (13e s.-début du 16e s.)
Mâchicoulis : créneaux en encorbellement permettant de laisser tomber des projectiles sur l'assaillant
Guette : poste de guet
Donjon en éperon ; l'éperon, massif de maçonnerie pleine angulaire, protège des tirs de boulets
Corbeaux en pyramides renversées dits « bretons », représentés notamment en Bretagne
Créneau
Enceinte : muraille de défense
Merlon
Blason
Douves sèches maçonnées
Canonnière : meurtrière pour arme à feu
Barbacane : ouvrage de défense avancé
Logement des flèches (poutres de bois auxquelles étaient attachées les chaînes du pont-levis)
Pont dormant (fixe)
Guichet : porte piétonne, facile à défendre en cas d'attaque
Château de MONTAL (millieu du 16e s.)
Épi de faîtage : ornement en forme de pointe, en céramique ou en métal.
Corniche : saillie horizontale composée de moulures en surplomb les unes sur les autres
Pinacle : amortissement élancé de plan carré ou polygonal, plus ou moins orné
Lucarne ouvragée
Fronton galbé
Pilastre ionique
Fenêtre à meneaux ; le meneau est l'élément vertical d'un remplage
Niche en tabernacle
Médaillon sculpté d'un buste en haut-relief (en forte saillie)
Frise décorée de guirlandes, volutes et grotesques (association de motifs végétaux, d'animaux fantastiques et de personnages grimaçants
Bandeau : division horizontale et saillante d'une surface verticale ; scande en général la façade en délimitant différents niveaux

Architecture des bastides

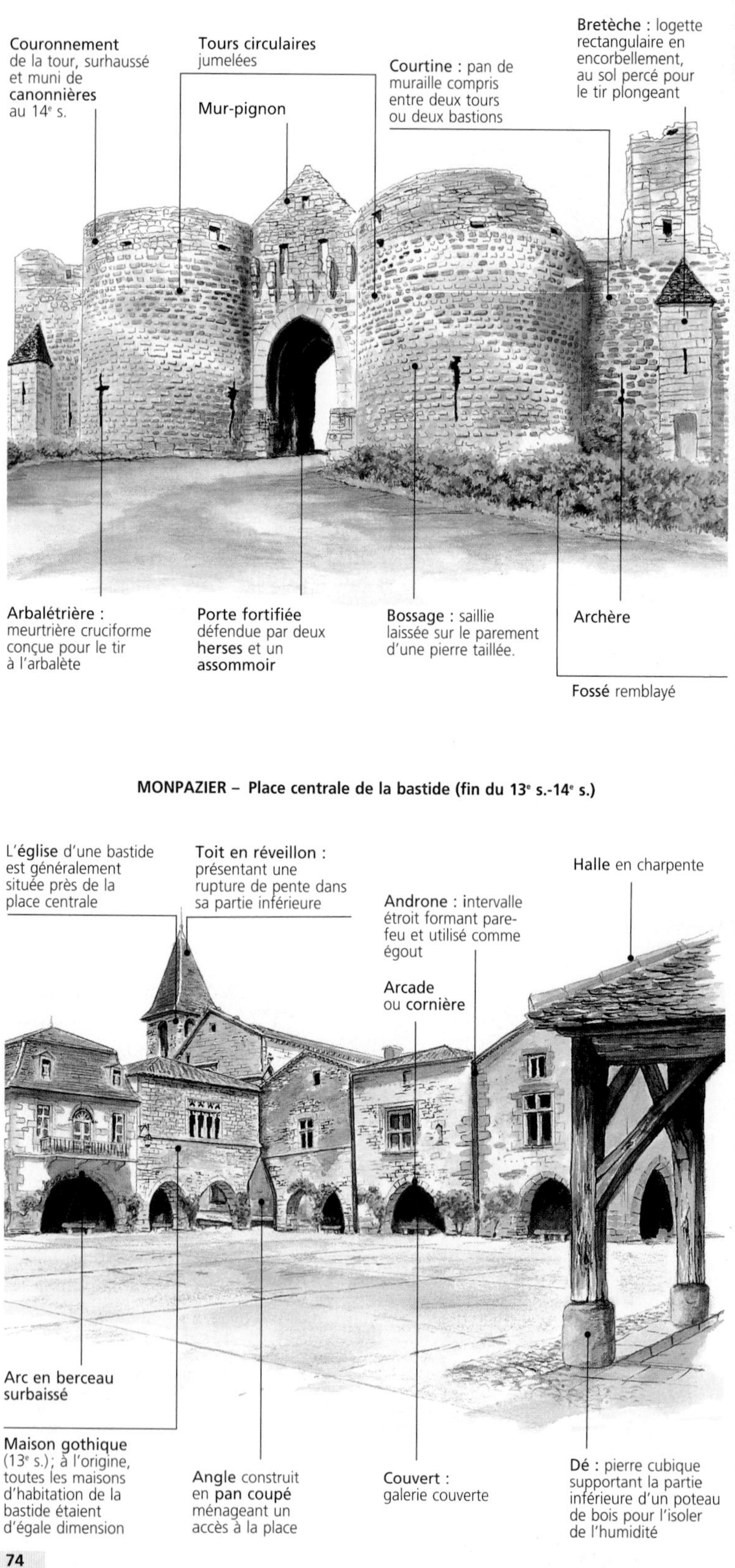

Constructions fonctionnelles

FIGEAC - Hôtel de la monnaie (fin du 13e s.)

CAHORS – Pont Valentré (14e s.)

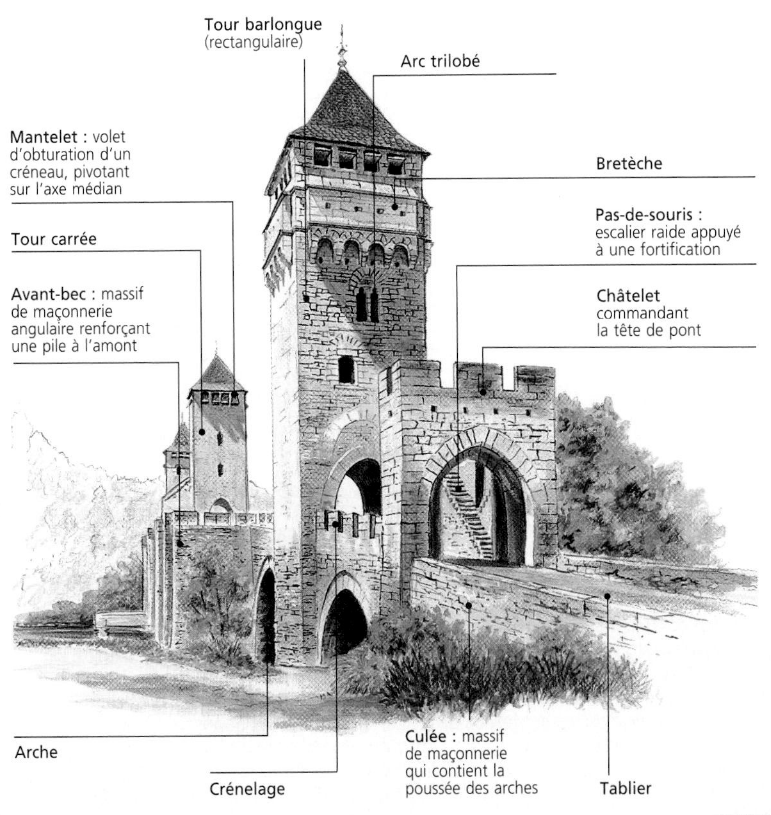

Détail du tympan de l'église de Collonges-la-Rouge

L'art en Périgord et en Quercy

Aux périodes de paix, riches en constructions nouvelles (pax romana, 12e s. et ses nombreux monastères...) et à la période qui s'étend de la fin du 14e au 16e s. succèdent des époques troublées par la guerre de Cent Ans et les guerres de Religion où la principale préoccupation des habitants est de se protéger et de fortifier villes, châteaux et églises.

Sculpture d'une voussure à Besse

Art gallo-romain

Des édifices qu'élevèrent Gaulois et Romains, bien peu ont résisté à l'épreuve du temps. Le souvenir de l'époque gauloise survit dans plusieurs sites du Quercy qui se disputent l'honneur d'avoir été le théâtre de la bataille d'Uxellodunum, dernier sursaut de la résistance des Gaules devant la conquête de César. Il s'agit de **Capdenac-le-Vieux**, de **Murcens** dans la vallée du Vers, de l'**Impernal au Nord de Luzech et enfin du puy d'Issolud**.

Pendant l'occupation romaine, la capitale des Pétrocores, Vesunna (Périgueux), et celle des Cadourques, Divona (Cahors), étaient des villes importantes où s'élevaient de nombreux édifices publics. À Périgueux quelques vestiges, tels l'imposante « tour de Vésone », les fouilles d'un vaste domus (résidence urbaine) des 1er et 2e s., les restes des arènes et les mosaïques, stèles, autels présentés au musée de Périgueux témoignent encore de la richesse de l'antique cité. À Cahors, on reconnaît dans le plan quadrillé du quartier ancien, l'influence gallo-romaine. L'arc de Diane, dernier vestige des thermes, est le seul élément architectural encore visible. Le musée de Cahors conserve aussi un sarcophage du 3e s. et un linteau sculpté.

Christ en majesté, tympan historié de l'église de Carenr

Art roman

Après les troubles du Haut Moyen Âge, l'an mille marque le début d'un renouveau dans l'art de la construction. En même temps que s'affermit le pouvoir royal, un vaste élan de foi se développe en France : on remplace les édifices carolingiens par des églises de plus vastes dimensions construites selon des techniques plus hardies.

Architecture religieuse

En Périgord – La région est riche en églises romanes dont l'aspect austère valorise l'emploi d'un beau calcaire doré aux chaudes tonalités.

L'extérieur frappe par l'extrême sobriété de la décoration : les portails sans tympan s'ornent de voussures sculptées de tores, de festons en dents de scie...

Le plan de l'édifice reste simple : une nef, deux croisillons, un chœur, mais les collatéraux restent rarissimes. Si le chœur s'ouvre parfois de petites chapelles rayonnantes (St-Jean-de-Côle, Tourtoirac, Montagrier), le chevet est souvent plat.

Cathédrale Saint-Front, Périgueux

L'architecture périgourdine se singularise par l'originalité de sa voûte, disposée en coupole. Importée d'Orient selon les uns, création originale de l'art français selon les autres, elle offre plusieurs avantages sur la voûte en berceau qui nécessite de puissants contreforts. La coupole sur pendentifs permet de répartir le poids de la voûte sur les murs latéraux mais aussi sur les arcs doubleaux de la nef. La première réalisation de ce style (St-Étienne-de-la-Cité à Périgueux) inaugure une succession d'autres constructions : Trémolat, Agonac, Grand-Brassac, Cherval... Ce procédé est aussi utilisé dans la nef qui est alors divisée en plusieurs travées carrées surmontées d'une coupole sur pendentifs, le rôle des pendentifs étant d'exécuter le passage du carré au cercle. L'église St-Front de Périgueux avec son plan en croix grecque couverte de cinq coupoles reste un exemple unique.
Certaines églises répondent à une autre forme de construction : nef bordée de collatéraux (St-Privat, Cadouin), voûte en plein cintre et en berceau brisé. Dans le Ribéracois notamment, de nombreuses façades influencées par l'art de la Saintonge et de l'Angoumois, s'ornent de registres d'arcatures.

En Quercy – L'art roman quercynois présente de nombreuses similitudes avec son voisin : même plan simple, même utilisation de la coupole (St-Étienne de Cahors, Souillac), même matériau : le calcaire. Cependant, les églises du Quercy sont plus riches en décoration sculptée illustrant l'influence de Moissac et de l'école languedocienne. Des ateliers de cette école – puisant leur inspiration dans l'art byzantin, les enluminures et l'Antiquité – sortirent de remarquables portails sculptés qui comptent parmi les plus beaux réalisés à cette époque : vestiges du portail de Souillac avec l'admirable prophète Isaïe, tympans de Cahors, Carennac, Martel et de Collonges-la-Rouge, à la limite du Quercy et du Limousin.

Architecture civile et militaire

Il reste peu de témoignages de l'architecture civile. Parmi eux, l'ancien hôtel de ville de St-Antonin-Noble-Val, en Quercy, bien que très remanié, demeure un intéressant exemple d'architecture municipale du 12e s. Les forteresses médiévales édifiées aux 10e et 11e s. ont largement été remaniées aux siècles suivants et n'ont guère résisté aux guerres et aux destructions. Il subsiste tout de même quelques donjons, généralement carrés. En Périgord, les châteaux de Biron, Beynac, Bourdeilles, Mareuil, Commarque, Castelnaud... ont conservé des parties romanes. En Quercy, le château de Castelnau-Bretenoux, au donjon puissamment fortifié, est un bon exemple de construction féodale bâtie sur une colline.

Château de Mareuil

Abbaye de Beaulieu-sur-Dordogne

Art gothique

Né dans la première moitié du 12e s. en Île-de-France, l'art gothique supplante peu à peu l'art roman. Parvenu assez tardivement en Périgord et en Quercy, il s'y prolonge tout de même jusqu'au 16e s.

Art religieux

Architecture – La voûte sur croisée d'ogives et l'emploi systématique de l'arc brisé : ce sont les deux caractéristiques essentielles de l'art gothique qui va connaître des évolutions différentes selon les régions. Le Midi de la France n'a pas adopté les principes de l'architecture gothique septentrionale et le nouveau style y reste étroitement lié aux traditions romanes. Ainsi l'art gothique proprement méridional, dit « languedocien », se caractérise par une nef unique très large, sans collatéraux (autrement appelés bas-côté), se terminant par une abside polygonale et la subsistance de contreforts massifs, entre lesquels se logent les chapelles, pour assurer la butée des voûtes (dans le Nord, les arcs-boutants jouent ce rôle).

Cloître, Cadouin

Du fait de leur position géographique à la jonction des deux mondes (oïl et oc), le Périgord et le Quercy subissent les influences du Nord et du Sud, représentées parfois dans le même édifice. La cathédrale de **Sarlat**, par exemple, présente une nef à bas-côtés et des arcs-boutants aériens typiques du gothique septentrional, alors que les chapelles latérales montrent l'influence méridionale.

Dans le Quercy, l'école languedocienne inspire le plan des églises de **Gourdon** (église St-Pierre), **Martel** (St-Maur), **Montpezat-du-Quercy** (collégiale St-Martin, richement ornée) et **St-Cirq-Lapopie** (construite sur un premier édifice roman), qui présentent une nef unique presque aussi large que haute, sans bas-côtés, et pourvues de nombreuses chapelles latérales.

Monastères – L'architecture monastique est représentée par des ensembles qui n'ont pas toujours résisté aux épreuves du temps. Les hommes y ont souvent apporté des remaniements : tel est le cas de l'ancienne abbaye cistercienne de **Beaulieu-en-Rouergue** dont l'abbatiale, reconstruite au 13e s., reste remarquable par ses voûtes d'ogives et son élégante abside à sept pans. Cet édifice est d'autant plus intéressant que les ouvertures respectent les prescriptions du chapitre général de l'ordre qui prévoit des vitraux « blancs et sans image », baignant le vaisseau de pierre d'une douce lumière. **Cadouin** et **Cahors** ont conservé leur cloître de style flamboyant, et **Périgueux** un cloître dont la construction s'est échelonnée du 12e au 16e s.

Tour du pont Valentré à Cahors

Églises fortifiées – Pendant les 13e et 14e s., tandis que les églises gothiques s'élèvent dans d'autres régions de France, les Périgourdins, vivant dans l'insécurité permanente, fortifient leurs églises romanes (**St-Amand-de-Coly**) ou élèvent de véritables forteresses avec clocher-donjon, chemin de ronde, tours crénelées et archères... utilisées comme sanctuaires (églises de **Rudelle**, de **St-Pierre-Toirac**). Ces églises constituent pour les villageois le refuge le plus sûr pour échapper aux violences des troupes armées qui parcourent le pays, qu'elles soient françaises ou anglaises.

Tapisserie, Montpezat-de-Quercy

Sculpture et peinture – De la deuxième moitié du 13e s. au 15e s. furent exécutées quelques œuvres remarquables comme le tombeau de saint Étienne à **Aubaine** (Corrèze), la Mise au tombeau de **Carennac** (16e s.), le tombeau des Cardaillac à **Espagnac-Ste-Eulalie**, et les gisants du cardinal Pierre Des Prés et de son neveu Jean Des Prés, dans la collégiale St-Martin de **Montpezat-du-Quercy**.
Les fresques, peintures murales exécutées à l'eau sur une couche de mortier frais, à laquelle elles s'incorporent, décorent de nombreuses chapelles et églises. La coupole occidentale de la cathédrale de Cahors est entièrement couverte de fresques du 14e s.
À **Rocamadour**, les chapelles ont reçu une décoration à l'intérieur et sur les façades extérieures. Dans les chapelles de **St-André-des-Arques**, de **Martignac**, de **Soulomès** (scène de la Résurrection dans un décor d'époque), dans celles de **St-Geniès**, et du petit cimetière à **Montferrand-du-Périgord** (situé à l'écart du village), les fresques naïves des 14e et 16e s. évoquent l'Histoire sainte. Œuvres de piété des populations locales attachées à leurs croyances en des temps parfois difficiles, elles offrent aussi de merveilleux défilés de mode de la gent seigneuriale et paysanne de l'époque.

Architecture civile et militaire

De nombreux châteaux du Périgord et du Quercy ont été élevés pendant l'époque gothique – qui coïncide avec l'augmentation de l'insécurité et la montée de petits potentats locaux – et en comportent des éléments architecturaux caractéristiques. Citons pour exemple **Bourdeilles** et ses deux châteaux, l'un médiéval, l'autre Renaissance ; le château épiscopal de **Château-l'Évêque** ; le nid d'aigle de **Beynac-et-Cazenac** perché sur sa falaise et dont l'austère donjon est flanqué d'un manoir seigneurial ; la forteresse de **Castelnaud**, lieu d'une vaste campagne de travaux pendant la seconde moitié du 15e s. ; l'impressionnante citadelle de **Castelnau-Bretenoux**, siège d'une puissante baronnie ; et le château des Gontaut-Biron, à **Cabrerets**.

Château de Castelnaud

Le château de Bonaguil, situé aux confins du Quercy et de l'Agenais, présente un cas particulier : bien que construit à la fin du 15e s. et au début du 16e s. – époque où se développe une volonté d'ouvrir les murs trop épais, de faire pénétrer la lumière dans des édifices lugubres et froids –, il montre toutes les caractéristiques des forteresses médiévales.
Dans les villes, un élan de construction important suit la fin de la guerre de Cent Ans. La paix stimule l'activité, les affaires reprennent de plus belle, et les riches artisans et commerçants de la ville dépensent pour s'installer dans de riches demeures joliment décorées. À Sarlat, Périgueux, Bergerac, Cahors, Figeac, Gourdon, Martel... les façades des maisons s'ornent de grands arcs d'ogive au rez-de-chaussée où s'ouvre l'échoppe, de fenêtres en tiers-point (simple, doubles ou triples) ou à rosaces, de tourelles et d'échauguettes. Les familles de marchands, de magistrats, de dignitaires et autres édiles ornent leur façade d'écussons frappés de leurs armes ou de leur nom. Parmi les édifices les plus remarquables de cette époque, citons l'hôtel de la Raymondie à **Martel**, l'hôtel de la Monnaie à **Figeac**, l'hôtel Plamon à **Sarlat**... et le célèbre pont **Valentré** de Cahors.

Bastide de Monpazier

Les bastides

Ces villes neuves, « bastidas » en langue d'oc, plus ou moins fortifiées, se sont multipliées au 13e s. ; pour connaître, au 14e s. une évolution de leur système défensif.

Création – Les principaux fondateurs furent Alphonse de Poitiers (1249-1271), comte de Toulouse et frère de Saint Louis, et, à partir de 1272, les sénéchaux agissant pour le compte des rois de France, Philippe le Hardi et Philippe le Bel, ou sur ordre du roi d'Angleterre Édouard Ier Plantagenêt, duc d'Aquitaine.

Développement – La création des bastides répond à des besoins financiers et économiques ou à des préoccupations politiques et militaires.
Les fondateurs fixent sur les terres choisies des colons intéressés par les avantages d'un contrat : charte de franchise, garantie du droit d'asile, exemption du service militaire, droit à l'héritage... pour le prix d'une parcelle de terrain à bâtir et d'une autre à cultiver. La bastide est gérée par le bayle (bailli) qui représente le roi, rend la justice et perçoit les impôts, tandis que les consuls choisis par les habitants assurent l'administration. Les objectifs politiques et militaires apparaissent au lendemain de la croisade contre les Albigeois, lors de la fondation d'une quarantaine de bastides à l'initiative du comte de Toulouse Raimond VII. La nouvelle rivalité franco-anglaise fait bientôt peser d'autres menaces sur la région. Ainsi s'échelonnent les bastides d'**Eymet, Castillonnès** et **Villeréal** le long du Dropt et celles de **Villefranche-du-Périgord** et **Ste-Foy-la-Grande**, à l'initiative d'Alphonse de Poitiers. Le roi d'Angleterre répond à ces constructions en créant **Beaumont** (1272), **Molières**, **Lalinde** et **Monpazier** (1285), créations entre lesquelles s'intercale **Domme** (1281), due à Philippe le Hardi.

Urbanisme – Le plan des bastides se rapproche de l'échiquier carré ou rectangulaire (Ste-Foy-la-Grande, Monpazier), mais s'en éloigne souvent en raison de la nature du site, choisi pour ses possibilités de peuplement ou de défense (Domme).

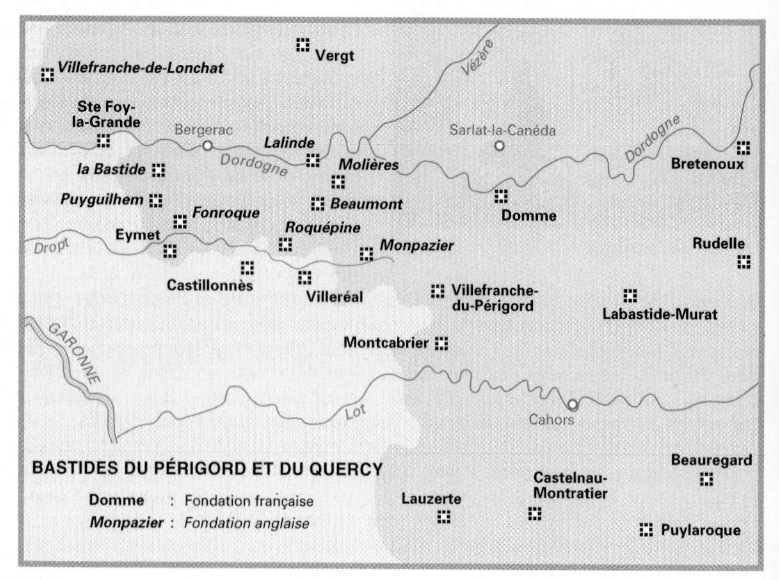

La bastide se développe parfois autour d'un élément préexistant : une église fortifiée comme à Beaumont ou un château.
Le plan de Monpazier est le plus caractéristique : un quadrilatère aux rues rectilignes se coupant à angle droit et ruelles (*carreyrous*) ; les façades latérales des maisons sont séparées par les *andrones*, interstices de 0,25 m environ qui formaient pare-feu et servaient d'égouts, voire de latrines. Au centre, une place carrée, entourée de galeries couvertes (*cornières* ou *couverts*), renferme une halle en bois utilisée pour le marché. L'église est située près de la place.
La plupart des bastides, dont le nom évoque parfois le fondateur (Villeréal = ville du roi), les privilèges (Villefranche), le rattachement à un château (Castelnau), ont perdu leur aspect primitif : les mieux conservées dans le Périgord et le Quercy sont Monpazier, Domme et Eymet.

L'âge d'or des châteaux : La Renaissance

Au début du 16e s., les arts subissent une forte influence d'Italie. La découverte des trésors artistiques de la péninsule éveille chez le roi François Ier et les nobles de sa suite le désir d'introduire chez eux, en utilisant les services d'artistes italiens, ces procédés nouveaux. Les moyens financiers croissent fortement après la guerre de Cent Ans : meilleur rapport de la terre avec le développement du métayage, libération du négoce sur la Dordogne, exploitation du minerai de fer, récompenses et offices rémunérateurs attribués par le roi aux guerriers émérites. Le très faible coût de la main-d'œuvre et la répartition de la dépense sur plusieurs générations rendent l'entreprise supportable.

Coffre Renaissance, Bourdeilles

Architecture – À **Assier**, château et église sont élevés au début du 16e s. par Galiot de Genouillac, grand maître de l'artillerie de François Ier. Le château, remarquable réalisation comparable aux plus beaux châteaux du val de Loire, est malheureusement aux trois quarts démoli. Les châteaux de **Montal** et de **Puyguilhem**, par leur grâce et leur architecture, s'apparentent aussi aux châteaux de la Loire.
La plupart des autres châteaux élevés au 16e s. montrent un aspect défensif important malgré des fenêtres, des lucarnes, des cheminées et autres éléments de pur style Renaissance (**Monbazillac**, **Losse**, **Bannes**...). Ceux de **Cénevières**, **Bourdeilles**, **Lanquais** et les Bories, ainsi que l'église de **Rouffignac**, furent partiellement transformés dans ce style.
L'architecture civile porte aussi la marque de cette grâce italianisante : maison de Roaldès à **Cahors**, maison des Consuls à **Périgueux**, hôtel de Malleville à **Sarlat**, hôtel de Labenche à **Brive**.

Sculpture – En Quercy, les remarquables frises ornées d'attributs guerriers qui décorent le pourtour de l'église d'**Assier** et la façade intérieure du château comptent parmi les réalisations les plus originales de la Renaissance.

La cour intérieure du château de Montal offre un bel exemple du style italianisant avec ses bustes en haut relief, chefs-d'œuvre d'un réalisme parfait ; à l'intérieur, le remarquable escalier peut rivaliser avec ceux des châteaux de la Loire.
Dans la chapelle de Biron, les tombeaux à gisants des Gontaut-Biron sont décorés de sculptures influencées par le Quattrocento (15e s.) italien.

La période classique (17e-18e s.)

Elle n'a pas été très prolifique dans cette région. Aux confins du Limousin et du Périgord, le beau château de Hautefort et son hôpital sur plan centré sont un des rares exemples de l'architecture classique.

Château de Monbazillac

La Roque-Gageac

Villes et sites

Les Arques★

Où se restaurer

Récréation – ☎ *05 65 22 88 08 – fermé janv., fév. et mer. du 1er mai au 30 sept. – 135F.* L'heure a sonné pour vous offrir une petite « récré » dans cette ancienne école. L'atmosphère n'est plus à l'étude dans la salle de classe transformée en restaurant. Elle serait plutôt à l'école buissonnière autour d'un repas sympathique, sous le préau en été.

Le village est incroyablement paisible : c'est sans doute pour cela, qu'un beau jour de 1934, l'artiste Ossip Zadkine choisit de s'y établir. Cette atmosphère particulière, propice à son œuvre, vous enveloppera sûrement durant la visite des Arques ou du moins celle du musée Zadkine.

La situation

Cartes Michelin nos 79 pli 7 ou 235 pli 10 – Lot (46).

Les Arques est situé à 1 km de la D 45 qui longe la Masse, et à 6 km au Sud de Cazal.

Le nom

Il faut rechercher les origines des Arques dans les dérivés de *arca*, l'arche, sous-entendu « d'un pont ».

Les gens

Ossip Zadkine (1890-1967) arrive à Paris en 1909. En 1934, il acquiert une maison aux Arques où il réalise des œuvres marquantes comme Diane, la Pietà, le grand Christ, caractérisées par leur expression monumentale et une construction parfaite de leurs formes.

visiter

Musée Zadkine

Juin, sept., vac. scol. : 10h-13h, 14h-19h ; juil.-août et oct.-mai : 14h-17h, w.-end et j. fériés 10h-13h, 14h-19h. Fermé 1er janv., 1er mai, 1er nov., 25 déc. 15F. ☎ *05 65 22 83 37.*

Depuis 1980, trois salles montrent un éventail de l'œuvre de l'artiste : lithographies, tapisseries, bronzes (Trio musical, 1928, Formes féminines...) et bois monumentaux (Diane, 1927, Orphée...). Un montage audiovisuel présente un long entretien de Zadkine.

Une forte charge émotive semble rayonner dans la crypte de l'église St-Laurent... Descendez contempler la Pietà *de Zadkine vous comprendrez !*

Église St-Laurent★

Située au cœur du village, cette église est le seul vestige d'un ancien prieuré-doyenné fondé au 11e s. par l'abbaye de Marcilhac. La nef, autrefois plus large et plus longue, a été restaurée au siècle dernier. L'abside et les absidioles ont conservé toute la pureté de leur architecture romane. Certains archaïsmes apparaissent, tels l'oculus du bras Sud du transept, reste des traditions carolingiennes, et les bases à bourrelet des colonnes des arcs doubleaux. L'aspect le plus original de l'édifice est le cintre de ses arcs. Deux œuvres poignantes de Zadkine ornent cette église : le grand **Christ★**, au revers de la façade, et la **Pietà★** dans la crypte.

alentours

Église St-André-des-Arques

Descendre vers la Masse, traverser la D 45. La clé se trouve au musée Zadkine.

Située dans une clairière au milieu des bois, cette église présente un ensemble assez remarquable de **fresques murales★** de la fin du 15e s. découvertes par le sculpteur Zadkine en 1954. La fenêtre du chœur est encadrée par l'Annonciation, puis, de part et d'autre, par les apôtres. Au-dessus, sur la voûte constellée d'étoiles rouges, le Christ en majesté assis sur un trône en forme d'arc-en-ciel bénit d'une main et tient un globe dans l'autre. Il est entouré des attributs des quatre évangélistes. Sur les piliers de l'abside soutenant un arc triomphal, on reconnaît saint Christophe et de l'autre côté l'Enfant Jésus l'attendant pour passer la rivière.

Symbolisme

Les apôtres tiennent soit les instruments de leur supplice : croix en diagonale de saint André, hallebarde de Mathias, soit l'objet qui les symbolise : clef de saint Pierre, long bâton de saint Jacques, équerre d'architecte de saint Thomas.

Assier★

Assier ou « Galiot city » : dans ce petit village du Quercy, un grand homme, s'il faut en croire les frises qui racontent ses exploits, les deux monuments magnifiques qu'il a fait réaliser, son tombeau et sa devise qui se répète à l'envi, un grand homme donc, Galiot de Genouillac, a imprimé sa marque à Assier. Pour ce qui est de la modestie, on repassera !

Jeu de mots
La devise de Galiot « J'aime Fortune », qui pouvait aussi s'écrire « J'aime Fort Une », se retrouve en divers endroits des deux monuments.

La situation

Cartes Michelin n°s 75 Sud-Est du pli 19 ou 239 pli 39 – Lot (46). Par la D 653, on accède au cœur d'Assier. Le château se situe derrière la mairie, au Sud du bourg.
ℹ *Pl. de l'Église, 46320 Assier, ☎ 05 65 40 50 60.*

Le nom

Aussi loin que remontent les chroniques du pays, c'est à dire à... 1339 (seulement), on évoque le nom d'Assier sans en connaître l'origine ni le sens. Au vu de l'histoire du village, le nom pourrait venir du latin *assidere*, racine d'asseoir, établir solidement : un château et une église, c'est du solide, non ?

Les gens

533 Assierois. Après une incursion dans le village, Brantôme écrivit : « Bien qu'élevé en fort laide assiette, en fort laid pays montagneux et raboteux, le château d'Assier égale en splendeurs les palais du val de Loyre. »

Galiot de Genouillac (1465-1546)

Page de Charles VIII, puis premier valet de chambre de Louis XII et enfin grand maître de l'artillerie de François Ier, Jacques Galiot de Genouillac aimait à dire qu'il avait servi trois rois. Ce capitaine était couvert de titres : grand écuyer de France, chevalier de l'ordre de St-Michel, sénéchal du Quercy, surintendant des Finances et surtout grand maître de l'artillerie. Il participa à de nombreuses batailles et organisa le camp du Drap d'or où François Ier rencontra Henri VIII d'Angleterre. Cet homme d'armes, qui montra un véritable génie tactique, gardait un tel souvenir de ses faits d'armes qu'il les fit reproduire en frise sur son château et son église.

visiter

Château

Avr.-sept. : visite guidée (1/2h) tlj sf mar. 9h30-12h15, 14h-18h15 (juil.-août : 9h30-12h30, 14h-18h45) ; oct.-mars : tlj sf mar. 10h-12h15, 14h-17h15. Fermé 1er janv., 1er mai, 1er et 11 nov., 25 déc. 25F (enf. : 15F). ☎ 05 65 40 40 99.

Du château, Brantôme disait aussi : « mieux meublé que maison de France, tant en vaisselle d'argent qu'en tapisseries et ciels de soye d'or et d'argent ». Galiot de Genouillac voulait une demeure somptueuse digne de son rang, souhait exaucé si l'on en juge d'après l'aquarelle de Gaignières montrant le château en 1680. Malheureusement, le château fut vendu par les descendants dès 1766, puis démantelé par quelques vendeurs de pierres. Seule a été conservée l'aile du corps de garde, plus simple et plus sobre que les trois autres ailes au somptueux décor Renaissance.

In extremis
On doit à Prosper Mérimée d'avoir fait classer, en 1841, les derniers vestiges de ce château alors à l'abandon.

Les façades – La **façade extérieure** garde des traces de mâchicoulis entre ses deux tours rondes. Au centre, l'entrée monumentale, encadrée par deux colonnes doriques, est surmontée par une niche qui abritait une statue équestre de Galiot de Genouillac. La **façade intérieure★** montre une grande pureté de lignes. Elle est ornée de frises à compartiments courant au-dessus de chaque étage. De nombreuses scènes de la légende d'Hercule et autres allégories font allusion à la toute-

Le toit du château d'Assier, autrefois en forme de carène et recouvert de lauzes, était percé de plusieurs lucarnes comme celle qui subsiste.

ILLUSTRATION
Sur le palier, un **pilier★** sculpté dans un calcaire pur représente sur une face la fortune, sur une deuxième les trophées de Galiot de Genouillac et sur la troisième Hercule luttant contre le lion de Némée.

puissance du capitaine, des canons crachant des flammes rappellent sa charge de grand maître de l'artillerie.

Intérieur – Les salles du bas, voûtées d'ogives, contiennent des éléments architecturaux du château et un remarquable gisant du 17ᵉ s. représentant Anne de Genouillac. Un bel escalier de transition gothique-Renaissance donne accès à l'étage.

Église★

Construite de 1540 à 1549, elle nous est parvenue intacte. L'ornementation extérieure n'est qu'un long panégyrique des exploits et des titres de Galiot de Genouillac qui souhaitait en faire son mausolée. Une **frise** d'une bonne centaine de mètres fait le tour de l'église. Les sujets qui y sont traités : sièges de villes et combats, cavaliers, fantassins, artilleurs, surprennent le visiteur peu habitué à rencontrer tant de sujets belliqueux dans la décoration d'un édifice religieux. Le **portail** a une allure classique : au tympan, deux angelots offrent à la Vierge les insignes de Galiot, l'épée de grand écuyer et le collier de Saint-Michel. Le portique, formé de deux colonnes surmontées d'un fronton triangulaire, supporte une niche à dôme. N'oubliez pas le **tombeau** du grand capitaine dont le gisant repose sur un sarcophage de marbre : il est représenté en costume de cour ; au-dessus, un haut-relief montre Galiot entouré de ses attributs militaires et de deux canonniers. La **voûte** de la chapelle, taillée en étoile, forme un dôme soutenu par des trompes, un procédé remarquable et rarissime.

L'insolite frise de l'église d'Assier, quelque peu usée par les siècles, constitue un précieux document sur les armes et les costumes du 16ᵉ s.

circuit

ENTRE CAUSSE ET LIMARGUE

Circuit de 40 km – environ 2 h

Quitter Assier par le Nord-Ouest en empruntant la D 11, puis la D 38 (à droite). À Théminettes, prendre à droite.

Rudelle

PÈLERINAGE
Derrière l'église, le petit oratoire décoré d'une coquille rappelle qu'un des chemins de St-Jacques-de-Compostelle longeait son chevet.

Fondée au 13ᵉ s., **l'église fortifiée**, la plus surprenante du Quercy, est en fait un ancien bastion féodal, dont le niveau inférieur, de plan ovale, a été aménagé en chapelle. L'accès à la chambre se fait successivement par l'escalier de bois montant à la tribune, une échelle, une trappe et un escalier de pierre ! D'étroites meurtrières éclairent ce refuge qui abrite les cloches.

Du vieux cimetière qui entoure cette église-forteresse *(accès par un passage public à droite de l'église)*, on a une **vue** sur le chevet et l'ensemble du monument.

Quitter Rudelle par le Nord-Ouest en empruntant la N 140. Après 2 km (aux 4 Routes), prendre à droite la D 40.

Château d'Aynac

Dans un cadre de bois et de prairies, cet édifice du 15e s., aujourd'hui centre de loisirs équestres, presse autour de son donjon ses tours d'angles crénelées couvertes de dômes.

À voir
Une très belle porte d'entrée que celle du château ! Remarquez les armes des Turenne.

Quitter Aynac par l'Est en empruntant la D 39.

La route emprunte la petite **vallée de Largentié**, puis s'élève vers les bois de Leyme, où abonde le châtaignier. Peu après Leyme, la route (D 48) offre de belles **vues** sur l'Est du causse de Gramat.

Lacapelle-Marival

De l'ancienne et importante seigneurie de Lacapelle-Marival qui appartint du 12e au 18e s. à la famille de Cardaillac, la localité a conservé de nombreuses traces.

Le massif donjon carré du **château**, à mâchicoulis et flanqué d'échauguettes à chacun de ses angles, remonte au 13e s., tandis que le corps de logis, cantonné de grosses tours rondes a été ajouté au 15e s.

L'**église**, de style gothique, fut édifiée à la même époque que le donjon. Les anciennes **halles** sont plus tardives : elles datent du 15e s. L'ancienne **porte** de ville, l'« Arbol », était jadis intégrée aux remparts du bourg.

Les halles
Soutenue par des piliers de pierre, la charpente en châtaignier est couverte de tuiles rondes.

Quitter Lacapelle par le Sud en empruntant la D 940.

Le Bourg

Unique vestige d'un ancien prieuré dépendant de l'abbaye d'Aurillac, l'**église** du 12e s. comprend un transept et un chœur décoré d'arcatures romanes supportées par de beaux chapiteaux où quelques oiseaux observent encore les rares fidèles.

Quitter Le Bourg par le Sud-Est en empruntant la N 140, direction Figeac. Après 1 km, prendre à droite sur la D 653 qui ramène à Assier.

Aubazine★

Aubazine, c'est une rencontre avec l'un des grands courants mystiques de l'occident chrétien. Où la beauté de l'architecture dit l'ordre du monde et la vie intérieure des moines... Une promenade le long du canal aux Moines, qui conduit à des rochers d'escalade, ajoutera une touche poétique et contemplative à cette visite.

La situation

Cartes Michelin nos 75 pli 9 ou 239 pli 26 - Schéma p. 124 - Corrèze (19). À 13 km au Nord-Est de Brive-la-Gaillarde, Aubazine occupe un site agréable entre la Corrèze et le Coiroux, un promontoire allongé à l'écart des grands axes de circulation.

BP 2, 19190 Aubazine, ☎ 05 55 25 79 93.

Les gens

Moines et moniales de l'ordre de Cîteaux ont fait résonner de leurs chants les voûtes de leurs monastères des siècles durant. Les 788 Aubazinois qui vivent actuellement dans le village ont certainement leur salut gagné par avance...

comprendre

La fondation de l'abbaye - Dans le premier tiers du 12e s. s'assemblent en forêt d'Aubazine, autour de l'ermite Étienne venu de la Xaintrie voisine, des hommes et des femmes désireux d'une vie austère consacrée à la prière. La petite communauté, ayant

Les cisterciens
Fondé au 11e s., l'ordre de Cîteaux se développa et se structura fortement sous l'influence de Bernard de Clairvaux au 12e s., qui mit en œuvre un retour à la règle bénédictine appliquée strictement.

carnet d'adresses

Où se restaurer

• *À bon compte*

Saut de la Bergère – *2 km à l'Est d'Aubazine par D 48 – ☎ 05 55 25 74 09 – fermé 20 déc. au 28 fév. et lun. de sept. à déc. – 80/195F.* C'est aussi le nom d'un pic rocheux tout proche où les hardis escaladeurs pourront se régaler.
Ce restaurant est au calme au milieu de la verdure. Cuisine régionale.
Quelques chambres simples.

• *Valeur sûre*

Ferme-auberge des Sources – *Le Perrier – 19190 Beynat – 14 km d'Aubazine par D 48 jusq. Le Chastang, puis D 94 jusq. Le Perrier, puis D 921 – ☎ 05 55 85 97 91 – – 130F.* Face au couchant, sur la terrasse de bois qui domine la campagne, savourez l'apéritif aux fleurs de pissenlit. En suivant, les recettes à l'ancienne de Mme Pringère, à base de produits de la ferme et de plantes sauvages. Pour finir, digestif aux baies d'églantier.

adopté la règle de St-Benoît, érige un **monastère d'hommes** à Aubazine, puis un **monastère de femmes** à seulement 600 mètres du premier, dans le vallon du Coiroux. En 1147, malgré le handicap constitué par l'existence de la communauté féminine, Étienne obtient l'intégration de ses fondations dans l'ordre des Cisterciens. Cette spécificité de monastère double sera conservée jusqu'à la Révolution. Les femmes ayant été soumises par le fondateur à la clôture absolue vivront sous la totale dépendance, tant au plan spirituel que matériel, du monastère masculin, condition sans doute à l'origine du facétieux dicton : « Qui a fille à Coiroux a gendre à Aubazine. »

À l'intérieur de l'abbaye d'Aubazine, remarquez la richesse de détails, qui ornent les scènes sculptées du tombeau de saint Étienne.

visiter

ABBAYE*

Elle fut édifiée dans la seconde moitié du 12e s., et vouée à la Vierge comme presque toutes les églises cisterciennes. Au 18e s., elle fut amputée de 6 de ses 9 travées, précision qui renseigne sur ses imposantes proportions d'origine. La façade occidentale a été élevée à cette époque.

Le clocher*

Coiffant la croisée du transept, il est d'une conception très originale ; on y passe du plan carré au plan octogonal par un système de gradins de pierre réalisant une figure géométrique dite « surface réglée », réussite technique unique à ce jour.

Intérieur

Le vaisseau central est voûté en berceau légèrement brisé et le vaste carré du transept doté d'une élégante coupole sur pendentifs. Trois chapelles orientées, à chevet plat, s'ouvrent de chaque côté du chœur terminé par une abside à cinq pans. Les vitraux en grisaille éclairant l'édifice étaient les seuls admis dans les églises cisterciennes.

L'abbaye possède par ailleurs un **mobilier★** d'une très grande richesse.

Tombeau de saint Étienne★★ – Il a été exécuté en calcaire dans les années 1250-1260. Le gisant repose dans une châsse dont l'élévation est ajourée par une arcature ; le toit à deux versants est orné de scènes sculptées : sur le côté visible la Vierge à l'Enfant accueille saint Étienne et ses communautés pendant leur vie terrestre.

Un mutilé de piété...
Le visage du gisant a été mutilé par les fidèles qui raclaient la pierre : la poussière obtenue avait, paraît-il, des vertus miraculeuses.

Armoire liturgique★ – Fabriquée au 12e s. en madriers de chêne, elle est décorée d'arcatures sur ses faces latérales.

La Mise au tombeau du Coiroux – Retrouvée en 1985 lors de la fouille de l'église du monastère féminin *(voir plus loin)*, cette œuvre en calcaire, à l'origine polychromée, est d'une exceptionnelle qualité.

Les stalles – Confectionnées au 18e s., elles possèdent des miséricordes sculptées de visages très expressifs.

Le monastère d'hommes

Bâtiments conventuels – ♿ *juin-sept. : visite guidée (1h) tlj sf lun. à 11h et 16h (juil.-août : tlj sf lun. à 11h, 15h30, 16h30) ; oct.-mai : tlj sf lun. à 16h. Fermé en janv. et du 26 au 31 août 1999. 20F. ☎ 05 55 84 61 12.*

Des bâtiments conventuels, aujourd'hui occupés par la communauté catholique du Verbe de vie, on visite la salle capitulaire avec ses voûtes d'arêtes retombant sur deux colonnes, la salle de travail des moines et le grand vivier à poissons, alimenté par le très beau « **canal des Moines** ». Tantôt creusé dans la roche en place, tantôt construit en encorbellement au-dessus d'un abrupt de plus de 50 m, le canal des Moines est un ouvrage d'art d'une qualité technique rare, réalisé au 12e s. à partir d'une capture sur le Coiroux. On peut le suivre de bout en bout grâce à l'itinéraire fléché prenant à droite sur la route du plan d'eau du Coiroux (distance 1,5 km).

Le monastère de femmes

Accès : à 600 m du bourg ; prendre la route en direction de Palazinges.

Abandonné en 1791, il ne reste plus du monastère que les murs de l'église. Des fouilles récentes ont restitué les dispositifs d'alimentation en eau potable, et retrouvé sous le talus de la route actuelle la porterie voûtée par laquelle communiquaient moines et moniales, aménagée à la manière d'un sas.

Les clefs du paradis
Pour communiquer l'une avec l'autre, chaque communauté disposait d'une clef de la porterie : l'une de la clef de la porte extérieure, l'autre de la clef de la porte intérieure !

Aubeterre-sur-Dronne★

À mi-chemin entre la Charente et l'Aquitaine, ce village blanc est baigné d'une verdure foisonnante et prend déjà des allures de Sud-Ouest. Une balade dans ses ruelles pentues encadrées de maisons à balcons de bois nous rappelle qu'il reste un des plus beaux villages de France ! Merveille des merveilles, il possède une saisissante église monolithe à découvrir absolument.

La situation

Cartes Michelin nos 75 pli 3 ou 233 plis 40, 41 - Schéma p. 263 - 12 km à l'Est de Chalais - Charente (16). Aubeterre domine la vallée de la Dronne et ses verts pâturages. On y accède par plusieurs départementales. Ses rues sont étroites et escarpées. ℹ *rue St-Jean, 16390 Aubeterre-sur-Dronne, ☎ 05 45 98 57 18.*

Il existait autrefois un château bâti au-dessus de cette église monolithe. Ses seigneurs pouvaient, par un petit escalier caché, accéder facilement à la galerie, et de là épier les foules et participer aux offices.

Le nom

Aubeterre est construit en pierre crayeuse, d'où son nom venant du latin *alba terra* et signifiant « blanche terre ».

ROMAN NOIR
L'écrivain Pierre Véry (1900-1960) est né à Bellon, à quelques kilomètres d'Aubeterre. Il écrivit notamment *Les Disparus de St-Agil*.

Les gens

Ludovic Trarieux (1840-1904), avocat et sénateur natif d'Aubeterre, est le fondateur de la Ligue des droits de l'homme et du citoyen. Son buste trône sur la place Trarieux que les 388 Aubeterriens traversent tous les jours.

visiter

CULTE PRIMITIF
Dans la crypte, ont dû se dérouler les cérémonies des adeptes de Mithra, une divinité orientale dont le culte fut répandu en Gaule par les soldats de l'empire romain. Il est caractérisé par le sacrifice d'un taureau, dit taurobole.

Église monolithe★★

Dédiée à saint Jean, cette église appartient à un type rare que les archéologues appellent « monolithe » (d'un seul bloc de pierre). On en trouve une autre à St-Émilion.

Par un couloir bordé de niches funéraires, pénétrez dans une impressionnante cavité taillée dans le roc. Une cuve baptismale du 5e ou 6e s., sculptée en croix grecque, témoigne de l'existence d'une église primitive où se pratiquait le baptême par immersion. L'église actuelle fut probablement commencée au 12e s. pour abriter les reliques du St-Sépulcre de Jérusalem, rapportées de croisade par Pierre II de Castillon, alors possesseur du château. Elle fut utilisée comme atelier de salpêtre sous la Révolution, et ensuite comme cimetière jusqu'en 1865.

Parallèle à la falaise, la nef s'élève à 20 mètres de hauteur et ne possède qu'un seul bas-côté où filtre encore une petite source, sans doute bénéfique et vénérée des premiers pèlerins. Dans l'abside remarquez un monument monolithe laissé en réserve lors du creusement de l'église. Il renfermait probablement les reliques du St-Sépulcre.

À l'autre extrémité de la nef, on découvre la chapelle primitive du 6e s. transformée en nécropole au 12e s., après l'aménagement de l'église ; une série de sarcophages sont creusés à même le roc. Dans la partie haute de la nef, une galerie suspendue permet d'avoir une vue d'ensemble sur ce lieu de culte chargé de spiritualité.

Admirez l'archivolte de la façade de l'église St-Jacques, au décor finement sculpté de motifs géométriques d'inspiration arabe.

Église St-Jacques

Située dans la partie haute de la ville, cette église présente une belle façade romane, rythmée d'arcades et d'arcatures. À gauche du portail central, la frise sculptée évoque les travaux des mois.

En contrebas de l'église se dresse une tour à mâchicoulis (16e s.).

Abbaye de Beaulieu-en-Rouergue★

Alliance parfaite de l'histoire et de la modernité, l'abbaye cistercienne du 13e s. a été transformée, en 1967, en centre d'Art contemporain. À coup de Dubuffet ou de Laroslav, cette adorable vieille demoiselle a pris un sacré coup de jeune, tout en conservant sa grâce naturelle.

La situation

Cartes Michelin nos 79 pli 19 ou 235 pli 19 – 10 km au Sud-Est de Caylus – Aveyron (12). La route D 53 décrit un virage à l'approche de l'abbaye qui propose un parking pour les visiteurs en amont des bâtiments.

Le nom

Les cisterciens nommèrent nombre de leurs abbayes selon l'inspiration du lieu : Clairvaux, Froidmont, mais aussi Beaulieu (*Belloc* en occitan). Il suffit de s'y rendre pour comprendre à quel point ce choix est judicieux.

Les gens

Les débuts de cette fille de l'abbaye de Clairvaux sont assez obscurs. Sa fondation date vraisemblablement de 1144, moment où Ademar III, évêque de Rodez, réussit à constituer une communauté suffisante.

Amateurs de géométrie et d'équations en tout genre, levez la tête et régalez-vous ! L'architecture des moines cistériens était peut-être sobre mais d'une solidité à toute épreuve.

comprendre

L'abbaye traverse sans trop d'encombre le tumulte des guerres de toutes sortes, les préjudices se « limitant » alors à la destruction du cloître et à la perte de ses archives. Après la Révolution, elle est transformée en exploitation agricole. Ce n'est qu'en 1959 que de nouveaux propriétaires entreprennent sa restauration poursuivie, à partir de 1973, par la Caisse des monuments historiques et des sites qui reçoit l'abbaye en donation. Aujourd'hui centre **d'Art contemporain**, l'abbaye organise en été des expositions et des animations musicales.

RAYONNEMENT
Le centre peut s'enorgueillir d'avoir accueilli des œuvres de Simon Hantaï, Laroslav Serpan, Dubuffet, Bissière ou encore Arpad Szenes.

visiter

L'église★

D'avr. à fin oct. : visite guidée (1/2h) tlj sf mar. 10h-12h, 14h-18h (juil.-août : tlj). Fermé 1er mai. 32F (abbaye et expositions d'art contemporain). ☎ *05 63 24 50 10.*

Exemplaire de l'architecture cistercienne, l'église du 13e s. est représentative du gothique le plus pur. Sa nef unique est voûtée d'ogives et éclairée par des lancettes et des roses. L'abside à sept pans est précédée par la croisée du transept que surmonte une **coupole** octogonale sur trompes. Chaque croisillon du transept s'ouvre sur une chapelle carrée.

Le clocher, court et trapu, renforce l'impression que cette église aurait pu être construite d'un même bloc.

Les bâtiments abbatiaux

La **salle capitulaire**, partie la plus ancienne, s'ouvrait par trois arcs d'ogive sur le cloître, aujourd'hui disparu. Elle se compose de deux travées couvertes chacune de trois voûtes d'ogives retombant sur deux colonnes plutôt imposantes. Le **cellier**, au rez-de-chaussée du bâtiment des convers, comprend dix voûtes sur croisée d'ogives reposant sur quatre colonnes dont les **chapiteaux** sont décorés de feuilles plates. La beauté de cette salle et le raffinement dont témoignent les sobres clefs de voûte montrent le soin que les moines cisterciens apportaient à l'édification de chaque bâtiment, même annexe. Au-dessus, à l'étage, était installé le dortoir, aujourd'hui reconverti en salle d'exposition. Il ne reste rien de la distribution primitive du dortoir des moines, incendié lors des guerres de Religion.

Beaulieu-sur-Dordogne★★

Une belle église romane, vestige de l'ancien monastère bénédictin, les rives de la Dordogne, un climat tempéré... La nature et l'histoire s'épousent dans cette ville, que d'aucuns surnomment la Riviera Limousine.

La situation

Cartes Michelin nos 75 pli 19 ou 239 pli 39 – Corrèze (19). Au Sud du département, sur la rive droite de la Dordogne, Beaulieu offre un avant-goût du Périgord. La D 940 venant de Tulle (40 km) franchit la Dordogne pour gagner St-Céré (17 km) via la Cère. *6 place Marbot, 19120 Beaulieu-sur-Dordogne, ☎ 05 55 91 09 94.*

Le nom

En 855, Raoul, archevêque de Bourges, visitant la région, est séduit par l'agrément du site qu'il baptise *Bellus locus* (beau lieu) et décide d'y fonder une abbaye.

Les gens

Le péché mignon des 1 263 Bellocois est sans aucun doute la fraise...

comprendre

Naissance et développement de l'abbaye – En dépit des luttes meurtrières des seigneurs de Turenne et de Castelnau qui se disputent sa suzeraineté, le monastère

carnet d'adresses

Où dormir

• À bon compte

Central Hôtel Fournié – *☎ 05 55 91 01 34 – fermé 12 nov. à fin mars – P – 27 ch. : 200/320F – : 40F – Restaurant 100/250F.* Cette grosse bâtisse régionale est tout à fait centrale. Chambres au décor actuel avec tissus chatoyants. Dégustez les bonnes recettes locales servies en salle à manger devant la grande cheminée ou en terrasse l'été.

Chambre d'hôte La Maison – *11 r. de la Gendarmerie – ☎ 05 55 91 24 97 – fermé 1er oct. au 1er avr. – – 6 ch. : 250/370F.* Accueil fort aimable dans cette hacienda mexicaine, au centre de Beaulieu ! Arcades, patio fleuri et murs teintés d'ocre rouge. Chambres coquettes aux noms originaux (« la mariée », « les indiens », « les poissons »...). Jardin suspendu... avec piscine.

Où se restaurer

• À bon compte

Les Charmilles – *20 bd St-Rodolphe-de-Turenne – ☎ 05 55 91 29 29 – fermé mar. soir et mer. – 95/225F.* La Dordogne coule au bout du jardin de cette auberge fleurie, au centre du village. Les chambres rénovées sont coquettes. Salle à manger claire et colorée et terrasse pour les repas dehors.

Au Beau-Lieu Breton – *R. du Presbytère – ☎ 05 55 91 20 46 – fermé déc. et mar. – 70/160F.* Dans la vieille ville, cette crêperie-saladerie est bienvenue pour un repas simple de qualité. Retrouvez le plaisir de s'asseoir, l'été, dans les fraîches ruelles et de déguster un magret fumé maison, une galette au sarrasin et une bolée de cidre.

prend très vite une grande importance. Les abbés doivent ensuite compter avec les bourgeois de la cité qui, obtenant privilège sur privilège, acquièrent bientôt une indépendance presque totale.

La réforme bénédictine – L'abbaye, ayant eu à souffrir des guerres de Religion, est désertée par les moines qui prennent des libertés avec la discipline. En 1663, l'abbé de La Tour d'Auvergne fait appel aux austères bénédictins de St-Maur qui entreprennent les réformes nécessaires, réparent les bâtiments conventuels et permettent à l'abbaye de vivre des heures sereines jusqu'à la Révolution.

En descendant la Dordogne, dont les rives sont très animées en été, l'on découvre, se mirant gracieusement dans la rivière, une chapelle romane au haut clocher-mur à quatre arcades.

se promener

Vieille ville*

La vieille ville enserre l'église de très près. Un dédale d'étroites ruelles bordées de demeures anciennes y convergent. Une belle tour à coquille (16e s.) se dresse rue Ste-Catherine. Place de la Bridolle, face au portail occidental, s'élève la « **maison d'Adam et Ève** », jolie maison Renaissance ornée de statues et de médaillons. Quand le passé vous charme...

Église St-Pierre**

Imprégnée d'influences architecturales venant du Limousin comme du Sud-Ouest de la France, cette église abbatiale du 12e s. fut un lieu de pèlerinage important.

Bâtie en grès, elle présente un plan bénédictin que l'on retrouve dans les églises de pèlerinage de ce type. Le chœur, le transept et la travée orientale de la nef furent édifiés les premiers, de 1100 à 1140 environ. Au milieu du 12e s., on poursuivit les travaux par le côté Sud de la nef et le mur du collatéral Nord ; la campagne s'acheva au 13e s. par la travée occidentale de la nef et la façade.

Portail méridional** – Exécuté en 1125, il est l'un des premiers chefs-d'œuvre de la sculpture romane. Ce portail a été exécuté par les tailleurs d'images toulousains qui travaillèrent à Moissac, Collonges, Souillac et Carennac. Précédé d'un porche ouvert, il présente un ensemble sculpté d'une composition et d'une exécution remarquables.

Il représente les préliminaires du Jugement dernier : les morts, assignés à comparaître, sortent de leur tombeau ; l'exaltation des apôtres, la magnificence de la croix et des instruments de la Passion, le témoignage des plaies du Christ, la soumission du Mal représenté par les monstres.

Le thème reproduit sur le portail de l'église St-Pierre est celui du « Retour du Seigneur », de son triomphe à la fin des temps, annonce du Jugement dernier.

Chevet – Ses proportions harmonieuses donnent une impression d'unité, renforcée par l'homogénéité du style décoratif : moulurations limousines des fenêtres, corniches sur modillons sculptés. Le clocher central présente un seul étage octogonal percé de huit baies en arc brisé à voussure limousine. En contournant le chevet, dans le prolongement du croisillon Nord, on remarque les restes de la partie du cloître bordant la salle capitulaire (sacristie).

Façade occidentale – Elle s'ouvre par un large portail sans tympan. Le clocher qui la surmonte à l'angle Sud fut rajouté au 14e s., au moment de la guerre de Cent Ans, et surélevé en 1556.

Intérieur – Sanctuaire de pèlerinages, l'église est conçue pour faciliter la circulation des foules : larges bas-côtés et déambulatoire. La voûte en berceau de la nef repose sur des piles cruciformes. À la croisée du transept s'élève une coupole irrégulière sur pendentifs plats. Le chœur est éclairé par cinq baies en plein cintre. La décoration intérieure est assez fruste en comparaison de la beauté du portail Sud. Les chapiteaux sculptés sont rares : on les trouve aux entrées du déambulatoire et aux chapelles du transept ; ils portent un décor de feuillages ou de personnages formant cariatides. Les autres chapiteaux appartiennent au type « géométrique » répandu dans le Quercy. Remarquez dans le croisillon Nord, au-dessus de la porte de l'escalier des tribunes, un linteau de facture maladroite qui représente deux lions encadrant un arbre.

Cette pièce rare, qui fait la fierté des Bellocois, mesure 60 cm de haut.

Trésor – *De mi-juil. à fin août : visite guidée (1h1/2) tlj sf dim. 17h-18h30, sam. sur demande. 20F. M. Sapin. ☎ 05 55 91 18 78.*

Placé dans une armoire forte, dans le transept gauche, le trésor renferme notamment une remarquable **Vierge★** assise du 12e s., en bois revêtu d'argent et une châsse du 13e s. en émail champlevé.

Chapelle des Pénitents

De juil. à fin août : 10h-12h, 15h-18h. 10F. Mairie. ☎ 05 55 91 11 31.

Cette chapelle du 12e s. a été transformée en musée d'histoire locale.

circuits

ENTRE PALSOU ET SOURDOIRE

Circuit de 30 km – environ 2 h

Quitter Beaulieu par le Sud en empruntant la D 41, puis à droite la D 12.

Queyssac-les-Vignes

Tour de l'ancien château – *Accès par la cour de l'hôtel « Au Vin Paillé ».* Du sommet (table d'orientation) se développe un vaste **panorama★** : de l'Est au Sud-Ouest se détache la vallée de la Dordogne jalonnée par le château de Castelnau-Bretenoux, Carennac et le cirque de Montvalent ; au Sud-Est apparaissent les tours de St-Laurent qui dominent St-Céré ; au Nord et au Nord-Ouest on distingue la roche de Vic et le château de Turenne.

Continuer la D 12, puis prendre à droite la D 15E.

La Chapelle-aux-Saints

C'est ici que fut trouvé, en 1908, un squelette quasiment complet de l'homme de Néanderthal. Ce chasseur nomade gisait entouré d'objets familiers.

Balade dans la préhistoire
Du parking *(200 m du village)*, un chemin conduit à la petite grotte où furent retrouvés les restes de notre ancêtre, enseveli il y a environ 45 000 ans.

Curemonte★ *(voir ce nom)*

La D 15 offre de belles vues sur Curemonte et son site.

Revenir sur la D 15, puis prendre à droite la D 106.

Puy-d'Arnac

Il se blottit au pied d'une butte que couronne une église. Du village, une route en très forte montée permet d'accéder en voiture à la plate-forme entourant l'église (site de la Cafoulière). Celle-ci est aménagée en aire d'accueil et donne accès à des chemins pédestres entretenus. Trois tables d'orientation avec descriptif aident à découvrir le vaste **panorama★** : à l'Est et au Sud, la vue se porte sur la vallée de la Dordogne, tandis qu'au Nord-Ouest se dessinent les reliefs plus accentués de la région de Meyssac et de Turenne.

Rejoindre la D 940 qui ramène à Beaulieu.

À L'HORIZON
De tous côtés apparaît ce paysage si caractéristique de la Dordogne, fait de vallons et de collines avec des prairies coupées d'élégants rideaux de peupliers.

GORGES DE LA CÈRE

Circuit de 50 km - environ 3 h

Née dans les monts du Cantal, la Cère appartient au Quercy pour la dernière partie de son cours. Mais avant de confondre ses eaux avec celles de la Dordogne en aval de Bretenoux, au pied du promontoire où se dresse le célèbre château de Castelnau *(voir ce nom)*, la Cère a dû se frayer un chemin, entre Laroquebrou et Laval-de-Cère, en creusant des gorges pittoresques et sauvages.

Quitter Beaulieu par l'Ouest en empruntant la D 940, direction St-Céré, puis prendre à gauche sur la D 41.

Après avoir traversé la Dordogne, la route s'élève, offrant de belles vues sur la vallée.

Reygade

Mise au tombeau★ – ♿ *9h-21h. 30F. Mairie. ☎ 05 55 28 50 19.*

Près du cimetière, un petit bâtiment abrite un remarquable chef-d'œuvre de la fin du 15e s., en pierre polychrome. Cette émouvante sculpture pourrait avoir été réalisée par le même sculpteur que celui de Carennac (Lot). Un montage audiovisuel souligne les particularités de chaque personnage.

Rejoindre et poursuivre sur la D 41. 7 km après La Chapelle-St-Géraud, prendre la D 13 vers Camps.

Les couleurs, qui ont gardé presque toute leur vivacité, accentuent l'expression des visages et donnent du relief aux costumes.

Rocher du Peintre★

Terre-plein aménagé au Sud de Camps : de là se révèle une belle vue d'enfilade sur les gorges boisées de la Cère. Alors que la voie ferrée emprunte de bout en bout les gorges de la Cère, aucune route n'a été tracée permettant de longer la rivière des environs de Laroquebrou à Laval-de-Cère. *Poursuivre sur la D 13.*

Laval-de-Cère

Entre Laval-de-Cère et Port-de-Gagnac, la route sinueuse s'élève au-dessus de la vallée dans un décor de prairies et de collines, et surplombe le barrage de Brugale.

1 km avant Port-de-Gagnac, tourner à droite sur la D 116A.

Avant de regagner Beaulieu, montez jusqu'à l'église de **Fontmerle** pour profiter, une dernière fois, du paysage de la région.

Beaumont

Planté au milieu d'un paysage vallonné, Beaumont domine les prés alentour délicatement dessinés par quelques haies d'arbres. D'aspect relativement moderne, cette bastide du 13e s. recèle encore nombre de trésors, témoins de son riche passé.

La situation

Cartes Michelin nos 75 pli 15 ou 235 pli 5 - Dordogne (24). La bastide allonge ses rues sur la D 660, route fort empruntée puisque seul axe majeur entre Bergerac et Cahors. *r. Romieu, 24440 Beaumont-en-Dordogne, ☎ 05 53 22 39 12.*

Randonnées

Si vous voulez vous promener, sachez qu'un topoguide est disponible à l'Office de tourisme.

Le nom

« Beaumont », assez répandu tant en pays d'oc qu'en pays d'oil, est la francisation de l'occitan *bèl mont* provenant lui même du latin *bellus mons.*

Les gens

Alors que la plupart des bastides sont conçues en forme quadrangulaire, la ville aurait été bâtie en forme de « H » par le roi Édouard Ier en souvenir de son père Henri III. 1 166 Beaumontois ont aujourd'hui le privilège d'habiter à Beaumont.

Au centre du village, entourée de maisons à cornières et cantonnée de quatre tours massives, l'église de Beaumont constitue l'un des plus beaux édifices religieux fortifiés du Sud-Ouest.

se promener

La bastide

Fondée en 1272 par Lucas de Thanay, sénéchal de Guyenne, pour le compte d'Édouard Ier, cette importante bastide n'a conservé de ses constructions d'origine que des fragments de fortifications. C'est de ces vestiges, et plus particulièrement de la porte Luzier du 13e s., que vous pénétrez dans le bourg.

Église St-Front – Deux de ses tours encadrent le portail à cinq voussures que décore une **galerie★** à balustrade soulignée par une frise de personnages grimaçants. À l'intérieur de l'église, à gauche, dans la tour des Cloches, est exposée la volumineuse clé de voûte du chœur (elle pèse 450 kg) sculptée de têtes, dont celle du patron de l'église, saint Front. Sur le même bas-côté vers le milieu de la nef, s'ouvre la chapelle St-Joseph, vestige sans doute d'une église plus ancienne.

Bastides

Ces villes neuves (bastidas en langue d'oc), plus ou moins fortifiées, se sont développées au 13e s. Leur plan est généralement en échiquier, carré ou rectangulaire. Des quatre points cardinaux, des allées rejoignent les deux rues parallèles qui enserrent la place centrale de la ville.

circuit

BASTIDES, CHÂTEAUX ET MOULINS★

Circuit de 115 km – compter une journée

Quitter Beaumont par le Nord en empruntant la D 660.

Château de Bannes

Juil.-août : visite guidée (3/4h, dernière entrée 1/2h av. fermeture) tlj sf lun. et mar. 15h-18h30 ; juin et sept. : w.-end 15h-18h30. 28F. ☎ 05 53 61 19 54.

0 6 km
PÉRIGUEUX
BERGERAC
SARLAT
CAHORS, VILLENEUVE-S-LOT
★★Cingle de Trémolat
DORDOGNE
Badefols-s-Dordogne
St-Capraise-de-Lalinde
Lalinde
D 703
D 660
D 37
D 29
D 28
D 25
D 27
D 26
D 2
D 53
D 676
D 207
D 104
Bélingou
le-Buisson-Cussac
St-Front-de-Colubri
Lanquais★
Couze-et-St-Front
Molières
Cadouin
Bannes
St-Avit-Sénieur
Beaumont
Couze
Montferrand-du-Périgord
St-Avit-Riyière
Blanc
Ste-Croix
★Monpazier
Dropt
Villeréal
St-Martin-de-Villeréal
Biron★

Perché sur son éperon rocheux d'où il domine de cinquante mètres la vallée de la Couze, le château présente un corps de logis coiffé de tours puissantes, le tout couronné de mâchicoulis qui lui conféreraient un aspect militaire, s'il n'était orné d'un portail sculpté et de lucarnes décorées.

Poursuivre sur la D 660.

Coup d'œil
Ne ratez pas le portail ouvragé et richement sculpté, il date de la première Renaissance.

Couze-et-St-Front

Au débouché de la vallée de la Couze, ce bourg excellait autrefois dans la fabrication du « papier de Hollande ». C'était le centre papetier le plus important d'Aquitaine : 13 moulins y fonctionnaient. De nos jours, sur les trois en activité, seuls deux moulins fabriquent encore du papier filigrané selon les méthodes anciennes.

Moulin de la Rouzique – *D'avr. à mi-oct. : visite guidée (1h1/2) 14h-18h30, matin sur demande (1 sem. av.). 25F. ☎ 05 53 24 36 16.*

Comment de vieux tissus blancs (coton, lin) deviennent-ils feuilles de papier ? Un circuit initiatique retrace les étapes nécessaires à sa fabrication. L'espace séchage accueille aujourd'hui un musée rassemblant une intéressante collection de **papiers filigranés★** du 14e au 18e s.

Moulin de Larroque – *Ouv. tlj sf dim. 9h-12h, 14h-18h. ☎ 05 53 61 01 75.*

Prévoyez vos cadeaux de fin d'année ou d'anniversaire en faisant une halte à la boutique du moulin où de nombreux objets à base de papier filigrané vous y attendent.

Quitter Couze par l'Ouest en empruntant la D 37.

C'est à l'étage du moulin, percé de baies munies de volets en bois, qu'avait lieu le séchage du papier.

Château du Lanquais★ *(voir ce nom)*

Poursuivre sur la D 37. Après 1,5 km, tourner à droite et franchir la Dordogne. À St-Capraise-de-Lalinde, prendre à droite sur la D 660. À Lalinde, prendre à droite, retraverser la Dordogne.

St-Front-de-Colubri

Construite au 12e s. au sommet de la falaise dominant la Dordogne, la chapelle de St-Front-de-Colubri protégeait les mariniers qui descendaient les rapides du saut de la Gratusse. Depuis le milieu du 19e s., le canal de Lalinde permet d'entreprendre la manœuvre sans risque.

Longer la Dordogne par la D 29.

Badefols-sur-Dordogne

La petite église du village se terre au pied des vestiges du château fort, repaire de Seguin de Badefols, seigneur brigand qui loua longtemps ses troupes au plus offrant, Anglais ou Français.

Pousuivre sur la D 29, puis 4 km plus loin, sur la D 28.

ADRESSE
Le domaine de Barbe. Visite d'élevage et de conserverie artisanale. ☎ *05 53 22 52 19.*

Cadouin★ *(voir ce nom)*

Quitter Cadouin par le Sud-Ouest en empruntant la D 25, puis après 2 km, tourner à droite sur la D 27.

Molières

Bastide fondée par les Anglais en 1284 et restée inachevée, Molières n'a jamais été bordée de maisons à couverts. Cela ne l'empêche pas d'être un village qui séduit, encore embelli par une petite église gothique et quelques ruines de l'ancien château fort au Nord du bourg.

Faire demi-tour et reprendre la D 25 (à droite).

St-Avit-Sénieur

Église – Fortifiée au 14e s., elle donne une impression de sévérité et de rudesse : bretèche crénelée, hautes murailles presque aveugles du chevet et tours encadrant la façade, reliées par des chemins de ronde.

Au Sud de l'église, des fouilles ont mis au jour les vestiges d'un établissement augustinien détruit lors des guerres de Religion, dégageant les soubassements d'une église romane primitive et de bâtiments conventuels.

TOPONYMIE
Le bourg doit son nom au Romain Avitus Senior, soldat du roi Alaric II , devenu ermite au 6e s. C'est en son souvenir et sur les fondations d'une ancienne abbaye que fut édifiée au 11e s. l'abbaye bénédictine de St-Avit-Sénieur.

Musée de Géologie et d'Archéologie – *De juil. à fin août : tlj sf lun. 14h-19h. Tarif non communiqué. ☎ 05 53 22 32 27.*

Poursuivre sur la D 25, puis, après 2 km, tourner à gauche sur la D 26.

Ste-Croix

Entre les ruisseaux de la Vouludre et de la Véronne, ce village possède une charmante église romane que jouxtent les bâtiments en partie ruinés d'un ancien prieuré. Cette église du 12e s. présente une silhouette pure. Derrière une façade surmontée d'un clocher à pignon, se dégage une nef couverte de tuiles rondes.

Quitter Ste-Croix par l'Est et rejoindre la D 26 (à droite).

Montferrand-du-Périgord

Un château à demi ruiné domine ce beau village étagé au-dessus de la Couze. Une petite promenade permet de découvrir une halle du 16e s., de vieilles maisons et d'anciens pigeonniers. Dans le cimetière, à l'écart du village, une petite chapelle romane est décorée d'un ensemble de fresques (12e-15e s.).

PROMENADE
Partant des pieds du château, une petite balade balisée permet de rejoindre la chapelle (compter 7 mn de marche).

Rejoindre la D 26, puis, tourner à droite sur la D 2.

Monpazier★ *(voir ce nom)*

Quitter Monpazier par le Sud-Ouest en empruntant la D 2. Après 5 km, prendre à gauche sur la D 53.

Château de Biron★ *(voir ce nom)*

Quitter Biron par l'Ouest vers St-Martin-de-Villeréal, puis tourner à gauche sur la D 104.

Villeréal

Cette bastide a conservé son plan initial régulier, des maisons en encorbellement et à toit débordant, des halles à étage (14e s.) supportées par des piliers de chêne.

DÉTENTE
Au pied de Villeréal, un lac bénéficie d'équipements de loisirs.

Église fortifiée – Édifiée au 13e s., elle possède une haute façade encadrée de deux tours couronnées de clochetons pointus et reliées par un chemin de ronde crénelé ; la tour de gauche est percée de meurtrières.

Quitter Villeréal par le Nord-Est en empruntant la D 676, direction Beaumont.

Dolmen de Blanc

Il lui est attaché une bien curieuse légende : on raconte qu'une jeune fille, qui s'était perdue pendant un orage, arriva à proximité des mégalithes et pria afin d'être secourue. Elle vit alors les pierres bouger pour lui indiquer son chemin.

Poursuivre sur la D 676 qui ramène à Beaumont.

Belvès

Les vastes frondaisons de la forêt de Bessède à l'Ouest, celles du « Pays au Bois » à l'Est : Belvès émerge d'un écrin de verdure où se côtoient châtaigniers, chênes et pins maritimes. Le gros bourg, perché sur un promontoire, domine la vallée de la Nauze.

Approche
C'est par la route de Monpazier que vous verrez le plus bel étagement de maisons aux façades réchauffées par les premiers rayons du soleil.

La situation

Cartes Michelin nos 75 pli 16 et 235 pli 5 – Dordogne (24).
Le vieux Belvès, classé parmi les plus beaux villages de France, descend de la colline tel un bourg de Toscane. Au Nord du promontoire, la rampe accède directement à un large parking. Le centre du bourg est impraticable en voiture les jours de marché.
Place d'Armes, 24170 Belvès, ☎ 05 53 29 10 20.

Le nom

Pour certains, l'origine de Belvès renvoie à l'occitan *bèl ves*, « bel aspect » ; pour d'autres, il ne s'agit ni plus ni moins que d'une survivance de la présence de la tribu des Bellovaques qui se serait installée au 3e s. avant J.-C.

Pratique
Des panneaux apposés sur chacun des principaux monuments permettent de les identifier.

Les gens

1 663 Belvésiens. L'écrivain Julien Gracq a eu ces mots en évoquant le bourg : « Belvès est le nom de cette beauté cloîtrée de la forêt du Périgord noir... »

se promener

Le bourg

Au cœur du bourg, la **place d'Armes** a conservé l'ancien beffroi et la halle du 15e s. En quittant la place par un discret passage couvert situé à droite de la maison de l'Archevêque, vous accéderez à la **rue Rubigan** pour découvrir la maison du Consul et la tour de l'Auditeur. Regagner ensuite la grande rue : **rue Manchotte**. En

Il vaut mieux pénétrer dans le bourg par le Sud-Est pour profiter de l'ensemble où s'étagent vieilles demeures, jardinets ou bosquets feuillus. On dirait le Sud...

carnet pratique

Où dormir

• *À bon compte*

Camping Le Moulin de la Pique – *24170 Belvès – 3 km au SE de Belvès par D 710 – ☎ 05 53 29 01 15 – ouv. 24 avr. à fin oct. – réserv. conseillée – 110 empl. : 121F – restauration.* Situation pittoresque pour ce camping installé sur les terres d'un moulin du 18e s. : du coup, on profite de son bras de rivière et de son étang pour pêcher. Proche de la route, il est néanmoins agréable et bien équipé. Deux piscines, terrains de jeux, bibliothèque et pétanque.

Camping Les Hauts de Ratebout – *24170 Belvès – 7 km au SE de Belvès par D 710 – ☎ 05 53 29 02 10 – ouv. 1er mai au 11 sept. – réserv. conseillée – 200 empl. : 135F.* Installé sur les terres d'une ferme périgourdine restaurée, il domine la vallée. Au cœur de la campagne, vous profiterez de ses installations confortables, de sa belle salle de restaurant, de sa piscine et des quelques gîtes aménagés dans les bâtiments anciens. Club-enfants.

Marchés

Marché fermier en juil.-août, le mer. à 18h ; aux noix, le mer. d'oct. à mi-déc.

remontant la rue, se dévoile l'église N.-D.-de-Montluc, située à la lisière ouest de la ville. À l'origine prieuré bénédictin, ce grand édifice gothique possède encore un riche mobilier (chaire, autel de la Vierge...).

Musée des Vielles

Visite toute l'année sur rendez-vous. ☎ 05 53 29 10 93. 14 r. J.-Manchotte. Dans ce musée, vous est présentée une petite collection de luths, vielles et autres instruments de musique du Moyen Âge, reproduits avec soin.

circuit

Au pays des cèpes et des châtaignes

Circuit de 60 km – compter environ une demi-journée

Quitter Belvès par le Sud en empruntant la D 710. Après 1 km, prendre à gauche sur la D 54.

Les marchés de Villefranche

Châtaignes – Le sam., de fin sept. à nov.

Cèpes – En sem. à partir de 16h, et le dim. toute la journée de juin à oct.

Orliac

Sous leurs toits de lauzes, un pigeonnier et une église romane fortifiée décorée par un portail Renaissance, égayent ce petit village isolé dans la **forêt**.

Prats-du-Périgord

Lieu de pêche réputé pour la truite et l'écrevisse, le coin recèle quelques merveilles comme cette massive **église*** romane fortifiée : la nef est étonnement enchâssée entre l'abside et le clocher-mur.

Quitter Prats par le Sud en empruntant la D 60.

Villefranche-du-Périgord

Aussi appelée « Villefranche-de-Belvès », cette bastide a été fondée en 1261 par Alphonse de Poitiers, frère de Saint Louis. En son centre, la place du marché présente une imposante halle portée par de lourds piliers de pierre.

Quitter Villefranche par le Nord en empruntant la D 57.

Église de Besse

Ne passez pas à côté de cet édifice roman fortifié sans vous y arrêter. Cette église est surtout connue pour son **portail*** primitif sculpté du 11e s., inhabituel dans cette région. De nombreuses saynètes y sont représentées (thème de la Rédemption avant et après le péché originel) : Saint-Michel terrassant le dragon, Isaïe purifié par un charbon ardent.

Le portail sculpté de la façade Ouest de l'église de Besse est exceptionnel dans le contexte périgourdin peu familier de ce type de décor.

Quitter Besse par le Nord-Est en empuntant la D 57.

St-Pompon

En bordure d'un ruisseau sur lequel se penchent de frêles maisons, le village occupe un endroit charmant. De l'enceinte élevée par les Anglais au 15e s. ne subsiste qu'une porte fortifiée. Non loin, on aperçoit les vestiges d'un château édifié à la même époque. Un peu plus loin vers l'Est (route de Daglan), trône **N.-D.-de-Bedeau**, une chapelle des 13e et 17e s. qui accueille encore quelques processions, notamment lors de l'ouverture de la chasse. À la sortie du village (direction Prats-du-Périgord), un sentier, longeant un étonnant mur, escalade la colline des Guillous et conduit au « Fort gaulois », un tumulus qui serait une sépulture mégalithique.

Quitter St-Pompon par le Nord-Ouest en empruntant la D 60, direction Prats. Après 1 km, tourner à droite sur la D 52. À St-Laurent, prendre la D 51 qui ramène à Belvès.

Bergerac★

Bergerac est une ville blonde : ses pierres, son tabac, la couleur même de son vin, tout en elle évoque la blondeur et donne envie de s'y perdre, au détour d'une rue du 15e s. ou le long de l'ancien port.

La situation

Cartes Michelin nos 75 plis 14, 15 ou 234 plis 4, 8 et 235 pli 5 – Dordogne (24). L'avenue du Président-Wilson permet d'accéder au cœur de la ville pour qui vient du Nord.
97 rue Neuve-d'Argenson, 24100 Bergerac, ☎ 05 53 57 03 11.

Le nom

D'après la tradition, Bergerac doit son nom à la présence d'une villa gallo-romaine, celle de *Bracarius*, dont l'ancêtre aurait été tailleur de braies.

Les gens

26 899 Bergeracois. Le plus connu des Bergeracois reste sans conteste **Cyrano** et son fameux appendice nasal, héros de la pièce d'Edmond Rostand. Curieusement, le nom de ce personnage, inspiré par le philosophe du 17e s. n'a rien à voir avec la ville périgourdine !

Bergerac a adopté ce « fils illégitime » qu'est Cyrano, et lui a élevé une statue place de la Myrpe.

Avec un soupçon d'imagination et un zeste de conviction, peut-être verrez-vous apparaître la belle Roxane derrière une de ces fenêtres !

comprendre

Un carrefour commercial et intellectuel – La ville prend son essor dès le 12e s. Ville port mais aussi ville pont sur la Dordogne, elle voit rapidement se développer une bourgeoisie qui fait fortune dans le commerce entre les régions de l'intérieur (Auvergne, Limousin) et Bordeaux.

Au 16e s., ce fief des Navarre devient une des capitales du protestantisme. La ville connaît alors une période brillante. De nombreuses imprimeries publient des pamphlets diffusés dans l'ensemble du monde protestant. En août 1577, la paix de Bergerac est signée entre le roi de Navarre et les représentants de Henri III. Mais en 1620 les armées de Louis XIII s'emparent de la ville et démolissent les remparts. Après la révocation de l'édit de Nantes (1685), les jésuites et les récollets essaient de

Pax

La « paix de Bergerac » est un préliminaire à l'édit de Nantes, qui sera, lui, signé en 1598.

carnet pratique

Où dormir

• À bon compte

Europ Hôtel – *20 r. Petit-Sol – ☎ 05 53 57 06 54 – P – 22 ch. : 220/270F – ☕ 30F.* Vous vous croirez un peu à la campagne, allongé au bord de la piscine entourée d'arbres. Cet hôtel est excentré, dans le quartier de la gare. Les chambres au décor des années 1970 sont simples, mais bien tenues et à prix doux.

Ou se restaurer

• Valeur sûre

Côté Dordogne – *17 r. du Château – ☎ 05 53 57 17 57 – fermé 1er au 14 nov., vacances de fév., dim. soir et lun. de sept. à juin – 150/195F.* Une glycine qui pourrait bien avoir 200 ans embaume la terrasse de cette ancienne villa au bord de la Dordogne. Par temps plus frais, vous préférerez l'une des deux salles à manger claires. Cuisine au goût du jour.

L'Imparfait – *8 r. des Fontaines – ☎ 05 53 57 47 92 – fermé 20 nov. au 15 déc. et dim. d'oct. à mars – 159F.* Quel drôle de nom pour ce restaurant en plein cœur de la vieille ville ! Cette bâtisse médiévale a pourtant de quoi vous séduire par sa salle à manger aux poutres et pierres apparentes et sa cuisine bien élaborée avec grillades dans la cheminée.

Où boire un verre

La Treille – *12 quai Salvette – ☎ 05 53 57 60 11 – en hiver : tlj 9h30-1h – en été : tlj 9h30-2h – fermé le mar.* Aussi inouï que cela puisse paraître, voici la seule terrasse sur la Dordogne ! N'hésitez pas à venir prendre un verre sous la magnifique treille de ce site classé. Tout aussi charmant, l'intérieur en pierre et bois bénéficie d'une cheminée et d'une minuscule salle voûtée « pour les amoureux »...

Victoria – *27 r. Boubarraud – ☎ 05 53 58 48 36 – mar.-sam. : 9h30-14h, 15h-18h30.* Voici un lieu d'hiver dans une ville d'été. Ce coquet salon de thé, tout de rouge vêtu, est installé au dessus d'une carterie. Entre broderies et vieilles lithographies, vous dégusterez plus de 40 thés dans de jolies tasses en faïence anglaise.

La Désirade – *Pl. Pélissière – ☎ 05 53 58 27 50 – juin-août : tlj 10h-0h – sept. : mar.-dim. 10h-0h – fermé d'oct. à mai.* Devant une très jolie fontaine, la terrasse de cet établissement bien nommé est un havre de paix et de fraîcheur. Le couple affable qui tient cette petite affaire vous proposera des glaces artisanales et de délicieux cocktails sans alcool.

Où sortir

Le Windsor – *Rte de Bordeaux – ☎ 05 53 57 66 60 – vac. scol. : mer.-dim. 22h-5h – hors vac. scol. : ven.-sam. 22h-5h – guinguette tous les dim. apr.-midi et sam. soir.* C'est la plus grande discothèque de la région : 2 400m² divisés en trois parties. Une salle avec mezzanine, décorée de graffitis et de fresques représentant des scènes de films, accueille les plus jeunes.
Pour les 30-40 ans, une salle plus cosy a été conçue, pourvue d'une terrasse agrémentée d'une fontaine et d'une cascade. Enfin, les seniors peuvent se déchaîner à la guinguette. Mais on circule librement partout, entre house, variétés et tango dans une ambiance survoltée. Coin café-repas.

Les Mercredis du jazz, au cloître des Récollets et autres lieux de la ville. Gratuit.

Loisirs

Aqua Park Junior' Land – *Rte de Bordeaux – ☎ 05 53 58 33 00 –* www.bergerac.com – *mai-août : piscines ouv. tlj. 10h-1h; canoës 10h-20h – fermé de sept. à avr.* Quatre piscines éclairées, un toboggan, un trampoline à air, des jeux de plein air, du tir à l'arc, des VTT, des mini-motos, des soirées à thème... et surtout de superbes balades en canoë sur la Dordogne ! De plus, vous pouvez compter sur un accueil vraiment chaleureux.

Vues du ciel

Aéro-Club de Bergerac – *Aérodrome de Roumanières – ☎ 05 53 57 31 36 – accueil : lun.-sam. 9h-12h, 14h-18h.* Cette association propose des baptêmes de l'air (30mn) et des initiations au pilotage pour un prix relativement avantageux. À bord d'un Robin (315, 400, 480 pour les puristes) ou d'un ATL biplace, vous découvrirez la ville et quelques châteaux sous un angle original !

Gastronomie

La Table de Cyrano, au mois de juil., allie gastronomie et vins avec la programmation de concerts tous les soirs dans le vieux Bergerac.

La Table de Roxane, au mois d'août, les années impaires, s'organise selon la même formule autour de la place de la République.

Vente de vins de Bergerac

CIVRB – *1, r. des Récollets – 24104 Bergerac Cedex – ☎ 05 53 63 57 57.*

Train touristique

Autorail Espérance : ce petit train, touristique et gastronomique, relie Bergerac à Sarlat – *☎ 08 36 35 35 35 (SNCF).*

reconquérir des disciples. De nombreux Bergeracois fidèles à leurs croyances calvinistes émigrent alors en Hollande, pays avec lequel ils maintenaient des contacts commerciaux. À la Révolution, Bergerac jusque-là capitale du Périgord, se voit déposséder de cette fonction au profit de Périgueux qui devient préfecture du département de la Dordogne. Au 19e s. cependant, vignoble et batellerie prospèrent jusqu'à la crise du phylloxéra et l'arrivée du chemin de fer.

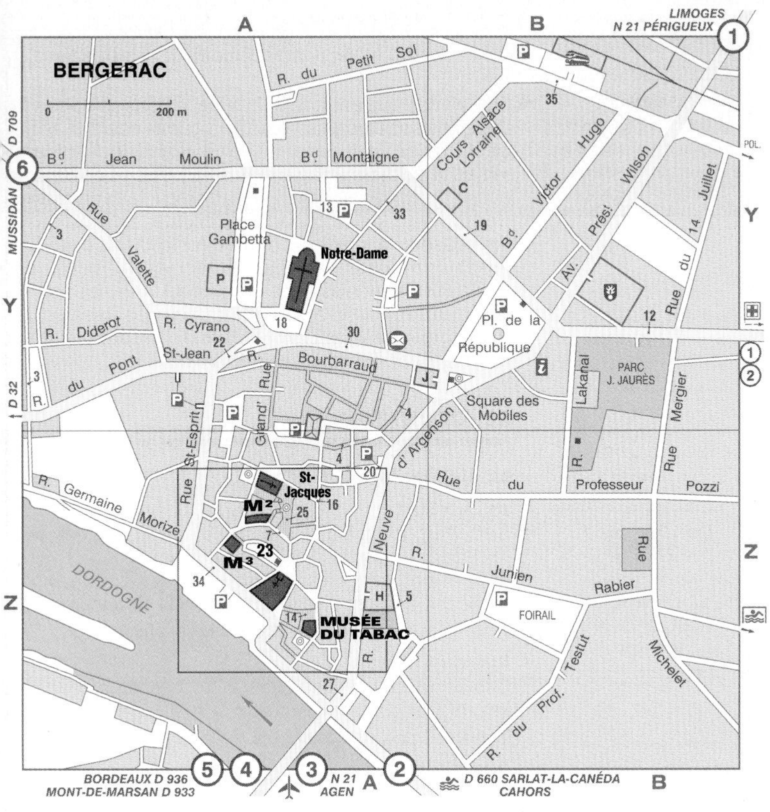

Albret (R. d') .... C 2
Alsace-Lorraine (Cours) .... BY
Ancien-Port (R. de l') C
Beausoleil (Bd) .... AY 3
Bourbarraud (R.) .... AY
Brèche (R. de la) .... AYZ 4
Candillac (R.) .... AZ 5
Château (R. du) .... C 6
Conférences (R. des) .... AZ, C 7
Cyrano (R.) .... AY
Diderot (R.) .... AY
Dr-Cayla (Pl. du) C
Dr-Simounet (R.) .... BY 12
Ferry (Pl. J.) .... AY 13
Feu (Pl. du) .... AZ, C 14
Fontaines (R. des) .... AZ, C 16
Gambetta (Pl.) .... AY
Grand'Rue .... AYZ
Lakanal (R.) .... BYZ
Lattre-de-Tassigny (Pl. de) .... AY 18
Maine-de-Biran (Bd) .... BY 19
Malbec (Pl.) .... AZ, C 20
Mergier (R.) .... BYZ
Michelet (R.) .... BZ
Mobiles (Sq. des) .... BY
Montaigne (Bd) .... AY
Morize (R. Germaine) .... AZ
Moulin (Bd J.) .... AY
Mounet-Sully (R.) .... AY 22
Myrpe (Pl. de la) .... C, AZ 23
Neuve-d'Argenson (R.) .... AYZ, C
Pelissière (Pl.) .... C, AZ 25
Petit-Sol (R. du) .... AY
Pont (Pl. du) .... AZ 27
Pont-St-Jean (R. du) .... AY
Port (R. du) .... C 28
Pozzi (R. du Prof.) .... ABZ
Rabier (R. Junien) .... ABZ
Récollets (R. des) .... C 29
République (Pl. de la) .... BY
Résistance (R. de la) .... AY 30
St-Esprit (R.) .... C, AYZ
St-James (R.) .... C 32
Ste-Catherine (R.) .... AY 33
Salvette (Quai) .... C, AZ 34
Testut (R. du Prof.) .... BZ
Valette (R.) .... AY
Victor-Hugo (Bd) .... BY
Wilson (Av. Prés.) .... BY
14-Juillet (R. du) .... BY
108e-R.-I. (Av. du) .... BY 35

Ancien Port C
Cloître des Récollets-Maison des Vins C
Église St-Jacques .... C, AZ
Musée d'Art sacré .... C M2
Musée du Tabac .... C, AZ
Musée du Vin, de la Batellerie et de la Tonnellerie .... C M3
Notre-Dame .... AY

Bergerac aujourd'hui – Essentiellement marché agricole, Bergerac est la capitale du tabac en France et regroupe l'Institut expérimental des tabacs et le Centre de formation et de perfectionnement des planteurs de tabac.

VIGNOBLE
11 000 : c'est le nombre d'hectares consacrés à la production vini-viticole autour de Bergerac.

Les vignes qui entourent la ville produisent des vins d'appellation d'origine contrôlée, comprenant le bergerac et les côtes-de-bergerac, le monbazillac, le montravel et le pécharmant *(voir carte du vignoble de Bergerac dans l'Invitation au voyage)*. Le Conseil interprofessionnel des vins de la région de Bergerac, qui décide de l'appellation des vins, se trouve dans le cloître des Récollets *(voir ci-après)*. La principale entreprise industrielle est la Société des poudres et explosifs dont les productions sont orientées vers la fabrication de la nitrocellulose, employée dans l'industrie des films, des peintures, des vernis et des matières plastiques.

se promener

LE VIEUX BERGERAC**

Ancien Port

QUI L'EÛT CRU ?
Vous remarquerez contre une maison du bas de la rue du Port une amusante toise des crues de la Dordogne.

Autrefois, les gabares accostaient à cet endroit pour décharger les produits et le bois qui venaient du haut du pays et embarquer les barriques de vin à destination de Bordeaux, puis de l'Angleterre et de la Hollande.

Prendre sur la gauche au bout du quai Salvette.

Rue du Château

Elle fait un coude dans lequel a été aménagé un curieux balcon à balustre surplombant la rue.

Tourner à gauche dans la rue de l'Ancien-Port.

Rue d'Albret

Au fond de cette rue, à droite, apparaît la façade de l'hôtel de ville, ancien couvent des Dames de la Foi. en revenant sur ses pas, à gauche, faisant le coin avec la place du Feu, une vaste demeure a conservé les grands arcs de ses portes ogivales.

Gagner les places du Docteur-Cayla et de la Myrpe.

Places du Docteur-Cayla et de la Myrpe

Ce vaste espace ombragé séduit par le charme de ses petites maisons à colombage. Place du Docteur-Cayla, attenant à l'ancien couvent des Récollets, se dresse une chapelle du 13e s., devenue un temple protestant à la fin du 18e s. ; celui-ci accueille (en saison) des expositions relatives à l'histoire du protestantisme local. Sur le terre-plein de la place de la Myrpe se dresse la statue de Cyrano de Bergerac enveloppée d'une houppelande.

En face de la statue de Cyrano, s'engager dans une petite rue pour gagner la rue des Conférences, et au-delà, la place Pelissière.

Place Pelissière

Autour d'une fontaine, cette vaste place à plusieurs niveaux a été dégagée à la suite de la démolition de masures. Elle est dominée par l'**église St-Jacques**, ancienne étape des pèlerins de St-Jacques-de-Compostelle qui abrite des œuvres contemporaines (*14h-19h, dim. 8h30-10h, 17h30-19h30*).

Rue St-James

Elle est bordée de demeures des 15e, 16e et 17e s., montrant des fenêtres à meneaux et des murs à pans de bois.

Rue des Fontaines

La Vieille Auberge, au coin de la rue Gaudra, a conservé ses arcades moulurées, ses chapiteaux du 14e s. et ses baies ogivales.

Rue des Conférences

Son nom évoque les entretiens qui précédèrent la paix de Bergerac. Elle est bordée de maisons à colombage.

Laissez-vous aller à flâner dans les rues du vieux Bergerac.

visiter

Cloître des Récollets – Maison des Vins

♿ *Mai-déc. : 10h-13h, 14h-18h (de mi-juin à mi-sept. : fermeture à 19h) ; de mi-avr. à fin avr. : tlj sf dim. et lun. 10h-13h, 14h-18h. Gratuit. ☎ 05 53 63 57 55.*

L'accès à l'ancien couvent des Récollets se fait par le quai Salvette.

En franchissant l'ancienne enceinte qui, jadis, protégeait la cité des fortes crues, le visiteur pénètre dans un couloir conduisant au caveau de la Vinée. La cave des moines remarquablement voûtée se divisait à l'origine en deux entrepôts : le plus petit recueillait le grain (par une trappe encore visible) ; le plus grand abritait les barriques de vin destinées au chargement des gabares. Aujourd'hui, le caveau accueille les réunions de la Conférence des consuls de la Vinée. Le bâtiment du cloître, construit entre le 12e s. et le 17e s., allie la brique à la pierre. La cour intérieure présente une galerie Renaissance du 16e s. accolée à une autre galerie du 18e s. Dans l'angle Sud-Est de la cour intérieure, se trouve le petit four des moines. La visite se termine par la salle d'apparat dont les fenêtres donnent sur les coteaux de Monbazillac et par la découverte du laboratoire d'œnologie : salle de dégustation en hémicycle où tous les vins sont goûtés chaque année pour savoir s'ils pourront recevoir l'appellation d'origine contrôlée (AOC).

Aller jusqu'à la rue de l'Ancien-Port.

Le cloître abrite aujourd'hui les installations du Conseil interprofessionnel des vins de la région de Bergerac.

Musée du Tabac★★

♿ *Tlj sf lun. 10h-12h, 14h-18h, sam. 14h-17h, dim. 14h30-18h30. Fermé j. fériés. 17F. ☎ 05 53 63 04 13.*

Il est installé dans la **maison Peyrarède★**, élégant hôtel dit des rois de France édifié en 1603, qui s'orne d'une tourelle en encorbellement. Ses remarquables collections y sont fort bien présentées. De salle en salle, on suit le destin extraordinaire de cette plante qui, aujourd'hui encore, demeure au centre de bien des préoccupations. De nombreuses **gravures satiriques** du 19e s. illustrent cet art de « consommer » le tabac.

Au 2e étage, sont réunies quelques œuvres d'art évoquant le tabac et les fumeurs. Remarquez : *Les Deux Fumeurs* de l'école française du Nord du 17e s., *Les Trois Fumeurs* de Meissonier et le charmant *Intérieur de tabagie* de David Teniers II dit le Jeune. À côté, le guéridon du fumeur réalisé par des Indiens du Mexique fascine par le nombre de bagues de cigares qu'il a fallu utiliser pour obtenir cette « marqueterie ». Une section est consacrée à la culture du tabac : plantation, récolte, séchage... plus particulièrement dans la région de Bergerac.

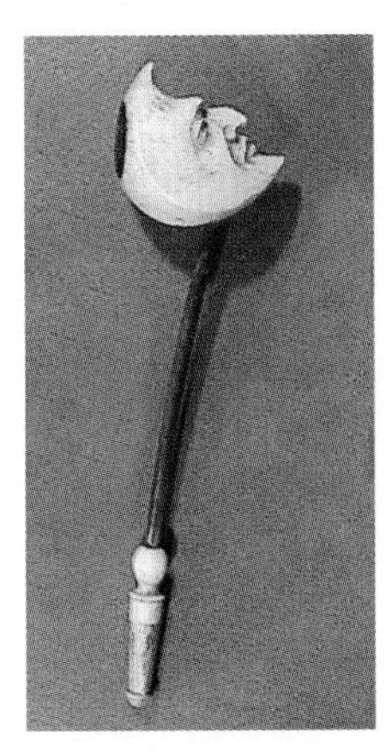

Dans les vitrines du musée du Tabac, les pipes en porcelaine, en écume de mer, en bois sont décorées de sujets cocasses, de portraits de personnages illustres.

Musée d'Histoire urbaine

♿ *Visite comprise avec celle du musée du Tabac (même billet).*

Dans une maison attenante à l'**hôtel Peyrarède★** et reliée à celui-ci, des objets, cartes, documents, vestiges architecturaux, meubles... évoquent l'histoire de Bergerac.

À VOIR

Remarquez quelques faïences qui étaient fabriquées à Bergerac au 18e s. et les plans anciens de la ville.

CHRONOLOGIE DU TABAC EN EUROPE

Les Indiens d'Amérique sont les premiers fumeurs. Avec le retour des colons, le tabac pénètre en Europe. En France, il est introduit vers 1560 par Jean Nicot qui envoie de la poudre de tabac à Catherine de Médicis pour guérir ses migraines. Fumeurs et fumeuses envahissent les églises... L'engouement est tel que le pape Urbain VIII va jusqu'à excommunier les fumeurs et que Louis XIII interdit la vente de tabac avant d'établir le premier système fiscal le concernant. À la fin du 18e s., le tabac n'est plus vendu sous forme de carotte qu'il faut râper mais directement en poudre. Une nouvelle évolution se produit avec l'usage de la pipe. Les officiers du Premier Empire en lancent la mode, suivie aussitôt par les romantiques, dont George Sand. Enfin, au milieu du 19e s. apparaît la cigarette.

Musée du Vin, de la Batellerie et de la Tonnellerie★

Tlj sf lun. et sam. ap.-midi 10h-12h, 14h-17h30, dim. 14h-18h30 (de mi-oct. à mi-mars : tlj sf sam. ap.-midi, dim. et lun.). 6F. ☎ 05 53 57 80 92.

Installé dans une belle maison de brique à colombage, au bout de la place de la Myrpe, ce musée agréablement présenté comprend trois sections.

POISSONS
Des photos montrent l'animation du port de Bergerac au 19e s., ainsi que les scènes de pêche à l'épervier ou à l'escave, noms que l'on donnait aux grands filets qui permettaient des captures miraculeuses au moment de la remontée des poissons migrateurs : saumons, aloses.

Au 1er étage, on découvre l'activité de la tonnellerie qui eut une place importante dans l'économie de Bergerac. Les « barricayres », nom donné aux tonneliers, étaient tenus à des normes très strictes concernant les jauges, les bois utilisés... La section concernant le vin montre l'évolution du vignoble bergeracois à travers les siècles et les différents types d'habitats vignerons. Au 2e étage, la batellerie revit à travers les maquettes des bateaux, les gabares à fond plat et à voiles, qui assuraient le transport des marchandises sur la Dordogne. Ils n'allaient pas en amont de Bergerac qui était le seuil de rupture de charge.

À proximité de la place de la Myrpe se trouve la place Pelissière et, pas loin, le musée d'Art sacré.

Musée d'Art sacré

Juil.-août : tlj sf lun. et dim. 15h-18h ; sept.-juin : dim. et j. fériés 15h-18h sur demande. M. Delage. 15F. ☎ 05 53 57 33 21.

Installé dans le bâtiment de la petite mission, il réunit des œuvres religieuses : tableaux, sculptures, vases sacrés de tous les styles. Remarquez la pierre de Lauzerte, curieuse statue très archaïque découverte dans une chapelle de Lauzerte (Tarn-et-Garonne).

Église Notre-Dame

Quitter la place Pelisière par le Nord et la Grand'Rue, traverser le boulevard de la Résistance pour arriver sur la place de-Lattre-de-Tassigny. Fermé dim. ap.-midi.

REMARQUABLE
Dans la chapelle Ouest est exposée une immense tapisserie d'Aubusson aux armes de Bergerac.

Construite au 19e s. en style gothique, elle est coiffée d'un clocher très élancé. Elle présente dans la chapelle Est deux beaux tableaux : une Adoration des Mages attribuée à Pordenone, peintre vénitien élève de Giorgione, et surtout une Adoration des bergers attribuée à Ferrari, Milanais élève de Léonard de Vinci.

circuit

LA VALLÉE DU CAUDAU

Circuit de 60 km – compter environ une demi-journée
Quitter Bergerac par le Nord-Est en empruntant la N 21. Après Les Pélissous, emprunter à droite la D 21E1.

Lamonzie-Montastruc

Des fondations du 13e s. à la façade du 18e s., les maçons qui ont érigé le château de Montastruc avaient le goût du travail bien fait !

Perché sur une éminence naturelle, le **château de Montastruc** est un bel édifice de facture classique dont le corps du logis (16e s.) est flanqué de tours d'angles circulaires (15e s.). Le village possède une intéressante **église** romane du 12e s. au porche orné de voussures.

Poursuivre sur la D 21 qui longe le Caudau.

Château de la Gaubertie

Construit au 15e s., ce château a été entièrement restauré au début du 20e s. Un chemin de ronde court autour du grand corps de logis, flanqué de deux tours – l'une ronde, l'autre carrée. Une petite chapelle du 17e s. s'élève à l'écart du château.

Revenir et poursuivre sur la D 21.

Vergt

Cette commune agricole est devenue l'un des principaux marchés de la fraise. Tous les coteaux alentour sont ainsi couverts de cloches de plastiques où s'abritent les précieux fraisiers.

Reprendre la D 8, direction Bergerac. Après 1,5 km, prendre la deuxième route à gauche.

Si vous achetez des fraises du Périgord, il est fort probable qu'elles aient été récoltées dans les environs de Vergt. Avis aux gastronomes : la plus savoureuse reste la gariguette.

Lac de Neufont

Neuf fontaines ont donné son nom à ce charmant lac qui s'étire sur près de cinq hectares.

St-Amand-de-Vergt

Le village possède une jolie église romane surmontée d'un dôme.

Quitter St-Amand par le Sud.

Château de Saint-Maurice

Partiellement dissimulé derrière les arbres de son parc, ce château montre de beaux bâtiments des 14e et 15e s. aux fenêtres Renaissance et couronnés de mâchicoulis.
Poursuivre la route jusqu'à St-Félix-de-Villadeix, puis continuer sur la D 32 qui ramène à Bergerac.

DÉTENTE
Deux plages aménagées facilitent la baignade sur le lac de Neufont. Toboggan, jeux d'enfant, pédalo... qui dit mieux ?

Beynac-et-Cazenac★★

Accroché à une des somptueuses falaises de la vallée de la Dordogne, ce village est classé parmi les plus beaux de France. Des ruelles pavées du bourg au vaste panorama qui embrasse les châteaux de Marqueyssac, Fayrac ou des Milandes, le lieu★★ est enchanteur. Paul Éluard ne choisit-il pas d'y finir ses jours ?

Une rivière où glissent les gabares, un village blotti au pied d'une falaise, un château dressé sur un rocher... comment rester insensible devant tant de beauté, pour peu que le soleil couchant teinte les pierres de Beynac.

La situation

Cartes Michelin nos 75 pli 17 ou 235 pli 6 - Schéma p. 170 - Dordogne (24). Le village borde la D 703, axe principal du bourg, qui longe la rive de la Dordogne.
La Balme, 24220 Beynac-et-Cazenac, ☎ 05 53 29 43 08.

carnet pratique

OÙ SE RESTAURER

• ***Valeur sûre***

Relais des Cinq Châteaux – *24220 Vézac – 2 km au SE de Beynac par D 57 – ☎ 05 53 30 30 72 – fermé janv. et mer. hors sais. – 120/330F.* Installé en terrasse, vous pourrez admirer trois des cinq châteaux voisins. Deux salles à manger dont une en véranda pour les températures moins clémentes. Cuisine classique régionale. Quelques chambres au confort actuel.

PROMENADE EN BATEAU

Gabares de Beynac – *Départ toutes les 1/2h en saison pour des promenades commentées. Durée : 50 mn – ☎ 05 53 28 51 15.*

PARKING

Vous trouverez le parking sur la place du village, mais, attention, c'est l'un des plus chers de la vallée !

Le nom

Il semblerait que *Beynac* provienne d'un nom de personne d'origine germanique, *Baginus*. Il en va de même pour *Cazenac*, ancien *Casnac*, qui vient du nom de *Cassinus*.

Les gens

C'est à Beynac que vécut O'Galop, premier dessinateur du Bibendum Michelin. Parmi les habitants des plus beaux villages de France, il y a 489 Beynacois.

LE VILLAGE★

Le « caminal del Panieraires »★, petit chemin piétonnier en forte pente, conduit du bas du village au château et à l'église, ancienne chapelle du château remaniée au 15e s. Bordé de belles maisons des 15e, 16e et 17e s. finement ouvragées, il permet d'imaginer la prospérité passée de Beynac.

comprendre

Une redoutable place forte – Au Moyen Âge, Beynac constitue avec Biron, Bourdeilles et Mareuil, l'une des quatre baronnies du Périgord. Pris par Richard Cœur de Lion, le château est confié au sinistre Mercadier, capitaine d'armes dont les bandes pillent la région pour le compte de l'Angleterre. En 1214, Simon de Monfort, venu combattre l'hérésie albigeoise honore l'édifice de sa présence. Après s'en être emparé, il commence son démantèlement. Le seigneur de Beynac reconstruit l'édifice tel qu'il nous est parvenu. Au cours de la guerre de Cent Ans, la Dordogne marque la limite des influences anglaises et françaises : Beynac, aux mains des Anglais en 1360, puis des Français en 1368, et Castelnaud, sous domination anglaise, échangent escarmouches et coups de main. La paix retrouvée, la forteresse continue de veiller sur le bourg.

visiter

Le château★★

Visite guidée (1h) 10h-12h, 14h-18h30. 30F (enf. : 15F). ☎ 05 53 29 50 40.

RIEN NE SE PERD

La garnison du château, après avoir repoussé les envahisseurs depuis les mâchicoulis par des jets de pierre, récupérait les projectiles à l'aide d'un treuil pour les entreposer jusqu'à l'attaque suivante.

Sa forme massive – en quadrilatère – domine, depuis une falaise, la vallée de la Dordogne de 150 m. Cette falaise lui assurait une défense efficace au Sud-Est. À l'opposé, vers le plateau, il est protégé par une double enceinte. Le donjon garni de créneaux date du 13e s. Le grand corps de bâtiment des 13e et 14e s. est prolongé par le manoir seigneurial du 15e s. agrémenté au 16e s. d'une échauguette : c'est ce qu'on appelle une construction par étapes ! L'actuel propriétaire du château, qui loge modestement au-dessus de l'entrée, a entrepris un ambitieux programme de rénovation qui a déjà permis aux cuisines, au pont-levis, à la salle des gardes et au donjon de faire peau neuve.

CALVAIRE

Sur le rebord de la falaise, à deux pas du château, vous trouverez un calvaire : ne ratez pas le **panorama★★** sur la vallée de la Dordogne.

Intérieur – Une belle voûte en arceau brisé orne encore la salle des états du Périgord où se réunissait jadis la noblesse. Dans l'oratoire, à travers des fresques gothiques d'une facture parfois naïve, se mêlent personnages bibliques et membres de la famille de Beynac. Le grand escalier du 17e s., à rampe droite, conduit au chemin de ronde et au bastion méridional du château d'où se déroule un splendide **panorama★★** sur la

C'est au château de Beynac que fut tournée la suite du film de J.-M. Poiré Les Visiteurs. *Dans l'enceinte du château résonnent encore les célèbres « OK » lancés à la cantonade par le facétieux Jacquouille.*

vallée et, de gauche à droite, sur la « barre » de Domme et les châteaux de Marqueyzac, de Castelnaud et de Fayrac.

Musée de la Protohistoire

Juil.-août. : tlj sf sam. 10h-19h ; sept.-juin : w.-end et j. fériés 8h30-17h30, lun.-ven. sur demande. 10F. ☎ 05 53 29 51 28.
Créé par un passionné, ce musée présente par thèmes la vie des populations rurales des quelques millénaires qui ont précédé l'ère chrétienne. Avec des originaux et des fac-similés, il retrace la vie des premiers agriculteurs et métallurgistes de la région (5e au 1er millénaire avant J.-C.).

Parc archéologique

De juil. à mi-sept. : tlj sf sam. 10h-19h. 30F (enf. : 20F). ☎ 05 53 29 51 28.
À l'aide d'une dizaine de reconstitutions, ce parc archéologique évoque les habitats de la fin du néolithique à l'époque gauloise, auxquels s'ajoutent une sépulture lithique, une porte fortifiée et un four de potier gaulois. La visite est dynamisée par des démonstrations : taille de silex, cuisson de poterie, métiers à tisser...

Château de Biron★

Depuis 1978, le château, racheté par le département, a été restauré minutieusement et transformé en Centre d'art. Tous les étés, les expositions organisées constituent un très bon prétexte pour s'arrêter dans la forteresse et profiter un moment de la fraîcheur des salles et de la beauté du paysage périgourdin.

La situation

Cartes Michelin n°s 75 pli 16 ou 235 Nord du pli 9 - Dordogne (24). Le centre du petit bourg est interdit à la circulation et les parkings alentour manquent d'ombre en plein après-midi.

Le nom

L'origine de Biron est loin d'être sûre. On hésite entre un nom gaulois, *Birus*, et une déformation de l'occitan *viron*, « alentours », devenu *biroun* en gascon...

Les gens

Certains racontent que Charles Gontaut-Biron, ami du roi Henri IV et décapité en 1602 à la Bastille pour complot, déambulerait parfois avec sa tête entre les mains sur les remparts du château ! Qui parmi les 120 Bironais a vu la tête de Gontaut-Biron ? À vous de leur demander !

OÙ DORMIR

Camping Étang du Moulinal – *4 km au S de Biron par rte de Lacapelle-Biron – ☎ 05 53 40 84 60 et 05 53 40 81 49 – ouv. 1er mai au 11 sept. – réserv. conseillée en été – 250 empl. : 162F.* L'étang bordant ce camping fera la joie de toute la famille pour la baignade ou le bronzage sur la plage. Jolie piscine paysagée. Pour les enfants, un mini-club et un espace clos et arboré. Bungalows toilés et mobile homes à louer.

comprendre

QUEL ARBRE !
Quatorze générations de Gontaut-Biron se seront succédé dans ce château, chacune y apportant ses modifications du 12e au 20e s.

Une longue histoire – Dès le 11e s., une forteresse existe sur ce petit promontoire, édifice malmené par Simon de Monfort qui l'assiège en 1212. Au 16e s., le château est reconstruit par Pons de Gontaut-Biron, ancien chambellan de Charles VIII, qui décide de le transformer en demeure Renaissance à l'image des châteaux du val de Loire. Il remanie alors les bâtiments situés à l'Est de la cour d'honneur et fait reconstruire la chapelle. Les travaux sont interrompus pour ne reprendre qu'au 18e s.

visiter

Le château

Avr.-oct. : visite guidée (3/4h) tlj sf lun. 10h-12h30, 13h30-19h (juil.-août : 10h-19h) ; nov.-mars : tlj sf lun. 10h-12h30, 13h30-17h30. Fermé en janv. et 25 déc. 30F (enf. : 15F). ☎ *05 53 35 50 10.*

Basse cour – Entourant les bâtiments d'habitation du château sur trois côtés, elle comprend la **conciergerie**, la **chapelle**, la recette (bâtiment où les paysans venaient apporter leurs redevances) et la boulangerie. Au Sud-Est, l'élégante tour de garde, occupée par la conciergerie, juxtapose créneaux, chemin de ronde et décoration Renaissance. La chapelle a été construite au 16e s. dans le style Renaissance. Une balustrade court à la base du toit. La salle basse servait jadis d'église paroissiale et la salle haute, de chapelle seigneuriale. Au Nord de la cour, le bâtiment des recettes date du 15e s.

GISANTS
La chapelle abrite deux **tombeaux à gisants** dont les sculptures présentent l'influence du Quatroccento italien : celui d'Armand de Gontaut-Biron (évêque de Sarlat), décoré de trois Vertus assises, et celui de son frère, Pons, orné de bas-reliefs retraçant la vie du Christ.

Cour d'honneur – On accède à cette cour par un escalier et un couloir voûté d'ogives. À droite, le logis seigneurial du 16e s. orné de fenêtres Renaissance dessert l'ancien donjon du 13e s. remanié au 15e s. À gauche, le corps de logis édifié et remanié du 16e au 18e s. présente un bel escalier qui donne accès à la salle des états. Au sous-sol, la garnison tout entière venait s'attabler dans ce réfectoire de presque 200 m². Fermant la cour d'honneur à son extrémité, un portique à colonnes conduit aux terrasses du château d'où se découvre une large **vue**★ sur la campagne environnante et au Nord sur la bastide de Monpazier dont les Biron étaient les seigneurs.

Au sous-sol du château de Biron, la cuisine, ancien réfectoire de la garnison, frappe par ses dimensions (22 m x 9 m) et sa voûte surbaissée.

Château de Bonaguil★★

C'est, aux confins du Périgord noir et du Quercy, une stupéfiante forteresse qui se dresse, solitaire, au milieu des bois. Difficile de ne pas succomber à son charme lorsque sa silhouette altière se découpe soudain au loin sur le bleu du ciel. L'esprit vagabonde, s'émeut devant la pierre blonde. Des images de preux chevaliers et de belle au bois dormant nous viennent à l'esprit. Et pourtant ! Dieu sait qu'en son temps, Bonaguil n'inspirait pas la sérénité qu'on lui connaît aujourd'hui. À croire que, comme les meilleurs vins, les forteresses se bonifient en vieillissant.

Perché sur son rocher, le puissant château fort garde fière allure malgré son âge avancé.

La situation

Cartes Michelin nos 79 pli 6 ou 235 Sud-Est du pli 9 – Lot-et-Garonne (47). De Fumel, prendre la direction de Condat où l'on tourne à gauche dans la D 673. Après 3 km, tourner à nouveau à gauche dans la charmante petite D 158, qui marque la frontière entre le Lot-et-Garonne et le Lot. *Pl. Georges-Escande, BP 56, 47500 Fumel, ☎ 05 53 71 13 70.*

Le nom

Bonaguil est bâti sur une éminence rocheuse : une aiguille ; et une bonne, d'où la vue porte. D'où son nom.

Les gens

« Par Monseigneur Jésus et touts les Saincts de son glorieux Paradis », proclame, en 1477, Béranger de Roquefeuil, « j'eslèveoi un castel que ni mes vilains subjects ne pourront prendre, ni les Anglais s'ils ont l'audace d'y revenir, voire même les plus puissants soldats du Roy de France. » Fils de l'une des plus anciennes familles du Languedoc, l'orgueilleux baron ne lésine pas sur les exactions et les violences. Mais ses sujets se révoltent, les vilains ! Béranger fait alors transformer le château de Bonaguil, qui existait depuis le 13e s., en une forteresse inexpugnable.

carnet d'adresses

OÙ DORMIR

• À bon compte

Camping des Bastides – *47150 Salles – 15 km à l'E de Bonaguil par D 150 puis rte secondaire – ☎ 05 53 40 83 09 – ouv. Pâques à sept. – ⊭ – réserv. conseillée – 80 empl. : 107F – restauration.* La vue sur la vallée de la Lède est paisible et les tournesols en saison illuminent le paysage. Emplacements en terrasses, piscine avec toboggans. Terrain de volley, jardin d'enfants. Mobile homes à louer.

Camping Moulin du Périé – *47500 Sauveterre-la-Lémance – 12 km au NO de Bonaguil par D 440, puis D 158 – ☎ 05 53 40 67 26 – ouv. avr. à sept. – réserv. conseillée en été – 125 empl. : 118F.* Autour d'un ancien moulin restauré, ce camping impeccablement tenu est spacieux. Couleur locale, le restaurant aménagé dans les vieux bâtiments sert une cuisine régionale. Piscine, plan d'eau et vélos. Location de bungalows.

comprendre

Fort de Bonaguil – Il faudra 40 ans à Roquefeuil pour édifier ce nid d'aigle, déjà anachronique à une époque où la mode tend à la demeure de plaisance. Mais Bonaguil présente la particularité d'offrir, sous la carapace traditionnelle des châteaux forts, une remarquable adaptation aux techniques nouvelles des armes à feu : canonnières et mousqueteries. Jamais attaqué, c'est l'un des plus parfaits spécimens de l'architecture militaire de la fin du 15e et 16e s. La Révolution, dans son ardeur à supprimer les symboles de l'Ancien Régime, démantèlera et découronnera bien le colosse, mais sans pour autant réussir à le déposséder de sa puissance.

visiter

Juil.-août : 10h-17h45 ; juin : 10h-12h, 14h-17h ; sept.-mai : 10h30-12h, 14h30-16h30 ; vac. scol. Noël : 14h30-16h30. Fermé déc.-janv. 30F. ☎ 05 53 49 59 76.

On pénètre dans le château par la **barbacane**, énorme bastion qui avait sa garnison autonome, ses magasins et son arsenal. La barbacane faisait partie de la première ligne de défense, longue de 350 m dont les bastions permettaient le tir rasant grâce à des canonnières. La seconde ligne se composait de cinq tours, dont l'une dite la « Grosse Tour » est l'une des plus importantes tours de plan circulaire jamais construites en France. Haute de 35 m, couronnée de corbeaux, elle servait à ses étages supérieurs de logis d'habitation, tandis que ses étages inférieurs étaient équipés de mousqueterie, couleuvrines, arquebuses, etc. Dominant ces deux lignes, le donjon à pans coupés était le poste de guet et de

DONJON
C'est l'ultime bastion de la défense. Ni circulaire, ni carré, il est en forme de vaisseau dont la proue est tournée vers le Nord, secteur le plus vulnérable.

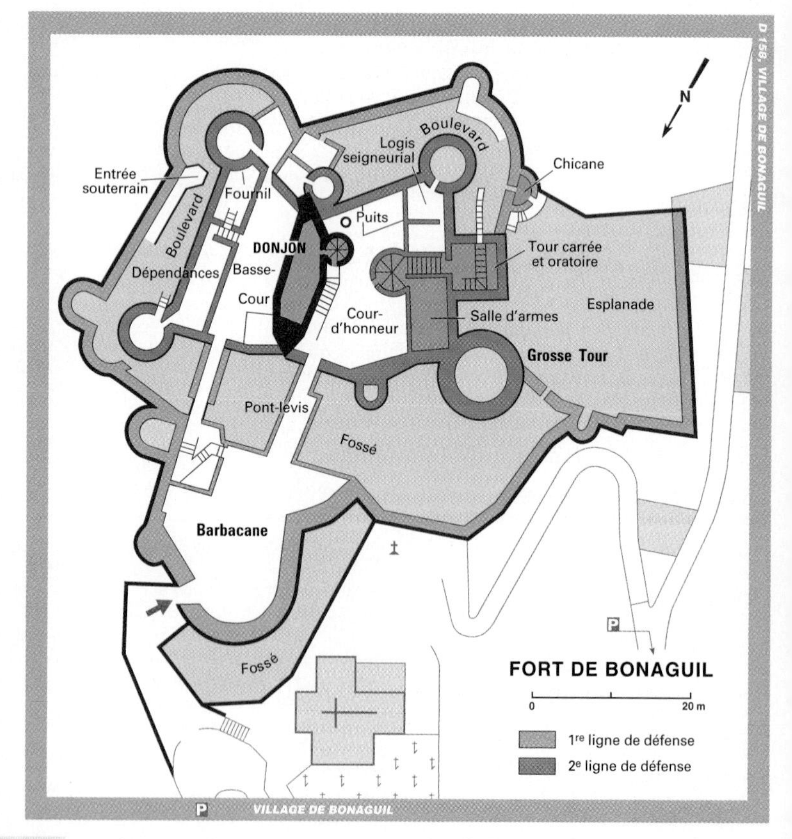

commandement. À l'intérieur, une salle abrite des armes et des objets provenant de fouilles effectuées dans les fossés.
Un puits taillé dans le roc, des dépendances (dont un fournil) où l'on accumulait les provisions, des cheminées monumentales, un réseau d'écoulement des eaux fort bien conçu, des fossés intérieurs secs, voire des tunnels admirablement voûtés constituant de véritables axes de circulation rapide des troupes, permettaient à près d'une centaine d'hommes de soutenir un siège (ce qui n'arriva jamais ! au grand dam, certainement, de Roquefeuille qui retranché dans sa forteresse, devait attendre en vain ses assaillants !).

Bourdeilles★

Le village s'est lové dans l'ombre de ses châteaux : l'un du 13e s., construit sur les ruines d'un plus ancien, et caractéristique de son époque : murs épais, donjon, mâchicoulis... L'autre, Renaissance, tout en légèreté et en finesse. Un contraste de charme...

La situation

Cartes Michelin nos 75 pli 5 ou 233 Nord du pli 42 – Dordogne (24). Le bourg est enserré par la rivière Dronne et la D 78. Château facile d'accès au cœur du village.
Mairie, 24310 Bourdeilles, ☎ 05 53 03 42 96.

Le nom

D'origine germanique, le mot *borda* désigne une petite ferme. Il est accompagné d'un diminutif, *-icula*, qui en fait une toute petite ferme.

Les gens

811 Bourdeillais. En 1375, Du Guesclin marqua de son empreinte la forteresse en la reprenant par les armes aux troupes du prince de Galles. Autre personnage célèbre : Pierre de Bourdeilles, plus connu sous le nom du chroniqueur de Brantôme, était le beau-frère de Jacquette de Montbron qui fit construire le château Renaissance.

Le bourg se dresse au pied de l'imposant château de Bourdeilles bâti sur des rochers dominant la Dronne.

comprendre

Une place convoitée – L'année 1259, date à laquelle Saint Louis cède aux Anglais le Périgord et la baronnie de Bourdeilles, marque le début des divisions dans la famille de Bourdeilles. Les aînés soutiennent leurs nouveaux suzerains, tandis que la branche cadette, les Maumont, penche du côté Capétien. Géraud de Maumont, épaulé par Philippe le Bel, s'empare du château familial que son protecteur s'empresse de faire fortifier et de le pourvoir d'une garnison.

Une femme « experte et ingénieuse » – C'est à Jacquette de Montbron, femme d'André de Bourdeilles et belle-sœur de Brantôme, que l'on doit les plans du château Renaissance. La raison de cet empressement : une visite de Catherine de Médicis qui n'eut finalement pas lieu... Les travaux cessèrent alors.

visiter

Le château★

Avr.-oct. : visite guidée (1h) tlj sf mar. 10h-12h30, 13h30-19h (juil.-août. : tlj 10h-19h) ; nov.-mars : tlj sf mar. 10h-12h30, 13h30-17h30. Fermé en janv. et 25 déc. 30F (enf. : 15F). ☎ 05 53 35 50 10.

Au 2e étage du château de Bourdeilles, découvrez la chambre dite « de Charles Quint » surchargée d'or et de sculptures.

Art
Le corps de logis abrite désormais une salle d'exposition, avis aux amateurs.

Après avoir franchi la première enceinte fortifiée, on passe sous le chemin de ronde pour pénétrer dans la cour des communs.

Château médiéval (fin 13e s.) – D'aspect sévère, cet édifice a été construit sur des fondations plus anciennes. Le corps de logis se trouve au pied d'un donjon (et un vrai : les murs font 2,40 m d'épaisseur !) de 35 m de haut d'où se dégage un magnifique **panorama** sur la Dronne et... le château Renaissance.

Ce sont plus de 700 tables, crédences, tapisseries, fauteuils, bas-reliefs, tableaux, armes, coffres, tapis...

Château Renaissance (16e s.) – Sobre et élégant, il abrite une remarquable **collection de meubles★★** réunie par deux mécènes, M. et Mme Santiard-Bulteau qui la léguèrent au département. Sur trois étages, s'organisent différentes salles dont un **salon doré★**, superbement décoré, que devait occuper Catherine de Médicis. Plus remarquable encore, la salle à manger ornée d'une magnifique **cheminée★★** du 16e s. sculptée de palmettes. Du chemin de ronde **vue★** sur un séduisant **moulin seigneurial** du 17e s., posé au milieu des eaux de la Dronne.

circuit

VALLÉE DE LA DRONNE

Circuit de 65 km – compter une demi-journée
Quitter Bourdeilles par l'Ouest en empruntant la D 78 qui longe la rive gauche de la Dronne.

Lisle

Bastide française construite au 14e s., le bourg s'organise autour de son ancienne halle. Les ruines d'une forteresse inachevée voisinent l'église St-Martin fortifiée pendant les guerres de Religion, et dont on admirera, entre autres, le chœur sous coupole et une abside aux chapiteaux décorés.

Poursuivre sur la D 78 et poursuivre sur la D 710 en direction de Ribérac. Après 1 km, tourner à droite et traverser la Dronne.

Montagrier

À proximité d'une terrasse, se dresse l'**église Ste-Madeleine,** ancienne chapelle d'un prieuré disparu. Seuls subsistent de l'édifice du 12e s. le carré du transept, couvert d'une coupole sur pendentif, et l'**abside trilobée** nantie de deux absidioles en appendice, dispositif unique en Périgord.

Quitter Montagrier par le Nord en empruntant la D 103.

Grand-Brassac

Fortifiée, l'**église St-Pierre-et-St-Paul** servit, dès le 13e s., de lieu de refuge aux habitants. Les dispositifs de défense – créneaux, galerie de défense, ouvertures étroites – accentuent l'austérité du bâtiment originel. Au Nord de l'édifice, le **portail roman** a été remanié et a gagné en sculptures.

Quitter Grand-Brassac par l'Ouest en empruntant la D 1. Au lieu dit Flayac, tourner à droite sur la D 99.

La Tour-Blanche

Châtellenie des comtes d'Angoulême, ce bourg a conservé quelques belles maisons anciennes. Au Sud-Est, vous verrez les ruines du **donjon** de l'ancienne forteresse du 13e s.

Quitter La Tour-Blanche par l'Est.

Cercles

D'un ancien prieuré roman subsiste l'**église St-Cybard**, de plan cruciforme. Le portail, disposé sous le clocher-mur crénelé, présente six chapiteaux finement sculptés.

Quitter Cercles par le Nord et rejoindre la D 84 (à droite).

Léguillac-de-Cercles

Remaniée et fortifiée, l'**église** présente une nef voûtée de deux coupoles à pendentifs. Au Sud, la D 93 présente deux paysages contrastés : à droite la route est bordée par la **forêt de St-James**, où vous pourrez partir en promenade à la recherche de dolmens et de tumulus ; à gauche, elle est dominée par les **rochers du Breuil**, entourés d'une végétation clairsemée.

Habitat
Sur la droite, un peu à l'écart, des rochers creusés servirent d'abris troglodytiques.

Au-dessus d'un arc orné de beaux rinceaux qui abrite des statuettes ayant appartenu à une Adoration des Mages *; cinq statues (le Christ entre saint Jean et la Vierge, plus bas saint Pierre et un autre saint) sont disposées sous un auvent.*

Paussac-et-St-Vivien

Plantée au milieu de ravissantes maisons Renaissance, l'**église St-Timothée** du 13e s. et fortifiée au 15e s., passe pour être l'une des plus belles églises à coupoles du Périgord.

Quitter Paussac par l'Est.

St-Julien-de-Bourdeilles

L'église gothique de ce village abrite deux belles statues en bois polychrome.

Quitter St-Julien par le Nord.

Boulouneix

La façade de la **chapelle romane**, à deux niveaux d'arcatures, est d'inspiration saintongeaise. La travée sous clocher est voûtée d'une coupole. Dans le chœur, belles peintures murales du 17e s. représentant sainte Marie-Madeleine et saint Hiéronyme.

Romantique
À deux pas de Boulouneix, le hameau de Belaygue abrite encore les ruines paisibles d'un petit prieuré.

Quitter St-Julien par le Sud et rejoindre la D 106^{E2}.

La route sinueuse qui ramène à Bourdeilles passe au pied d'un rocher dit « Forge du Diable » (site verdoyant).

Brantôme★★

Préhistorique, gauloise, carolingienne, Renaissance : Brantôme est de toutes les époques et son architecture en témoigne. La fraîcheur de la vallée de la Dronne en fait, par ailleurs, l'une des localités les plus agréables du Périgord et invite à prolonger son séjour en de longues promenades. A fortiori durant le Festival de musique baroque : Sinfonia.

Pierre de Bourdeilles, de l'épée à la plume !

La situation

Cartes Michelin n°s 75 pli 5 ou 233 Sud du pli 31 – Dordogne (24).

Préservé de la circulation de l'axe Périgueux-Angoulême, Brantôme profite pleinement de son site de gué sur la Dronne. Les berges de la Dronne ont été aménagées pour permettre de se garer facilement. Profitez-en !

Pavillon Renaissance, 24310 Brantôme, ☎ 05 53 05 80 52.

Le nom

Les origines de ce nom sont pour le moins obscures. Une hypothèse se dégage, proposant le nom d'un personnage, *Brantho*, dit « le muet ».

Les gens

2 080 Brantômois. Lorsque Pierre de Bourdeilles, plus connu sous le nom de Brantôme revint sur ses terres pour y achever la rédaction de ses chroniques, souvent

carnet pratique

OÙ DORMIR

• À bon compte

Chambre d'hôte Doumarias – *24800 St-Pierre-de-Côle – 12 km à l'E de Brantôme par D 78 – ☎ 05 53 62 34 37 – fermé 30 sept. au 1er avr. sf sur réserv. – ⊭ – 6 ch. : 230/280F.* Au pied des ruines du château de Brussac, cette maison couverte de vigne vierge possède un charme indéniable, avec son majestueux tilleul au milieu de la cour. Les chambres sont simples mais coquettes, au calme. Joli jardin avec sa piscine. Accueil sympathique.

• Valeur sûre

Chambre d'hôte Château de la Borie-Saulnier – *24530 Champagnac-de-Belair – 6 km au NE de Brantôme par D 75 et D 83 – ☎ 05 53 54 22 99 – fermé 1er nov. au 15 avr. sf sur réserv. – ⊭ – 5 ch. : 350/490F.* C'est un joli château avec ses tours, ses créneaux et ses mâchicoulis, au milieu d'un parc. Vous y serez reçu en ami et vos hôtes rendront votre séjour agréable. Choisissez la couleur de votre chambre, bleue, jaune, verte.... Piscine d'été pour la détente.

Chambre d'hôte La Maison Fleurie – *54 r. Gambetta – ☎ 05 53 35 17 04 – fermé vac. scolaires de fév. – ⊭ – 5 ch. : 250/400F.* Cette maison du 19e s. est en plein centre-ville. Les chambres sont coquettes et confortables. De copieux petits déjeuners vous seront servis dans la cour aux beaux jours. Fumeurs, éteignez votre cigarette le temps de votre séjour. Petite piscine. Location de gîtes.

• Une petite folie !

Moulin de l'Abbaye – *☎ 05 53 05 80 22 – fermé 2 nov. au 30 avr. – 16 ch. : à partir de 800F – ☕ 85F – restaurant 250/340F.* Ah ! que vous serez tranquille, goûtant des heures délicieuses au bord de l'eau chantante ! Ce vieux moulin abrite des chambres cossues et douillettes aux édredons fleuris et baldaquins. Et la table étoilée réjouira vos papilles gourmandes.

OÙ SE RESTAURER

• À bon compte

Les Jardins de Brantôme – *33,37 r. P.-de-Mareuil – ☎ 05 53 05 88 16 – fermé janv. et mer. – réserv. obligatoire – 90/240F.* En été, c'est le moment de tenter la belle terrasse abritée ou le petit jardin. Par temps plus frais, la grande salle accueillante sera plus chaleureuse. Cuisine régionale ou traditionnelle de produits frais avec ses légumes du potager de la maison.

Au Fil de l'Eau – *☎ 05 53 05 73 65 – fermé 4 janv. au 4 fév., mar. soir et mer. de nov. à avr. – 95/125F.* Dans ce restaurant tout près du moulin de l'Abbaye (voir ci-dessus) règne une atmosphère bucolique. C'est aussi le royaume de la pêche. Les murs jaunes de la salle à manger sont tapissés de gravures de poissons et d'oiseaux de rivières. Terrasse les pieds dans l'eau.

PROMENADE EN BATEAU

De mai à fin sept. : circuit (3/4h) sur la Dronne, dép. du quai du Pavillon Renaissance (à proximité du S.I.). 35F (enf. 20F).

FOIRES ET MARCHÉS

Marché fermier : *mar. en juil.-août.,*
Marché aux noix : *ven. en oct.-nov.,*
Marché aux gras : *ven. nov.-fév.*

Un pont coudé du 16ᵉ s., aux arches inégales, et un pavillon Renaissance, s'ouvrant par des fenêtres à meneaux, forment avec l'abbaye un élégant tableau.

mordantes et ironiques, sur *Les Vies des hommes illustres et des grands capitaines*, chacun les lut, avec beaucoup d'avidité et un peu d'inquiétude.

LE CHRONIQUEUR BRANTÔME

Pierre de Bourdeilles mène tout d'abord une vie de guerrier et de courtisan, accompagnant Marie Stuart en Écosse, parcourant l'Espagne, le Portugal, l'Italie et même l'Afrique. Des aventures extravagantes lui permettent d'entrer dans l'intimité des grands. Après avoir bataillé à Jarnac, en 1569, il se retire dans son abbaye et commence ses fameuses chroniques. Sortant de sa retraite, il reprend du service à la cour comme chambellan de Charles IX. En 1584, une chute de cheval le rend infirme : il quitte alors la cour des Valois et retrouve le calme de son monastère où il achève la rédaction de ses chroniques.

se promener

Bords de la Dronne**

Les vieilles maisons reflètent leurs balcons fleuris et leurs treilles dans les eaux de la rivière. Près de l'abbaye, les jardins tracés le long de la rivière exhalent l'harmonie et la sérénité.

PARC

Par le pont coudé du 16ᵉ s., on accède aux jardins des Moines, délimités par trois reposoirs.

Ancienne abbaye

Fondée en 769 par Charlemagne, l'abbaye de Brantôme reçoit les reliques de saint Sicaire et devient un lieu de pèlerinage très fréquenté. Saccagée par les Normands, elle est reconstruite au 11ᵉ s. par l'abbé Guillaume. Au 16ᵉ s., elle eut comme abbé Pierre de Mareuil – qui construisit les bâtiments les plus intéressants –, puis son neveu Pierre de Bourdeilles. Ceux qui subsistent furent élevés au 18ᵉ s. par Bertin, intendant du Périgord.

Église abbatiale – Les deux coupoles ont été remplacées au 15ᵉ s. par des voûtes angevines, compromis entre la croisée d'ogives et la coupole. La nef est sobre et élégante ; trois fenêtres en tiers-point surmontées d'une baie en croix éclairent le chevet plat.

Le baptistère est orné d'un bas-relief en pierre, du 14ᵉ s., figurant le Baptême du Christ. Sous le porche, le bénitier, qui repose sur un beau chapiteau roman orné d'entrelacs, est surmonté d'un autre bas-relief du 13ᵉ s. représentant le Massacre des innocents. Près du portail principal subsiste une galerie de cloître.

Traverser la rivière afin de découvrir les anciens bâtiments de l'abbaye. Au pied d'une falaise, ils dominent de leurs façades blanches l'île sur laquelle le bourg s'est installé

De la galerie, vue sur l'ancienne salle capitulaire dont la voûte en palmier repose sur une colonne centrale.

Bâtiments conventuels – Ils sont aujourd'hui occupés par la mairie et le musée Fernand-Desmoulin, consacré à l'art préhistorique et aux peintres locaux. L'ancien dortoir des moines accueille des expositions temporaires.

visiter

Clocher de l'église abbatiale**

De mi-juin à mi-sept. : visite guidée (1h) tlj sf mar. 10h-12h30, 14h-18h (juil.-août : tlj sf mar. 10h-19h). 25F. ☎ 05 53 05 80 63.

Il est construit sur un rocher abrupt de 12 m de hauteur sous lequel s'ouvrent de vastes cavernes. Édifié au 11ᵉ s., c'est le plus ancien des clochers romans limousins à gâbles. Quatre étages légèrement en retrait les uns par rapport aux autres sont coiffés d'une pyramide en pierre. L'étage du rez-de-chaussée, voûté d'une coupole archaïque, est un probable réemploi d'une construction mérovingienne. Les trois autres étages sont percés de baies en plein cintre retombant sur des colonnes à chapiteaux rustiques.

Imaginez
Une illustration du clocher et ses principales caractéristiques architecturales figure dans l'Invitation au voyage, chapitre L'ABC d'architecture.

Parcours troglodytique, « du creusé au construit »

♿ *Avr.-sept. : tlj sf mar. 10h-12h30, 14h-18h (juil.-août : tlj 10h-19h) ; oct.-mars : tlj sf mar. 10h-12h, 14h-17h. Fermé en janv. 20F. ☎ 05 53 05 80 63.*

Succédant à des ermites qui avaient christianisé la « fontaine du Rocher », les moines occupèrent dans un premier temps les grottes de la falaise et les aménagèrent. les utilisant par la suite comme dépendances ou refuges lorsque les bâtiments de l'abbaye subirent des destructions (11ᵉ-12ᵉ s., 14ᵉ s., 17ᵉ s.). Le parcours montre le chauffoir et le lavoir des moines, des vestiges du moulin abbatial, le pigeonnier troglodytique. La « fontaine du Rocher », vouée à saint Sicaire, est toujours vénérée pour ses vertus sur la fécondité et son efficacité vis-à-vis des maladies infantiles. À l'écart de l'abbaye, s'ouvrant sur le pont coudé, le pavillon Renaissance accueille l'Office de tourisme.

Spiritualité
L'atmosphère mystérieuse de la **grotte du Jugement dernier**, décorée d'un énigmatique *Triomphe de la Mort* et d'une crucifixion d'inspiration italienne, sculptures du 15ᵉ s., témoigne de la spiritualité qui anima, un millénaire durant, la communauté monastique de Brantôme.

Musée « Rêve et miniatures »

♿ *Juil.-août : 10h30-18h30 ; avr.-juin : tlj sf ven. (sf j. fériés) 14h-18h ; de sept. au 11 nov. : tlj sf ven. (sf j. fériés) 14h-17h. Fermé du 11 nov. à fin mars. Tarif non communiqué. ☎ 05 53 35 29 00.*

Ce musée présente un large choix de maisons de collection (en coupe) aux intérieurs décorés de meubles et d'objets (argenterie, faïence, verrerie) finement réalisés. Le souci du détail est étonnant et le travail de réduction des pièces au 1/12ᵉ a dû être titanesque. Un ensemble d'habitats imaginaires mettant en scène des animaux a été spécialement conçu pour les enfants.

Chronologique
Une série de reconstitutions retrace l'évolution des styles et des époques du Moyen Âge à l'Art déco.

circuit

LE PÉRIGORD VERT*

Circuit de 80 km – compter environ une journée

L'eau est ici omniprésente s'infiltrant à travers un cortège dense de ruisseaux, d'étangs peuplés de carpes et transpirant dans l'humidité de sous-bois verdoyants.

Quitter Brantôme par l'Est en empruntant la D 78.

La Chapelle-Faucher

Château de Lasfond – ♿ *De juil. à fin août : visite guidée (3/4h) 10h-12h, 14h-18h30. 15F. ☎ 05 53 54 81 48.*

Surplombant du haut de sa falaise le cours de la Côle, ce château fut dévasté en 1916 par un incendie dû à la foudre. Il a conservé ses courtines et sa poterne d'entrée. Le corps de logis, remontant au 15ᵉ s. est couronné d'un chemin de ronde à mâchicoulis. Les belles écuries voûtées qui bordent la cour ont été ajoutées au 17ᵉ s. La maison d'habitation accolée au château date du 18ᵉ s.

Huile de noix
Au Sud-Ouest de la Chapelle-Faucher, le **moulin de Rochevideau** est réputé pour sa production.

Poursuivre sur la D 78.

Peu après St-Pierre-de-Côle, se détachent sur la colline, à gauche de la route, les silhouettes des deux tours du **château de Bruzac** (11ᵉ et 15ᵉ s.).

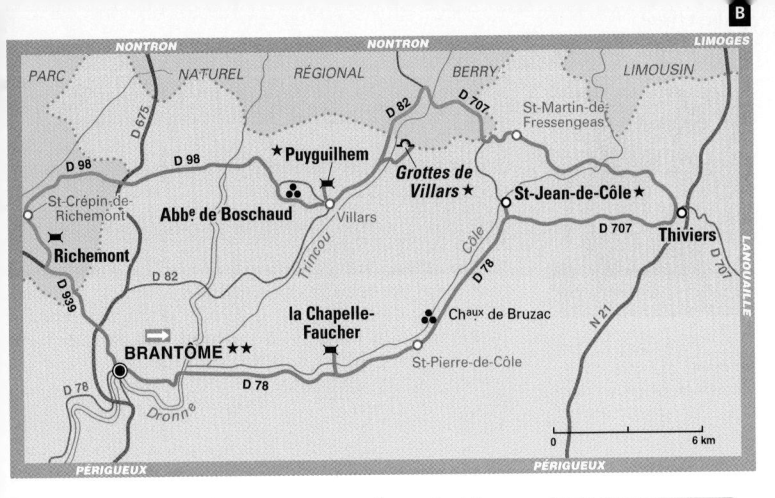

Poursuivre sur la D 78 et bifurquer à gauche après 6 km.

St-Jean-de-Côle★ *(voir ce nom)*

Revenir sur la D 78 (à gauche).

Thiviers

Petite ville active réputée pour ses marchés et ses foires, Thiviers s'est approprié le titre de « capitale du foie gras ». Les marchés aux foies et aux volailles grasses ont lieu le samedi de mi-novembre à mars.

Maison de l'Oie et du Canard – ♿ *Avr.-sept. : tlj sf dim. et lun. 9h-12h15, 15h-18h (dernière entrée 11h30 et 17h30) ; oct.-mars : tlj sf dim. et lun. 10h-12h, 15h-18h. 10F. ☎ 05 53 55 12 50.*

À droite du Syndicat d'initiative, ce petit musée vient rappeler les étapes de la réalisation du produit phare de la région.

Quitter Thiviers par le Nord-Ouest en direction de St-Martin-de-Fressengeas pour gagner la D 707 (à droite). Après 3 km, prendre à gauche sur la D 82. Suivre la D 82 sur 3 km, puis tourner à gauche pour accéder aux grottes de Villars à 1 km.

Grottes de Villars★

Juil.-août. : visite guidée (3/4h) 10h-19h ; juin et sept. : 10h-12h, 14h-19h ; avr.-mai et oct. : 14h-18h30. 38F (enf. : 25F). ☎ 05 53 54 82 36.

Un couloir sinueux donne accès à des salles ornées de concrétions. Vous serez frappé par l'étonnante blancheur de certaines stalactites formées de calcite presque pure et brillante. Les peintures préhistoriques (chevaux, bouquetins, bisons, homme) réalisés à l'oxyde de manganèse et recouvertes d'un voile de calcite, ont pris un aspect bleuté. Comme les œuvres de Lascaux, elles sont attribuées au magdalénien ancien (–17 000 ans). Sur une paroi se devine une figure d'homme aux bras levés se faisant charger par un bison, thème également abordé à Lascaux !

Revenir sur la D 82 (à gauche). À Villars, tourner à droite après l'église et 1 km plus loin accéder au château de Puygilhem.

Château de Puygilhem★ *(voir ce nom)*

Revenir à Villars et prendre à droite. À la sortie du village, prendre à droite sur la D 3, puis la première route à gauche (D 98).

Abbaye de Boschaud

Cette abbaye cistercienne date du 12e s. et tire son nom du vallon boisé qui l'accueillit : *bosco cavo* (bois creux). Dévastée pendant la guerre de Cent Ans et les guerres de Religion, l'abbaye était à l'abandon. Depuis 1950, les Monuments historiques dégagent et consolident les ruines. D'une très grande simplicité, l'église est la seule

OÙ SE RESTAURER

Ferme-auberge

Le Moulin de Feuyas – *24800 St Romain-St Clément – 4 km à l'E de Thiviers dir. St-Saud par C 201 – ☎ 05 53 55 03 99 – fermé 15 nov. au 15 mars – ⊭ – réserv. obligatoire – 80/150F.* Une ferme-auberge dont la réputation n'est plus à faire dans la région. Dans un décor très simple, vous y dégusterez une cuisine à base des produits maison.

Parmi toutes les concrétions qui ornent les grottes de Villars, vous remarquerez ces draperies ocre jaune.

La pierre blanche au milieu des herbes folles font de Boschaud un endroit charmeur.

connue de l'ordre cistérien dont la nef, aujourd'hui disparue, ait été voûtée d'une file de coupoles. Noyés en pleine nature, les vestiges de cette abbaye (salle capitulaire, morceaux d'église) sont très émouvants.

Revenir sur la D 98 (à gauche) que l'on poursuit au-delà de Quinsac. À St-Crépin-de-Richemont, tourner à gauche.

Château de Richemont

De mi-juil. à fin août : visite guidée (1/2h) 10h-12h, 14h-18h. 20F. ☎ 05 53 05 72 81.

Au bout d'une allée ombragée, cet édifice s'articule en deux corps de logis disposés en équerre. Édifié par Brantôme, il est demeuré dans la famille du célèbre chroniqueur qui y fut inhumé (il y écrivit son épitaphe). Au premier étage du bâtiment d'entrée se trouve sa chambre, ornée de boiseries.

Rejoindre la D 939 (à gauche) qui ramène à Brantôme.

Brive-la-Gaillarde

Brrrrive-la-Gaillarrrrde... L'accent qui fleure bon la générosité du terroir dit bien l'ambiance qui règne dans la ville... Son cœur bat vite, et fort, au rythme des clameurs du stade de rugby qui encore résonnent longtemps dans les mémoires, autour d'un verre de vin et d'une tranche de foie gras. Difficile de ne pas se laisser séduire par l'un ou par l'autre, voire par les deux...

BELLES PLUMES

Pour ceux qui préfèrent muscler leur cerveau plutôt que leur estomac, une Foire du livre renommée a lieu début novembre sous la halle Georges-Brassens, et ce depuis 1982. Les prix décernés récompensent notamment des ouvrages consacrés au tourisme...

La situation

Cartes Michelin nos 75 pli 8 ou 239 pli 26 – 25 km au Sud-Ouest de Tulle – Corrèze (19). Brive est au centre d'un riche et lumineux bassin, dans la plaine alluviale de la Corrèze, où prospèrent les cultures maraîchères et fruitières, au carrefour du Bas-Limousin, du Périgord et des causses du Quercy. Le plan de Brive offre un exemple privilégié de l'extension concentrique d'une ville à partir d'un petit noyau ancien, dont le cœur est l'église St-Martin.

Pl. du 14-Juillet (au Nord de la vieille ville), 19100 Brive-la-Gaillarde, ☎ 05 55 24 08 80.

Le nom

Si Brive doit son surnom de « la Gaillarde » au courage déployé lors des nombreux sièges qu'elle eut à soutenir, elle le justifie encore aujourd'hui lors des tournois de rugby...

Les gens

49 719 Brivistes. Guillaume Dubois (1656-1723) le sulfureux Premier Ministre du Régent (voir le film de B. Tavernier *Que la fête commence*), Guillaume Brune (1763-1815) qui s'illustra à Arcole avant d'être nommé maréchal de France, ou Patrick Boutaut alias... Patrick Sébastien, sont entrés, à titres divers, dans les annales de la ville de Brive, tout comme ses rugbymen.

Trois fois par semaine (mardi, jeudi, samedi), se tient sous la halle Georges-Brassens « le » marché de Brive où, comme le chantait l'artiste, « l'on ne s'y crêpe plus le chignon pour quelques bottes d'oignons ».

carnet pratique

Où dormir

• *Une petite folie !*

Domaine de Castel Novel – *19240 Varetz – 10 km de Brive par N 89, D 901 et D 152 – ☏ 05 55 85 00 01 – fermé 18 oct. au 30 avr. – P – 29 ch. : à partir de 650F – ☕ 85F – restaurant 220/420F.* Pendant les années où elle y vécut, Colette fut éblouie par l'atmosphère de ce château médiéval en pierres rouges. Ses tours rondes ardoisées affichent leur majesté au milieu d'un parc. Salons cossus au mobilier ancien et murs tendus de tissus. Piscine et tennis.

Où se restaurer

• *À bon compte*

Chez Francis – *61 av. de Paris – ☏ 05 55 74 41 72 – fermé 7 au 22 août, vacances de fév., dim. et j. fériés – 85/125F.* Imaginez un vrai bistrot parisien, avec d'antiques affiches publicitaires, dessins dédicacés de personnalités du spectacle et autres objets anciens. C'est comme ça chez Francis, où vous apprécierez aussi une bonne cuisine simple et soignée.

Petit Clos – *Au Pouret – 19270 Ussac – 5 km de Brive-la-Gaillarde par av. Pasteur et D 57 – ☏ 05 55 86 12 65 – fermé 1er au 15 oct., dim. soir et lun. – 100/220F.* C'est une jolie petite maison corrézienne de pierres rouges. Salle à manger campagnarde avec poutres et pierres apparentes. Les repas régionaux peuvent être servis au jardin. Quelques chambres dans une bâtisse plus récente, et piscine d'été.

Toupine – *11 r. Jean-Labrunie – ☏ 05 55 23 71 58 – fermé 9 au 22 août, vacances de fév., mer. sf été et dim. – 98/138F.* Situé dans la vieille ville, ce petit restaurant fait l'unanimité dans son quartier. Les menus sont sympathiques pour des prix raisonnables. Soyez prudent en réservant votre table.

Le Relais du Quercy – *19500 Meyssac – ☏ 05 55 25 40 31 – fermé 15 au 30 nov. – 80/220F.* Dans la salle à manger confortable, installez-vous côté jardin, le plus plaisant pour savourer la cuisine locale, riche en produits maison. Ou bien préférez la terrasse, aux premières loges pour les soirées piano-bar au bord de la piscine.

Où boire un verre et se distraire

La Fourmi – *23 av. Ribot – ☏ 05 55 87 46 66 – lun.-sam. 14h-2h.* Une fourmi plutôt musicienne, qui organise trois à quatre concerts par semaine, et ce depuis une dizaine d'années. Ce programme chargé fait une place au théâtre le mercredi et aux débats littéraires le mardi.

La Grange aux Loups – *Pont du Cayre – ☏ 05 55 92 98 15 – ven. et sam. à partir de 23h.* Avec une capacité de 1.500 places, cette discothèque est l'une des plus grandes et des plus fréquentées de la région. Ses quatre pistes de danse devraient satisfaire les goûts les plus divers : tropicale, disco, années 1960 à 1980, etc.

Shopping

Distillerie Denoix – *9 bd du Maréchal-Lyautey – ☏ 05 55 74 34 27 – mar.-sam. 9h-12h, 14h30-19h.* Cette distillerie fondée en 1839 produit et commercialise de l'eau-de-vie à base de noix.

Boutique CA Brive – *Av. de Paris – ☏ – lun. 10h-12h30, 14h-19 ; mar.-ven. 9h-12h30, 14h-19h ; sam. 9h-12h30, 13h30-19h.* Boutique du CA Brive, club de rugby champion d'Europe en 1997.

Le bas d'en haut

Aéro-club de Brive – *Aéroport de Brive-Laroche – ☏ 05 55 86 88 37 – ouv. tlj. 9h-17h.* Ce club vous propose des baptêmes de l'air en avion, en planeur, et un avant-goût de la voltige.

se promener

LA VIEILLE VILLE

Occupant le noyau central délimité par la première ceinture de boulevards, le quartier ancien a fait l'objet d'une importante rénovation mariant, souvent avec bonheur, bâtiments anciens et modernes uniformisés par la chaude couleur du grès beige et la teinte bleutée des toitures.

Collégiale St-Martin

Seuls le transept, les absides et quelques chapiteaux sont d'époque romane, vestiges d'un établissement monastique du 12e s. À l'intérieur, une coupole octogonale sur pendentifs plats de type limousin couvre le carré du transept. La nef et les collatéraux datent du 14e s. ; le chœur a été fidèlement reconstruit par le cardinal Dubois au 18e s. Remarquez une cuve baptismale du 12e s. ornée des attributs des évangélistes. À l'extérieur, admirez les beaux chapiteaux historiés et la corniche à modillons des absidioles.

Parmi les bustes reliquaires composant le trésor de la collégiale St-Martin, remarquez celui de sainte Claire d'Assise.

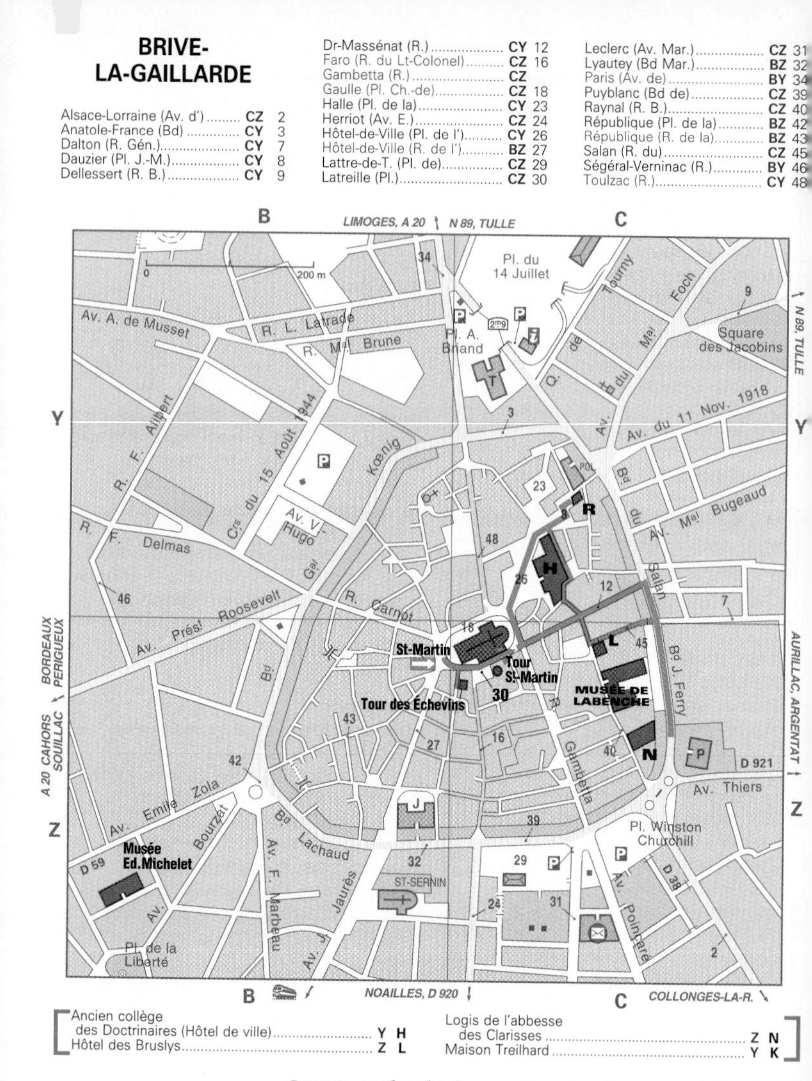

Crypte archéologique – Sous le chœur ont été mis au jour les vestiges d'églises antérieures, dont l'édifice primitif, édifié à la fin du 5e s. sur le tombeau de saint Martin l'Espagnol, évangélisateur de la ville massacré par ses habitants.

Du portail, prendre au Sud et emprunter la rue des Échevins.

Tour des Échevins

Un hôtel s'orne d'une tour Renaissance en encorbellement percée de fenêtres à croisillons de pierre.

Revenir vers la collégiale et prendre à droite.

Place Latreille

Autrefois cœur spirituel et commercial de la cité, elle est bordée de maisons anciennes. Celle dite des **Tours St-Martin** date des 15e et 16e s.

Poursuivre tout droit et emprunter la rue du Docteur-Massénat, puis tourner à droite dans la rue Raynal.

Au coin des rues Raynal et du Salan se trouve l'**hôtel des Bruslys**, du 18e s.

Continuer la rue du Salan, puis tourner à droite dans le boulevard Ferry.

Hôtel de Labenche★

Bâti vers 1540 par Jean II de Calvimont, seigneur de Labenche, garde du sceau et greffier du roi, ce magnifique spécimen de la Renaissance toulousaine, est le

HOMMES ET FEMMES

Fenêtres à meneaux ornées de festons, fines colonnettes et surmontées de bustes d'hommes et de femmes sortant de fausses baies.

plus remarquable édifice de la ville. De la cour intérieure on découvre les deux corps de logis en équerre qui soutiennent les grandes arcades. La coloration rosée de la pierre met en valeur la beauté de la décoration. L'hôtel abrite un musée (décrit dans la partie « visiter »).

Poursuivre sur le boulevard Ferry.

Logis de l'abbesse des Clarisses

De style Louis XIII, il se signale par des lucarnes à frontons en plein cintre, ornées de boules quillées.

Faire demi-tour et remonter jusqu'au boulevard du Salan, puis prendre à gauche la rue du Docteur-Massénat. Après 100 m, tourner à droite dans la rue Teyssier.

Ancien collège des Doctrinaires

Aujourd'hui occupés par les services de l'hôtel de ville, ces bâtiments du 17e s. présentent sur la rue Teyssier une façade classique donnant sur une cour fermée par un mur décoré d'une colonnade. Ce collège, tenu par les pères de la Doctrine chrétienne, humanistes à l'esprit ouvert, eut un rayonnement croissant jusqu'à la Révolution.

Place de l'Hôtel-de-Ville

Sur ce vaste espace dégagé s'imbriquent les bâtiments modernes du Crédit Agricole et d'anciens hôtels à tourelles dont, au Nord-Est, la **maison Treilhard** qui date du 16e s. Elle présente deux corps de logis reliés par une tour ronde s'ornant elle-même d'une échauguette.

visiter

Musée de Labenche★

♿ *Avr.-oct. : tlj sf mar. 10h-18h30 ; nov.-mars : tlj sf mar. 13h30-18h. Fermé 1er janv., 1er mai, 1er nov., 25 déc. 27F, gratuit dernier dim. du mois. ☎ 05 55 24 19 05.*

L'hôtel *(voir la partie « se promener »)* affiche la même exubérance à l'intérieur : **grand escalier** « à la romaine », aux culs-de-lampe sculptés de bustes de femmes et de guerriers. La salle des comtes de Cosnac est décorée d'un superbe ensemble de **tapisseries**. Dans la salle du cardinal Dubois, on remarquera la tombe de pèlerin de St-Jacques-de-Compostelle et l'exceptionnelle **colombe eucharistique** en bronze argenté, du 11e s. ; suspendue au-dessus de l'autel, elle renfermait les hosties.

Un des attraits de ce musée réside dans la réussite des reconstitutions de séquences de fouilles.

Remarquez la « tenture de Mortlake », exécutée au 17e s. dans la plus célèbre manufacture de haute lisse anglaise.

Musée de la Résistance et de la Déportation Edmond-Michelet

Tlj sf dim. 10h-12h, 14h-18h. Fermé j. fériés. Gratuit. ☎ 05 55 74 06 08.

Il retrace l'histoire de la Résistance et de la déportation à travers des peintures, photos, affiches, documents originaux ayant trait aux camps, spécialement à Dachau où fut interné Edmond Michelet, député de la Corrèze de 1945 à 1951 et ancien ministre du général de Gaulle.

circuits

1 BASSE VALLÉE DE LA CORRÈZE★

Circuit de 45 km – environ 3 h

Quitter Brive par le Nord-Est en empruntant la N 89, en direction de Tulle.

Aubazine★ *(voir ce nom)*

Quitter Aubazine par l'Est en empruntant la D 48.

Puy de Pauliac★

1/2 h à pied AR.

Alt. 520 m. Un sentier, tracé à travers les bruyères et les bois de châtaigniers, amène au sommet d'où l'on découvre une large **vue★**.

TOUR D'HORIZON

Une table d'orientation permet de situer : au Sud-Est la Roche de Vic, et au Nord, le massif des Monédières.

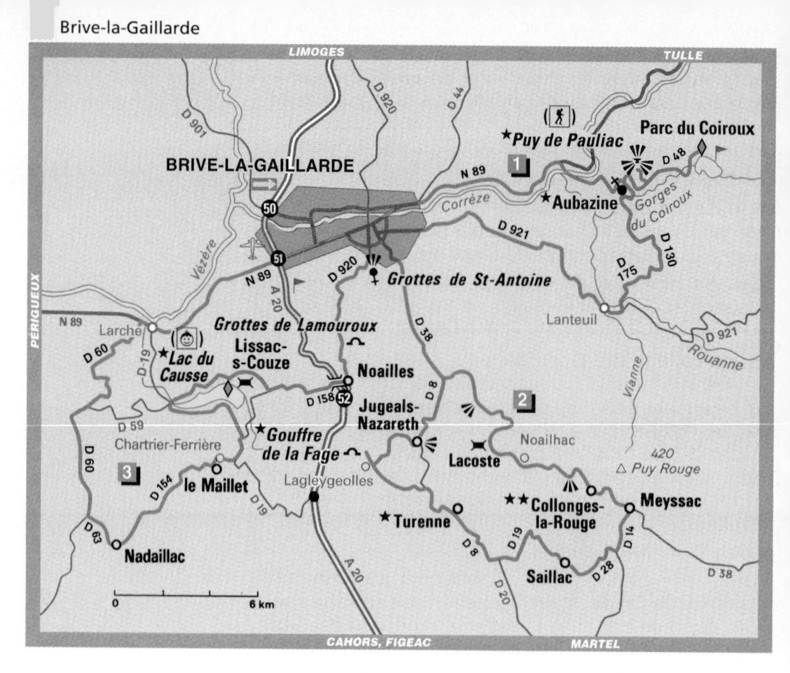

Parc du Coiroux

Aménagé autour d'un vaste plan d'eau (baignade, voile), il comprend aussi un complexe sportif (golf, tennis).

Revenir à Aubazine.

La N 121, qui ramène à Brive, devient pittoresque après Lanteuil.

2 SUR LES TERRES DE M. DE TURENNE★

Circuit de 55 km – environ 4 h

Cet itinéraire traverse la partie centrale de l'ancienne vicomté de Turenne, unie à la couronne de France seulement en 1738. Après Turenne, les collines boisées du Limousin font place aux premiers plateaux du Causse quercynois.

Quitter Brive par le Sud-Est en empruntant la D 38, en direction de Meyssac.

Château de Lacoste

Cette ancienne place forte, bâtie en grès de la région, se compose d'un corps de logis flanqué de trois tours rondes du 13e s. et complété au 15e s. par une élégante tourelle d'escalier polygonale.

À Noailhac on pénètre dans le pays du grès rouge, matériau qui servit à construire ces villages aux si belles tonalités. On aperçoit bientôt le plus fameux, Collonges-la-Rouge, émergeant de son écrin de verdure.

Collonges-la-Rouge★★ *(voir ce nom)*

Meyssac

Au centre de cette région vallonnée où abondent noyers, peupliers, vignes et arbres fruitiers, Meyssac, comme Collonges, est bâtie en grès rouge.

Église – Curieux assemblage : l'intérieur gothique s'accompagne d'un clocher-porche fortifié par des hourds et d'un portail en calcaire roman limousin s'ornant de petits chapiteaux décorés d'animaux et de feuillages.

Halle – La charpente repose sur des piliers et des colonnes intercalés. Construite au 18e s., elle s'élève au milieu d'une place bordée de belles demeures, certaines ornées de tours. Quelques maisons à encorbellements, à auvents et à pans de bois achèvent de conférer à ce village son cachet pittoresque.

Quitter Meyssac par le Sud en empruntant la D 14, direction Martel. Après 2 km, prendre à droite la D 28.

TOUR DE MAIN

La terre rouge, dite « terre de Collonges », a donné naissance à un artisanat de la poterie qui s'est particulièrement développé à Meyssac.

Saillac

Le village apparaît au milieu des noyers et des maïs.

Église – Romane, elle présente un portail précédé d'un narthex surmonté d'un très beau **tympan★** en pierre polychrome, relativement rare au 12e s. Dans le chœur (coupole sur pendentifs), beaux chapiteaux historiés.

Détail
Le tympan repose sur un trumeau composé de quatre colonnes torsadées, ornées de feuillages perlés et de scènes de chasse.

Quitter Saillac par le Nord-Ouest pour rejoindre la D 19, puis, vers le Sud, la D 8.

Turenne★ *(voir ce nom)*

Poursuivre sur la D 8. Après 3 km, prendre sur la gauche vers Lagleygeolles.

Gouffre de la Fage★

De mi-juin à mi-sept. : visite guidée (1h) 9h30-19h ; d'avr. à mi-juin : visite libre 14h-18h30 ; de mi-sept. à mi-oct. : visite libre 14h-17h30. 30F (enf. : 20F). ☎ 05 55 85 80 62 ou 05 55 87 12 21.

Les galeries aménagées se divisent en deux ensembles ; l'escalier d'accès emprunte le grand aven qui résulte d'un effondrement de la voûte. La première partie, à gauche, contient de très belles draperies. Dans la salle des orgues, les concrétions sont utilisées comme xylophones. La seconde partie, riche en stalactites et stalagmites, présente une forêt d'aiguilles pendant au plafond. Séquence frisson... La grotte est habitée par une très importante colonie de chauves-souris, comprenant dix espèces différentes.

Le grand aven du gouffre de la Fage abrite des draperies en forme de méduses, d'une grande richesse de coloris.

Revenir à Lagleygeolles pour prendre, sur la gauche, la route qui rejoint la D 73.

Jugeals-Nazareth

Le village de Nazareth fut fondé par Raymond Ier de Turenne au retour de la première croisade. Celui-ci y installa une maladrerie confiée à l'ordre des Templiers. Sous la mairie subsistent des salles voûtées, équipées de puits fermés par une grille, où séjournaient les lépreux.

À la sortie Nord du village, sur la D 8, un point de vue se dégage sur la droite. Au carrefour de Montplaisir, prendre la D 38 qui ramène à Brive.

3 LE CAUSSE CORRÉZIEN★

Circuit de 45 km – environ 3 h

Quitter Brive par le Sud en empruntant la D 920, en direction de Cahors.

La route s'élève aussitôt au-dessus du bassin de Brive.

Grottes de St-Antoine

Creusées dans le grès, les grottes où saint Antoine de Padoue se retirait lorsqu'il séjournait à Brive forment un sanctuaire de plein air. Les franciscains assurent l'accueil du pèlerinage. En suivant le chemin de croix on arrive au sommet de la colline d'où l'on découvre une belle vue sur Brive.

Grottes de Lamouroux

Utilisées par l'homme aux périodes d'insécurité, elles comptent un grand nombre de cavités superposées sur cinq étages et forment un ensemble pittoresque.

Noailles

Le village occupe un site agréable dans un paysage de collines verdoyantes. Noailles est dominé par le château et l'église perchés sur un coteau.

Église – Coiffée d'un clocher à peigne de style limousin, elle présente une abside et un chœur romans avec des colonnettes ornées de chapiteaux historiés très réalistes (estropiés soutenus par des béquilles). Remarquez un tableau de Claude Gillot, maître de Watteau.

Château – Cet édifice Renaissance, berceau de l'illustre famille de Noailles, est décoré de fenêtres surmontées de pinacles dont le fronton s'orne de médaillons et d'anges portant les armes de la famille.

L'élégant château de Noailles, à l'appareillage soigné, domine le causse corrézien.

Quitter Noailles par l'Ouest en empruntant la D 158.

La route s'élève vers le causse corrézien, pays de calcaire blanc percé de cloups tapissés d'argile rouge, couvert de genévriers et de chênes malingres.

Lissac-sur-Couze

Dominant le lac du Causse *(voir ci-dessous)*, le village possède un beau manoir massif flanqué d'échauguettes, ancienne tour militaire des 13e et 14e s. À côté, l'église est surmontée d'un clocher à peigne.

Lac du Causse★

Appelé aussi lac de Chasteaux, cette superbe étendue d'eau de 90 ha, enchâssée dans la riante vallée de la Couze, a été aménagée en **base de loisirs** avec baignade, voile, ski nautique, planche à voile, aviron... *(De juil. à fin août : 10h-19h. 35F. ☎ 05 55 85 18 11.)*

Quitter Lissac par le Sud-Ouest en empruntant la D 59.

L'itinéraire proposé longe en grande partie les berges du lac, vous permettant ainsi d'apprécier la beauté du site.

Quitter la D 19 pour emprunter, sur la droite, la D 154 vers Chartrier-Ferrière.

Le Maillet

Les moellons calcaires des maisons de ce hameau sont traditionnellement assemblés au mortier d'« hirondelle », simple motte d'argile pressée dont la couleur rouge vif donne à l'ensemble beaucoup de caractère.

Poursuivre sur la D 154.

Nadaillac

COUVERTURE DE PIERRE
Les maisons médiévales du village portent parfois des toits de lauzes.

Beau village rustique, renommé pour la qualité de ses truffes. L'église fortifiée s'ouvre par un porche profond précédé d'un passage voûté. L'avant-chœur est couvert d'une coupole sur pendentifs.

Quitter Nadaillac par le Nord-Ouest en empruntant la D 63.

Plus loin, la pittoresque D 60 serpente entre les limites des départements de la Dordogne et de la Corrèze. À Larche, la N 89 ramène à Brive.

Le Bugue

Le Bugue est une petite ville vive qui propose une large palette d'activités culturelles : cinq musées différents, des grottes, des sites souterrains, un château. Difficile de ne pas y trouver son bonheur. Le tout aux portes du Périgord noir.

BOUCHON
Le centre-ville est rapidement congestionné par le sens unique de la rue de la République (en arrivant du Sud-Est).

La situation

Cartes Michelin nos 75 pli 16 ou 235 pli 1 – Dordogne (24).

Le Bugue a fait le choix du tourisme grand public. Les animations et les nombreux sites attirent de plus en plus de visiteurs sans, pour autant, que les infrastructures routières ne suivent.

Pl. de l'Hôtel-de-Ville, 24260 Le Bugue, ☎ 05 53 07 20 48.

Le nom

HISTORIQUE
De l'avis des chroniqueurs locaux, l'événement le plus important de l'histoire du Bugue reste la décision de fixer le jour du marché le mardi.

Plusieurs origines sont possibles : le latin *bucca*, la bouche, mais aussi le gaulois *albuca*, qui évoque une terre argileuse. Ou *bug*, mot celte qui signifie « petit houx », ou encore *boghen*, mot germanique qui désigne une courbe, en l'occurrence, celle de la Vézère. Mais rien à voir avec le fameux bug de l'an 2000.

Les gens

2 764 Bugois. Jean Rey, né au Bugue en 1583, est resté dans les oubliettes de l'histoire. Pourtant, l'humanité reconnaissante lui doit l'invention du thermoscope, ancêtre du thermomètre, ainsi que les bases des théories de Pascal sur la pesanteur et de Lavoisier sur la composition de l'air.

carnet d'adresses

Où dormir

• À bon compte

Camping La Linotte – *3,5 km au NE du Bugue par D 710 – ☎ 05 53 07 17 61 – ouv. Pâques au 20 oct. – ⊭ – réserv. conseillée – 88 empl. : 84F.* Tenu par un jeune couple, ce camping allie situation exceptionnelle et qualité de l'accueil. Des chalets, des mobile homes et une grande piscine à débordement sont installés dans la campagne et la belle maison périgourdine abrite bar et salle de réunion.

Camping St-Avit Loisirs – *24260 St-Avit-de-Vialard – 7 km de Bugue par D 710 et rte secondaire – ☎ 05 53 02 64 00 – ouv. Pâques à fin sept. – réserv. conseillée – 199 empl. : 137F.* Vastes emplacements, installations confortables, services multiples : voilà un beau camping ! Autour de la ferme périgourdine, le domaine de chênes et de châtaigniers propose aussi des bungalows et une formule de résidence hôtelière... Plusieurs piscines dont une couverte.

Où se restaurer

• À bon compte

La Maison de Martine – *Pl. de l'Église – 24260 Campagne – 4 km à l'O du Bugue par N 703 – ☎ 05 53 03 51 88 – fermé oct. à Pâques et jeu. sf été – ⊭ – 50/100F.* Dès l'entrée, vous tomberez sous le charme de cette adorable maison. Salades, tartines, crêpes et autres gourmandises vous attendent dans une douce ambiance musicale. Le service continu vous permettra de vous restaurer tout au long de la journée.

visiter

Aquarium du Périgord noir

♿ *Avr.-sept. : 10h-18h (juin-août : 9h-19h) ; de mi-fév. à fin mars et d'oct. à mi-nov. : 10h-12h, 14h-17h. 43F (enf. : 33F). ☎ 05 53 07 16 38.*

Il a été conçu de telle manière que le visiteur ait l'impression d'évoluer sous l'eau, comme un plongeur. Les aquariums à ciel ouvert, éclairés en lumière naturelle et ouvrant sur de grandes vitrines, sont peuplés de poissons d'eau douce, crustacés et invertébrés de diverses régions d'Europe. Le silure glane, originaire du centre et de l'Est du continent (les plus beaux spécimens dépassent 1,50 m), l'esturgeon et les amours blanc et argenté impressionnent par leurs dimensions. Un espace est consacré au cycle de la reproduction et de l'alevinage du saumon.

Maison de la Vie sauvage

♿ *Juil.-sept. : 10h-13h, 15h-19h ; Pâques-juin et vac. scol. : 14h-18h ; oct.-Pâques : dim. 14h-18h. Fermé 1er janv. et 25 déc. 25F (enf. : 18F). ☎ 05 53 08 28 10.*

Centré sur une très belle collection d'oiseaux naturalisés, ce musée se propose de faire découvrir les aspects de la vie et de la survie de la plupart des espèces d'Europe. Les vitrines abordent divers thèmes : le plumage, ses fonctions et les raisons de ses multiples colorations, le bec et son adaptation au régime alimentaire, les comportements, les chants, les parades, les techniques de vol, de pêche et de chasse. Sont également évoqués, les grandes migrations, leurs itinéraires et les dangers qu'ils représentent pour les oiseaux. En complément, un passage évoque « la sortie des eaux », des poissons aux reptiles, une salle est enfin consacrée aux mammifères.

Formes et couleurs...
Vous saurez tout sur les oiseaux et même les questions les plus improbables trouvent ici une réponse.

Quand Le Bugue fête la Félibrée, le village se pare de banderoles multicolores par milliers.

Musée de Paléontologie

Mêmes conditions de visite que la maison de la Vie sauvage. Présentation sobre et efficace d'une collection de plus de trois mille spécimens de fossiles groupés par grandes familles : ammonites, trilobites, gastéropodes, etc.

Le « Village du Bournat »

Mai-sept. : 10h-19h ; oct.-avr. : 10h-17h. Fermé en janv. 50F (enf. : 30F). ☎ 05 53 08 41 99.

Achat
Le bon pain doré et croustillant tout droit sorti du four, garanti recette et cuisson à l'ancienne.

Reconstitution d'une ferme-village périgourdine et de son atmosphère quotidienne à la fin du 19e s. ; dans chaque bâtiment, des mannequins costumés renouent avec les faits et gestes du passé : le « repas de battage », la noce, les lavandières affairées au lavoir... À la forge ou au fournil, ce sont de vrais artisans qui raniment les métiers d'autrefois, également mis à l'honneur par une riche collection d'outils et de machines agricoles.

découvrir

LES GROTTES

Caverne de Bara-Bahau

Juil.-août : visite guidée (1/2h, dernière visite 1/2h av. fermeture) 9h-19h ; fév.-juin : 10h-12h, 14h-17h30 ; sept.-déc. : 10h-12h, 14h-17h. Fermé en janv. 29F (enf. : 18F). ☎ 05 53 07 44 58.

Longue d'une centaine de mètres, elle se termine par une salle bouchée par un effondrement de rochers. Sur la voûte de cette salle, se distinguent notamment, des gravures et des tracés digitaux attribués à la fin du magdalénien ancien et au début du magdalénien moyen (–16 000 ans), découverts en 1951 par N. et M. Casteret. Ils représentent chevaux, aurochs, bisons, cervidés, ours et des signes abstraits.

Dans la grotte de St-Cirq, la figure humaine est traitée, comme souvent dans l'art paléolithique de façon moins réaliste que les représentations animales.

Grotte de St-Cirq

Juin-sept. : visite guidée (1/4h) tlj sf sam. 10h-18h ; sept.-mai : tlj sf sam. 12h-16h. 20F (enf. : 5F). ☎ 05 53 07 14 37.

Dans une petite grotte, sous une roche en léger surplomb, ont été découvertes sur les parois verticales ou les plafonds quelques gravures attribuées au magdalénien moyen (entre –16 000 et –13 000 ans). Il s'agit de chevaux, de bisons et de bouquetins. Vous remarquerez la très belle **gravure** appelée « L'Homme ou le sorcier de St-Cirq ». Un petit musée présente des fossiles et de l'outillage préhistorique.

Jusqu'en 1952, on accédait au gouffre de Proumeyssac par une minuscule nacelle à quatre places qui effectuait la descente (52 m) dans une obscurité presque totale. Ce dispositif pionnier, actionné à l'origine par un mulet, vient d'être reconstitué et embarque les touristes qui en font la demande préalable.

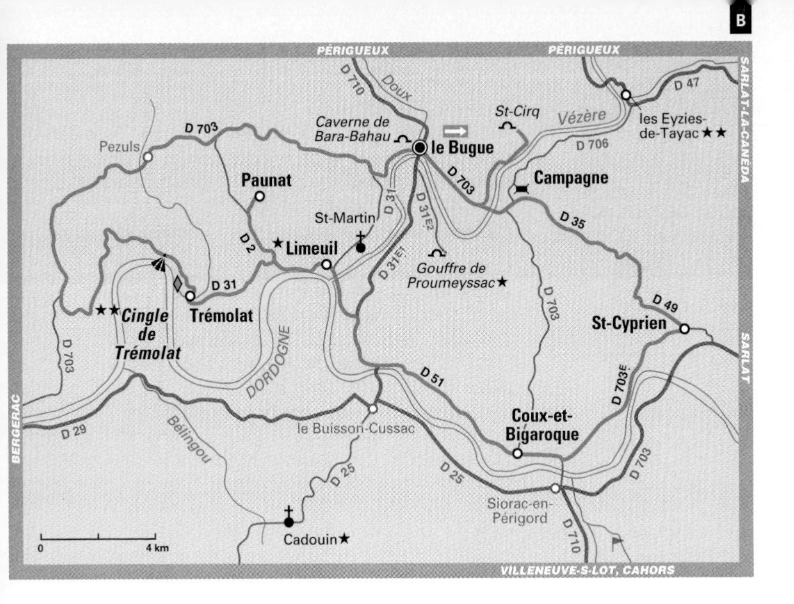

Gouffre de Proumeyssac★

Juin-août : visite guidée (3/4h) 9h-19h ; mars-mai et sept.-oct. : 9h30-12h, 14h-17h30 ; fév. et nov.-déc. : 14h-17h. Fermé en janv. et 25 déc. 41F (enf. : 24F). ☎ 05 53 07 27 47.

Un tunnel percé dans une colline donne accès à la plate-forme aménagée à mi-hauteur du gouffre. De là, on découvre l'ensemble de cette coupole souterraine, de forme régulière, décorée, à la base des parois surtout, de belles concrétions ocre ou blanches. Un important ruissellement continue à alimenter des stalactites très denses par endroits et formant des draperies, des stalagmites d'une grande pureté, des formations originales comme des excentriques ou des cristallisations triangulaires au sol.

circuit

DE LA VÉZÈRE À LA DORDOGNE

Circuit de 75 km – environ une demi-journée

Quitter Le Bugue par le Sud-Est en empruntant la D 703.

Campagne

Au débouché d'un vallon, la petite église romane est précédée d'un mur-clocher. Juste derrière elle, trône le **château** des seigneurs de Campagne, édifié au 15e s. et restauré au 19e s. Les tours avec créneaux et mâchicoulis qui flanquent le logis, ainsi que des éléments néogothiques lui confèrent une allure de manoir anglais. Le dernier marquis de Campagne fit don du château à l'État en 1970.

Quitter Campagne par l'Est en empruntant la D 35.

St-Cyprien

Accroché au flanc d'un coteau proche de la rive droite de la Dordogne, dans un décor de collines et de forêts, St-Cyprien est dominé par la silhouette massive de son église autour de laquelle se groupent les maisons anciennes. Non loin du bourg, les ruines du **château de Fages** ont été patiemment restaurées.

Bâtie au 12e s. et remaniée à l'époque gothique, l'**église**, de dimensions imposantes, a conservé un clocher-donjon de style roman. Le vaisseau, de vastes proportions, est voûté d'ogives. Un riche mobilier du 17e s. comprend des retables, une chaire, des stalles, un buffet d'orgue et une balustrade en fer forgé.

Dominical
Si vous passez dans le coin un dimanche matin, arrêtez-vous au marché, il est coloré et animé à souhait.

Quitter St-Cyprien par le Sud-Ouest en empruntant la D 703^{E}. La route longe la rive droite de la Dordogne.

Coux-et-Bigaroque

Petite pause dans ce gros bourg, né de la fusion des paroisses de Coux et de Bigarogue. On admirera dans le premier, le portail sculpté de l'église romane et dans le second, le charme de ses rues.

Continuer de longer la Dordogne en empruntant la D 51.

LOCATION DE CANOË-KAYAK
Jean Rivière Loisirs,
24510 Limeuil,
☏ *05 53 63 38 73.*

Limeuil*

Construit sur un promontoire escarpé, ce bourg, aux nombreux vestiges d'un riche passé, dégringole vers le lieu de rencontre de la Dordogne et de la Vézère. Excellent lieu de défense, les croquants en font l'une de leur place de sûreté pendant leur révolte. Au 19e s., Limeuil était un centre économique important, grâce à son artisanat et à la batellerie. Le village a conservé quelques vestiges de son passé de ville close dans les ruelles qui grimpent vers l'église. L'imposante maison à fenêtres à meneaux qui jouxte l'ancienne porte du port (16e s.) était le siège des bateliers. Tout de suite à gauche, l'actuelle mairie occupe un couvent de récollets. La route en corniche dite du « Bac de Sors » (D 31) domine le **cingle de Limeuil**.

BATEAUX
Le port, avec ses cinq auberges, accueillait au 19e s. les gabares descendues du Limousin et d'Auvergne. D'ailleurs, dans l'église Ste-Catherine, vous trouverez une Vierge noire, la Vierge des bateliers.

Après 2 km, tourner à droite sur la D 2.

Très tôt s'est affirmée la vocation de « guette et d'arsenal » de Limeuil, dont la position stratégique a attiré les convoitises.

Paunat

Niché dans un petit vallon, ce petit bourg a conservé une imposante église qui dépendait d'un monastère autrefois rattaché à la puissante abbaye St-Martial de Limoges.

Construite en pierre ocre au 12e s. et remaniée au 15e s., ◀ l'**église St-Martial**, à l'aspect sévère s'appuie sur un puissant clocher-porche fortifié, de style roman.

ORIGINALE
La disposition du clocher-porche en deux étages à coupoles est tout à fait unique en Périgord.

Faire demi-tour et reprendre la D 31 (à droite).

Trémolat

Édifié à l'entrée du cingle du même nom, Trémolat est devenu célèbre grâce au tournage du film de Claude Chabrol *Le Boucher*. Le village est aussi connu pour son église fortifiée, condensé de l'architecture religieuse périgourdine : elle associe d'imposantes fortifications, un voûtement supportant trois dômes et un intérieur sobre surmonté d'une vaste salle (350 m^2) de défense.

Quitter Trémolat par le Nord-Ouest et suivre la rivière.

DÉTENTE
La base nautique de Trémolat propose nombre d'activités.
Plage et camping :
☏ 05 53 35 50 39.

Cingle de Trémolat**

Au pied d'un hémicycle de falaises blanches, la Dordogne décrit une vaste courbe au cœur de laquelle se love une mosaïque de prés et de champs. Au-delà, s'étendent les premières frondaisons de la forêt de la Bessède.

En journée, le cingle de Trémolat est déjà impressionnant ; pour plus d'émotion, revenez au soleil couchant... la gamme des tons est d'une richesse insoupçonnée.

Poursuivre la route qui offre de belles échappées sur la vallée, puis, avant Mauzac, prendre à droite une petite route qui débouche sur la D 703 qui ramène au Bugue.

Cadouin★

Un vallon étroit, une rivière au nom de bonbon et une abbaye cistercienne : le décor de Cadouin est posé. L'abbaye est une aubaine pour ce village qui bénéficia de l'intense fréquentation de ce lieu de pèlerinage. Les fidèles ont laissé place aux visiteurs, venus admirer la beauté de l'établissement religieux, magnifiquement conservé.

La situation

Cartes Michelin nos 75 pli 16 ou 235 pli 5 - Dordogne (24). ▶
De la vallée de la Dordogne, Cadouin est accessible par la D 25.

Itinéraire bis
N'hésitez pas à vous rendre à Cadouin par la petite D 28, qui longe le Bélinguou, le paysage traversé est bien plus joli.

Le nom

Du latin *catinus*, lieu plat, ou alors du nom gallo-romain *Catonius* : voici deux pistes pour expliquer l'origine de Cadouin.

Les gens

378 Caduniens. C'est dans une maison de la place de la Halle qu'est né le 14 octobre 1890, le cinéaste Louis Delluc. Initiateur de la critique cinématographique, il est aussi connu pour avoir été le fondateur des ciné-clubs.

Moteur
Le prix « Louis Delluc » récompense chaque année un jeune réalisateur.

comprendre

Les origines de l'abbaye – Fondée en 1115 par Géraut de Sales aux portes de la forêt de la Bessède, l'abbaye de Cadouin s'affilie en 1119 à l'ordre de Cîteaux. Une partie des bâtiments est détruite par les Anglais lors de la guerre de Cent Ans, déprédations renouvelées lors des guerres de Religion.
En 1978, les communes de Cadouin, Urval, Paleyrac et le Buisson fusionnent.

La plus célèbre relique périgourdine – Un drap de lin, passant pour avoir enveloppé la tête du Christ, fut rapporté d'Antioche par un chanoine périgourdin suite à la première croisade. Le suaire devient un objet de culte, faisant de Cadouin un centre de pèlerinage fréquenté par les plus grands comme Richard Cœur de Lion, Saint Louis, et Charles V. Le mythe s'effondre en 1934.
Soumis à l'épreuve de la science, le suaire révèle ses véritables origines : un tissu égyptien datant du 11e s. L'évêque de Périgueux supprime alors le pèlerinage.

Où dormir
Camping La Grande Veyière – *24480 Molières – 4 km à l'O de Cadouin sur la D 25 et la D 27 – ☏ 05 53 63 25 84 – ouv. avr.–nov. – réserv. conseillée 15 juil.-15 août – 64 empl. : 76F.* On respire sur ce terrain haut perché ! Sis sur la colline d'une belle ferme périgourdine dont les bâtiments en U, bien restaurés, accueillent entre autres le magasin d'alimentation et le bar, ses emplacements sont ombragés et vastes. Piscine et jeux d'enfants.

L'église et le cloître de Cadouin, restaurés après la Révolution, forment un bel ensemble architectural autour duquel s'est développé le village.

visiter

L'abbaye

Consacrée en 1154, l'**église★** présente une façade organisée en trois registres horizontaux : le registre médian, percé de trois baies en plein cintre éclairant le vaisseau, sépare deux niveaux d'arcatures. Le décor du bâtiment, à l'architecture fort sobre, se limite presque au jeu de la lumière sur les tons dorés de la pierre de Molières. L'édifice s'affranchit de la simplicité cistercienne par la disposition de son plan chœur à abside entre deux absidioles et par la présence d'un dôme à la croisée du transept, surmonté d'un clocher couvert de bardeaux de châtaigniers. Autre entorse à la règle architecturale de Cîteaux, la richesse de la décoration intérieure : fenêtres moulurées, chapiteaux décorés... mais cela est estompé par l'équilibre des volumes.

Ludique
Sur quatre colonnettes, les sujets empruntés à l'Ancien et au Nouveau Testament se succèdent. Sauriez-vous les reconnaître ?

Cloître★★ – ♿ *Avr.-oct. : visite guidée (3/4h) tlj sf mar. 10h-12h30, 13h30-19h (juil.-août : tlj 10h-19h ; nov.-mars : tlj sf mar. 10h-12h30, 13h30-17h30. Fermé en janv. et 25 déc. 30F (enf. : 15F). ☎ 05 53 35 50 10.*

Édifié grâce aux libéralités de Louis XI, le cloître est construit au 15ᵉ s. en style gothique flamboyant. Les travaux se poursuivent jusqu'au milieu du 16ᵉ s., comme en témoignent les chapiteaux Renaissance de certaines colonnes. Portes décorées d'armoiries, clefs de voûte sculptées de personnages et de saynètes, fresque figurant l'Annonciation : la visite du cloître est une succession de petits bonheurs par la beauté des proportions et la diversité des formes. La salle capitulaire a été aménagée en **musée du Suaire**, exposition évoquant huit siècles de ferveur religieuse et de pèlerinage à travers divers objets de dévotion.

Au 19ᵉ s., le cloître de Cadouin fut l'objet d'un engouement romantique de la part des historiens et des archéologues... on comprend pourquoi !

Musée du Vélocipède

♿ *10h-18h. 30F (enf. : 20F). ☎ 05 53 63 46 60.*

Grand bis, dicycles, tricycles à remorque, quadricycles ou encore vélo pliant... regroupant une bonne centaine de pièces, ce musée constitue la plus importante collection de France. Et, depuis la dépendance de l'abbaye où il est aménagé, il raconte les plus belles heures de la technique et des inventions depuis le 19ᵉ s. en passant par les premiers tours de roues du sport cycliste.

Tour de France
Le modèle Paris-Brest-Paris 1891 et une bicyclette du premier Tour de France de 1903 rappellent les débuts du cyclisme.

Cahors★★

Ville en forme de presqu'île, lieu de « source divine », Cahors se raconte au fil de ses monuments. Tout est réuni pour un séjour heureux : un peu d'histoire et de culture, le calme des bords du Lot, le cadre de collines boisées. Et l'été, le temps d'un festival, la ville d'eau devient ville de blues.

La situation

Cartes Michelin nos 79 pli 8 ou 235 pli 14 - Schémas p. 128, 138 et 140 - Lot (46). Prolongeant la N 20, le **boulevard Gambetta**, est le grand axe Nord-Sud de la ville. Il y règne une animation qui rappelle le rôle de centre commercial de Cahors. *Pl. F.-Mitterrand, BP 207, 46004 Cahors Cedex, ☎ 05 65 53 20 65.*

Le nom

La source *Divona Cadurcorum*, aurait donné le nom de *Cadurca*, puis celui de Cahors.

Les gens

19 735 Cadurciens. Parmi les Cadurciens célèbres, au premier rang desquels se place le pape Jean XXII, on trouve le poète Clément Marot (1496-1544) et Léon Gambetta (1838-1882).

UNE ANISETTE
Le boulevard Gambetta est un cours typiquement méridional avec ses platanes, ses cafés et ses commerces. Arrêtez-vous pour savourer un petit jaune.

comprendre

La source divine – L'antique *Divona Cadurcorum* doit sa naissance à la fontaine des Chartreux, belle résurgence qui alimente encore la ville en eau potable. Les Gaulois, puis les Romains, lui vouèrent un culte divin, une dévotion confirmée par la découverte en 1991 de nombreuses monnaies du début de l'ère chrétienne, jetées en offrande dans la fontaine. La ville s'épanouit : elle possède son forum, son théâtre, ses temples, ses termes, ses remparts.

L'âge d'or – Au 13e s., Cahors est l'une des plus grandes villes de France et connaît une période de prospérité économique, due en grande partie à l'arrivée de marchands et de banquiers lombards. Les Lombards ont le génie du négoce et de la banque, mais ils se livrent souvent à des opérations de « prêt à usure » assez peu recommandables. Les templiers s'établissent à leur tour à Cahors ; la fièvre de l'or s'empare des Cadurciens eux-mêmes et la cité devient l'une des grandes places bancaires d'Europe.

DRÔLES DE MOTS
Le mot « cahorsin », désignant alors les habitants de Cahors, est synonyme d'usurier.

Ville fidèle, roi ingrat – Dès le début de la guerre de Cent Ans, les Anglais s'emparent de toutes les places du Quercy : seule Cahors demeure imprenable malgré la

Cahors est enserré dans un cingle (méandre) du Lot que dominent de hautes collines rocheuses.

carnet pratique

Où dormir

• À bon compte

Chambre d'hôte Les Poujades – *Flaynac – 46090 Pradines – 5 km au N de Cahors par D 8 – ☎ 05 65 35 33 36 – ⊭ – 2 ch. : 200/240F.* Dans son jardin fleuri et arboré, cette demeure quercinoise jouit d'un cadre exceptionnel avec sa vue sur le château de Mercuès, le viaduc de pierres et les vignes. Le décor intérieur est assez banal mais l'accueil est chaleureux. Un gîte en location.

Hôtel Les Chalets – *46090 Vers – 14 km à l'E de Cahors par D 653 – ☎ 05 65 31 40 83 – P – 23 ch. : 250/295F – ☕ 35F – restauration.* Vous serez très bien accueilli dans ce petit hôtel moderne niché dans un cadre verdoyant. Les chambres avec balcon ou jardinet ouvrent sur la rivière très appréciée des pêcheurs le soir. Vos nuits seront paisibles, bercées par le murmure de la cascade. Piscine d'été.

Chambre d'hôte Le Bois Noir – *46090 Vers – 14 km à l'E de Cahors par D 653 – ☎ 05 65 31 44 50 – fermé en hiver – ⊭ – 6 ch. : 160/220F – repas 75F.* Perdue au milieu des bois, cette maison basse coiffée de tuiles romaines bénéficie d'un calme extraordinaire. Les chambres sont confortables. Grande piscine pour vous rafraîchir des chaleurs estivales.

• Valeur sûre

Hôtel à l'Escargot – *5 bd Gambetta – ☎ 05 65 35 07 66 – fermé 15 au 31 mai, 20 déc. au 4 janv., dim. soir et lun. – 9 ch. : 254/274F – ☕ 33F – restaurant 73/163F.* À proximité de la tour Jean-XXII, dans les murs de l'ancien palais de Pierre Duèze, ce petit hôtel a l'air banal mais en levant la tête, vous apercevrez les anciennes pierres restaurées. Chambres bien équipées. Deux salles à manger et bar. Cuisine classique.

Chambre d'hôte Domaine de Labarthe – *46090 Espère – 8 km au NO de Cahors par D 911 – ☎ 05 65 30 92 34 – réserv. obligatoire – 3 ch. : 350/500F.* Vous serez accueilli en ami dans ce joli domaine flanqué d'un pigeonnier. Les chambres sont coquettes, avec bouquet de fleurs et biscuits le jour de votre arrivée. Elles ouvrent toutes sur le jardin et sa piscine. De quoi vous rendre la vie très douce.

• Une petite folie !

Château de Mercuès – *46090 Mercuès – 10 km au S de Cahors par D 920, puis rte de Villeneuve – ☎ 05 65 20 00 01 – fermé 2 nov. à Pâques – P – 24 ch. : 800/1500F – ☕ 90F – restaurant 330/450F.* Les tours majestueuses de ce château médiéval sont perchées au-dessus de la vallée du Lot. Colombages et moulures, meubles anciens et tableaux... Oserez-vous dormir dans la chambre de la tour sous sa charpente massive ou tenter la table au talent étoilé ?

Où se restaurer

• À bon compte

Auberge du Vieux Douelle – *46140 Douelle – 8 km à l'O de Cahors par D 8 – ☎ 05 65 20 02 03 – 60/200F.* Plus connue sous le nom « Chez Malique », cette auberge est une véritable institution. Salle à manger dans une belle cave voûtée avec ses tables nappées de rouge. Grillades au feu de bois, carte de salades et buffet de hors-d'œuvre pour satisfaire tous les appétits. Terrasse en été.

Bistrot du Cahors – *46 r. Daurade – ☎ 05 65 53 10 55 – fermé mar. – 98F.* Une ancienne maison à colombages et briques proche du Lot dans la vieille ville. Aux gosiers amateurs de vins de la région, ce bistrot propose de les déguster au verre. Ne vous laissez pas tourner la tête et accompagnez-les d'un petit repas rustique.

• Valeur sûre

Au Fil des Douceurs – *90 quai Verrerie – ☎ 05 65 22 13 04 – fermé 10 au 30 janv., dim. soir et lun. – 105/270F.* Vous sentirez à peine le clapotis du Lot, à bord de cette « gabare », comme celles qui naviguaient autrefois jusqu'à Bordeaux, chargées de bois. Ce restaurant est amarré sur les berges, au pied de la vieille ville. Cuisine bien tournée d'un bon rapport qualité/prix.

Rendez-Vous – *49 r. C.-Marot – ☎ 05 65 22 65 10 – 125/145F.* Rendez-vous avec le Moyen Âge et ses vieilles pierres, dans cette maison proche de la cathédrale. Un restaurant bien placé et bien connu dans les environs. Cuisine classique à prix raisonnables.

Où boire un verre

Irish Pub – *Pl. des Consuls – ☎ 05 65 53 15 15 – lun.-sam. 18h-2h.* Ce petit pub est un des rares lieux où l'on puisse assister très régulièrement à des concerts de rock, funk, groove et autres musiques nouvelles. Les Cadurciens de tous âges s'y retrouvent et l'ambiance est toujours festive.

L'Interlude – *30 bd Gambetta – ☎ 05 65 22 09 90 – lun.-jeu. 7h-21h30, ven.-sam. 7h-2h.* Des murs ocre rouge ornés de nombreux miroirs, des banquettes en cuir noir et de petites tables rondes, ce café à l'indéniable élégance s'impose comme un interlude chaleureux à votre découverte de la ville.

Où danser

Le Déclic – *58 r. Delpech – ☎ 05 65 35 95 32 – mar.-jeu. 23h-3h, ven.-dim. 23h-5h.* Entre discothèque soft et bar de nuit, cette charmante cave voûtée en brique ne décide pas et laisse plutôt sa clientèle choisir chaque soir. Blues, jazz et chanson française séduisent les 30-40 ans qui apprécient beaucoup ce lieu feutré pour terminer la soirée.

Transports urbains

Réseau urbain – *Infos – ☎ 05 65 53 07 07.*

En bus – *☎ 05 65 23 15 49.* Ce réseau étend sa toile de Cahors et Figeac pour desservir de nombreux sites et bourgs du département.

Activités sportives

L'Archipel – *Quai Ludo-Rollès – Complexe Eau et Loisirs – ☎ 05 65 35 31 38 – ouv. tlj 11h-20h – fermé de sept. à mi-juin.* Installée sur une petite île, cette piscine d'été est dotée d'équipements dernier cri : toboggan, jets hydromassants, bains à bulles, jets d'eau, pentagliss, animations aquatiques et espaces de jeux. On y organise également pour les noctambules des after (après discothèque) très courus, tous les dimanches à 5h du matin.

Sports

Club de Canoé-Kayak – *Quai de Regourd – ☏ 05 65 30 15 37 / 22 62 62 – accueil à la base : mar., jeu. 17h-19h, mer. 14h-18h ; accueil à la MJC : lun.-ven. 9h-12h, 14h-19h.* Outre la location de canoës-kayaks, la MJC organise des promenades accompagnées qui constituent l'une des plus agréables façons de découvrir cette ville presque entièrement encerclée par les méandres du Lot. Possibilité de faire des parcours plus longs.

Stade Nautique de Regourd – *Base Nautique de Regourd – ☏ 05 65 30 08 02/ 22 27 75 – oct-mai: w.-e. et j. fériés 15h-18h ; juin, sept.: mer., sam., dim. 14h-19h ; juil.-août: lun.-ven. 15h-19h, sam.-dim. 14h-20h – fermé nov.-mai.* Ski nautique, monoski, biski, wake-board, knee-board.

Festivals

Concerts, expositions – *☏ 05 65 20 37 37.* Cahors connaît une vie culturelle très animée. Programme disponible à l'hôtel de ville, Direction de la culture.

Festival de Blues – *Mi-juil. – ☏ 05 65 35 22 29.*

Festival du Quercy Blanc – *De fin juil. à mi-août – ☏ 05 65 31 83 12.*

Promenade en bateau

D'avr. à fin nov. : circuit (1h1/2) avec passage d'écluse au dép. du port de Bouzies à 11h, 15h, 16h30, 18h. 50F (enf. : 25F). De juil. à fin août : journée « Alliance du rail et de l'eau », découverte de la vallée de Cahors et St-Cirq-Lapopie en alternance bateau/ train : mar. et mer. dép. à 9h, retour à 17h30. 150F (enf. : 75F). ☏ 05 65 35 98 88.

Marchés

Marché des producteurs de pays du Lot, marché au gras – (charte de qualité) – *sam. 8h-12h de nov. à mars – pl. de la Halle.*

Vins de Cahors

UIVC – *430 av. Jean-Jaurès – 46000 Cahors – ☏ 05 65 23 22 24.* S'occupe de la promotion des grands vins de Cahors.

peste noire qui emporte la moitié de sa population. Le traité de Brétigny, en 1360, cède Cahors aux Anglais, mais la ville invaincue refuse de se livrer. Le roi de France ordonne alors de remettre les clefs de la cité. En 1450, quand les Anglais quittent le Quercy, Cahors est ruinée.

Cahors et la Réforme – Après quelques décennies de paix, la Réforme pénètre, en 1540, dans les murs de la ville. Très rapidement la population se trouve divisée. En 1560 des protestants sont massacrés. Vingt ans plus tard la ville est assiégée par les huguenots conduits par Henri de Navarre. L'assaut dure trois jours et se termine par le pillage de Cahors.

Papale

En 1322, le Cadurcien Jacques Duèze devient pape sous le nom de Jean XXII. En 1332, il fonde dans sa ville natale une université qui est alors plus florissante que celle de Toulouse et qui fonctionnera jusqu'au 18e s.

découvrir

Pont Valentré★★

Cet ouvrage constitue une remarquable manifestation de l'art militaire du Moyen Âge. Ses trois tours à mâchicoulis, ses parapets crénelés, et ses avant-becs aigus rompent la succession des sept arches ogivales créant ainsi une impression de grande harmonie. L'aspect initial du pont a été sensiblement modifié au cours des travaux de restauration entrepris en 1879 : la barbacane, qui renforçait encore sa défense du côté de la ville, a été remplacée par la porte actuelle. Tel qu'il se présentait alors, il constituait une sorte de forteresse isolée commandant le passage du fleuve ; tandis que la tour centrale servait de poste d'observation, les extrêmes étaient fermés de portes et de herses ; sur la rive gauche du Lot, un corps de garde et une demi-lune constituaient vers le Sud une protection supplémentaire.

Un **moulin à nef** reconstitué est amarré près du pont. ► Installées au beau milieu de la rivière, ces embarcations utilisaient la force des courants pour broyer les grains. Dangereuses pour la navigation, elles suscitaient des rivalités avec les mariniers.

Imposant

Le pont impressionna les Anglais pendant la guerre de Cent Ans, ainsi qu'Henri de Navarre lors du siège de Cahors en 1580 à tel point qu'il ne fut jamais attaqué...

Conflits

Il arrivait que l'une de ces embarcations vole en éclats en pleine nuit sous le choc délibéré d'une gabare.

C'est de la rive droite du Lot, en amont de l'ouvrage, que l'on a la meilleure vue sur le pont Valentré, dont les tours s'élèvent à 40 m au-dessus de la rivière

se promener

QUARTIER DE LA CATHÉDRALE*

Cathédrale St-Étienne* *(voir « visiter »)*

On accède à la chapelle St-Gausbert par le cloître de la cathédrale.

Chapelle St-Gausbert

Visite guidée tlj sf mar. 10h-12h30, 15h-18h, dim. et j. fériés 15h-18h. Office de tourisme.

Ancienne salle capitulaire dont les voûtins losangés sont décorés de peintures du 16e s. inspirées de la Renaissance italienne. Les peintures qui parent les murs datent du 15e s. et représentent le Jugement dernier. Cette chapelle abrite le trésor de la cathédrale. Par la porte de l'angle Nord-Est du cloître, on gagne la cour intérieure de l'ancien archidiaconé St-Jean, décoration Renaissance intéressante.

Quelques marches

La rue St-Priest débouche sur la place du même nom où l'on peut remarquer, au n° 18, un très bel escalier extérieur en bois Louis XIII.

Rue Nationale

C'était l'artère principale du quartier des Badernes, partie commerçante de la ville. Au n° 116, une belle porte du 17e s. présente des panneaux décorés de fruits et de feuillages. Un peu plus loin, sur la gauche, l'étroite **rue St-Priest** a gardé l'aspect d'une venelle médiévale avec ses maisons en brique, à colombage et en encorbellement.

Rue du Docteur-Bergounioux

Au n° 40, une demeure du 16e s. montre une intéressante façade Renaissance percée de fenêtres aux croisées sculptées, d'inspiration italienne.

Rue Lastié (ou de Lastié)

Au n° 35, remarquez les fenêtres de style rayonnant. Au n° 117, une maison des 14e et 16e s. a conservé son échoppe au rez-de-chaussée, surmontée au premier étage d'élégantes fenêtres géminées de style gothique. Cette rue se termine par de jolies maisons en brique et pans de bois fraîchement restaurés.

Rue St-Urcisse

L'église St-Urcisse, fin du 12e s., s'ouvre par un portail du 14e s. À l'intérieur, les deux piliers du chœur sont ornés de chapiteaux historiés. Au n° 68, une maison de la première moitié du 13e s., adossée à une autre aussi adroitement rénovée, présente sous le toit une galerie ouverte, le « soleilho » qui servait de séchoir à linge.

Maison de Roaldès *(voir « visiter »)*

Pont Cabessut

De ce pont, on a une **vue★** intéressante sur le quartier haut de la ville ou quartier des Soubirous. À l'extrémité se dresse la tour des Pendus ou tour St-Jean, puis le clocher de l'église St-Barthélemy, la tour Jean-XXII, la tour du Château du roi et enfin celle du collège Pélegry.

Tour du collège Pélegry

Créé en 1368, le collège reçut d'abord 13 étudiants pauvres fréquentant l'université. Ce fut, jusqu'au 18e s., l'un des établissements les plus importants de la ville. Il est surmonté d'une belle tour hexagonale du 15e s.

Tour du Château du roi

Des deux tours et des deux corps de bâtiments construits au 14e s. subsiste la puissante tour dite « du Château du roi ».

DESTINÉE
L'actuelle prison fut autrefois la résidence du gouverneur.

Îlot Fouillac

Ce quartier, longtemps insalubre, a fait l'objet d'une vaste opération de réhabilitation. Les immeubles les plus dégradés ont été détruits et une place a été percée, décorée sur son pourtour de **peintures murales** et animée par une **fontaine musicale**.

La Daurade

Riche ensemble de demeures anciennes bordant le square Olivier-de-Magny : maison Dolive (17e s.), maison Heretié (14e-16e s.) et maison dite du Bourreau, à fenêtres à colonnettes (13e s.).

Un peu plus au nord, en longeant le boulevard Gambetta, se trouve au coin de la rue de la Barre, la barbacane et la tour St-Jean.

Barbacane et tour St-Jean★

La ligne des remparts, doublée vers 1340, barrait entièrement l'isthme du Lot. De ces fortifications subsistent quelques vestiges : une grosse tour, à l'Ouest, abrite une poudrière et l'ancienne porte St-Michel sert d'entrée au cimetière. C'est à l'Est, à l'endroit où la N 20 pénètre dans la ville, que s'élèvent les deux plus belles constructions fortifiées, la barbacane et la tour St-Jean.

FORTIFICATIONS
La barbacane, élégant corps de garde, protégeait la porte de la Barre. La tour St-Jean, ou tour des Pendus, est bâtie sur un rocher dominant le Lot.

visiter

Cathédrale St-Étienne★

Elle doit à ses évêques et à son chapitre son allure de forteresse qui, tout en assurant leur sécurité en ces périodes troublées, renforçait leur prestige. Sur l'emplacement d'une église du 6e s., l'évêque Géraud de Cardaillac entreprend, à la fin du 11e s., la construction de l'édifice. La porte Sud comprend un arc trilobé remon-

« Au lieu que je déclaire
Le fleuve Lot coule son eau peu claire
Qui maints rochers traverse et environne
Pour aller joindre au droict fil de Garonne.
À brief parler, c'est Cahors en Quercy. »
Clément Marot

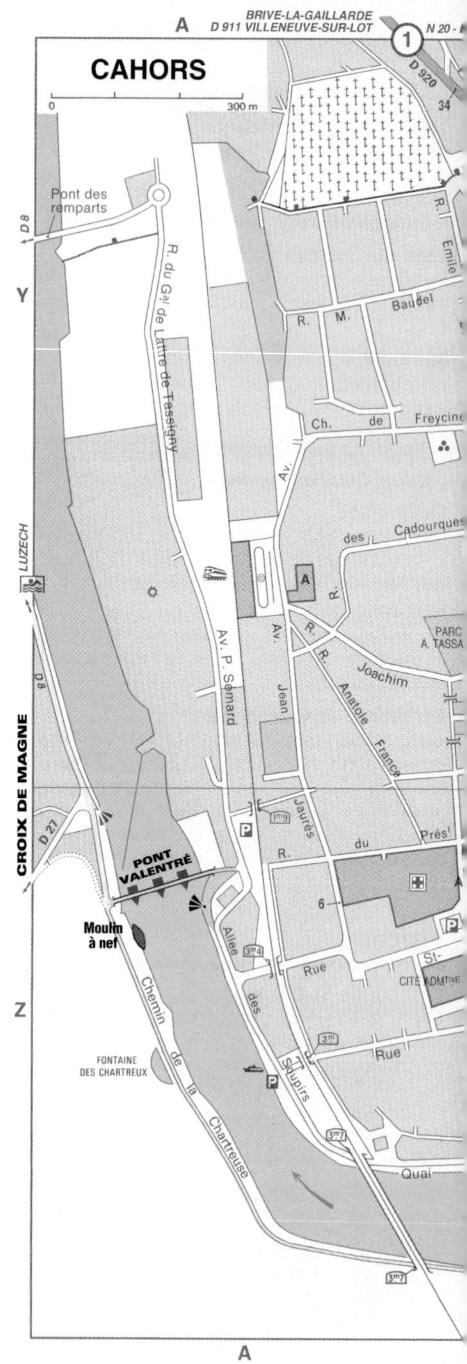

Anatole-France (R.) .... AYZ
Augustins (R. des) .... BY 2
Barre (R. de la) .... BY
Baudel (R. M.) .... AY
Blanqui (R.) .... BZ 4
Bourthoumieux (R.) .... AZ 6
Brives (R. E.) .... BZ
Cabessut (Pont) .... BY
Cadourques (R. des) .... ABY
Cavaignac (Quai E.) .... AYZ
Caviole (R. J.-F.) .... BYZ
Champollion (Quai) .... BY

Chartreuse
(Chemin de la) .... AZ
Château-du-Roi (R.) .... BY 7
Clemenceau (R. G.-) .... BZ
Delmas (R. Col.-) .... BZ 12
Dr-Bergounioux (R.) .... BZ 13
Dr-J.-Ségala (R. du) .... AY 14
Évêques (Côte des) .... BY 15
Fénelon (Allées) .... BZ
Foch (R. Mar.-) .... BY 16
Freycinet (Av. Ch.-de) .... AY
Gambetta (Bd) .... BYZ

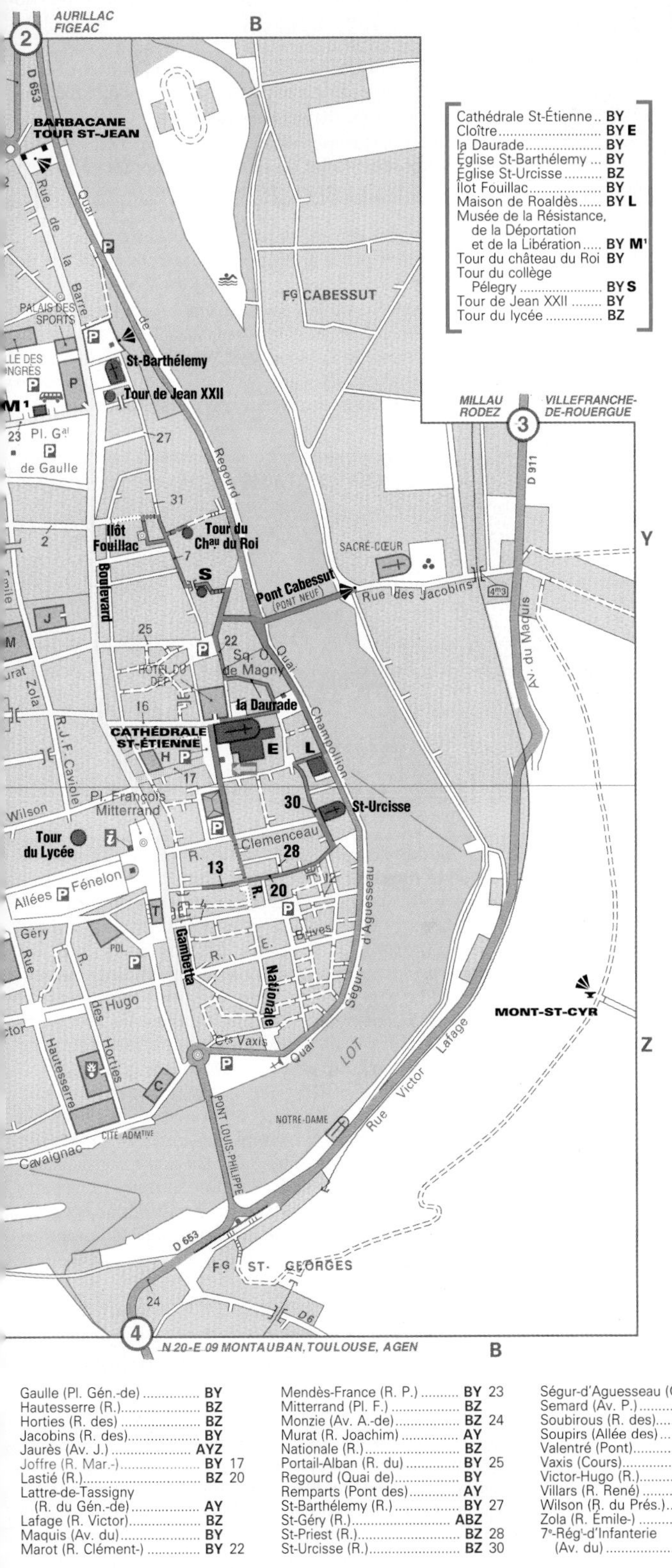

Gaulle (Pl. Gén.-de) .... BY
Hautesserre (R.) .... BZ
Horties (R. des) .... BZ
Jacobins (R. des) .... BY
Jaurès (Av. J.) .... AYZ
Joffre (R. Mar.-) .... BY 17
Lastié (R.) .... BZ 20
Lattre-de-Tassigny
(R. du Gén.-de) .... AY
Lafage (R. Victor) .... BZ
Maquis (Av. du) .... BY
Marot (R. Clément-) .... BY 22
Mendès-France (R. P.) .... BY 23
Mitterrand (Pl. F.) .... BZ
Monzie (Av. A.-de) .... BZ 24
Murat (R. Joachim) .... AY
Nationale (R.) .... BZ
Portail-Alban (R. du) .... BY 25
Regourd (Quai de) .... BY
Remparts (Pont des) .... AY
St-Barthélemy (R.) .... BY 27
St-Géry (R.) .... ABZ
St-Priest (R.) .... BZ 28
St-Urcisse (R.) .... BZ 30
Ségur-d'Aguesseau (Quai) ..... BZ
Semard (Av. P.) .... AYZ
Soubirous (R. des) .... BY 31
Soupirs (Allée des) .... AZ
Valentré (Pont) .... AZ
Vaxis (Cours) .... BZ
Victor-Hugo (R.) .... AYZ
Villars (R. René) .... ABY 32
Wilson (R. du Prés.) .... ABZ
Zola (R. Émile-) .... ABY
7e-Régt-d'Infanterie
(Av. du) .... AY 34

L'extérieur de la cathédrale St-Étienne propose tout de même quelques touches de fantaisie. Un peu de poésie sur un édifice aux allures de forteresse.

tant à 1119. Le portail Nord date du 12e s., la réfection du chevet primitif, du 13e s. Au début du 14e s., on élève la façade occidentale et, sur l'initiative de l'évêque Guillaume de Labroue, cousin du pape Jean XXII, sont exécutées les peintures des coupoles. Au début du 16e s., l'évêque Antoine de Luzech construit le cloître flamboyant et certaines de ses dépendances.

Extérieur – La façade occidentale est formée de trois tours juxtaposées. Celle du centre, surmontée d'un beffroi, s'ouvre par un grand portail à deux baies. Au premier étage, une série d'arcatures encadre la rose. Des fenêtres à baies géminées complètent cette décoration qui ne parvient pas à atténuer le caractère militaire de cette façade.

Portail Nord★★ – Ancien portail roman de la façade principale, il a été accolé au côté Nord de la cathédrale avant la reconstruction de la façade actuelle. Le tympan a pour sujet l'Ascension. Exécuté vers 1135, il s'apparente par son style et sa technique à l'école languedocienne.

Sur le portail Nord, de part et d'autre du Christ et des anges, le sculpteur a figuré des épisodes de la vie de saint Étienne : prédication, arrestation par les juifs, lapidation et apparition du ciel : la main divine protège le martyr.

Pénétrant dans la cathédrale par le portail occidental, on traverse le **narthex** surélevé par rapport à la nef coiffée de deux vastes coupoles sur pendentifs. L'opposition est frappante entre la nef, claire, et le chœur orné de vitraux et de peintures. En 1872 ont été mises au jour les fresques de la première coupole représentant, dans le médaillon central, la lapidation de saint Étienne, sur la couronne, les bourreaux du saint, et, dans les compartiments inférieurs, huit figures géantes de prophètes. Le chœur et l'abside sont couverts de voûtes gothiques.

À NOTER
Parmi les chapelles rayonnantes, édifiées au 15e s., celle de St-Antoine s'ouvre sur le chœur par une belle porte flamboyante.

Datant de 1509, le **cloître**★ Renaissance fait suite à ceux de Carennac et de Cadouin *(voir ces noms)* avec lesquels il présente de nombreuses ressemblances. On y accède par une porte, à droite du chœur. En dépit de ses mutilations, il offre une riche décoration sculptée. Les galeries sont couvertes d'une voûte en étoile, dont les clefs étaient ornées de pendentifs : un seul subsiste au-dessus de la porte Nord-Ouest et représente Jésus aux cieux entouré d'anges.

DÉTAILS
Près de la porte du chœur, on remarque un escalier à rampe hélicoïdale, tandis que sur le pilier d'angle du Nord-Ouest est sculptée une gracieuse Vierge de l'Annonciation, aux longs cheveux tombant sur les épaules, drapée dans un manteau.

Par le cloître, on accède à la chapelle St-Gausbert.

Église St-Barthélemy

Visite sur demande préalable dim. 9h-12h. ☏ 05 65 35 06 80.

Bâti dans le quartier le plus élevé de la ville, cet édifice s'appelait au 13e s. St-Étienne-de-Soubiroux, « sancti Stephani de superioribus ». Reconstruite en plusieurs étapes dans sa forme actuelle, elle présente un beau clocher-porche rectangulaire à trois rangs de baies en tiers-point superposées ; ce clocher sans flèche, dont la base est du 14e s., est presque entièrement bâti en briques. La nef, voûtée d'ogives, est de style languedocien. Dans la chapelle la plus proche de l'entrée, à gauche, une plaque de marbre et un buste rappellent que Jean XXII fut baptisé dans cette église. Les émaux cloisonnés qui ornent le couvercle des fonts baptismaux modernes ont pour thème les principaux événements de la vie du pape cadurcien. De la terrasse située à proximité de l'église : jolie vue sur le faubourg de Cabessut et la vallée du Lot. À côté de l'église, se trouve la **tour Jean-XXII**. Seul vestige du palais de Pierre Duèze, frère de Jean XXII. Haute de 34 m, cette tour, couverte de tuiles à l'origine, est percée de cinq étages de fenêtres géminées.

Soubiroux

Ce nom, bien connu grâce à Bernadette, vient du latin *superioribus*, plus haut. Ici, il est employé par opposition à la cathédrale qui occupe le quartier bas.

Musée de la Résistance, de la Déportation et de la Libération

Tlj 14h-18h. Femé 1er janv., 1er mai, 25 déc. Gratuit. ☎ 05 65 22 14 25.

Ce musée présente, dans six salles, la naissance et le développement de la Résistance dans le Lot, les déportations et persécutions qui en résultèrent, les combats de la Libération et enfin, l'épopée des Français libres de Brazzaville à Berlin.

Maison de Roaldès

De Pâques à mi-sept. et Toussaint (1 sem.) : visite guidée (3/4h) 10h-12h, 14h-16h, dim. et j. fériés 14h-16h (de mi-juil. à fin août : 10h-12h, 14h-18h). 20F (enf. : 5F). ☎ 05 65 35 04 35.

Appelée aussi maison de Henri IV (le roi de Navarre y aurait logé pendant le siège de Cahors en 1580), cette demeure de la fin du 15e s. a été restaurée en 1912. Elle appartint, à partir du 17e s., à une famille de notables du Quercy, dont elle porte le nom. À l'intérieur, les différentes pièces, desservies par un escalier à vis, s'ornent de quelques meubles intéressants et surtout de belles cheminées sculptées où l'on retrouve la rose du Quercy et l'arbre écoté. Sur la facade Nord, donnant sur la place, vous verrez roses et soleils flamboyants.

La façade Sud de la maison de Roaldès, à pans de bois, est surmontée d'un balcon et coiffée d'une grosse tour ronde.

alentours

Point de vue du mont St-Cyr★

7 km par le pont Louis-Philippe, et la D 6, que l'on quitte, 1,5 km plus loin, pour gagner le mont, en obliquant toujours à gauche.

Du sommet (table d'orientation), se révèle une belle vue sur Cahors : l'opposition entre les quartiers neufs et les anciens, que sépare le boulevard Gambetta, artère vitale de Cahors, apparaît nettement, tandis que se profile à l'arrière-plan la silhouette du pont Valentré.

Point de vue de la croix de Magne★

5 km par la sortie Ouest du pont Valentré, prendre à droite et aussitôt à gauche, puis, juste après l'école d'agriculture, tourner à gauche, ainsi qu'en haut de la montée.

Des abords de la croix une **vue**★ s'offre sur le causse, le cingle du Lot, la ville de Cahors et le pont Valentré.

Point de vue du Nord de la ville★

5 km par la rue du Docteur-J.-Ségala qui s'embranche à droite sur la N 20 juste après la tour St-Jean.

De belles vues sur la vallée du Lot et le site de Cahors s'ouvrent de cette route : la ville ancienne apparaît étagée en amphithéâtre, avec ses clochetons, ses tours crénelées et le pont Valentré.

Château de Roussillon

9 km au Nord, par la N 20.

Au-dessus d'un vallon se dressent les puissantes tours rondes de cette forteresse médiévale qui appartint à la famille de Gontaut-Biron.

Château de Cieurac

De juil. à mi-sept. : visite guidée (1/2h) tlj sf jeu. 14h-18h30. 22F. ☎ 05 65 31 64 28.

12 km au Sud, par la D 6. Château élevé au 16e s., qui a conservé son moulin et son colombier seigneuriaux.

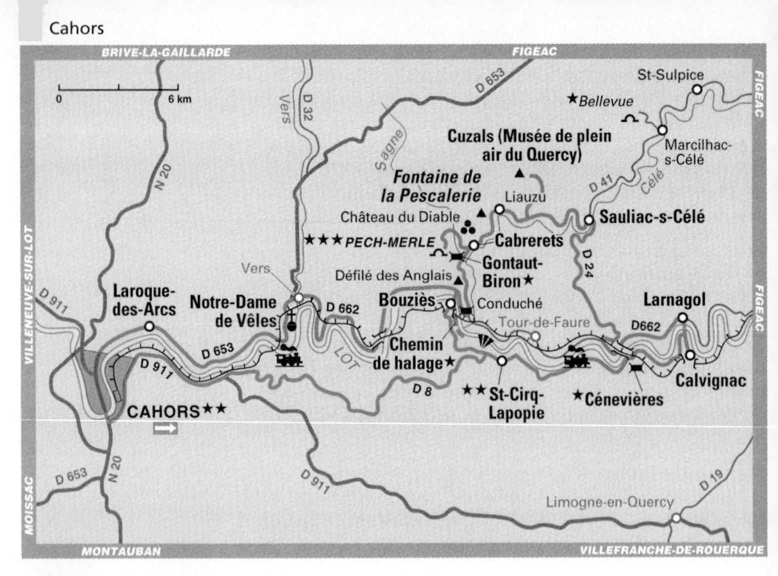

Autrefois propriété des comtes-évêques de Cahors, le château est aujourd'hui transformé en hôtel.

Château de Mercuès

6 km au Nord-Ouest par la D 911.

Il occupe un site remarquable au-dessus de la rive droite du Lot. Château fort en 1212, agrandi au 14e s., assiégé à plusieurs reprises au cours de la guerre de Cent Ans et pendant les guerres de Religion, remanié au 15e s., devenu château de plaisance au 16e s. avec la création de terrasses et jardins, il n'a été complètement restauré qu'au siècle dernier. Du château la vue sur la vallée est remarquable.

À l'Ouest de Mercuès, la route abandonne un instant la vallée pour traverser une région où abondent la vigne et les arbres fruitiers ; puis elle suit les courbes de la rivière.

circuit

À LA CONFLUENCE DU CÉLÉ ET DU LOT★★

Circuit de 125 km – compter une journée

Quitter Cahors par le Nord-Est en empruntant la D 653, direction Figeac.

Laroque-des-Arcs

VIGIE
Une tour perchée sur un rocher, en bordure du Lot, permettait de surveiller le trafic et de percevoir les péages.

Son nom évoque l'aqueduc qui traversait le vallon de Francoulès et alimentait Cahors en eau. Un pont de trois étages supportait l'aqueduc qui transportait sur 20 km l'eau de Vers à Divona (l'antique Cahors). Les consuls de Cahors l'ont fait démolir en 1370.

Poursuivre sur la D 653.

N.-D.-de-Vêles

Cette petite chapelle de pèlerinage, du 12e s., a un beau clocher carré et une abside romane. Fréquentée autrefois par les mariniers du Lot, son nom signifie N.-D.-des-Voiles.

À Vers, continuer à suivre la Dordogne sur la D 662.

Partant de Conduché, au confluent du Célé et du Lot, la D 41 remonte la vallée, resserrée entre la rivière et la falaise qui surplombe parfois la route. La vallée forme alors un camaïeu de cultures variées où le maïs tend à supplanter le tabac. Les rivières du Célé et du Lot ont patiemment érodé le calcaire des causses pour offrir deux magnifiques vallées.

Cabrerets

Dans un cirque de rochers, Cabrerets occupe une situation privilégiée au confluent de la Sagne et du Célé. En franchissant le pont, se révèle, de la rive gauche du Célé, une belle **vue★** d'ensemble sur le site du bourg.

En face, les ruines du **château du Diable** ou château des Anglais s'accrochent à la puissante falaise de Rochecourbe, en surplomb, et semblent vouloir écraser le vieux village. À l'extrême gauche, le **château de Gontaut-Biron★**, des 14e et 15e s., domine la vallée. Une grosse tour d'angle flanque un corps de bâtiment entourant une cour intérieure.

DIABOLIQUE
Ce nid d'aigle, typique château de falaise, servit de repaire aux pillards anglais pendant la guerre de Cent Ans.

Dans le bourg, rive droite, suivre la D 198.

Grotte du Pech-Merle★★★ *(voir ce nom)*

Peu après Cabrerets, la route en corniche passe au pied du hameau du Bout du Lieu pour s'accrocher au flanc de hautes falaises.

Fontaine de la Pescalerie

C'est l'un des sites les plus séduisants de la vallée du Célé. D'une paroi rocheuse, toute proche de la route, s'échappe une cascade, résurgence d'une rivière souterraine du causse de Gramat ; à côté, un moulin couvert de lierre est blotti au milieu des saules et des peupliers qui protègent ce havre de paix des passages incessants des véhicules.

Poursuivre sur la D 41. 1,5 km après Liauzu prendre une petite route sur la gauche.

Cuzals, musée de plein air du Quercy

♿ *D'avr. à fin oct. : tlj sf sam. (hors j. fériés) 14h-18h (juin-août : tlj sf sam. (hors j. fériés) 10h-19h). 50F, 40F (hors sais.). ☎ 05 65 22 58 63.*

Sur 50 hectares, sont évoqués tous les aspects de la vie rurale en Quercy, de l'Ancien Régime à la Seconde Guerre mondiale. Deux fermes rassemblent, dans le moindre détail, le mobilier d'époque ; même souci dans l'inquiétant atelier de dentiste 1900 ou encore la chapellerie et la boulangerie d'autrefois. Les présentations d'architectures quercynoises, l'invraisemblable collection d'engins agricoles, et les reconstitutions d'ateliers d'artisans forgerons, de tourneurs sur bois retiendront l'attention. L'été, tout ce matériel est remis en marche avec le concours de Lotois venus des communes voisines : la batteuse bat, le moulin moud, le pain cuit dans le four et les attelages de bœufs promènent inlassablement les enfants, le musée reprend vie.

Vue à Cuzals, splendide locomotive routière Clayton, modèle 1910.

Revenir et poursuivre (à gauche) sur la D 41.

Sauliac-sur-Célé

Le vieux village s'accroche à une énorme et imposante falaise colorée. Dans la muraille, on aperçoit encore l'entrée des grottes fortifiées qui servaient, pendant les guerres, de refuge aux habitants de Sauliac. Les plus agiles grimpaient dans les grottes par des échelles, les invalides et les animaux étaient hissés à l'aide de cordes dans de vastes paniers. Le village s'est déplacé au fil des années pour aujourd'hui occuper une partie du méandre du Célé.

OÙ DORMIR
Chambre d'hôte
Les Fargues – *46330 Sauliac-sur-Célé – ☎ 05 65 31 29 96 – ⊄ – 5 ch. : 190/240F – repas 80F.* Ne vous fiez pas aux apparences ! Cette maison pleine de recoins n'est pas aussi petite qu'elle en a l'air. Les chambres sont coquettes avec leur petite terrasse sur la vallée du Célé et le joli jardin. Accueil très agréable et petits prix.

À la sortie de Sauliac, prendre à droite sur la D 24 qui franchit le Célé.

Le Célé (de celer = rapide) doit son nom à la vivacité de ses eaux. La vallée est jalonnée de cultures variées où le maïs tend à supplanter le tabac, tandis qu'une haie de peupliers souligne le cours de la rivière.

OÙ SE RESTAURER

La Terrasse Romantique – *46160 Calvignac – ☎ 05 65 30 24 37 – fermé 31 août au 15 mai – ⊄ – 60/120F.*

Ce restaurant au décor simple de pierres, poutres et plancher de bois brut est tapissé de tableaux peints par le patron. Si le temps le permet, installez-vous en terrasse et admirez la vue grandiose sur le Lot. Au menu salades savoureuses, spécialités régionales et crêpes.

Au-delà de Sauliac la vallée s'élargit, le fond alluvial se couvre de cultures et de prairies. La route grimpe sur le causse qu'elle traverse pour redescendre sur le Lot.

À St-Martin-Labouval, suivre la rive droite du Lot.

Larnagol

Ancienne possession des Cardaillac, rivaux des seigneurs de Gourdon, ce bourg connaît une grande prospérité au 19e s. grâce à l'exploitation du phosphate de chaux, transporté par la rivière. Le village conserve quelques belles façades des 16e et 17e s. Dans le haut du village, le château a gardé son donjon à contreforts.

Quitter Larnagol par le Sud en traversant le Lot.

Calvignac

Bâti sur l'autre rive, le village ancien, implanté entre le causse et la rivière, s'accroche à un éperon de la rive gauche. Dès le Moyen Âge, Calvignac s'impose comme l'une des vicomtés du Quercy, une situation politique dont le bourg a conservé quelques vestiges d'un château fort.

Quitter Calvignac par l'Ouest en empruntant la D 8.

Château de Cénevières *(voir ce nom)*

Du pont de Tour-de-Faure, vous pourrez admirer le site remarquable de St-Cirq-Lapopie qui apparaît au détour d'une courbe accroché à sa falaise.

Ce méandre du Lot s'inscrit dans un cadre de falaises tantôt ocre, tantôt blanches.

St-Cirq-Lapopie★★ *(voir ce nom)*

Au-delà de St-Cirq, la D 40, taillée dans la falaise au milieu de boqueteaux de chênes, est aménagée en route touristique. Du petit belvédère du **Bancourel** se dégage une très belle **vue★** sur la confluence du Lot et du Célé.

À la sortie de St-Cirq, prendre à droite sur la D 40.

Bouziès

Sur cette rive opposée au village, le **défilé des Anglais** est le plus fameux des « creux fortifiés », bâtis au cours de la guerre de Cent Ans et dont l'accès n'était envisageable qu'avec des échelles de cordes. À deux pas, surplombant ce paysage de vallée encaissée, le château de Conduché veille sur la confluence des deux rivières.

Chemin de halage du Lot★

S'engager à droite du parking de la halte nautique.

Au bout de 500 m apparaît le spectaculaire « chemin de tire », taillé dans le roc en raison de l'encorbellement de la falaise au-dessus de la rivière. À certains endroits, comme cette portion de chemin, le halage des gabares remontant le Lot avec leur chargement de sel, poisson séché, épices ou plâtre, ne pouvait plus être effectué par les habituels attelages de bœufs ou chevaux ; il fallait faire appel à des tireurs de gré, hommes qui avaient, paraît-il, un tempérament querelleur et dont l'existence était à coup sûr fort âpre. La beauté de la promenade rend difficile à imaginer la souffrance de ces hommes qui animaient de leurs cris les berges du Lot.

Revenir sur la D 8 (à droite) pour rejoindre la D 911, à Arcambal, qui ramène à Cahors.

À hauteur de la première écluse, un bas-relief de 15 m de long, œuvre contemporaine de D. Monnier, égaye de poissons et coquillages la paroi calcaire.

Capdenac

Village pour rêver, se reposer, ou, du haut de son promontoire et de ses fortifications, se promener en quête d'histoires, de souvenirs ou d'idées nouvelles. N'oubliez pas les fontaines, lieux un peu particuliers, sources de vie et de légendes : vous en trouverez trois.

Foires et marchés
Foire aux chevaux – En avril.
Foire à la brocante – 1er sam. de juil.
Marchés de nuit – Juil.-août.

La situation

Cartes Michelin nos 79 pli 10 ou 235 pli 11 – Lot (46).
Par la N 140 depuis Figeac ou Capdenac-Gare. Accès unique au bourg planté à l'extrémité du promontoire. Parking.
Capdenac-Haut, pl. Lucterius (ouvert du 15 juin au 15 sept.) ☎ 05 65 34 17 23.

Le nom

La tradition locale a fait sienne l'explication, décrite dans une charte du 14e s., du nom de Capdenac : il viendrait de la configuration du bourg sur son promontoire en forme de navire.

Les gens

En 1610, après sa disgrâce, Sully s'installe dans une maison du village pour y vivre quelques années. Aujourd'hui, 932 Capdenacois ont le bénéfice quotidien du **site★** remarquable qu'occupe leur village.

comprendre

Controverse – Certains historiens ont voulu y voir l'emplacement de la place forte d'**Uxellodunum**, dernier bastion de la résistance à César, dont la localisation soulève de violentes polémiques (une majorité la situe au Puy d'Issolud près de Martel).

Antique
Au début du 19e s., d'importants travaux, notamment ceux des frères Champollion, ont prouvé que l'endroit était une cité gallo-romaine.

Une succession de sièges – Capdenac supportera au moins onze sièges au cours de son histoire. Considérée comme l'une des positions clefs du Quercy, elle joue un rôle de premier plan au Moyen Âge : dès le 8e s., le roi Pépin le Bref s'empare d'une forteresse située à cet emplacement ; lors de la croisade des Albigeois, Simon de Montfort occupe Capdenac en 1209 et en 1214 ; pendant la guerre de Cent Ans, les Anglais assiègent la ville, s'y installent et en sont délogés par le futur roi Louis XI. Au début du 16e s., Galiot de Genouillac, grand maître de l'artillerie sous le règne de François Ier (*voir Assier*), acquiert le château. Lors des guerres de Religion, Capdenac devient une place protestante importante.

se promener

LE BOURG

Remparts

Ils sont les derniers vestiges de l'enceinte et de la citadelle des 13e et 14e s. La porte Nord, dite de Gergovie, par laquelle on pénètre dans le village, et la porte Sud (appelée Vijane) subsistent.
Entrer dans le bourg, au milieu de la place Lucterius.

Donjon

De mi-juin à mi-sept. : 10h-12h, 14h30-19h. 15F. ☎ 05 65 34 17 23.
Puissante tour carrée, flanquée d'échauguettes d'angles (13e-14e s.). Le donjon abrite le syndicat d'initiative et un petit musée évoquant le passé historique et préhistorique de Capdenac.

La fontaine des Cent-Marches a inspiré Champollion : « On dirait l'antre révéré d'un oracle où l'on va chercher sa destinée. »

Place Lucterius

De cette place partent les rues de la Peyrolerie et de la Commanderie bordées de maisons en encorbellement, à pans de bois et arcs en ogives. L'église St-Jean, brûlée par deux fois lors des guerres de Religion, a été remaniée au 17e s. À l'extrémité de la place, s'ouvre un superbe **panorama★** : la vallée du Lot déploie ses méandres jusqu'à Cahors.

LES FONTAINES

Fontaine des Cent-Marches, dite des Anglais

Mêmes conditions de visite que le musée du donjon.

Un escalier très en pente de 135 marches creusé dans la falaise au-dessus de Capdenac-Gare mène à deux bassins aménagés dans une grotte.

Fontaine romaine, dite de César

À l'entrée Nord du village, suivre un petit sentier sur 50 m.

Une fontaine d'époque gallo-romaine côtoie une autre fontaine, plus ancienne, asséchée, qui passe pour être celle tarie par César *(voir Puy d'Issolud)*.

Fortifié au Moyen Âge, Capdenac, conserve encore le témoignage d'âpres combats. Maintes fois assiégée, cette porte d'entrée a dû faire l'objet de stratégiques convoitises. Si les murs pouvaient parler...

Carennac★

Le village permet de suivre les traces de Fénelon, au fil des ruelles et des détours du prieuré, car le temps a commis peu de dommages à Carennac. Vous pouvez aussi simplement profiter du paysage, de la belle pierre du pays et compter les tuiles brunes des manoirs et de leurs tourelles.

La situation

Cartes Michelin nos 75 pli 19 ou 235 Nord-Est du pli 3 – Schéma p. 168 – Lot (46).

De Bétaille par la D 20, après une longue ligne droite et la traversée de la Dordogne : c'est la façon la plus simple d'arriver à Carennac en Quercy.

Cour du Prieuré, 46110 Carennac, ☎ 05 65 10 97 01.

Le nom

On trouve bien un certain *Carendenacus* dans quelque vieux grimoire, mais rien de vraiment probant sur l'origine du nom de ce bourg.

Les gens

Le grand homme du village est Fénelon, ou plus exactement François de Salignac de La Mothe-Fénelon. À Carennac, Fénelon fait l'objet d'une véritable vénération : il a raconté longuement les festivités qui ont marqué son arrivée par bateau et son installation en tant que prieur commendataire. Mais est-ce que les 370 Carennacois ont lu Fénelon ?

OÙ DORMIR

Auberge du Vieux Quercy – *☎ 05 65 10 96 59 – fermé 16 nov. au 14 mars, lun. sf de mai à sept. – P – 22 ch. : 350F – ☕ 45F – restaurant 90/150F.*
Son jardin fleuri avec sa grande pelouse invite à la paresse. Cet hôtel tranquille surplombe le village. Les chambres sont fonctionnelles avec quelques-unes de plain-pied dans un bâtiment au bord de la belle piscine. Terrasse d'été pour les repas dehors.

Fénelon à Carennac

Le prieuré-doyenné, fondé au 10e s. et rattaché au siècle suivant à l'abbaye de Cluny, doit sa célébrité aux longs séjours qu'y fit François de Salignac de La Mothe-Fénelon avant de devenir archevêque de Cambrai. Encore étudiant à Cahors, Fénelon aime passer ses vacances chez son oncle, le prieur doyen. En 1681, ce dernier meurt, le jeune abbé lui succède et reste titulaire du prieuré pendant quinze ans. La tradition veut que Fénelon ait composé son Télémaque à Carennac. Les aventures du fils d'Ulysse n'auraient été d'abord pour lui qu'un exercice littéraire, avant de devenir un livre instructif à l'attention du duc de Bourgogne, petit-fils de Louis XIV, dont l'illustre prélat écrivain était devenu le précepteur.

se promener

LE VILLAGE

Depuis Fénelon, le cadre a peu changé et il a gardé tout son charme. Supprimé en 1788 par un arrêt du Conseil du roi, le prieuré fut mis aux enchères et vendu en 1791. Des anciens remparts, il ne reste aujourd'hui qu'une porte fortifiée et, des bâtiments, le château et la tour du Prieur.

Franchir la porte fortifiée.

Odyssée
L'île Barrade, dans la Dordogne, a reçu le nom d'« île de Calypso », et on montre une tour du village appelée « tour de Télémaque » dans laquelle, dit-on, fut écrit ce chef-d'œuvre.

Château

Attenant à l'église St-Pierre *(voir ci-dessous)*, cet édifice du 16e s. est composé d'un corps de logis flanqué de tourelles d'angle et d'une galerie construite au-dessus des chapelles gothiques de l'église ; l'austère façade domine la Dordogne et l'île de Calypso.
Récemment restaurés, les trois étages du château accueillent un espace de découverte présentant la Dordogne dans son parcours lotois.

Sur la gauche du portail, l'escalier mène à l'intérieur du château.

Maison de la Dordogne quercynoise – *De juil. à mi-sept. : 10h-19h, sam. 14h-19h ; avr.-juin : 10h-13h, 14h-19h, sam. 14h-19h ; de mi-sept. à fin oct. : 10h-13h, 14h-18h, sam. 14h-18h. Fermé nov.-mars. 30F (enf. : 15F). ☎ 05 65 10 91 56.*
Elle propose sur trois étages une visite muséographique historique sur le thème : L*es hommes et la rivière*. Une **maquette**, animée par des jeux de lumière et une projection, couplés à du son, évoquent la vallée de la Dordogne de Biards à Souillac. Les autres salles, équipées de moyens audiovisuels, abordent divers sujets : la géologie, la faune et la flore, l'histoire de l'art et de la navigation, la préhistoire (projection en 3D) ou encore la gestion de la rivière.

Furtif
De la galerie de la maison, une ouverture permet une **vue** insolite sur la nef de l'église.

Église St-Pierre

Cette église romane est précédée d'un porche orné d'un beau **portail★** sculpté du 12e s. dont le tympan s'apparente par sa facture à ceux de Beaulieu de Moissac, de Collonges et de Cahors : au centre de la composition, le Christ en majesté, la main droite levée en signe de bénédiction, est encadré par les symboles des quatre évangélistes. De chaque côté, les apôtres sont disposés sur deux registres superposés, tandis que deux anges prosternés figurent au registre supérieur. Ce tympan est encadré de petits animaux. La suite de ce bestiaire se retrouvait autrefois sur un bandeau saillant qui doublait l'arc du porche : un chien et un ours subsistent à gauche. À l'intérieur, les chapiteaux archaïques de la nef, sont ornés d'animaux fantastiques, de feuillages ou de scènes historiées.

Quitter l'église et s'engager au fond de la cour du prieuré.

C'est dans une mandorle (gloire en forme d'amande) que le sculpteur a choisi de représenter le Christ.

Cloître

♿ *Juil.-août : 10h-19h ; mars-juin : 10h-12h, 13h30-18h ; sept.-oct. : 10h-12h, 13h30-17h30. 10F. ☎ 05 65 10 97 01.*
Restauré, il comprend une galerie romane accolée à l'église et trois galeries de style flamboyant. Un escalier mène sur la terrasse.

Donnant sur le cloître, la salle capitulaire abrite une remarquable **Mise au tombeau★** du 15e s. Le Christ est étendu sur un linceul que portent deux disciples, Joseph d'Arimathie et Nicodème ; derrière, deux saintes femmes entourent la Vierge et l'apôtre Jean ; à droite, Marie-Madeleine essuie une larme. Les visages montrent une certaine rusticité.

Quitter le prieuré pour longer le château qui surplombe la Dordogne et l'île Calypso. Prendre la première rue à gauche.

Un petit jardin public s'ouvre sur une ravissante **chapelle romane**. En face, une maison du 16e s. à fenêtre d'angle.

Prendre sur la droite pour contourner l'ancien prieuré et revenir devant le château.

Une bretèche domine encore le pont de Carennac. Elle aurait servi de tour de harangue. De l'autre côté du pont, une autre tour du 16e s. toise de ses quatre étages un petit embarcadère.

ADRESSE
Informel, un petit **musée des Alambics et Aromathèque** a trouvé refuge au fond d'une cour de jardin. ☎ 05 65 10 91 16.

Château de Castelnau-Bretenoux★★

« À plus d'une lieue à la ronde, c'est, écrit Pierre Loti, le point marquant... la chose qu'on regarde malgré soi de partout : cette dentelure de pierres de couleur sanguine, émergeant d'un fouillis d'arbres, cette ruine posée en couronne sur un piédestal garni d'une belle verdure de châtaigniers et de chênes. » L'importance de son système de défense fait du château de Castelnau-Bretenoux l'un des plus beaux exemples de l'architecture militaire du Moyen Âge.

La situation

Cartes Michelin nos 75 pli 19 ou 239 pli 39 – Lot (46).

À la lisière septentrionale du Quercy, le château s'élève sur un éperon qui domine le confluent de la Cère et de la Dordogne. Il se situe à un jet de pierre de Bretenoux, par la D 14.

ℹ *Av. de la Libération, 46160 Bretenoux, ☎ 05 65 38 59 53.*

Le nom

Castelnau est un terme souvent usité entre le 11e et le 13e s. pour nommer les châteaux qui viennent d'être construits ; il signifie d'ailleurs « nouveau château ».

Les gens

Le château « dépend » de la commune de Prudhomat, mais reste le plus souvent associé à celle de Bretenoux, bastide créée en 1277 par les seigneurs de Castelnau. 545 Prudhomatois.

ÉVOCATION
L'auteur Pierre Loti séjourna au château de Castelnau et le décrivit dans son ouvrage *Le Roman d'un enfant.*

comprendre

L'œuf de Turenne – Dès le 11e s., les barons de Castelnau sont les plus puissants seigneurs du Quercy ; ils ne prêtent hommage qu'aux comtes de Toulouse et s'appellent fièrement les « seconds barons de la chrétienté ». En 1184, Raymond de Toulouse donne au vicomte de Turenne la suzeraineté de Castelnau ; le baron n'accepte pas l'humiliation et fait alors hommage à Philippe Auguste. Une guerre sans merci éclate alors entre Turenne et Castelnau ; le roi Louis VIII intervient et son arbitrage tranche en faveur de Turenne. Bon gré mal gré, le baron s'incline. Redevance toute symbolique, Castelnau devra apporter à son suzerain... un œuf. Aussi, tous les ans, en grande pompe, un attelage de quatre bœufs transportait-il à Turenne un œuf frais pondu.

Le château de Castelnau-Bretenoux, dresse l'énorme masse rouge de ses remparts et de ses tours sur un éperon dominant le confluent de la Cère et de la Dordogne.

visiter

Château fort

Avr.-sept. : visite guidée (1/2h, dernière entrée 3/4h av. fermeture) 9h30-12h15, 14h-18h15 (juil.-août : 9h30-18h45) ; oct.-mars : tlj sf mar. 10h-12h15, 14h-17h15. Fermé j. fériés. 32F (enf. : 21F). ☎ 05 65 10 98 00.

C'est autour d'un puissant donjon, élevé au 13e s., que se développe, au cours de la guerre de Cent Ans, le vaste château fort doté d'une enceinte fortifiée. Laissé à l'abandon au 18e s., il subit diverses déprédations lors de la Révolution. Incendié en 1851, il est habilement restauré de 1896 à 1932 grâce à la passion de Jean Mouliérat pour cet édifice.

Jean Mouliérat
Cet enfant du pays, devenu un célèbre chanteur d'opéra-comique, acheta le château en 1896 et consacra sa fortune à sa restauration. Il en fit don à l'État en 1932. Son buste trône à l'entrée de la cour d'honneur.

Extérieur – Il se présente sous la forme d'un triangle irrégulier flanqué de trois tours rondes et de trois autres en demi-saillie sur les côtés. Trois enceintes concentriques en défendent les approches, tandis qu'une allée d'arbres remplace les anciens remparts. Les douves, larges et profondes, ne furent jamais remplies d'eau.

La cour d'honneur, où se dressent une haute tour carrée et le logis seigneurial, bâtiment rectangulaire encore appelé auditoire, permet de mesurer d'un coup d'œil les vastes proportions de cette forteresse qui pouvait abriter cent chevaux et une garnison de 1 500 hommes.

À voir
Des remparts, large **vue★** : au Nord les vallées de la Cère et de la Dordogne ; au Nord-Ouest, à l'horizon le château de Turenne ; à l'Ouest, le cirque de Montvalent ; au Sud-Ouest et au Sud, le château de Loubressac et le vallon d'Autoire.

Intérieur – En plus d'un dépôt lapidaire, comprenant les chapiteaux romans de Ste-Croix-du-Mont en Gironde, de nombreuses salles retiennent l'attention par leur décoration et leur ameublement que l'on doit à l'ancien propriétaire.

L'ancienne salle des états généraux du Quercy est éclairée de grandes fenêtres, la salle des étains et le grand salon sont ornés de tapisseries d'Aubusson et de Beauvais ; l'oratoire a conservé des vitraux du 15e s. ainsi que deux retables espagnols du 15e s.

Quitter le château, puis s'engager à gauche pour descendre sur la collégiale.

Collégiale St-Louis

Élevée par les seigneurs de Castelnau en 1460, bâtie aussi en belles pierres rouges ferrugineuses, elle se dresse en contrebas du château. À proximité subsistent quelques-uns des logis des chanoines.

À l'intérieur, la chapelle des seigneurs présente une belle **voûte** quadripartite dont la clef porte les armes des Castelnau. Important mobilier dont les pièces maîtresses sont dans le chœur. Il s'agit de deux œuvres en pierre polychrome du 15e s. : une Vierge de majesté et une représentation du baptême du Christ.

Château de Castelnaud★★

À la confluence des vallées du Céou et de la Dordogne, la forteresse de Castelnaud fait face au château de Beynac. Dans ce site★★ admirable, loin des luttes incessantes qui ponctuèrent le Moyen Âge, elle coule désormais des jours heureux et nous avec elle.

La situation

Cartes Michelin n°s 75 pli 17 ou 235 Ouest du pli 6 – Schéma p. 170 – Dordogne (24).

MÉCÈNE
Le château de Castelnaud aurait été restauré grâce à la famille de Rossillon, une des plus grandes fortunes de France.

Au pied du château se blottit le petit bourg de Castelnaud que longe la D 57. Accès au château par le Sud du village. Une rampe récemment élargie permet d'accéder au parking situé au pied des portes du château. On peut aussi privilégier la marche, en laissant son véhicule au parking Le Tournepique pour grimper au château.

Mairie, 24250 Castelnaud-la-Chapelle, ☎ 05 53 29 51 21.

Le nom

Castelnaud, le nouveau château, provient de termes simples : *castrum*, qui donna par la suite *castèl* en occitan, et *nau*, de *noul*, nouveau.

Les gens

C'est en 1973 que la petite commune de Castelnau-et-Fayrac fusionne avec celle de La Chapelle-Péchaud. Elle rassemble aujourd'hui 408 Castelnaudéziens.

comprendre

Une litanie d'occupants – Ayant embrassé la foi cathare, les premiers occupants sont chassés par Simon de Montfort en 1214. Un demi siècle plus tard, le château passe entre les mains des Anglais : Saint Louis le cède au roi d'Angleterre Henri III. Pendant la guerre de Cent Ans, alors que le château de Beynac, tout proche, reste fidèle à la fleur de lys, celui de Castelnaud change de propriétaires, tantôt anglais, par l'entremise de Nompar de Caumont, seigneur du lieu, tantôt français. Charles VII reprend la forteresse en 1442, chassant définitivement les Anglais. Transformé en carrière de pierre au 19e s., il sert encore d'abri à quelques résistants lors de la Seconde Guerre mondiale.

Le château de Castelnaud est une forteresse médiévale caractéristique avec son puissant donjon à mâchicoulis, son enceinte, son corps de logis... et sa basse-cour.

carnet pratique

PARKINGS

Derrière le château – 150 places, payant, **Au pied de la butte** – Parking Le Tournepique.

TERROIR

Écomusée de la Noix du Périgord, La ferme de Vielcroze – ☎ *05 53 59 69 63.* Exposition, parcours didactique, boutique... Visite : 1h.

Spectacle nocturne – *Pièce tlj sf w.-end à 20h30 et 22h15 – réservation conseillée* – ☎ *05 53 31 30 00.* En juillet et août, un spectacle présente l'historique de Castelnaud. Une pièce, dont le scénario change chaque année est interprétée dans les salles du château. La nuit et la lueur des flambeaux confèrent au site une atmosphère particulière, où le visiteur devient le témoin privilégié de l'intrigue, mettant en scène les personnages qui ont fait l'histoire du château.

visiter

Le château

Mai-sept. : 10h-19h (juil.-août : 9h-20h) ; mars-avr., d'oct. à mi-nov., vac. scol. : 10h-18h ; de mi-nov. à fév. : tlj sf sam. 14h-17h. 35F (enf. : 18F). ☎ *05 53 31 30 00.*

Gros donjon carré, mâchicoulis, enceintes aveugles : le château de Castelnaud est sans conteste fidèle aux représentations du château médiéval qui couvrent nos livres d'histoire. Le château a évolué au cours des siècles. Aux éléments défensifs du 13e s. se sont ajoutés une barbacane et un corps de logis au 15e s., une tour d'artillerie et un châtelet au 16e s. De la terrasse, la vue se porte sur la vallée du Céou : de son extrémité, à l'Est, se développe un **panorama★★★** remarquable sur l'un des plus beaux paysages de la vallée de la Dordogne. En saison, l'historique de Castelnaud est évoqué par une création d'art scénique nocturne (voir carnet pratique).

L'armure : une seconde peau de métal, efficace contre les coups d'épée, mais un lourd handicap pour courir le 100 m !

Musée de la Guerre au Moyen Âge – À l'intérieur du château, ce musée présente une grande variété d'objets de guerre : canons des 15e et 16e s. dans la salle d'artillerie ; arcs, arbalètes et panoplie défensive de l'archer dans la salle basse du donjon ; armures, casques, piques et hallebardes, dans la salle Mieg de Boofzheim ; épées du 15e au 17e s., dans la salle des épées. Une reconstitution des hourds, remplacés plus tard par les mâchicoulis, ainsi que des montages audiovisuels permettent de mieux imaginer les tactiques de combat de ce temps, et dans une petite salle, une maquette retrace le siège de Castelnaud en 1442 lorsque Charles VII, roi de France décida de chasser définitivement les Anglais.

Machines de guerre – Des reconstitutions de certaines machines de guerre sont positionnées sur différents sites du château. Lors des sièges, aux techniques de sape des enceintes, s'ajoute l'emploi de plus en plus fréquent d'armes de jet. Le fonctionnement de ces éléments repose sur un système de tendeurs et de contrepoids. Ainsi, au début du 13e s., le **trébuchet** peut projeter des boulets de 100 kg par-dessus les murailles. La bricole (ou perrière) expédie des projectiles d'environ 5 kg à une quarantaine de mètres. Au siècle suivant, ces armes d'emploi précaire sont petit à petit remplacées par l'artillerie à feu.

ÉTONNANT

Si vous voulez savoir comment fonctionnait un trébuchet, des démonstrations sont faites en saison tous les après-midi, grâce à la reconstitution de cette arme de jet de 12 t.

Caussade

Les bêtises sont de Cambrai, les parapluies de Cherbourg, la dentelle de Calais et les chapeaux de paille de... Caussade. Alors, si le cœur vous dit d'un joli chapeau, d'une promenade au calme ou d'une église à visiter, n'hésitez plus : Caussade toute.

La situation

Cartes Michelin nos 79 pli 18 ou 235 pli 18 – Tarn-et-Garonne (82).

Caussade se trouve à la lisière des causses du Bas-Quercy et de la riche plaine de la Garonne.

Mairie, 82300 Caussade, ☎ 05 63 26 04 04.

Bouchon
Aujourd'hui contournée par l'autoroute et la route nationale, la ville n'en reste pas moins un carrefour important où il n'est pas facile de circuler.

Le nom

Sur la route Toulouse-Paris, il était pour le moins prévisible de rencontrer un toponyme lié à la chaussée, *caussada*, ou encore *calçada*, qui a donné Caussade.

Les gens

On doit à l'architecte toulousain Gabriel Bréfeil d'avoir supervisé les travaux de reconstruction de l'église de Caussade, de 1878 à 1882. Les 6 009 Caussadais peuvent lui en savoir gré.

Au cours des siècles, Caussade a payé au prix fort sa position géographique. Les guerres de Cent Ans et de Religion ont eu raison de son patrimoine architectural.

se promener

Place forte protestante lors des guerres de Religion, Caussade est reconquis par les catholiques qui y implantent un couvent de récollets en 1683. Au 19e s., et encore au milieu du 20e s., la ville est un centre important de l'industrie du chapeau de paille. Les fluctuations de la mode ont recadré son activité entre les canotiers et les casquettes de plage. L'**église**, reconstruite à la fin du 19e s. dans le style gothique, a conservé un clocher octogonal, en briques roses, dont les trois étages sont surmontés d'une flèche à crochets.

Quartier ancien
Près de l'église, le quartier ancien abrite quelques vieilles demeures des 17e et 18e s.

alentours

N.-D.-des-Misères

13 km au Sud-Ouest par la N 20, puis la D 40.

Dominant la vallée de l'Aveyron, la chapelle, fondée en 1150, est coiffée d'un séduisant clocher octogonal roman à deux étages d'arcatures doubles.

Puylaroque

14 km au Nord-Est par la D 17.

Ancienne bastide du Bas-Quercy, Puylaroque groupe ses maisons aux toits très plats au sommet d'une colline dominant les vallées de la Cande et de la Lère. Près de l'église, dont le massif clocher carré est accolé au portail principal, les rues étroites du bourg ont conservé quelques maisons en encorbellement et à pans de bois.

Points de vue
Des esplanades du bourg, notamment vers l'église, vues étendues sur les doux vallonnements de la campagne quercynoise, les plaines de Caussade et de Montauban.

Caylus

Des maisons à colombage, un clocher très très haut, en position dominante, un château fort en ruine et surtout un extraordinaire Christ sculpté par Zadkine, le tout accroché aux pentes de la Bonnette : voici Caylus. Le site est superbe et les possibilités d'excursion nombreuses : que demander de plus ?

La situation

Cartes Michelin nos 79 pli 19 ou 235 Ouest du pli 19 – Tarn-et-Garonne (82).

Entre Tarn et Rouergue, Caylus est accroché aux pentes de la vallée de la Bonnette. La D 926 traverse le haut du bourg. L'avenue du Père-Évariste-Huc est très fréquentée.

R. Droite, 82160 Caylus, ☎ 05 63 67 00 28.

Le nom

Aussi loin que remonte la mémoire du bourg, Caylus est associé au mot latin *castrum*, le château, qui donna en occitan *caylar* ; la terminaison en « us » est une forme diminutive, péjorative pour certains. Caylus fut appelé aussi Caylus de Bonnette, du nom de la rivière qui coule à ses pieds.

Les gens

1 308 Caylusiens. Le bourg de Caylus accueillit quelque temps un hôte qui laissa son empreinte dans la région : le sculpteur Ossip Zadkine. L'artiste se réfugia au village pour échapper aux nazis avant de gagner les États-Unis où il demeura jusqu'en 1945.

Où dormir

Renaissance – *Av. du Père-Huc – ☎ 05 63 67 07 26 – fermé 31 mai au 6 juin, 4 au 10 oct., dim. soir et lun. – 9 ch. : 180/240F – ☕ 45F – restaurant 65/200F.* Une maison de village en pierre, fleurie en saison. Le bar de cet hôtel accueille aussi les villageois. Les chambres sont modestes et peu spacieuses mais bien tenues. Préférez celles sur l'arrière, plus au calme. Terrasse pour les repas en plein air.

Marchés

Des artisans et artistes du bois, « Éclats de bois » : les 5 et 6 juin. **Des potiers** : le 15 août.

se promener

Halle

Elle siège au milieu de la place de la Mairie, témoignant, à l'image de ses imposantes dimensions, du rôle commercial qu'avait Caylus sous l'Ancien Régime. Elle a conservé ses anciennes mesures à grains taillées dans la pierre.

Rue Droite

Partant de la place de la Mairie, la rue Droite est bordée de nombreuses maisons médiévales, en particulier la fameuse « maison des loups » (13e s.) dont le pignon façade est orné de quatre gargouilles en forme de loups prêts à bondir sur le passant.

Les Bains-Douches

Au lait d'ânesse, au fitou ou... au vin de Cahors : mille et un savons et autres objets d'agrément attendent le visiteur dans ce petit bout de magasin, sur la place de la Mairie.

C'est par le Sud-Ouest que vous découvrirez la meilleure vue sur Caylus. Cette ville ancienne est agréablement groupée autour du très haut clocher de son église.

Au bout de la rue Droite, église St-Jean-Baptiste.

UN ARTISTE RECONNAISSANT
Ossip Zadkine aurait offert ce Christ à la commune en témoignage de sa reconnaissance suite à son court séjour caylusien.

Église

Autrefois fortifiée, elle est épaulée de lourds contreforts surmontés de mâchicoulis. Au-delà de la nef unique du 14e s., près du chœur, se dresse un gigantesque **Christ★** en bois d'ormeau exécuté en 1954 par Zadkine, une œuvre à la fois saisissante et émouvante où l'absence de croix exacerbe la perception de la souffrance. Les vitraux du chœur, qui datent du 15e s., ont été patiemment restaurés.

Château de Cénevières★

Accolé à la falaise, de laquelle il semble surgir, le château ressemble à un nid d'aigle et cela le rend assez impressionnant. Désir de stratège médiéval, remanié à la Renaissance, il est devenu un vrai plaisir pour les promeneurs.

La situation

Cartes Michelin nos 79 pli 9 ou 235 Ouest du pli 15 - Schéma p. 142 - 7 km à l'Est de St-Cirq-Lapopie - Lot (46).
Accès au château par le haut du bourg.

Le nom

Il vient de l'ancien provençal *senebe*, qui signifie moutarde sauvage !

Les gens

Ce sont les ducs d'Aquitaine qui, dès le 8e s., ont construit un petit fortin à cet emplacement, lieu retranché qu'ils opposèrent à Pépin le Bref. 170 Céneviérois.

De la terrasse, des vues plongeantes s'offrent sur la vallée du Lot et le village perché de Calvignac ; on peut ainsi juger de la position stratégique de ce château dominant la rivière de plus de 70 m.

comprendre

HUGUENOT
Avant sa mort, Antoine fait construire le petit temple protestant qui se trouve dans la cour d'entrée.

Au 13e s., les seigneurs de Gourdon font élever le donjon et s'emparent du titre de vicomtes de Gaiffier. À la Renaissance Flottard de Gourdon, qui avait participé aux batailles d'Italie aux côtés de François Ier, remanie complètement le château. Son fils Antoine de Gourdon embrasse la religion protestante et participe à la prise de Cahors par Henri IV en 1580. Il se livre à quelques pillages dans la cathédrale, charge l'autel du St-Suaire et le maître-autel sur des barques à destination de Cénevières. Celle du maître-autel chavire malheureusement à mi-parcours. Antoine meurt sans descendant, mais sa veuve se remarie avec un La Tour du Pin : une nouvelle lignée occupe alors Cénevières. À la Révolution le château est pillé, mais échappe à l'incendie.

visiter

Le château

De mi-avr. à fin sept. : visite guidée (1h) 10h-12h, 14h-18h ; oct. : 14h-17h. 27F (enf. : 14F). ☎ 05 65 31 27 33.

Extérieur - On distingue le donjon du 13e s. et les deux corps de bâtiments du 15e s. reliés par la galerie Renaissance du 16e s. Celle-ci est supportée par des colonnes toscanes et surmontée de lucarnes. Les fossés sur lesquels était jeté un pont-levis ont été comblés.

Intérieur - Le rez-de-chaussée comprend plusieurs salles voûtées : la « salette », la cuisine et la salle du donjon où une trappe permet d'apercevoir les trois étages souterrains du cellier, de la prison et des oubliettes. Au premier étage, le grand salon, au plafond peint de style Renaissance, abrite des tapisseries des Flandres des 15e et 16e s. et le reliquaire de la sainte coiffe rapporté de la prise de Cahors. La petite salle d'alchimie surprend par ses fresques naïves du 16e s. aux sujets puisés dans la mythologie grecque.

TRANSMUTATION
Le four de l'alchimiste s'orne d'une représentation de la pierre philosophale.

Abbaye de Chancelade★

À une poignée de kilomètres de Périgueux, l'abbaye de Chancelade trône au pied des coteaux de la Beauronne. Dans la quiétude de ce havre de paix, se dissimule un centre spirituel très actif depuis le retour, en 1998, d'une communauté de chanoines réguliers.

La situation

Cartes Michelin nos 75 pli 5 ou 233 pli 42 - Dordogne (24).
L'abbaye est située à l'écart de la D 2.
ℹ *26 pl. Francheville, 24000 Périgueux, ☎ 05 53 53 10 63.*

Le nom

L'abbaye a été fondée près d'une fontaine grillagée et le mot latin *cancellata*, « qui est fermé d'une grille », a donné Chancelade.

CHINER
Au mois de mai, l'abbaye accueille un Salon d'antiquaires très prisé.

Les gens

L'abbé Prunis de Chancelade a retrouvé le manuscrit du *Journal de voyage en Italie* de Michel Eyquem de Montaigne. 3 965 Chanceladais.

comprendre

Une histoire mouvementée - Lorsqu'en 1096, le moine Foucault décide la création d'une abbaye, un petit oratoire est déjà présent dans ce vallon. Les travaux de construction ne débutent qu'au début du 12e s. Le moine adopte alors la règle de saint Augustin. Bénéficiant de la

Située dans un cadre verdoyant au pied des coteaux qui dominent la Beauronne, l'abbaye de Chancelade apparaît comme un havre de paix.

protection des évêques de Périgueux, puis de celle du St-Siège, l'abbaye ne tarde pas à prospérer grâce à de substantiels privilèges : droit d'asile, de sauvegarde et de franchise. L'abbaye périclite une première fois : les Anglais s'en emparent et la transforment en garnison lors de la guerre de Cent Ans. L'établissement subit un second déclin au 16e s. suite aux destructions occasionnées par les protestants de Périgueux. Enfin, l'abbaye connaît une nouvelle prospérité sous l'abbatiat d'Alain de Solminihac qui entreprend sa réforme et la reconstruction de Chancelade. Le lieu, devenu un grand centre de recherche, connaît un siècle de prospérité jusqu'à la Révolution où l'abbaye devient bien national.

visiter

L'ABBAYE*

L'église

Seules les parties basses de l'église, avec leurs fenêtres en plein cintre, et le portail datent du 12e s. Une corniche à modillons souligne encore l'arcature de celui-ci où se dessine une influence saintongeaise. Les autres parties de l'édifice datent du 17e s. : sous le clocher carré composé de trois étages d'arcature, la nef a été voûtée d'ogives et le chœur primitif abattu.

Les bâtiments conventuels

♿ *De juil. à fin août : 14h-19h. 25F (enf. : 10F).* ☎ *05 53 04 86 87.*

Jouxtant l'église, ils ont été ajoutés au 17e s. et regroupent le cuvier du 15e s., les écuries, les ateliers et le moulin fortifié. Dans le prolongement, s'ouvre le jardin, ancien cimetière des moines.

À VOIR
La pièce maîtresse de ce musée, *le Christ aux outrages*, est attribuée à Georges de La Tour.

Les parties basses de ces communs renferment un **musée** d'Art religieux où l'on découvre reliquaires, statues, retables, mais aussi quelques peintures.

La chapelle St-Jean

De l'autre côté de la route, la chapelle Saint-Jean fait encore office d'église paroissiale. Sur la façade occidentale, un mouton « crucifère » (qui porte une croix) dévisage les paroissiens depuis huit siècles. Comme le reste de l'édifice, l'abside en cul-de-four est ornée d'une corniche à modillons.

Collonges-la-Rouge**

Non ce village lumineux n'a pas jamais été colonisé par les communards. La révolution, ici, se sont les foules de touristes qui, depuis la restauration du site, viennent goûter au charme et à la quiétude. Bâtis en grès pourpre, les gentilhommières, les vieux logis et l'église romane de Collonges-la-Rouge ont pourtant été édifiés sur un sol de calcaire... blanc !

ZONE PIÉTONNE
La circulation automobile interdite dans le village en été. Utilisez le parking de l'ancienne gare.

La situation

Cartes Michelin nos 75 pli 9 ou 239 pli 26 - Schéma p. 124 - 20 km au Sud-Est de Brive - Corrèze (19).

Le paysage, déjà quercynois, est composé de garennes parsemées de genévriers, de noyeraies et de vignobles.

Pl. de l'Ancienne-Gare, 19500 Collonges-la-Rouge, ☎ *05 55 25 47 57.*

Le nom

Le nom de Collonges-la-Rouge viendrait de *Colonicas* (le *colonus* était un fermier « libre », mais attaché à la terre qu'il cultivait), puis *Colongas*. La couleur qui la désigne évoque le grès rouge que l'on trouve sur un escarpement au Nord du village.

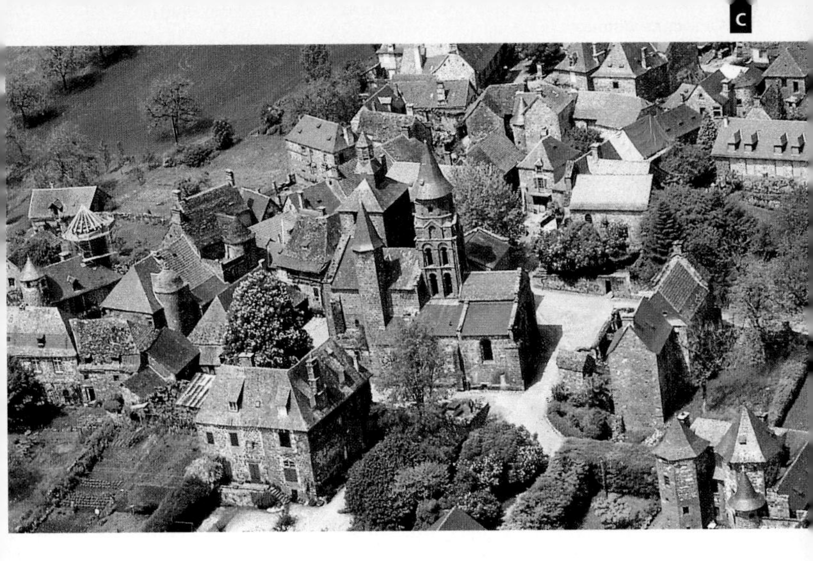

En vue aérienne, l'enchanteur village de Collonges prend des couleurs : le gris des toits en ardoises et le vert de la végétation complètent avantageusement le rouge des castels.

Les gens

C'est Charles Ceyrac, un Collongeois, qui est à l'origine de la création, en 1982, de l'association « Les plus beaux villages de France ». En souvenir de son beau village ? (379 Collongeois.)

comprendre

Un lieu de villégiature – Collonges s'est développé au 8e s. autour de son église et de son prieuré qui dépendait de la puissante abbaye poitevine de Charroux. Au 13e s., elle obtient les franchises et les libertés de la vicomté de Turenne *(voir ce nom)* dont elle fait partie, puis devient au 16e s. le lieu de villégiature privilégié des grands fonctionnaires de la vicomté qui font construire les charmants manoirs et logis, flanqués de tours et de tourelles, qui contribuent à l'originalité de Collonges.

se promener

Partir de l'ancienne gare.

Maison de la Sirène

Coiffée d'un joli toit de lauzes, cette maison du 16e s. à encorbellement, précédée d'un porche, est ornée d'une sirène qui tient un miroir d'une main et un peigne de l'autre. Son intérieur abrite un musée (description dans la partie « visiter »).

Plus loin, une **porte de style ogival** marque l'accès du prieuré bénédictin qui fut détruit à la Révolution.

En toute quiétude

Une indéniable harmonie émane de la cité, sans doute liée à l'utilisation exclusive de matériaux traditionnels dans la construction et au jeu des proportions et correspondances entre les différentes catégories d'édifices.

carnet d'adresses

Où dormir

• *À bon compte*

Chambre d'hôte La Raze – *5,5 km au S-O de Collonges par D 38 et D 19, suivre fléchage La Raze – ☎ 05 55 25 48 16 – ⊭ – 4 ch. : 200/250F.* Cette ferme du 18e s. est à 10 mn à pied de Collonges. Chambres confortables, décorées avec soin au pochoir par la propriétaire. Tout autour, un grand jardin à l'anglaise avec des arbres fruitiers, des centaines de rosiers anciens et... la piscine.

Où se restaurer

• *Valeur sûre*

Auberge Le Cantou – *☎ 05 55 25 41 05 – fermé 21 au 28 juin, 6 déc. au 20 janv., dim. soir et lun. du 15 sept. au 30 juin – 105/195F.* Cette petite auberge du 15e s., en pierres de grès pourpre, a gardé son authenticité. Les poutres apparentes, les bibelots, les objets d'antiquité et autres nappages à l'ancienne recréent joliment l'atmosphère campagnarde. Cuisine familiale régionale.

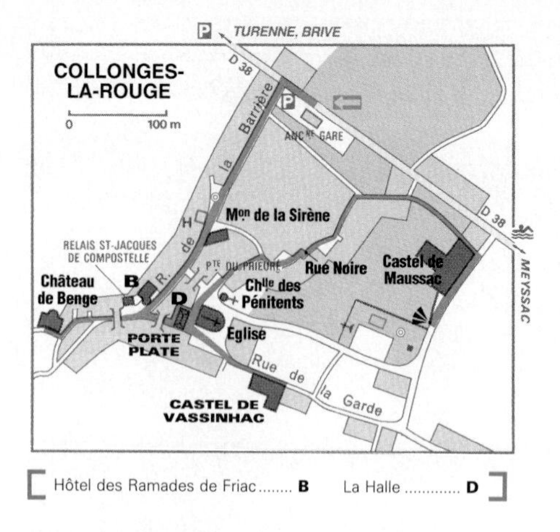

Hôtel des Ramades de Friac........ B La Halle .... D

Hôtel des Ramades de Friac

Cette gentilhommière, surmontée de deux tourelles, était l'ancienne maison de ville de la puissante famille dont elle porte le nom. Au-delà du Relais de St-Jacques-de-Compostelle – dont le nom rappelle que Collonges fut une étape du fameux pèlerinage –, franchir un passage couvert peu après lequel, dans une ruelle, se dresse à droite, une vieille demeure à tourelle.

Château de Benge

Se détachant sur un fond de peupliers et de noyers, ce fier manoir dresse ses tours et tourelles et s'orne d'une gracieuse fenêtre Renaissance. Les seigneurs de Benge régnèrent sur le vignoble réputé de Collonges, jusqu'à sa destruction par le phylloxéra.

Porte plate

Appelée ainsi parce qu'elle a perdu ses tours, cette porte faisait partie de l'enceinte fortifiée qui protégeait l'église, le cloître et les bâtiments du prieuré.

La halle

Présentant une charpente supportée par de robustes piliers, la halle aux grains abrite aussi le four banal.

Église St-Pierre★ *(description dans la partie « visiter »)*

Castel de Vassinhac★

Cette élégante demeure appartenait à Gédéon de Vassinhac, seigneur de Collonges, capitaine gouverneur de la vicomté de Turenne. Construit en 1583, ce castel, hérissé de grosses tours et de tourelles à poivrières, est percé de fenêtres à meneaux.

Protection
Remarquez les échauguettes et les meurtrières qui témoignent de la fonction défensive du castel.

Ancienne chapelle des Pénitents

Élevée au 13e s., elle a été aménagée au 17e s., lors de la contre-Réforme, par la famille de Maussac.

Rue Noire

Elle traverse le quartier le plus ancien de Collonges dont les maisons, construites en retrait les unes des autres, s'ornent de tourelles et de tours et s'habillent de glycines et de treilles.

Castel de Maussac

Cet édifice à tourelle est précédé par un portail à auvent ; une échauguette fait saillie sur une tour carrée dominée par une lucarne. Ce petit castel abrita avant la Révolution le dernier membre de la famille des Maussac qui, émigré en Italie, devint l'aumônier de la princesse Pauline Borghèse.
En poursuivant un peu plus au Sud dans la rue, on a une jolie **vue★** sur Collonges, le castel de Vassinhac et le clocher.

visiter

Musée des Arts et Traditions populaires

Pâques-Toussaint : 10h-12h, 14h30-18h30. 10F. ☎ 05 55 84 08 03.

Un intérieur collongeais d'autrefois a été reconstitué dans la maison de la Sirène (description dans la partie « se promener »).

Église St-Pierre★

Elle date des 11ᵉ et 12ᵉ s., mais elle a été fortifiée au cours des guerres de Religion au 16ᵉ s. Le grand donjon carré fut alors pourvu d'une salle de défense communiquant avec un chemin de ronde et le tympan mis hors d'atteinte dans le nouveau pignon de la façade. Il retrouva sa place d'origine en 1923.

Le tympan★ - C'est probablement une œuvre des sculpteurs de l'école toulousaine qui ont voulu représenter ici l'Ascension (ou peut-être la parousie, le retour du Christ à la fin des temps). Au registre supérieur, le Christ parmi les anges apparaît nimbé, tenant d'une main l'Évangile et bénissant de l'autre ; au registre inférieur, la Vierge attristée est entourée des 11 apôtres commentant ce prodige. Ce tympan est bordé par un arc brisé décoré d'un fin cordon d'animaux.

Sculpté au 12ᵉ s. dans le calcaire blanc de Turenne, le tympan de l'église St-Pierre surprend au milieu de tout ce grès rouge.

Le clocher★ - Avec ses deux étages carrés ajourés de baies en plein cintre, surmontés de deux étages octogonaux flanqués de gâbles, ce clocher du 12ᵉ s. est un bon exemple de style roman limousin.

Intérieur - Au 12ᵉ s., l'église présentait un plan cruciforme autour de la croisée du transept surmontée d'une coupole elle-même emboîtée dans le clocher. Celui-ci repose sur des piliers du 11ᵉ s. Des chapelles latérales ont été ajoutées aux 14ᵉ et 15ᵉ s., ainsi qu'une seconde nef de style flamboyant.

Curemonte★

Curemonte impose au loin la silhouette de ses remparts, de ses fiers châteaux et de ses nobles maisons aux toits de tuiles plates, grâce au site dominant qu'il occupe.

La situation

Cartes Michelin nᵒˢ 75 pli 19 ou 239 pli 38 - 15 km à l'Ouest de Beaulieu-sur-Dordogne - Schéma p. 163 - Corrèze (19).

Dans un paysage vallonné, aux confins de la Corrèze et de la Dordogne, ce joli village domine les vignes de Branceilles. Au Sud, coule la majestueuse Dordogne.

Le nom

De *Cura Montis*, le village de la montagne. Son existence est attestée dès 860. C'est au 11ᵉ s. que le village prend son essor, passant bientôt dans la mouvance des vicomtes de Turenne.

carnet d'adresses

OÙ SE RESTAURER

• *À bon compte*

La Barbacane – *Pl. de la Barbacane – ☎ 05 55 25 43 29 – fermé 15 sept. au 15 oct., le soir et sam. – ⊭ – 65/120F.* À deux pas du château et au cœur de ce village perché, la salle à manger rustique ouvre sur les collines de Corrèze. Cuisine familiale à base de pâtés et terrines maison, jambon de pays, pommes de terre et tomates farcies.

• *Valeur sûre*

Ferme-auberge de la Grotte – *☎ 05 55 25 35 01 – ⊭ – réserv. obligatoire – 120/190F.* Voilà un bon point de départ pour les excursions dans la région. Ne manquez pas de réserver votre table dans cette belle ferme, en plein village. Cuisine locale avec le « mique petit salé », confits de canard de la ferme et pâtisseries maison. Chambres mansardées.

Trois châteaux et une église qui s'étirent sur un éperon rocheux... voici comment se présente le site de Curemonte qui, après Collonges-la-Rouge, est sans doute l'un des villages corréziens le plus photogénique (n'oubliez pas votre grand angle).

Les gens

Colette séjourna dans ce paisible village pendant la Seconde Guerre mondiale et y écrivit le *Journal à rebours*. (203 Curemontois.)

se promener

Partir de la halle, près de l'église, où se trouve exposé un plan.

Le tour des remparts

Sous la halle, au-dessus d'un socle, remarquez le fût de calvaire sculpté. Au-delà de la halle, sur la droite, petit **château de La Johannie**, demeure du 15e s., et belle maison à tourelle bâtie un siècle plus tard.

DÉTAIL
Le fût est illustré par 12 bas-reliefs du 16e s. ayant pour thème la vie de Jésus.

Église

Elle a gardé son clocher à peigne protégé par un auvent et renferme un maître-autel avec un retable peint daté de 1672, ainsi que deux autres autels des 17e et 18e s.

Prendre à droite derrière l'église.

L'enceinte aux tons chauds flanquée de bastions à poivrières protège le **château de Plas** (tours rondes – 16e s.) et le **château St-Hilaire** (tours carrées à mâchicoulis – 14e s.) qu'on longe successivement, tandis que de l'autre côté de la rue s'élèvent plusieurs « maisons nobles » à tourelles, des 16e et 17e s.

Place du Château où se voient encore plusieurs maisons anciennes, tournez à gauche en suivant les remparts ; cet itinéraire de retour dégage de belles vues vers le causse de Martel et le Périgord noir.

CULTUREL
À 1,5 km du bourg, la chapelle romane de La Combe (11e s.) abrite des expositions et des concerts.

Domme★★

Des rues qui dévalent la pente vers le Sud, une falaise de 150 mètres qui surplombe la vallée de la Dordogne au Nord : Domme, surnommée par les inconditionnels « l'acropole du Périgord », ne ressemble en rien aux autres bastides de la région. C'est pourtant l'une des plus attirantes avec ses allées décorées avec soin qui, le printemps venu, fleurent bon la rose et le géranium.

À VOS CHAUSSURES
En pleine saison, n'espérez pas entrer dans la bastide en voiture : prévoyez des chaussures confortables, pour profiter de la balade.

La situation

Cartes Michelin nos 75 pli 17 ou 235 pli 6 – Schéma p. 170 – Dordogne (24). Le parking exigu de la place des Halles est vite saturé. Privilégier le parking situé derrière l'église, aux abords de la falaise.

Pl. de la Halle, 24250 Domme, ☎ 05 53 31 71 00, fax : 05 53 31 71 09.

D

Le nom

Deux hypothèses se partagent l'explication du nom : pour la première, Domme viendrait du mot gaulois *duma*, la montagne ; pour la seconde, du mot du latin *doma*, désignant un toit en terrasse. Quoi qu'il en soit, Domme évoque la hauteur !

Chapeau pointu

Personnage local haut en couleur, Pibette aurait exercé ses talents de sorcier dans la région jusqu'à sa mort en 1910.

Les gens

De tous les artistes qui vinrent chercher en ce lieu leur inspiration, Henry Miller fut sans doute le plus impressionné, qualifiant alors le site de « meilleure évocation terrestre du paradis ». 1 030 Dommois vivent donc au paradis...

carnet pratique

Où dormir

• *Valeur sûre*

Hôtel L'Esplanade – ☎ *05 53 28 31 41 – fermé déc. et janv. – 25 ch. : 330/600F – ☕ 60F – restaurant 180/380F.* Cette demeure périgourdine est un petit paradis au-dessus de la vallée de la Dordogne. Les chambres au calme sont meublées à l'ancienne. Préférez celles avec vue. Belle salle à manger aux tons jaune et bleu, propice à la dégustation d'une cuisine étoilée.

Où se restaurer

• *À bon compte*

Ferme-auberge Le Colombier – *24250 La Roque-Gageac – 3 km au N de Domme par D 46 – ☎ 05 03 28 33 97 – fermé mi-oct. à Pâques et lun. – réserv. obligatoire en été – 90/135F.* Au royaume du canard, les gourmands sont rois ! Dans une ambiance conviviale, vous dégusterez les produits de la ferme, foies, magrets, confits, légumes.... sans oublier, bien sûr, les savoureuses pâtisseries maison.

Festivités

Fête de la St-Clair – Le 1er dim. de juin

Fêtes folkloriques et concerts en période estivale.

Gavage

Ferme de Turnac – Visite commentée de 1h1/2 – ☎ *05 53 28 10 84.* Au pied du château de Montfort, commune de Domme.

Marché

Le jeudi matin.

comprendre

Une bastide royale – Le site de Domme semblait l'emplacement idéal pour contrecarrer les velléités d'expansion anglo-gasconnes. Aussi, Philippe le Hardi décide-t-il, en 1283, de fonder une nouvelle bastide royale pour surveiller la vallée de la Dordogne. La bastide se voit, dès sa création, attribuer des privilèges considérables comme celui de battre sa propre monnaie. Domme joue un rôle important lors des guerres franco-anglaises, devenant le siège de la sénéchaussée de Périgord-Quercy dès le 14e s. Au 17e s., la bastide connaît une grande prospérité grâce, notamment, à la qualité de son vignoble, ses marchés et au commerce fluvial.

Ruse et varappe – Tandis que les troubles de la Réforme mettent la France à feu et à sang, Domme résiste vaillamment aux Huguenots qui écument le Périgord. En 1588, la bastide tombe, par la ruse : Geoffroi de Vivans, fameux capitaine protestant, grimpe avec une grosse poignée d'hommes le long des rochers de la Barre, endroit si abrupt qu'il n'est pas fortifié. Les soldats

Draconien

Installant sa garnison dans la ville, Geoffroi restera maître de Domme pendant quatre ans, au cours desquels il brûlera l'église et le prieuré des augustines pour établir le culte réformé.

Domme a la particularité d'être une bastide nichée sur le rebord d'une falaise, percée de grottes, surplombant la Dordogne de quelque 150 m !

pénètrent dans la ville et, par un concert assourdissant de trompes et tambours, réveillent la population qui, encore tout ensommeillée, laisse les assaillants ouvrir les portes au gros de la troupe. Les succès grandissants des catholiques l'obligeront à plier bagage et à vendre la bastide, non sans laisser quelques ruines, en 1592.

se promener

LA BASTIDE*

CONTRARIÉS
Les architectes des bastides étaient fous de rectangles, mais à Domme, vu le site, ils durent se contenter d'un trapèze.

Les fortifications qui enserrent le bourg s'adaptent au relief, tout comme les rues qui suivent, dans la mesure du possible, un plan géométrique.
Aussitôt avant la **porte del Bos**, tracée en arc brisé et qui était autrefois fermée par une herse, suivre la promenade à l'intérieur des remparts.

La promenade des remparts

En longeant les remparts, on accède à la **porte de la Combe** (13e s.).

Remonter vers le centre du bourg par la Grand'Rue.

De part et d'autre de la rue, les murs de pierres blondes surmontées de toits bruns sont égayés par des balcons et quelques terrasses fleuries.

Par la rue de la Porte-des-Tours, sur la droite, rejoindre la porte des Tours.

CHASSE AU TRÉSOR
Ces graffitis furent taillés dans la pierre par les templiers enfermés dans les tours de 1307 à 1318. Une piste pour leur fameux trésor ?

Cette **porte des Tours** (fin 13e s.) est la plus imposante et la mieux conservée de l'enceinte de Domme. Elle s'ouvre sur la campagne environnante par deux demi-tours à bossages, élevées par Philippe le Bel et utilisées comme corps de garde. Mais ces demi-tours sont surtout connues pour leurs **graffitis**.

Rue Eugène-Le-Roy

Elle porte le nom de l'écrivain qui rédigea deux de ses œuvres lors de son séjour dans une de ces maisons : *L'Ennemi de la mort* et *Le Moulin du Frau*.

Place de La Rode

Ou plutôt, « place de la roue » car en ce lieu était infligé le supplice de la roue.
Aux fenêtres gothiques de la façade de la **maison du Batteur de monnaie** succèdent les délicats meneaux d'une maison de la **Grand'Rue**, axe commerçant bordé de magasins régionaux.

Gagner la rue des Consuls par la rue Geoffroy-de-Vivans.

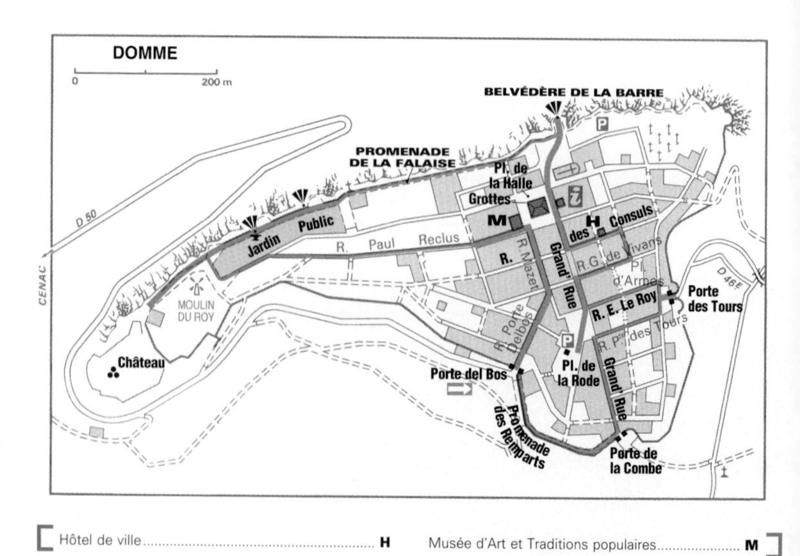

Hôtel de ville .... H   Musée d'Art et Traditions populaires .... M

Rue des Consuls

L'hôtel de ville s'est installé dans une bâtisse du 13e s., ancienne maison de justice du sénéchal.

Gagner le cœur du bourg par la Grand'Rue.

Place de la Halle

Elle s'organise autour d'une halle de pierres sèches du 17e s. En face, la maison du Gouverneur (15e s.), flanquée d'une petite échauguette, accueille le syndicat d'initiative.

LE PANORAMA***

Du haut de la bastide, la vue embrasse la vallée de la Dordogne du cingle de Montfort au château de Beynac. Voilée de brume aux premières heures du jour, bleue entre les haies de peupliers à midi, ruban argenté à l'heure où le soleil embrase de ses derniers rayons le château de Beynac, la rivière déroule ses méandres parmi les champs parsemés de villages et de fermes.

ROMANCE
C'est aux premiers ou aux derniers rayons du soleil que le cœur des amoureux s'accordera le mieux à la beauté des paysages.

Le belvédère de la Barre

C'est incontestablement le **lieu** qui embrasse le mieux la large vallée de part et d'autre du bourg de Vitrac.

Suivre la promenade de la falaise.

Promenade des Falaises

Le panorama est encore plus étendu que du belvédère de la Barre.

Longer le promontoire de la Domme vers l'Est et passer en contrebas du jardin public.

Le jardin public du Jubilé

Situé entre le bourg et l'extrémité du promontoire, ce jardin, qui possède une table d'orientation, a été aménagé sur l'emplacement du camp retranché établi par Simon de Montfort en 1214. Celui-ci venait de vaincre les cathares et de raser leur forteresse de Domme-Vieille.
À l'extrémité de la corniche, au-delà de la rue Paul-Reclus subsistent quelques vestiges de cette ancienne forteresse. Bordant le chemin, l'ancien moulin dit « du Roy » toise la vallée de la Dordogne.

Surprenant, cette halle cache l'entrée de grottes !

visiter

Grottes

Avr.-oct. : visite guidée (1/2h) 10h-12h, 14h-18h (juil.-août : 10h-19h) ; nov.-mars : 11h30-12h, 14h-17h. Fermé en janv. 33F (enf. : 18F). ☎ 05 53 31 71 00.

Ancien refuge des habitants lors des différents conflits (guerre de Cent Ans, guerres de Religion...), les grottes de Domme présentent 450 m de galeries aménagées. Une succession de salles parfois entrecoupée de passages bas déroule ses drapés de roches et ses plafonds admirablement ornés de milliers de stalactites.
Des ossements d'animaux sauvages, bisons et rhinocéros, ont été découverts lors des travaux d'aménagement et ont été intégrés à la visite. Pour parcourir ce magnifique ensemble, la halle de la place fut reconvertie en vestibule. Plus controversé, l'ascenseur panoramique qui vous permettra de remonter à l'issue de la visite. Car, autant il permet de profiter d'un des plus beaux points de vue sur la vallée de la Dordogne, autant il défigure la falaise...

RAYONS ROUGES
Mention spéciale à la salle Rouge et ses excentriques, lignes cristallines qui irradient et se jouent de la pesanteur.

Musée d'Art et Traditions populaires

D'avr. à fin oct. : tlj sf sam. 10h30-12h30, 14h30-18h (juil.-août : tlj 10h30-19h). 17F. ☎ 05 53 31 71 00.

Également appelé musée Paul-Reclus, il retrace la vie dommoise à travers les âges. Des reconstitutions d'intérieurs, des collections de meubles, de vêtements ou d'outils agricoles, mais aussi des documents d'archives racontent les heurs et malheurs de la bastide royale.

LETTRES PATENTES
Vous verrez au musée les lettres patentes confirmant les privilèges et exemptions de la ville accordés par les rois, de Philippe VI de Valois à Louis XV.

Donzenac

Où dormir
Chambre d'hôte – Ferme de la Borde
La Borde – 19410 St-Bonnet-L'Enfantier – 10 km de Donzenac par D 920, puis D 156 jusq. St-Bonnet-L'Enfantier – ☎ 05 55 73 72 44 – fermé 10 sept. à fin oct. – 5 ch. : 150/270F – repas 85F.
À la sortie du village, cette surprenante construction de pierre et d'ardoise est l'œuvre de pères missionnaires. Accueil chaleureux des actuels propriétaires et chambres douillettes. Produits de la ferme à la table d'hôtes, dans l'ancienne chapelle.

L'église, entourée de quelques maisons anciennes, conserve un clocher-tour élevé au 14e s. ; la chapelle des Pénitents possède une harmonieuse façade Renaissance. Le charme ancien de Donzenac fait son effet... La région le prolonge par les gorges de la Vézère ou le charmant village de Vertougit...

La situation

Cartes Michelin nos 75 pli 8 ou 239 pli 26 – 10 km au Nord de Brive-la-Gaillarde – Corrèze (19).
Bâti à flanc de coteau en bordure du bassin de Brive, ce village occupe une position stratégique, qui lui a valu d'être très disputé par le passé, et particulièrement pendant la guerre de Cent Ans.
Mairie, 19270 Donzenac, ☎ 05 55 85 73 79.

Le nom

Ville fondée par nos ancêtres les Gaulois et qui, probablement, s'est développée autour d'un domaine gallo-romain dont le propriétaire répondait au nom de Dominicien.

Les gens

Les Donzenacois, à en croire l'autre nom qu'on leur donne, les Gamadous (qui signifie « fauvette » en patois), peuvent-ils se transformer en fauvette ? (2 050 hab.)

visiter

Les pans de Travassac*

Juil.-août : 10h-13h, 14h-19h ; mai et juin : dim. et j. fériés : 14h-19h ; sept.-oct. : dim. 14h-19h. 35F (enf. : 20F). ☎ 05 55 85 66 33.
Avant la guerre de 1914-1918, les ardoisières de Donzenac et d'Allassac connurent une réelle prospérité : on remplaçait alors massivement la couverture de chaume des fermes par des toitures d'ardoises. Les dernières carrières ont fermé en 1982.

Non cette plate-forme n'est pas équipée pour le saut à l'élastique !

Filons et pans – La découverte du saut de la Girale (140 m), depuis le belvédère du parking, donne un avant-goût des sensations de vertige que vous éprouverez lors de la visite de ce site, entièrement façonné par la main de l'homme depuis plus de trois siècles. Passerelles, plate-forme, perces (cavité au creux d'un pan), puits : rien ne vous sera épargné pour que vous partagiez, l'espace d'un moment, les émotions d'un ardoisier !

Chantier ardoisier – Les outils et les gestes des ardoisiers sont immuables ; la reconstitution d'un chantier en activité permet d'observer avec quelle habileté l'ardoisier exécute le rebillage (gros blocs d'ardoise débités en morceaux plus petits), le clivage (extraction des feuilles d'ardoises) et la taille (carrée ou ogivale). Sur une tonne de pierre, seuls 20 % de la matière est exploitable.

circuit

GORGES DE LA VÉZÈRE*

Circuit de 45 km – environ 3 h

Quitter Donzenac par l'Est en empruntant la D 25.

Allassac

Petite ville aux maisons bâties en schiste noir et coiffées d'ardoise, parfois agrémentées de chaînes d'angle en grès rouge *(voir rue L.-Boucharel).*

Vestige
À proximité de l'église, la tour de César, haute de 30 m, représente le dernier vestige de l'enceinte fortifiée médiévale.

Église de la Décollation-de-St-Jean-Baptiste – Cet édifice est également construit en schiste noir, à l'exception du gracieux **portail Sud*** utilisant des grès aux tonalités contrastées.

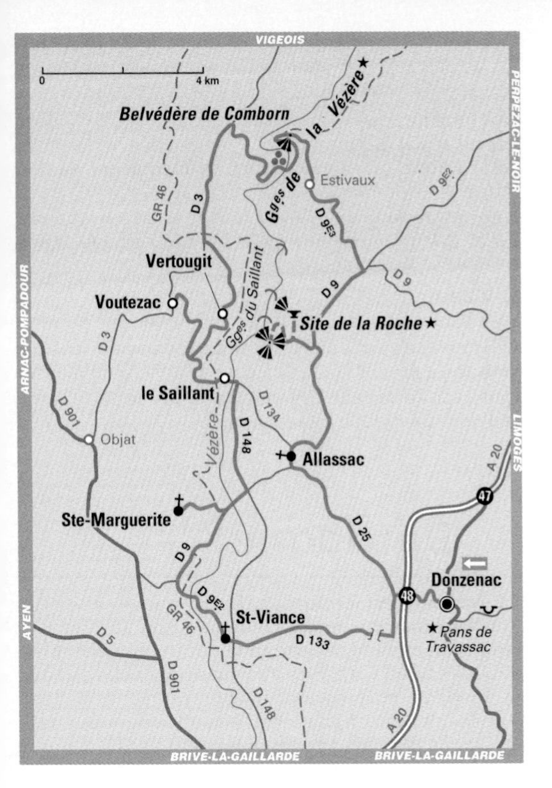

Quitter Allassac par le Nord-Est en empruntant la D 9.

Site de la Roche★

Une agréable petite route conduit à la bordure d'un précipice plongeant sur les gorges de la Vézère. À droite, un chemin jonché de roches mène sous les châtaigniers à une **table d'orientation** (391 m) fort bien mise en valeur. La vue s'étend des **gorges** boisées **du Saillant** au premier plan, jusqu'au village de St-Robert. À gauche, on accède au **panorama** qui permet une meilleure approche de la perspective des gorges.

Revenir sur la D 9, puis peu avant Le Pilou, prendre à gauche la D 9^E3^.

Belvédère de Comborn

Vue sur les ruines du château qui fut la propriété de la puissante et cruelle famille de Comborn. Le site occupe, au cœur des gorges, un méandre de la Vézère.

Rejoindre la D 3 et prendre à gauche.

Vertougit

Ce ravissant petit village domine les **gorges de la Vézère**, face au site de La Roche. N'hésitez pas à flâner parmi les maisons de pays dont l'une attire plus particulièrement le regard par sa décoration extérieure.

Rejoindre la D 134 et prendre à droite.

Balade

Descendre à pied jusqu'à la table d'orientation pour profiter, chemin faisant, de la vue sur le village et du paysage où se côtoient arbres fruitiers et vignes.

Voutezac

Bâti à flanc de coteau, cet agréable village possède une belle église fortifiée à tour carrée du 15e s. À l'angle de la route menant à Objat (calvaire) se trouve un « travail » à bœufs, entouré de divers instruments de labour.

Reprendre la D 134 en direction d'Allassac.

Le Saillant

Ce hameau occupe un site agréable au débouché des gorges de la Vézère. Du joli **pont ancien** qui enjambe la rivière, on aperçoit sur la rive droite le manoir des Lasteyrie du Saillant où venait séjourner le futur tribun révolutionnaire Mirabeau, frère de la marquise du Saillant.

Franchir la Vézère et prendre, à droite, la D 148. Après 2,5 km, tourner à droite sur la D 9, puis encore à droite une fois passé la Vézère.

La Chapelle

Sur un replat offrant une belle perspective sur la vallée de la Vézère est érigé ce gracieux monument en grès rouge, de style roman.

Faire demi-tour pour rejoindre la D 9, et prendre à droite. Après 3 km, tourner à gauche sur la D 9E2 qui bientôt enjambe la Vézère.

St-Viance

Séduisant village de grès rouge au bord de la Vézère.

TRÉSOR
Châsse★ d'émail champlevé du 13e s.

Église – Dans une niche du chœur, apparaît sous vos yeux l'une des plus belles pièces d'émaillerie limousine.

Quitter St-Viance par l'Est en empruntant la D 133. Plus loin, la D 25 ramène à Donzenac.

Vallée de la **Dordogne**★★★

DES CRUES VIOLENTES
Tout au long de son court, la rivière garde une allure rapide et un débit inégal. Les pluies d'hiver et la fonte des neiges des monts d'Auvergne au printemps provoquent alors des crues brusques et violentes.

La Dordogne est féminine : elle déroule ses atours selon les situations et ses couleurs selon les heures ; blonde ou argentée, elle prend parfois une teinte bleutée. Rapide et écumante à la naissance, elle s'apaise un moment, puis reprend un cours tumultueux, filant sous les châteaux hiératiques, jusqu'à ses épousailles – en grande pompe – avec la Garonne. Et de cette union naît la Gironde, qui porte bien son nom.

La situation

Cartes Michelin nos 75 plis 17 à 19 ou 235 plis 6 et 38 – Dordogne (24) et Lot (46).

Née de l'union de la Dor et de la Dogne au sommet du Massif Central, la Dordogne pénètre en Quercy enrichie des eaux de la Cère cantalienne. Rivière majestueuse, rapide et fantasque, elle s'affranchit des causses pour pénétrer dans le Périgord noir. Là, elle déroule ses méandres parmi les champs entrecoupés de peupliers, s'épanouissant dans une vallée opulente.

Le nom

Plus sérieuse que celle de la réunion de deux ruisseaux, l'hypothèse la plus vraisemblable attribue l'origine du nom au radical préceltique *dora* qui aurait reçu le suffixe *onia* pour donner « dorononia », puis « dordonia », pour finir en « dordoigne » au 16e s.

Perché sur son nid d'aigle, le château de Belcastel domine la Dordogne dans un site si enchanteur que le moindre commentaire serait superflu.

carnet d'adresses

Où dormir

• *À bon compte*

Chambre d'hôte La Terre du Regard – *Le Merquey – 46600 Montvalent – 1 km au S de Montvalent par N 140 – ☎ 05 65 37 30 05 – ⊭ – 5 ch. : 200/260F.* Calme et sérénité, en plus d'une très belle vue, vous attendent dans ce lieu enchanteur, en haut du Causse. Les chambres sont sobres et élégantes. Derrière la maison, une jolie piscine vous rafraîchira en été. L'accueil est des plus agréables.

Camping Les Granges – *24250 Groléjac – ☎ 05 53 28 11 15 – ouv. 2 mai–26 sept. – ⊭ – réserv. conseillée en été – 173 empl. : 189F.* De grands emplacements, délimités et ombragés, dans un cadre verdoyant autour d'un ensemble de granges en pierres de pays restaurées. Vous pourrez aussi y louer des bungalows et profiter de la piscine ou du golf miniature. Club-enfants.

Hôtel La Poste – *24150 Mauzac-et-Grand-Castang – 8 km à l'O de Treinolat par rte secondaire – ☎ 05 53 22 50 52 – fermé 1er nov. au 19 mars – P – 18 ch. : 150/280F – ☕ 35F – restaurant 65/180F.* Amateurs de bateaux ou de pêche, vous apprécierez ce petit hôtel familial au bord de la Dordogne. L'accueil est sympathique et les chambres au confort très simple sont bien tenues. Bon choix de menus à prix très raisonnables.

• *Valeur sûre*

Chambre d'hôte Chateau d'Argentonesse – *À l'entrée du château – 24220 Castels – ☎ 05 53 29 35 08 – fermé oct. à Pâques – 5 ch. : 500/700F.* Cette majestueuse demeure du 18e s. fut bâtie sur des fondations médiévales. Un accueil cordial vous sera réservé. Chambres décorées simplement et avec goût. Pour la détente, piscine, sauna et jacuzzi ou promenades dans le parc. Petit gîte dans le pigeonnier.

• *Une petite folie !*

Hôtel Le Vieux Logis – *24510 Trémolat – ☎ 05 53 22 80 06 – P – 24 ch. : 800/1380F – ☕ 95F – restaurant 195/400F.* L'élégance est de mise dans cette ancienne demeure familiale recouverte de vigne vierge. Les chambres sont coquettes, tissus fleuris, murs colorés, boiseries peintes et meubles anciens. Piscine au calme d'un délicieux jardin s'ouvrant sur la campagne.

Où se restaurer

• *À bon compte*

Ferme-auberge Montalieu-Haut – *24250 St-Cybranet – 8 km de Domme par D 50, puis D 57 – ☎ 05 53 28 31 74 – fermé lun. et le midi – ⊭ – réserv. obligatoire – 90/135F.* Pour un agréable repas dans un décor campagnard. Les spécialités régionales sont préparées avec les produits de la ferme et vous régaleront. Cinq gîtes fonctionnels avec une vue splendide sur la vallée. Piscine.

• *Valeur sûre*

Jardin d'Épicure – *Rte de Sarlat – 24220 Castels – 2,5 km à l' E de Castels par D 703 – ☎ 05 53 30 40 95 – fermé sam. midi et mer. – 110/195F.* La salle à manger de ce restaurant en retrait du village est colorée et lumineuse. Repas en terrasse si le temps le permet. Bon choix de menus dont un pour les enfants. Cuisine au goût du jour.

La Terrasse – *46200 Meyronne – ☎ 05 65 32 21 60 – www.hôtel-la-terrasse.com – fermé 15 nov. au 15 déc., janv. et fév. – 100/280F.* Régalez-vous d'une cuisine savoureuse sur la belle terrasse de cette demeure du 11e s. qui domine la Dordogne. Dès les premiers froids, vous serez servis dans une magnifique salle voûtée. Décor épuré et élégant. Jolies chambres et vue splendide. Piscine.

Les gens

Lors de la réorganisation administrative de la France en 1790, le nom de Dordogne a été choisi par un conciliabule auquel participait un Périgourdin, Pierre de Belleyme.

circuits

1 LA VALLÉE QUERCYNOISE★★★

Circuit de 85 km – compter environ une journée

Souillac★ *(voir ce nom)*

Quitter Souillac par le Nord-Est en empruntant la D 703.

Martel★ *(voir ce nom)*

Continuer sur la D 703 jusqu'à Vayrac et prendre, vers le Nord, la D 20 en direction de Brive. Avant la sortie du bourg, tourner à gauche sur la D 119.

Puy d'Issolud★

Culminant à 311 m, ce plateau est bordé de falaises abruptes surplombant de petits affluents de la Dordogne. Du sommet, vous bénéficierez d'une **vue★** étendue, bien que fragmentée, en direction de la vallée.

Entouré à l'époque gauloise de solides retranchements en terre et en pierres sèches qui en faisaient l'un des *oppida* les plus redoutables du Quercy, ce puy passe

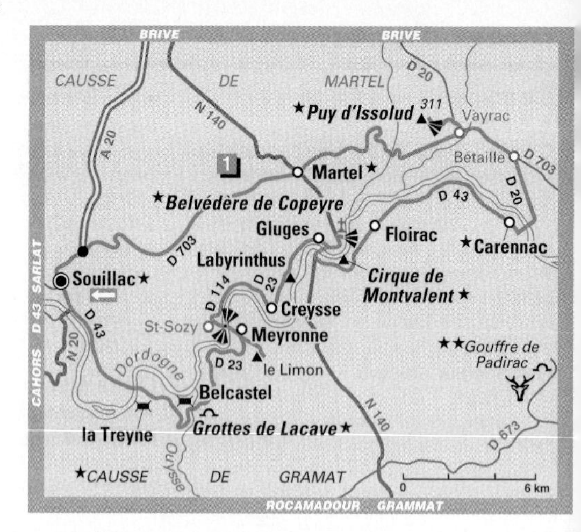

POLÉMIQUE
Certains auteurs situent Uxellodunum à Capdenac, d'autres à Luzech *(voir ces noms)*, mais les travaux de recherche archéologique donneraient un avantage au puy d'Issolud.

pour être l'ancien **Uxellodunum** qui fut le théâtre de l'ultime résistance gauloise à César après Alésia. La lutte, menée par les légions romaines avec un acharnement inouï, se solde par une nouvelle défaite gauloise, à la suite du détournement d'une source, qui fit croire aux défenseurs d'Uxellodunum que leurs dieux les avaient abandonnés.

Revenir à Vayrac et pousuivre sur la D 703, direction Puybrun. À Bétaille, prendre à droite sur la D 20.

Carennac★ *(voir ce nom)*

Quitter Carennac par le Nord-Ouest en empruntant la D 43 qui longe la rive gauche de la Dordogne.

Après Carennac, se frayant un passage entre causses de Martel et de Gramat, la Dordogne s'engage dans la magnifique trouée du cirque de Montvalent.

Floirac

Plantée au milieu de la place du village, une tour-donjon réemployée pour l'église, témoigne du passé militaire du bourg. Au Nord du village, une petite chapelle du 15e s. mérite un coup d'œil.

Cirque de Montvalent★

La route longe souvent la rivière et s'élève parfois en corniche au-dessus d'elle. À chaque tournant se révèlent de belles **perspectives** sur la vallée et les falaises des causses.

Prendre à droite la N 140, direction Gluges. Après avoir franchi la Dordogne tourner à droite.

Belvédère de Copeyre★

Du petit calvaire planté au bord de la falaise, **vue** sur les sinuosités argentées de la Dordogne du cirque de Montvalent, à droite, et sur le puy d'Issolud, à gauche.

Une falaise à la végétation clairsemée domine de 120 m le village de Gluges.

Gluges

À l'entrée d'un méandre, le bourg se blottit au pied de la falaise autour de son église romane semi-troglodytique. Le village occupe un **site★** pittoresque.

Quitter Gluges par le Sud-Ouest en empruntant la D 43.

Labyrinthus

Juil.-août : visite du parc 10h30-19h30 (dernière entrée 18h), animation 11h-13h, 14h-19h30 ; du 20 juil. au 20 août : nocturne ven. 21h-minuit (dernière entrée 22h30). 40F (enf. : 30F), 50F (nocturne). ☎ 05 65 32 20 30

Un champ de noyers masque l'entrée d'un labyrinthe végétal qui s'étire entre la Dordogne et les falaises du causse. Plongé dans un monde mystérieux peuplé de personnages de légende, le visiteur aura pour fil d'Ariane le murmure d'une voix. Dessin, histoire et plantes sont renouvelés chaque été.

Dans la montée, une haute **falaise** en surplomb aux belles teintes ocre est parfois masquée d'épais tapis de lierre.

Quitter le village par la D 23 creusée dans la falaise.

Creysse

Cette ancienne châtellenie des vicomtes de Turenne regroupe ses vieilles maisons aux toits de tuiles brunes au pied d'un petit éperon. À son sommet, au-delà d'une rampe pierreuse se dressent les vestiges du château (15e s.) et son ancienne chapelle romane (12e s.), devenue église paroissiale. De la place ombragée de platanes, vue d'ensemble sur le bourg. En contrebas, le port de Creysse, très fréquenté, appartenait au roi.

Quitter Creysse par le Nord-Ouest en empruntant la D 114. À St-Sozy, prendre à gauche la D 15.

EXPÉRIMENTAL
Creysse accueille la station expérimentale de la noix, chargée, en collaboration avec l'INRA et du CTIFL, de la création de la noiseraie du troisième millénaire. Une action qui concerne toute la filière nucicole française.

Meyronne

Du pont, on découvre une jolie **vue★** sur la rivière et sur le village. Ce cadre exquis de ce petit village plut aux évêques de Tulle qui en firent leur lieu de résidence. Si leur château a aujourd'hui disparu, l'église, restaurée à la fin du 19e s. siècle, porte encore quelques traces de leur passage.

Quitter Meyronne par le Sud-Est en empruntant la D 15, puis tourner à droite après avoir parcouru 1 km.

Site du moulin du Limon

Il se compose d'un vieux moulin ruiné et d'un gouffre entouré d'une rafraîchissante verdure... très bucolique !

Revenir à Meyronne et prendre à gauche la D 23.

La route épouse alors le tracé de la rivière dans un très beau **décor** de rochers et de falaises jusqu'à Lacave.

Grottes de Lacave★ *(voir ce nom)*

Château de Belcastel

En face du village de Lacave, sur l'autre rive de l'Ouysse, le château de Belcastel domine la vallée depuis le Moyen Âge. Seuls le donjon et la partie Est du corps de logis datent de cette époque, les autres éléments du château ayant été ultérieurement reconstruits.

La D 43 coupe le méandre de la vallée en direction de Pinsac. Prendre à gauche juste avant le pont.

Château de la Treyne

De juin à fin sept. : tlj sf lun. 9h-12h, 14h-18h. 20F (enf. : 7F). ☎ 05 65 27 60 60.

Construit au bord de la falaise, le château déploie un vaste parc côté plateau. Ancienne propriété des seigneurs de Meyraguet, il fut incendié par les catholiques lors des guerres de Religion et reconstruit au 17e s. On peut visiter le parc et ses jardins à la française ainsi que la chapelle, cadre privilégié d'expositions.

La D 43 ramène directement à Souillac. Si vous souhaitez profiter encore de la Dordogne, tourner à gauche (D 43) au Port de Souillac et rentrer à Souillac par Cieurac.

OÙ DORMIR ET SE RESTAURER
Château de la Treyne – 46200 Lacave – 3 km à l'O de Lacave par D 43 et voie privée – ☎ 05 65 27 60 60 – fermé 6 janv. à début mars et mi-nov. Au 22 déc. – P – 15 ch. : à partir de 950F – : 80F – restaurant 320/420F.
Vous tomberez sous le charme de ce petit bijou, perché sur un rocher, au-dessus de la Dordogne. Les chambres meublées à l'ancienne plongent presque toutes sur la rivière, comme la terrasse pour les dîners à la belle étoile.

2 LE SUD DU PÉRIGORD NOIR★★★

Circuit de 70 km – compter environ une demi-journée

Sarlat-la-Canéda★★★ *(voir ce nom)*

Quitter Sarlat par le Sud en empruntant la D 46. Après avoir franchi la Dordogne, prendre à droite la D 50.

Domme★★ *(voir ce nom)*

Poursuivre sur la D 50 que coupe la D 46.

Cénac

Église de la Nativité – *Juin-sept. : 9h-19h ; oct.-mai : sur demande auprès de M. le Curé. ☎ 05 53 28 32 73.*

Isolée du village, elle est un vestige d'un important prieuré bâti au 11e s. Le chevet de cet édifice roman échappa aux destructions des protestants en 1589. À l'intérieur, le chœur et l'abside ont conservé d'intéressants chapiteaux historiés.

COUP D'ŒIL
Vue imprenable et calme, depuis le cimetière, sur le **chevet** de l'église et son beau toit de lauzes.

Poursuivre sur la D 50. À St-Cybranet, prendre la D 57, direction Sarlat. Avant le pont, tourner à gauche.

Château de Castelnaud★★ *(voir ce nom)*

Rejoindre la D 57 (à gauche), puis poursuivre tout droit sur la D 53 qui longe la rive gauche de la Dordogne.

Château de Fayrac

Face au bourg de Beynac-et-Cazenac, et malgré son impressionnant gabarit, ce château fait pâle figure avec son pseudo-donjon du 19e s. Il n'en conserve pas moins de beaux éléments de défense, comme une double enceinte et deux ponts-levis. Dans la cour intérieure, les bâtiments du 16e s. hérissés de poivrières sont assez harmonieux.

Poursuivre sur la D 53.

Château des Milandes

Avr.-sept. : 10h-18h (juin-août : 9h-19h) ; de mi-fév. à fin mars et oct.-déc. : 10h-12h, 14h-17h. 43F (enf. : 33F). ☎ 05 53 59 31 21.

L'histoire retiendra de François de Caumont le souvenir d'un homme poussé par une femme autoritaire à construire un somptueux château. Dans un site surplombant la Dordogne, il fait élever dès 1489 un édifice répondant aux nouveaux styles architecturaux italiens, mais qui sera largement remanié au 19e s. dans un style néogothique. Une pièce abrite un petit **musée de la Fauconnerie**. Un joli jardin entoure le château. Au-delà, les sept hectares de parc sont accessibles au public. Également remaniés au 19e s., ils regroupent arbres et conifères parfois centenaires.

Une âme généreuse

En 1949, Joséphine Baker, chanteuse et actrice au faîte de sa célébrité, réalise son rêve, celui du « village du monde ». Elle réunit au château des Milandes des enfants adoptés originaires de différents pays du monde. Cette charitable entreprise cessa en 1969 avec l'épuisement de sa fortune.

Sur l'injonction de son épouse, conquise par le nouveau style architectural venu d'Italie, François de Caumont fit ériger le château des Milandes. Ce que femme veut...

Rejoindre sur la D 53, puis prendre à droite la D 50. Rouler pendant 4,5 km, puis tourner à droite vers Allas-les-Mines. Après avoir franchi la Dordogne, prendre à droite sur la D 703 qui longe la rive droite de la rivière.

Beynac-et-Cazenac★★ *(voir ce nom)*

Poursuivre sur la D 703. Après la voie ferrée, prendre à gauche la D 49, direction Sarlat, puis à droite la D 57.

Parc du château de Marqueyssac★

De mi-fév. à mi-nov. : 10h-18h (mai-juin et sept. : 10h-19h, juil.-août : 9h20h) ; de mi-nov. à mi-fév. : 14h-17h. 28F (enf. : 14F). ☎ 05 53 31 36 36.

Résidence d'agrément du 18e s., cette bâtisse attire surtout la foule par son superbe parc et ses aménagements : rotonde de verdure, cascade, terrasse, promenade des falaises, belvédère. Les jardins associent végétation naturelle où domine le chêne vert, et les massifs de buis taillé. De longs sentiers ombragés sont jalonnés de panneaux renseignant sur la flore, la faune, et l'histoire. La promenande offre de saisissants **points de vue**★ sur les villages et les châteaux environnants : La Roque-Gageac, Beynac, Castelnaud, et sur les cingles de la Dordogne animés en été par le ballet des canoës et des « gabares ».

ART TOPIAIRE

Vraisemblablement dessiné par le fameux jardinier paysagiste Le Nôtre, le parc de Marqueyssac couvre 22 ha où serpentent 5 km d'allées à travers 150 000 pieds de buis (au moins) taillés à la main.

Qu'il fait bon marcher dans le parc de Marqueyssac où les buissons de buis prennent les formes les plus inattendues.

Rejoindre la D 703 (à gauche).

Observez, sur la gauche, le **château de la Malartrie**, édifice du 19e s., pastiche du style Renaissance.

La Roque-Gageac★★ *(voir ce nom)*

Poursuivre sur la D 703 pendant 2 km et tourner à gauche sur la D 46 qui ramène à Sarlat.

Excideuil

Au Nord, les fraîches gorges de l'Auvézère et de la Loue, au Sud, le causse, terre de prédilection de la truffe : aux confins du Périgord vert, le gros bourg d'Excideuil s'étire au pied de son imposante forteresse, ancienne sentinelle sur la route du Limousin.

LA TRUFFE DU SIÈCLE

Depuis le 23 décembre 1999, le marché d'Excideuil est détenteur d'un record de poids... une truffe de 1,147 kg ! Ce phénomène devrait être exposé au musée de la truffe à Sorges *(voir ce nom).*

La situation

Cartes Michelin nos 75 plis 6, 7 ou 233 Nord-Ouest du pli 44 – Dordogne (24).

Excideuil est situé à 6 km de la D 704, à l'intersection des routes D 76 et D 704.

Pl. du Château, 24160 Excideuil, ☎ 05 53 62 95 56.

Le nom

Deux théories expliquent l'origine du nom « Excideuil ». La plus « savante » évoque la *ville des eaux*, d'après une vieille racine celtique. Une autre, plus poétique, explique cette toponymie par le tombeau d'Isis, *isis dolium*. Choisissez selon votre humeur lors de votre arrivée...

FUITE
Le portrait de Charles Dufraisse trône désormais à l'université d'Akron, aux États-Unis.

Les gens

1 414 Excideuillais. Moins connu que le maréchal Bugeaud, Charles Dufraisse est, lui aussi, un enfant du pays d'Excideuil. Il est pourtant à l'origine, avec Charles Moureu, d'une découverte qui aura une grande influence sur notre vie quotidienne : les anti-oxygènes. Ces corps protègent de nombreuses substances de leur altération par l'oxygène : graisses, huiles, essences, vitamines, hormones, caoutchouc...

Couronnant une colline, Excideuil est installé sur un site stratégique d'où, jadis, l'on pouvait surveiller le passage du Périgord au Limousin.

se promener

DÉMÉNAGEURS
À la fin du 16e s., le château échoit à la famille de Talleyrand qui fait transporter mobiliers, cheminés et statues dans leur château de Chalais.

Château

Conscients de la valeur stratégique du site, les vicomtes de Limoges transfèrent leur cour à Excideuil et construisent une des plus puissantes forteresses de la région aujourd'hui ruinée. Le troubadour Girault de Borneilh devient le poète attitré d'une cour raffinée mais malmenée par la guerre de Cent Ans. Dans la seule année 1346, le château subit quatre assauts de la part des troupes anglaises. Deux donjons reliés par une courtine constituent les seuls vestiges du 14e s. Le logis, comme le châtelet d'entrée de la forteresse, est plus tardif (16e-17e s.).

Du château, gagner le vieux bourg par la rue des Cendres pour arriver sur la place Bugeaud. Sur la gauche, l'ancien consulat d'Excideuil, où siégeaient les magistrats municipaux.

Remonter sur la place, coincée entre le quartier St-Antoine, à gauche, et le quartier St-Georges.

MARCHÉS
Tous les mardis matin. Foire aux gras en fin d'année. Marché médiéval le samedi qui précède le 14 juillet.

Église St-Thomas

Tlj sf dim. ap.-midi.

Elle a été édifiée sur les vestiges d'un ancien prieuré bénédictin autour duquel se constitua le bourg. Au 15e s., elle fut l'objet de remaniements dont celui du portail, bel ensemble flamboyant commandé par Anne de Bretagne. À l'intérieur, dans la chapelle Ste-Constance, retable franciscain du 17e s.

circuit

VALLÉE DE L'AUVÉZÈRE

Circuit de 55 km – compter environ une demi-journée

Quitter Excideuil par le Nord-Est en empruntant la D 705, puis la D 4 qui coupe la D 704.

La vallée de l'Auvézère relie le bocage Limousin aux vallées du Périgord blanc en un profond encaissement. Dans ce pays au parfum de fougère où s'égrènent forges et moulins, la rivière se découvre depuis peu de nouveaux admirateurs, kayakistes ou randonneurs passionnés. Découpant le causse périgourdin, les gorges de l'Auvézère s'élargissent en une ample vallée au-delà de Cherveix-Cubas.

GR
Le GR 646 serpente dans les sous-bois parfumés. Vues sur la rivière encaissée. Ne ratez pas la cascatelle du Saut-Ruban (1 h de St-Mesmin).

Payzac

Aux abords des gorges de l'Auvézère, l'église de Payzac regarde se dérouler la rivière en contrebas. Cet édifice, au clocher carré roman, a été remanié au 17ᵉ s. À l'intérieur, une pietà du 16ᵉ s.

Quitter Payzac par le Sud en empruntant la D 75ᴱ.

Savignac-Lédrier

Dominée par un château, ancienne possession de Jeanne d'Albret, mère du futur Henri IV, la forge de Savignac-Lédrier témoigne encore de la principale activité de la région. Elle fonctionne dès le 15ᵉ s. pour s'arrêter au début du 20ᵉ s.

Continuer de longer la rive gauche de la rivière.

Jusqu'à St-Mesmin, la route domine la vallée de l'Auvézère laissant entrevoir par intermittence quelques échappées sur les gorges. Après le bourg, elle descend jusqu'aux moulins du Pervendou (17ᵉ s.) et du Pont. À partir du bourg de Génis, la route serpente au milieu des prairies avant de regagner les rives de la rivière.

Cherveix-Cubas

Située dans le cimetière à l'écart de l'église, une superbe lanterne aux morts du 13ᵉ s. domine les autres tombes. Un bas-relief représentant saint Roch a trouvé refuge au fond de l'église du 17ᵉ s.

Quitter Cherveix par le Nord en empruntant la D 704 qui franchit l'Auvézère, puis, après 3 km, prendre à gauche sur la D 76 qui ramène à Excideuil.

Vous avez dit « Auvézère » ?

Au 12ᵉ s., les textes évoquent la *flumen Alvesera*, mais trois hypothèses s'opposent sur l'origine du nom : la première s'appuie sur *alta Visera*, la haute Vézère ; l'autre rattache « au » à un radical précelique *arva*, désignant l'eau. La dernière hypothèse propose de voir en *al* le mot « autre », l'autre Vézère.

Visite au sec

Un atelier de fabrication de parapluies. (mardi et jeudi) ☎ 05 53 50 42 60.

Eymet

C'est un séjour gourmet que propose Eymet : la place est réputée pour ses conserveries fines de foies gras, de galantines et de ballottines. À déguster – sans modération – dans cette jolie bastide du 13ᵉ s. Les voyageurs de mai en quête de romantisme s'attarderont dans la ville, le temps de la fête des fleurs.

La situation

Cartes Michelin nᵒˢ 75 pli 14 ou 234 Nord-Ouest du pli 8 – Dordogne (24).

Porte Sud du Périgord, Eymet est accessible par la D 933 qui longe le Dropt et de nombreux moulins.

Pl. de la Bastide, 24500 Eymet, ☎ 05 53 23 74 95.

Le nom

Ametus, ancien propriétaire foncier d'origine germanique a laissé son nom à la bourgade, devenue tour à tour *Aymet* et *Emez*.

Les gens

Revanche sur l'histoire : la bastide est maintenant largement occupée par des... Anglais – indésirables durant la guerre de Cent Ans – qui viennent en nombre retaper quelques vieilles maisons dans cette bastide qui leur résista farouchement. Mais les 2 739 Eymetois n'ont aujourd'hui plus rien à craindre...

Plaisirs conjugués

Si vous passez à Eymet le 15 août, vous pourrez participer à la Fête du vin blanc et des huîtres. Un plaisir n'arrive jamais seul !

Marchés

Le marché hebdomadaire, organisé le jeudi matin, existerait ici depuis 1270. Nocturne, le mardi soir en juillet-août.

comprendre

Fondée en 1256 par Alphonse de Poitiers, frère de Saint Louis, la bastide d'Eymet obtient sa charte de franchise en 1271. Mais les libertés concédées n'empêchent guère quelques seigneurs, évoluant dans la mouvance tantôt des Français, tantôt des Anglais, de faire la pluie et le beau temps sur la ville et ce malgré la construction de remparts en 1320... Comme Bergerac, Eymet est un bastion du protestantisme dont les fortifications et le temple sont démolis sous Louis XIII. Un bastion qui ne change pas de confession comme de chemise : près d'un demi-siècle plus tard, l'autorité royale prend un nouvel arrêté pour détruire le temple, installé en d'autres lieux.

se promener

LA BASTIDE

ENCORE !
L'Office de tourisme propose d'autres promenades et visites guidées de la ville.

Place centrale

Elle a conservé ses arcades (ou « cornières ») et de belles maisons anciennes aux façades de pierre apparente ou à pans de bois. Au centre de la place, s'élève une fontaine du 17e s.
Une promenade dans les rues permet de retrouver le plan de construction initial : un damier.

Église

Elle succéda à un premier édifice bénédictin dépendant de l'abbaye de Moissac.

Donjon

Cette tour du 14e s. est le seul vestige du château.

Une bastide sans arcade, ce n'est pas tout à fait une bastide ! À Eymet pas de problème, les « cornières » font toujours parties du décor.

visiter

Musée Émile-Vautier

De mi-juin à mi-sept. : visite sur demande préalable tlj sf dim. 15h-18h30. 10F. ☎ *05 53 23 74 95.*
Il a été aménagé dans l'ancien donjon pour regrouper sur trois étages des collections d'objets d'arts et traditions populaires locales. Vêtements, outils, bottes de cocher, mais aussi monnaies anciennes, voire éléments préhistoriques, il retrace quelques fragments de la vie de cette région charnière entre Agenais et Périgord.

Les Eyzies-de-Tayac★★

La situation géographique des Eyzies est superbe : un cadre de falaises couronnées de chênes verts et de genévriers pour un village tout en hauteur. Mais il y a plus : les parois rocheuses des falaises ont délivré leur secret : celui de millénaires d'occupation humaine. Les Eyzies sont une des portes de la préhistoire : alors, parmi les grottes, les dessins, les outils et les ossements, c'est une véritable quête de nos ancêtres qui commence...

La situation

Cartes Michelin nos 75 pli 16 ou 235 pli 1 – Dordogne (24).
Le bourg des Eyzies est un village-carrefour à la croisée de la route qui mène du Bugue à Montignac, et surtout, de l'axe Périgueux-Sarlat, la D 47. **i** *Pl. de la Mairie, 24620 Les Eyzies-de-Tayac-Sireuil,* ☎ *05 53 06 97 05.*

carnet pratique

Où dormir

• *Valeur sûre*

Hôtel Le Moulin de la Beune – *☎ 05 53 06 94 33 – fermé déc. à Pâques – P – 20 ch. : 280/350F – ☕ 40F – restaurant 98F.* Cet ancien moulin borde la Beune, en contrebas de la route. Les chambres sont classiques mais sympathiques. Vous admirerez le mécanisme désormais silencieux de la salle à manger avec ses pierres apparentes et ses boiseries. Terrasse au bord de l'eau.

Ou se restaurer

• *À bon compte*

Auberge de l'Étang Joli – *4 km au S des Eyzies par D 706 et rte secondaire – ☎ 05 53 35 29 87 – fermé le soir en hiver sf sur réserv. – ⊭ – 80/160F.* Loin de la foule des touristes, cette auberge périgourdine est tranquille dans son joli jardin pour les repas dehors. Cuisine régionale mitonnée par la patronne aux fourneaux. Hors saison, réservation obligatoire.

Les Combarelles – *2 km à l'O des Eyzies par D 47 dir. Sarlat – ☎ 05 53 35 17 64 – fermé 1er nov. à fin mars, lun. et mer. sf été – réserv. conseillée en été – 69/119F.* Ce n'est pas tous les jours que vous mangerez des crêpes hollandaises au cœur du Périgord. Osez le changement et arrêtez-vous aux Combarelles pour une petite dégustation. Une aire de jeux est prévue pour les enfants.

Achats

La halle paysanne des Eyzies accueille à la haute saison artisans et agriculteurs locaux.

Sports

De nombreux clubs de canoë-kayak attendent les amateurs pour de rafraîchissantes balades. Initiation.

Le nom

Avant 1905, la commune s'appelait Tayac. Ce n'est qu'à partir de cette date qu'elle fut nommée Les Eyzies-de-Tayac en raison de la renommée des sites découverts au siècle précédent : en effet, ce rajout, orthographié *Ay* ou *Ey*, évoque en occitan, une résidence, une demeure ; soit « les demeures de Tayac ».

Les gens

863 Eyzicois, ou Tayaciens, c'est selon. Il est un personnage aux Eyzies-de-Tayac qui aura fait couler beaucoup d'encre. Il s'agit de l'homme de Néandertal, chaude silhouette de pierre jaune, la sculpture a été réalisée par P. Dardé en 1930-1931.

La Félibrée

Chaque année, le 1er dimanche du mois de juillet, une ville différente du Périgord accueille La Félibrée. L'élue est décorée de milliers de fleurs multicolores en papier encadrant les fenêtres, les portes, fleurissant les arbres et les haies, formant des arcs de triomphe.

comprendre

La « capitale de la préhistoire » – Des abris creusés à la base des masses calcaires ont tenu lieu d'habitations aux hommes de la préhistoire, tandis que des grottes s'ouvrant à mi-hauteur des falaises leur servaient de sanctuaires. La découverte de ces abris, depuis le 19e s., dans un rayon restreint autour des Eyzies, leur exploration méthodique et l'étude des gisements qu'ils recèlent ont permis à la préhistoire de s'ériger en science et ont fait des Eyzies la « capitale de la préhistoire ».

La basse Vézère au paléolithique – La basse Vézère offrait une multitude de cavités que pendant plusieurs dizaines de milliers d'années, les hommes ont fréquentées, y laissant des traces de leur passage et de leurs activités : ossements, cendres de foyers, outils, armes, ustensiles, représentations figuratives et abstraites. Différentes espèces humaines (Néandertal et homme moderne), différentes cultures s'y sont relayées, souvent en relation avec les changements climatiques qui affectaient leur milieu naturel. La faune s'est elle aussi adaptée : aux chevaux, mammouths et rennes qui couraient dans la vallée, ont fini par succéder les cerfs et les sangliers ; la forêt a gagné du terrain et le climat se réchauffant, les hommes ont commencé à défricher, puis à vivre à demeure au même endroit...

Idée reçue

Il est faux de dire que l'homme préhistorique a vécu dans les cavernes : elles sont beaucoup trop humides ! Il s'est contenté de planter sa tente à l'entrée, à l'abri du vent, sur la pente exposée au soleil.

Le domaine des chercheurs – L'étude méthodique des gisements de la région des Eyzies a permis aux chercheurs de mieux connaître la préhistoire. Le département de la Dordogne offre en effet une fabuleuse richesse de vestiges : près de 200 gisements sont dénombrés, dont plus de la moitié se situent dans la basse vallée de la Vézère !

Dénominations

Beaucoup de termes se réfèrent ainsi aux sites de la région : le moustérien d'après **Le Moustier**, le magdalénien, d'après **La Madeleine**...

La statue de l'homme de Néanderthal semble défier cette forteresse encastrée sous un rocher. Derrière ces murs se cache l'histoire de nos ancêtres. Généalogistes à vos archives !

visiter

Musée national de la Préhistoire*

Travaux d'extension actuellement en cours, mais le musée reste ouvert. De mi-mars à mi-nov. : tlj sf mar. 9h30-12h, 14h-18h (juil.-août : tlj sf mar. 9h30-19h) ; de mi-nov. à mi-mars : tlj sf mar. 9h30-12h, 14h-17h. Fermé 1er janv. et 25 déc. 22F (enf. : 15F). ☎ 05 53 06 45 45.

Il est installé dans l'ancien château des barons de Beynac. Cette forteresse du 13e s., restaurée au 16e s., surplombe le village des Eyzies. De la terrasse, où se dresse la statue de l'homme de Néanderthal on découvre une belle **vue** sur le bourg et sur les vallées de la Vézère et de la Beune.

Le niveau I du musée retrace les grandes étapes de l'évolution des cultures humaines par la présentation d'outils caractéristiques des grandes périodes du paléolithique.

La première salle du niveau II constitue la grande originalité du musée : une impressionnante collection des premières œuvres d'art de l'homme moderne, tel ce bloc sculpté en bas-relief du **Fourneau du Diable** (du solutréen, autour de –20 000 ans). Des blocs gravés (**Abri Cellier, La Ferrassie**), de l'époque aurignacienne (–36 000 à –26 000 ans), représentent des animaux schématiques et des signes assimilés à des symboles sexuels féminins.

La salle II présente un catalogue de l'art mobilier. Les statuettes féminines du gravettien, qui ont toutes comme un « air de famille » sont remarquables.

Au niveau IV, dans une première salle, la reconstitution d'une sépulture féminine célèbre (St-Germain-la-Rivière). La deuxième salle évoque la faune côtoyée et chassée par l'homme préhistorique. Une troisième présente l'évolution de la taille des silex depuis 2, 5 millions d'années.

Bel exemple de pierre biface acheuléen où les arêtes sont plus finies.

Abri de Cro-Magnon

Mis au jour en 1868, il s'agit d'une sépulture aurignacienne (autour de –35 000 ans) dans laquelle outre des outils en silex, en os et des pendeloques en coquillage et ivoire de mammouth, on a retrouvé cinq squelettes d'homme moderne, dont le fameux « vieillard », de 50 ans, et un enfant mort en bas âge (chose fréquente à l'époque). Ce furent les premiers restes d'*Homo sapiens* retrouvés. Du site lui-même, il ne reste plus aujourd'hui qu'une plaque commémorative.

Quinquagénaire

Il y a 35 000 ans, l'homme moderne, comme celui de Cro-Magnon, avait une espérance de vie très courte. À 50 ans, il était considéré comme plus qu'un vieillard.

Grotte de Font-de-Gaume★

Avr.-sept. : visite guidée (3/4h, dernière entrée 1h av. fermeture) sur réservation tlj sf mer. 9h-12h, 14h-18h ; mars et oct. : tlj sf mer. 9h30-12h, 14h-17h30 ; nov.-fév. : tlj sf mer. 10h-12h, 14h-17h. Fermé 1er janv., 1er mai, 1er et 11 nov., 25 déc. 35F (enf. : 23F). ☎ *05 53 06 90 80.*

Laisser la voiture au débouché du vallon de St-Cyprien, face à une falaise en forme d'éperon. Il s'agit du dernier site à figures polychromes ouvert au public. La grotte se présente sous la forme d'un couloir d'environ 120 m, sur lequel se greffent plusieurs ramifications. Les peintures pariétales – très belles – furent, pour la plupart attribuées au magdalénien moyen (entre -16 000 et -13 000 ans). Il est probable qu'une partie d'entre elles soit contemporaine de **Lascaux** (magdalénien ancien). On découvre ainsi une frise de bisons polychrome (dont deux particulièrement, peints sur un fond de calcite blanche, sont remarquables), de chevaux et de mammouths. Notez aussi la présence de signes en forme de toit, les tectiformes, qu'on retrouve aussi à **Bernifal**, aux **Combarelles** et à **Rouffignac**. Certains préhistoriens voient dans ces similitudes l'œuvre d'un même groupe culturel.

REMARQUABLE
Une des très rares scènes presque animée de l'art paléolithique : deux rennes se font face et l'un lèche les bois de l'autre.

Abri Pataud

Avr.-oct. : tlj sf lun. 10h-12h30, 13h30-19h (juil.-août : tlj 10h-19h) ; nov.-mars : tlj sf lun. 10h-12h30, 13h30-17h30. Fermé en janv. et 25 déc. 30F (enf. : 15F). ☎ *05 53 35 50 10.*

Il s'agit d'un gisement préhistorique de référence. On visite le chantier de fouilles et notamment deux coupes stratigraphiques de 9,25 m de haut et pas moins de 14 couches archéologiques (aurignacien, gravettien, solutréen) avec ossements, silex, foyers visibles in situ. Le musée aménagé dans une partie non effondrée de l'abri, présente une sélection d'objets découverts au cours des fouilles (outils, objets de parure et d'art, ossements d'animaux et humains). On y contemple aussi un exceptionnel bouquetin sculpté en bas relief et attribué au solutréen. Des tableaux et des maquettes permettent de comprendre comment les préhistoriens (dont H. de Lumkey et H.-L. Movius) ont daté les campements et reconstitué les paysages et le mode de vie de ces chasseurs de rennes, qui vécurent ici à de multiples reprises entre -35 000 et -20 000 ans.

FRAÎCHE DEMOISELLE
Une statue représente une jeune femme de 16 ans, enterrée au fond de l'abri il y a environ 20 000 ans.

Gravé au plafond de l'abri Pataud, ce bouquetin (-17 000) est criant de réalisme.

Rocher de la Peine

Déchiqueté par l'érosion, cet imposant rocher surplombe en partie la route. Il a révélé dans ses flancs un gisement magdalénien.

Église de Tayac

Visite sur demande dim. 11h-12h. Mairie. ☎ *05 53 06 97 15.*

Cette église fortifiée du 12e s. séduit par les tons dorés de sa pierre. Deux tours crénelées, aménagées en réduits défensifs et coiffées de toits de lauzes, encadrent le vaisseau. À l'intérieur, le plan à trois nefs séparées par de grandes arcades reposant sur des piles, tout comme le plafond en charpente, sont exceptionnels en Périgord.

STYLES
La première voussure du portail lui confère une note orientale. Deux colonnettes de remploi en marbre bleu, témoignent de l'art gallo-romain.

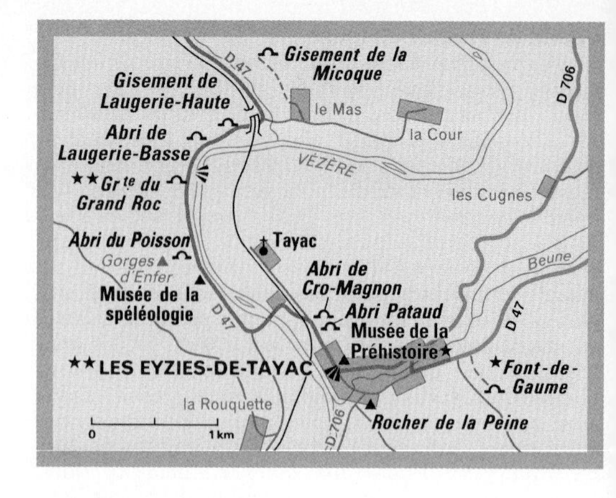

alentours

LE LONG DE LA D 47

Musée de la spéléologie

De mi-juin à mi-sept. : tlj sf sam. 11h-18h. 20F (enf. : 10F). Mairie. ☎ 05 53 06 97 15.

Il est installé dans le fort du roc de Tayac, commandant la vallée de la Vézère. Les quatre salles taillées dans le rocher sont consacrées au monde souterrain : matériel spéléologique, géologie et faune des cavernes, maquettes.

Abri du poisson

Mêmes conditions que la grotte de Laugerie-Haute.

Au fond d'une petite cavité est sculptée une des plus anciennes représentations de poisson, sans doute un saumon, espèce qui abondait dans la Vézère jusqu'à une époque récente. Cette représentation, indiquant une fois de plus l'intérêt que le paléolithique portait à la nature, est attribuée au gravettien (vers –23 000 ans) et demeure une des plus anciennes connues.

PREMIER POCHOIR
Non loin du poisson, apparaît en blanc sur fond noir une main, qui semble soufflée sur la paroi.

Grotte du Grand Roc★★

Avr.-oct. : visite guidée (1/2h) 9h30-18h (juil.-août : 9h30-19h) ; nov.-mars : 10h-17h (sf sam. en fév. et déc. hors vac. scol.). Fermé en janv. 38F (enf. : 20F). 48F (billet jumelé avec l'abri de Laugerie-Basse) (enf. : 25F). ☎ 05 53 06 92 70.

Des escaliers et de la terrasse située à l'entrée de la grotte, on jouit d'une très belle **vue**★ sur la vallée de la Vézère. 40 m de tunnels permettent de découvrir, dans des salles généralement exiguës, une extraordinaire floraison de stalactites et de stalagmites, des excentriques comparables à des coraux, des pendeloques et des cristallisations d'une richesse et d'une variété inouïes.

La « Victoire de Samothrace », excentrique aux formes harmonieuses, est à découvrir à la grotte du Grand Roc. Surprenant, non ?

Habitats préhistoriques de Laugerie-Basse

♿ *Avr.-oct. : 9h30-18h (juil.-août : 9h30-19h) ; nov.-mars : 10h-17h (sf sam. en fév. et déc.). Fermé en janv. 28F (enf. : 15F), 48F (billet donnant accès à la grotte du Grand Roc) (enf. : 25F). ☎ 05 53 06 92 70.*

Situé en aval de Laugerie-Haute *(voir ci-contre)*, d'où son nom, ce site servit plusieurs fois d'habitat à l'homme préhistorique, depuis –14 000 ans environ (magdalénien moyen), jusqu'aux époques historiques. On y découvrit un important rassemblement d'outils en pierre et en os, ainsi que des objets d'art sur supports osseux ou en bois de cervidés *(voir aussi au musée du Périgord à Périgueux, ainsi qu'au musée de la Préhistoire des Eyzies)*. Des reproductions et des moulages des plus beaux d'entre eux sont présentés dans la salle d'exposition.

Gisement de Laugerie-Haute

♿ *Avr.-sept. : visite guidée sur réservation (3/4h, dernière entrée 1h av. fermeture) tlj sf mer. 9h-12h, 14h-18h ; mars et oct. : tlj sf mer. 9h30-12h, 14h-17h30 ; nov.-fév. : tlj sf mer. 10h-12h, 14h-17h. Fermé 1er janv., 1er mai, 1er et 11 nov., 25 déc. 15F. S'adresser à la grotte de Font-de-Gaume. ☏ 05 53 06 90 80.*

Dans un site très pittoresque au pied des hautes falaises, des fouilles entreprises depuis près d'un siècle ont mis au jour d'importants spécimens de l'industrie et de l'art des hommes préhistoriques. La stratigraphie, une des plus complètes du Périgord, puisqu'elle va du gravettien au magdalénien moyen a permis de préciser la succession des sculptures paléolithiques dans la région.

L'examen des falaises de Laugerie-Haute révèle par endroits des traces de larmiers en saillie, de chenaux, taillés au Moyen Âge dans la roche afin d'empêcher les eaux de pluie de ruisseler le long des parois et de pénétrer dans les abris.

Gisement de La Micoque

Site majeur découvert fortuitement en 1895, La Micoque occupe une place importante dans la constitution de la science préhistorique : tous les pionniers (dont les plus célèbres sont l'abbé H. Breuil, L. Capitan, E. Cartailhac, O. Hauser et D. Peyrony) s'y sont intéressés. Les fouilles ont permis l'étude d'industries lithiques anciennes, de la fin du paléolithique inférieur et du paléolithique moyen : le tayacien, le micoquien et le moustérien. Certaines pièces sont exposées au musée des Eyzies.

circuit

LA VALLÉE DE LA BEUNE

Circuit 50 km – compter environ une demi-journée

Quitter Les Eyzies par l'Est en empruntant la D 47.

Grotte des Combarelles

♿ *Mêmes conditions de visite que la grotte de Font de Gaume.*

Un couloir sinueux de 250 m de longueur présente sur ses parois, après un parcours de 120 m, de nombreux traits, souvent gravés dont certains sont rehaussés de peinture : près de 700 figurations (chevaux, bisons, ours, rennes, mammouths, mais aussi félins et personnages humains caricaturaux). Remarquez les quatre signes tectiformes, comparables à ceux que l'on retrouve dans la grotte voisine de **Font-de-Gaume**, ainsi qu'à **Bernifal** et **Rouffignac**. On attribue traditionnellement Les Combarelles au magdalénien moyen (entre –16 000 et –13 000 ans), mais il est possible que certaines gravures soient

FÉLINE

La « Lionne », en fait un lion des cavernes, est gravée sur la paroi gauche, en plein élan : il s'agit d'un des chefs-d'œuvre de l'art magdalénien.

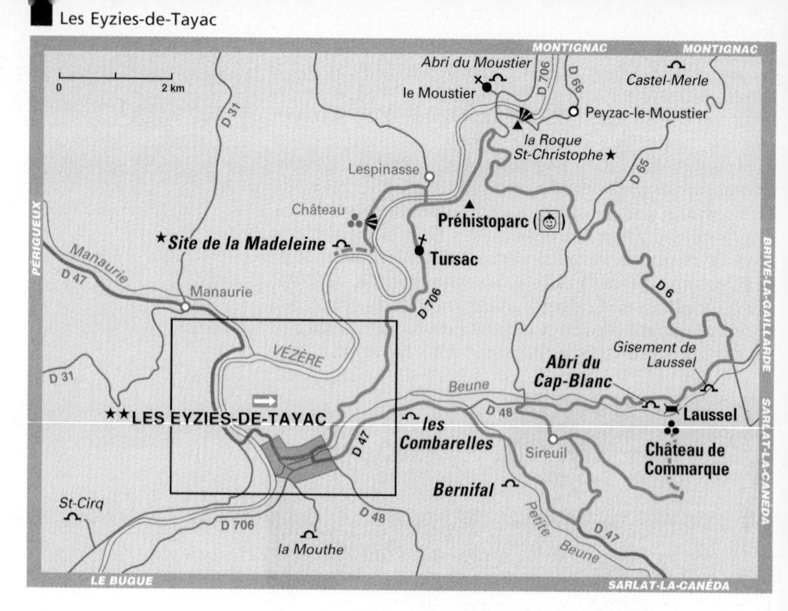

plus récentes (magdalénien supérieur). Un second couloir offrant des gravures analogues a été le théâtre de la vie des hommes ; on y a trouvé des restes de foyers et des témoignages de l'industrie magdalénienne.

Poursuivre sur la D 47 en direction de Sarlat.

Grotte de Bernifal

Juil.-août : visite guidée (1h) 9h-19h ; juin et sept. : 9h-12h, 14h-18h ; oct.-mai : sur demande préalable. 30F. ☎ *05 53 29 66 39.*

Tout en volume
Un mammouth au galop, dessiné à l'argile, qui utilise le volume de la paroi, à l'air presque réel, grâce à ce subterfuge.

Accès : 10 mn de marche. La décoration de cette grotte majeure est attribuée au magdalénien moyen (entre –16 000 et –13 000 ans). 110 figures y sont recensées : 2 figures humaines, 24 mammouths, 8 chevaux, 7 bovidés, 23 cervidés, un ours et un curieux mammouth en plein galop. Mais surtout, 13 signes tectiformes (signes évoquant des habitations), rapprochent Bernifal d'autres sites déjà évoqués pour la présence de signes identiques : Combarelles, Rouffignac, et Font-de-Gaume.

Poursuivre la D 47 qui longe la Petite Beune, puis après 2 km, tourner à gauche. Avant l'entrée de Sireuil, prendre une route sur la droite, direction Marquay.

Château de Commarque

D'avr. à fin sept. : 10h-19h. 28F (– 10 ans : gratuit). ☎ *05 53 59 00 25.*

Romance
Le donjon de Commarque, couronné de mâchicoulis, la chapelle et les différents corps de logis émergent d'un nid de verdure : cadre moult romantique.

Ses ruines imposantes se dressent face au château de Laussel, sur la rive Sud de la Beune. Construit aux 12e et 14e s., il fut longtemps la possession d'une branche cadette des Beynac. Occupé par les Anglais à la suite d'une trahison, il fut repris par le sénéchal de Périgord qui le rendit au baron de Beynac. Des fortifications qui le protégeaient subsistent d'importants vestiges. Subsiste aussi une petite chapelle du 12e s.

Revenir à Sireuil et rejoindre au Nord la D 48 (à droite).

Abri du Cap-Blanc

D'avr. à fin oct. : visite guidée (1/2h) 10h-12h, 14h-18h (juil.-août : 9h30-19h). 30F (enf. : 16F). ☎ *05 53 59 21 74.*

Détail
Le premier cheval sur la gauche possède un anneau sculpté sur la croupe : signe abstrait ou aménagement du lieu ?

Un site étonnant : dans un abri qui servit d'habitat à l'homme paléolithique, figurent de véritables **sculptures**★ en haut relief, de chevaux grandeur nature (l'un d'entre eux fait même plus de 2 m de long), de bisons, de cerfs et peut-être d'un ours. Elles sont traditionnellement attribuées au magdalénien moyen, mais les sondages récents ont mis au jour quelques outils solutréens. Au pied de cette frise a été découverte une sépulture humaine.

Pousuivre sur la D 48 sur quelques centaines de mètres.

Château de Laussel

Perché sur une falaise surplombant la vallée de la Beune, ce castel des 15e et 16e s., remanié au 19e s., est de dimensions modestes, mais d'allure très élégante. À quelques centaines de mètres en amont se trouvait un important gisement préhistorique où l'on découvrit plusieurs représentations humaines en bas-relief, dont la célèbre « Femme à la corne », d'époque gravettienne conservées au musée d'Aquitaine de Bordeaux.

Poursuivre sur la D 48. Après 1,5 km, prendre à gauche sur la D 6, direction Le Moustier. 9 km plus loin, tourner à gauche sur la D 706 en direction des Eyzies.

Préhisto-Parc

♿ *De mars au 11 nov. : 10h-18h (juil.-sept. : 9h30-19h). 30F (enf. : 15F).* ☎ *05 53 50 73 19.*

Dans un petit vallon en sous-bois bordé de falaises, le long d'un sentier de découverte sont reconstituées une vingtaine de scènes de la vie quotidienne des hommes paléolithiques, qu'ils soient de Néanderthal ou de Cro-Magnon : chasse au mammouth et au mégacéros, dépeçage du renne, pêche, peinture pariétale, habitat, première sépulture...

Scène de reconstitution de chasse... vivement que l'on invente le fusil, devait penser ce rabatteur.

Poursuivre sur la D 706. Après 500 m, tourner à droite sur une petite route qui bientôt franchit la Vézère. À Lespinasse, prendre à gauche.

Site de La Madeleine★ *(voir ce nom)*

Revenir et poursuivre (à droite) sur la D 706.

Tursac

Dominée par un énorme clocher tour d'aspect sévère, l'**église** de Tursac offre une suite de coupoles caractéristiques du style roman périgourdin.

La route grimpe sur la falaise ; de belles perspectives s'ouvrent sur le village de Tursac et la Vézère.

Poursuivre sur la D 706 qui ramène aux Eyzies.

Figeac★★

Pas de pyramides ni d'obélisques à Figeac, mais vous trouverez quand même une momie et quelques sarcophages au musée Champollion : enclave égyptienne dans une ville qui invite plutôt à un voyage au cœur d'un Moyen Âge prestigieux qu'au Caire... et pourtant.

Figeac version hiéroglyphes !

La situation

Cartes Michelin nos 79 pli 10 ou 235 pli 11 – Lot (46).

D'où que l'on vienne, les accès de Figeac peinent à ventiler une circulation importante. Les incontournables boulevards, avenues et quais qui enserrent le vieux bourg sont cependant aménagés de nombreux parkings.

Hôtel de la Monnaie, pl. Vival, 46100 Figeac, ☎ *05 65 34 06 25.*

COURAGE, MARCHONS

Entrer dans le vieux Figeac en voiture et s'y garer est plus qu'hasardeux : redevenons piétons.

Le nom

Le nom de la ville proviendrait de l'époque gallo-romaine où une exploitation occupait le fond de la vallée : *fondus fidiacus.*

Les gens

À l'heure où l'Égypte connaît un engouement croissant, Figeac ne peut que s'honorer d'être la ville natale de Jean-François Champollion, immortalisé sur la place de la Raison, au pied de l'église St-Sauveur. Les 5 949 Figeacois peuvent être fiers d'avoir un nom aussi illustre dans leur commune.

carnet pratique

Où dormir

• *Une petite folie !*

Château du Viguier du Roy – *R. É.-Zola – ☎ 05 65 50 05 05 – fermé 14 nov. au 25 mars – P – 21 ch. : 640/1250F – ☕ 95F.* Peut-être ne viendrez-vous ici que pour boire un verre. Mais la magie du cloître, du jardin intérieur ou de la chapelle vous envoûtera. Alors, vous prolongerez l'instant, le temps d'une nuit dans ce luxe raffiné de bois anciens, de baldaquins et de parquets cirés. Piscine d' été.

Où se restaurer

• *Valeur sûre*

Ferme-auberge Domaine des Villedieu – *46100 Boussac – 8 km au SO de Figeac par D 13, puis D 41 – ☎ 05 65 40 06 63 – réserv. obligatoire – 125/185F.* Cette vieille ferme en pleine nature vous enchantera. Les belles chambres aménagées dans des bâtiments agricoles restaurés sont meublées sobrement. Agriculteurs dans l'âme, les hôtes vous feront goûter leurs produits dans la salle à manger au beau plancher de noyer.

Dînée du Viguier – *R. Boutaric – ☎ 05 65 50 08 08 – fermé 17 janv. au 6 fév., lun. midi de mai à sept., dim. soir et lun. d'oct. à avr. – 135/200F.* Dans le château du Viguier du Roy, avec entrée indépendante, ce restaurant est en harmonie avec son décor médiéval : haut plafond de poutres peintes et cheminée de pierre. Cuisine au goût du jour.

Loisirs

Domaine du Surgié – *D'avr. à fin sept. : 9h-23h – tarif non communiqué – ☎ 05 65 34 59 00.* Importante base de loisirs de 14 ha située au bord du Célé, au Nord-Est de Figeac : plan d'eau, centre nautique et parc de jeux.

Manifestation

Salon européen des collectionneurs – *☎ 05 65 50 01 46.* Quelque 200 exposants et plus de 4 000 visiteurs par an.

Marché

Tous les sam. (le plus important étant le dernier du mois). Nocturnes : jeu., en juil.-août.

comprendre

Coquilles

Figeac est située sur la route du pèlerinage de Compostelle : cherchez les coquilles qui parsèment la vieille ville.

De la tutelle des abbés à celle des rois – Figeac se développe autour d'un monastère établi au 9e s. qui prend une réelle expansion aux 11e et 12e s. L'abbé, seigneur ecclésiastique, exerce son pouvoir sur la ville et la dirige accompagné d'une délégation de sept consuls. Tous les services administratifs se trouvent alors à l'intérieur de l'abbaye. Les artisans et les commerçants fort aisés de Figeac bénéficient de sa situation géographique entre l'Auvergne, le Quercy et le Rouergue. En 1302, à la suite d'un conflit entre l'abbé et les consuls, Philippe le Bel étend son autorité sur la ville. Représenté par un viguier, il s'attire l'amitié des habitants en leur accordant le privilège rare de battre monnaie (d'où la construction d'un hôtel de la Monnaie). La guerre de Cent Ans et les guerres de Religion ralentissent le développement de la ville. En 1576, les calvinistes s'emparent de la ville dont ils font, jusqu'en 1623, une de leurs places de sûreté avant qu'elle ne soit démantelée par Richelieu. Aux 18e et 19e s., les activités de la ville reprennent sous l'action de la bour-

La pierre de Rosette porte trois inscriptions en trois caractères différents : hiéroglyphes, démotique (écriture égyptienne simplifiée apparue vers 650 av. J.-C.) et caractères grecs. Champollion établit qu'il s'agit d'un même texte.

Jean-François Champollion

Le 23 décembre 1790 naquit à Figeac cet orientaliste dont le génie permit à l'égyptologie de faire des pas de géant. Au début du 19e s. la civilisation égyptienne demeurait en effet une énigme, les hiéroglyphes (mot qui signifie « graver sacré ») n'ayant pas été interprétés. Après de brillantes études à Grenoble, il suit à Paris les cours de l'École des langues orientales et ceux du Collège de France, tout en étudiant les manuscrits coptes et en préparant un dictionnaire et une grammaire de cette langue. Nommé à 19 ans professeur d'Histoire à la faculté des Lettres de Grenoble, il s'efforce de déchiffrer cette stèle à la face polie, trouvée lors de l'expédition d'Égypte dans le delta du Nil près de Rosette, la « pierre de Rosette ». Travaillant sur des copies de la pierre (aux mains de l'ennemi anglais !), il perce progressivement le secret des hiéroglyphes. Champollion part en mission en Égypte. En 1826 il fonde le musée égyptien du Louvre, dont il devient le premier conservateur. En 1831, il se voit confier une chaire d'archéologie au Collège de France, mais n'y dispense que trois cours, et meurt l'année suivante, épuisé par son énorme labeur.

geoisie. Le long du canal, moulins et tanneries s'activent alors que l'architecture des vieux quartiers évolue : les îlots insalubres disparaissent et laissent place à des espaces plus lumineux grâce à l'ouverture de larges baies.

se promener

LE VIEUX FIGEAC**

Il a conservé son plan du Moyen Âge, avec son entrelacs de rues étroites et tortueuses, circonscrit par une ligne de boulevards qui occupent l'emplacement des anciens fossés. Figeac présente de nombreux bâtiments des 13e, 14e et 15e s. construits dans un beau grès beige. Ces derniers s'ouvrent au rez-de-chaussée par de grandes ogives surmontées au 1er étage d'une galerie ajourée. Sous le toit plat, le « soleilho », grenier ouvert, servait à faire sécher le linge, à ranger le bois, à cultiver les fleurs... Ses ouvertures sont séparées par des piliers en bois, en pierre, ou encore en briques, qui supportent la toiture. À cette architecture, s'ajoutent des tours en encorbellement, des portes ouvragées, des escaliers à vis caractéristiques de cette époque.

ARTISANS D'ART
Rues de Colomb, Émile-Zola et Baduel, découvrez tailleur de pierre, mosaïste, tapissier, faïencier, luthier ou encore ferronnier d'art...

Hôtel de la Monnaie*

Cet édifice a été construit au 13e s. à l'emplacement des jardins de l'abbaye. Caractéristique de l'architecture civile figeacoise avec son soleilho, il déploie ses arcades en ogives au rez-de-chaussée. Les fenêtres en tiers-point simples, doubles ou multiples et surmontées d'oculus percent la façade. La belle cheminée en pierre octogonale était un modèle fréquent à Figeac. Le nom « Oustal dé lo Mounédo » évoque la fabrique royale de monnaie créée par Philippe le Bel. L'hôtel de la Monnaie abrite les collections d'un musée (voir « visiter ») qui présente, entre autres, des monnaies anciennes.

FAUX ?
Il semble établi aujourd'hui que l'atelier de frappe se trouvait dans un autre bâtiment et que cet immeuble servait probablement de lieu de change pour les monnayeurs.

S'engager dans la rue Ortabadial jusqu'à la rue Balène, à droite.

Ville d'échanges, Figeac a connu un passé prestigieux dont témoigne aujourd'hui l'architecture de ses hautes maisons de grès beige aux élégantes ogives.

Rue Balène

Au n° 7, le château de Balène dresse sa façade de forteresse médiévale percée d'une porte ogivale et des fenêtres rayonnantes de la chapelle. Construit au 14e s., cet édifice abrite, derrière l'enfilade de ses fenêtres, une vaste salle, lieu de vie de la maisonnée et actuelle salle des fêtes. Au n° 1, l'hôtel d'Auglanat du 15e s. fut la demeure de l'un des viguiers, représentant du roi. Il s'orne d'une belle porte décorée en arc surbaissé et d'une tourelle d'angle.

Rue Gambetta

Tracée sur l'ancienne voie romaine, cette rue restera longtemps l'artère principale de la cité. Aux nos 25 et 28 maisons à colombage garnis de briques, très bien restaurées.

Remonter la rue Gambetta jusqu'à la place aux Herbes, s'engager à droite, vers la place de la Raison.

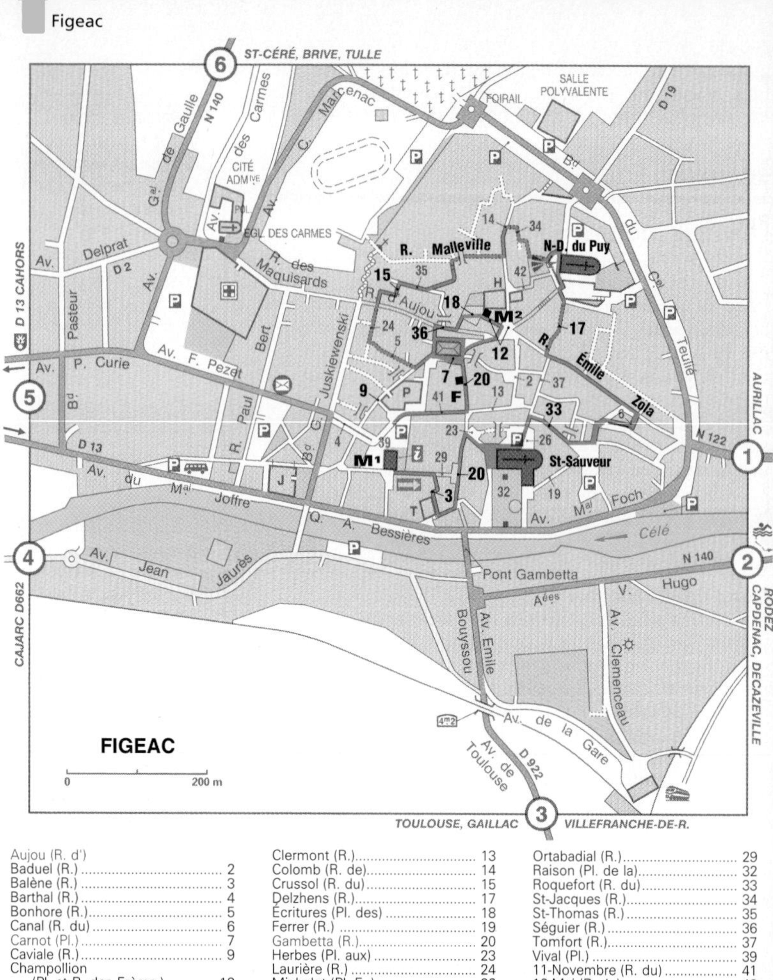

Aujou (R. d')		Clermont (R.)	13	Ortabadial (R.)	29
Baduel (R.)	2	Colomb (R. de)	14	Raison (Pl. de la)	32
Balène (R.)	3	Crussol (R. du)	15	Roquefort (R. du)	33
Barthal (R.)	4	Delzhens (R.)	17	St-Jacques (R.)	34
Bonhore (R.)	5	Écritures (Pl. des)	18	St-Thomas (R.)	35
Canal (R. du)	6	Ferrer (R.)	19	Séguier (R.)	36
Carnot (Pl.)	7	Gambetta (R.)	20	Tomfort (R.)	37
Caviale (R.)	9	Herbes (Pl. aux)	23	Vival (Pl.)	39
Champollion (Pl. et R. des Frères-)	12	Laurière (R.)	24	11-Novembre (R. du)	41
		Michelet (Pl. E.-)	26	16-Mai (R. du)	42

Commanderie des Templiers .... **F** — Hôtel de la Monnaie .... **M¹** — Musée Champollion .... **M²**

Bancale
La nef date du 14e s. Le côté Nord a été reconstruit au 17e s. Pas de symétrie pour la nef de St-Sauveur.

Église St-Sauveur

Cette ancienne église abbatiale, dont les parties les plus anciennes remontent au 11e s., a conservé dans l'ensemble son plan primitif en forme de croix latine. Des chapelles construites au 14e s. s'ouvrent sur une haute nef à collatéraux. Le côté Sud comprend, au-dessus des arcades en plein cintre, une tribune aux baies géminées inscrites dans un grand arc, surmontée elle-même de fenêtres du 14e s. À la suite des guerres de Religion, la tribune a disparu. Le chœur entouré d'un déambulatoire a été remanié au 18e s. Quatre chapiteaux romans provenant de l'ancien portail supportent les bénitiers. L'aménagement, à la Révolution, de la place de la Raison à l'emplacement des bâtiments conventuels, isolera l'église. De ces bâtiments, il ne subsiste que la salle capitulaire.

Un songe
À droite de l'autel, un surprenant panneau montre Jésus enfant endormi sur la croix, rêvant de sa Passion future.

Chapelle N.-D.-de-Pitié*

Cette chapelle, ancienne salle capitulaire, devient un lieu de culte après le départ des protestants en 1623, et reçoit alors un somptueux décor de bois sculpté et peint, œuvre semble-t-il d'une famille de maîtres sculpteurs figeacois, les Delclaux.

Quitter la place par le Nord, s'engager dans la rue Tomfort pour bifurquer à droite.

Rue de Roquefort

La maison à tourelle en encorbellement au cul-de-lampe sculpté appartenait à Galiot de Genouillac, grand maître de l'artillerie de François Ier et sénéchal du Quercy.

Gagner la rue Émile-Zola par la rue du Canal.

Rue Émile-Zola

La plus ancienne artère de la cité conserve des arcades ogivales, et aux n°s 35-37, une intéressante succession de portails Renaissance.

Prendre à droite.

Rue Delzhens

Au n° 3, l'**hôtel du Viguier du roy** n'a conservé de son architecture d'origine qu'un donjon carré et une tourelle de vigie du 14e s. Restauré, il a été transformé en hôtel de tourisme.

Remonter la rue.

N'hésitez pas à vous perdre dans les ruelles de cette vieille cité médiévale ; elles débouchent souvent sur d'intéressants bâtiments comme l'hôtel du Viguier du roy ou l'église St-Sauveur.

Église N.-D.-du-Puy

Elle est située sur une hauteur d'où on a une belle vue sur la ville et ses environs. Les protestants l'utilisèrent comme donjon, confortant la façade d'une chambre de veille. Cet édifice roman très remanié entre le 14e et le 17e s. marque le premier noyau autour duquel s'est développé Figeac.

Retable

Vous avez dit retable ? Jetez donc un œil sur celui de N.-D.-du-Puy : vaste, en noyer sculpté, de la fin du 17e s. Il encadre deux toiles : une Assomption et un Couronnement de la Vierge.

Redescendre la colline par la rue St-Jacques.

Rues Maleville et St-Thomas

Elles passent sous un passage couvert blasonné de l'hôtel de la Porte (15e s.).

Rue du Crussol

Au n° 5, la cour de l'hôtel de Crussol (16e s.), devenue terrasse d'un bar, s'agrémente de deux galeries superposées.

Emprunter la rue Laurière, puis la rue Bonhore pour accéder à la place Carnot.

À l'extrémité de la **rue Caviale, l'hôtel d'Ay-de-Lostanges** (n° 35) fait face à la **maison du Roi**, où aurait logé Louis XI en 1463.

Place Carnot

Autrefois place Basse, elle était le siège de la halle au froment, détruite en 1888. Dans l'angle Nord-Ouest, la **maison de Pierre de Cisteron**, armurier de Louis XIV, est flanquée d'une tourelle.

De la place Carnot, on accède par un porche à la place des Écritures, après avoir traversé l'étroite rue Séguier.

Place des Écritures*

Enchâssée dans un ensemble architectural médiéval, son sol est couvert d'une immense **reproduction de la pierre de Rosette** (14 x 7 m), sculptée dans du granit noir du Zimbabwe par l'artiste américain Joseph Kossuth. Dans une courette attenante, la traduction en français des inscriptions est gravée sur une plaque de verre.

Après l'Égypte et Babylone, admirez la place des Écritures, inaugurée en avril 1991, depuis le jardin suspendu qui la domine.

visiter

Musée Champollion*

Mars-oct. : tlj sf lun. (hors j. fériés) 10h-12h, 14h30-18h30 (juil.-août : tlj) ; nov.-fév. : tlj sf lun. 14h-18h. Fermé 1er janv., 1er mai, 25 déc. 20F (enf. : 12F). ☎ *05 65 50 31 08.*

Vases canopes
L'un de ces vases funéraires, ayant pour couvercle une tête emblématique, contient encore les viscères d'un défunt.

Rassemblés dans la maison natale de Champollion, des documents retracent la vie du célèbre figeacois, tandis que des objets originaux ou des reproductions évoquent les utilisations de l'écriture égyptienne, ainsi que les coutumes et rites de l'Égypte ancienne. Au 1er étage, la salle de l'Écriture expose notamment un moulage de la pierre de Rosette dont l'original se trouve au British Museum de Londres, des stèles sculptées, la massive statuette en granit noir de l'architecte Djehouty (15e s. avant J.-C.), une palette de scribe (nécessaire à écrire que l'on incluait dans le trousseau funéraire)... Au 2e étage, cohabitent des sarcophages de la nécropole de Thèbes, des vases canopes, une table d'offrande sculptée d'une représentation d'aliments que la magie devait rendre réels, et des objets en faïence.

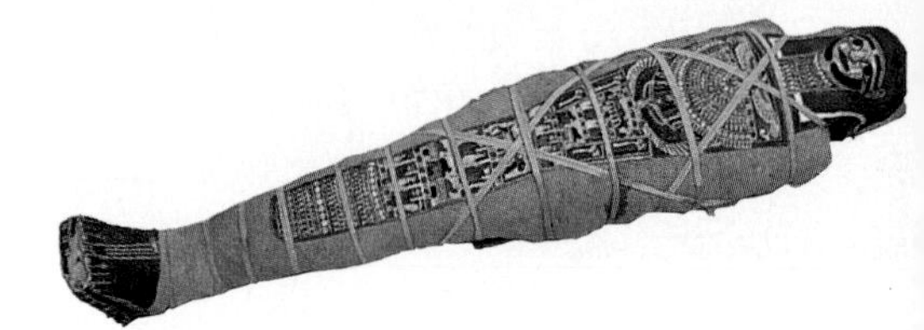

Une étonnante momie est exposée à côté de sa photo aux rayons X découvrant le corps du personnage embaumé.

Musée de l'Hôtel de la Monnaie

De juil. à mi-sept. : 10h-13h, 14h-19h ; mai-juin : 10h-12h, 14h30-18h, dim. et j. fériés 10h-13h ; de mi-sept. à fin oct. : 10h-12h30, 14h-18h30, dim. et j. fériés 10h-13h ; oct.-avr. : tlj sf w.-end et j. fériés 11h-12h, 14h30-17h30. Fermé 1er janv. et 1er mai. 10F. ☎ *05 65 34 06 25.*

Situé, comme son nom l'indique, dans l'hôtel de la Monnaie, il présente des fragments de sculptures provenant d'anciens édifices religieux et civils de la ville (porte de l'ancien hôtel de Sully), des sarcophages, des mesures à grains, des monnaies anciennes, des sceaux de la ville au temps des sept consuls.

Commanderie des Templiers

De juil. à fin sept. : visite guidée (1h) 11h-12h, 15h-19h. 26F (enf. : gratuit). ☎ *05 65 50 15 47.*

Vers 1187, l'ordre des Templiers, alors en plein épanouissement vint se fixer à Figeac, et éleva cette commanderie, dont la façade gothique égaye la rue Gambetta. Au 15e s., une autre construction vint fermer l'élégante **cour** pédestre. Un remarquable escalier en bois conduit au 1er étage occupé par la salle des gardes, la salle capitulaire et la chapelle, ces dernières communiquant par des guichets oratoires. Au 2e étage, un balcon de bois reconstitué relie le dortoir des moines au logis du commandeur qui comporte une chapelle-oratoire. La tour de garde, au sommet de l'édifice, a reçu une charpente au 15e s.

alentours

Les aiguilles de Figeac

Égypte toujours : ce sont deux obélisques de forme octogonale qui se dressent l'un au Sud, l'autre à l'Ouest de la ville et mesurent respectivement 14,50 m et 11,50 m, socle compris. Certaines interprétations ont voulu y voir les limites du monastère.

L'**aiguille du Cingle** (ou du Pressoir) est visible de la D 922 au Sud de Figeac. L'**aiguille de Lissac**, plus isolée, se trouve dans une zone boisée proche du quartier de Nayrac (sentier pédestre).

Cardaillac

11 km au Nord par la N 140, puis la D 15.

Ce village est le berceau d'une grande famille quercynoise dont il porte le nom. En haut du bourg, se dresse le quartier ancien du fort bâti sur un éperon rocheux. De cette fortification du 12e s., de forme triangulaire, subsistent deux tours carrées, la tour de l'Horloge ou tour des Barons, et la tour de Sagnes. Cette dernière se visite : elle possède deux hautes salles voûtées desservies par un escalier à vis.

Tour avec vue

Si vous visitez la tour de Sagnes, montez donc sur la plate-forme, la vue sur la vallée du Dauzou est bien belle.

Musée Éclaté – *Juil.-août. : visite guidée (2h) tlj sf lun. et w.-end (sur demande préalable) 15h-18h ; sept.-juin : sur demande préalable. ☎ 05 65 40 10 63 (Annie Mage) ou ☎ 05 65 40 15 65 (Roger Mazembert).*

Plusieurs sites de visite sont disséminés dans le bourg, évoquant de façon dynamique la vie au siècle dernier : l'école au village, l'artisanat local et la condition paysanne. La fabrication des « comportes » (hottes de vignerons), autrefois spécialité de Cardaillac, est détaillée.

circuit

D'UNE VALLÉE À L'AUTRE*

Circuit de 95 km – compter une journée

Quitter Figeac par l'Ouest en empruntant la D 41, direction Cahors.

Ste Eulalie

La route longe ce hameau, dont la grotte *(on ne visite pas)* est réputée dans le milieu scientifique pour ses fresques pariétales.

Espagnac-Ste-Eulalie

Établi à l'extrémité d'un méandre, le village groupe ses maisons coiffées de clochetons et de toits pointus autour de l'ancien prieuré N.-D.-du-Val-Paradis.

Ancien prieuré Notre-Dame – Fondé en 1145 par le moine Bertrand de Grifeuille de l'ordre des Augustins, ce prieuré accueille en 1211 une communauté de chanoinesses. Il prend une grande extension sous l'impulsion de son troisième fondateur, Aymeric Hébrard de St-Sulpice, évêque de Coïmbra. Sujet aux caprices de la rivière, il est déplacé en 1283, à l'abri des inondations du Célé. Mais d'autres malheurs s'abattent sur lui comme la guerre de Cent Ans, qui voit le cloître et l'église en partie démolis. Il est reconstruit au 15e s., et

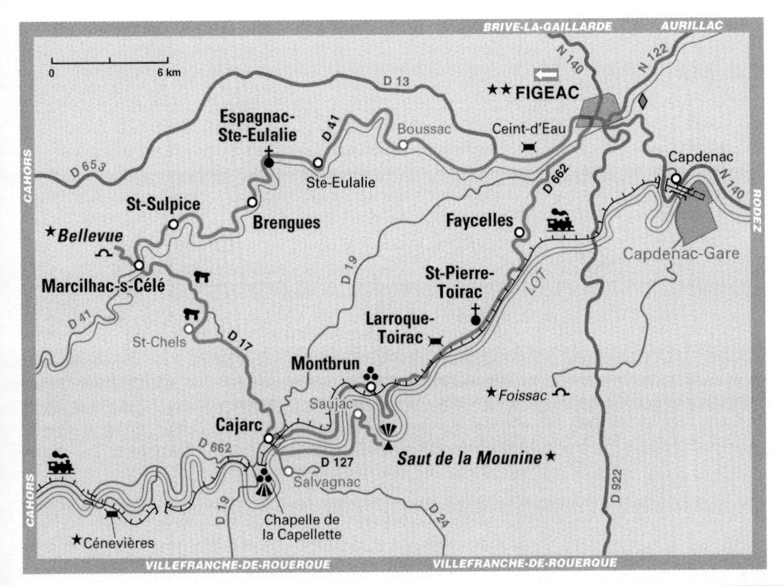

Le clocher de l'église d'Espagnac est flanqué d'un curieux clocher à colombage de bois et brique. Le toit pyramidal en lauze coiffe une mince tour carrée.

une nouvelle vie religieuse s'y déroulera jusqu'à la Révolution. Les bâtiments conventuels qui subsistent, abritent le foyer rural et des gîtes communaux.

Église – *En cas de fermeture s'adresser à Mme Bonzani. ☎ 05 65 40 06 17.*

De style flamboyant, elle remplace un édifice du 13e s. dont il ne subsiste que les murs de la nef, un portail et, en prolongement, les ruines des travées détruites au 15e s., lors d'incendies. L'extérieur offre la particularité d'un chevet pentagonal s'élevant au-dessus de la nef et flanqué, au Sud, d'une tour-clocher.

Revenir sur la rive droite et poursuivre sur la D 41.

Près de l'église se dresse un curieux pèlerin de bois... toute ressemblance avec une personne ayant existé ne serait que pure coïncidence ?

Brengues

Ce modeste village, ancienne possession des seigneurs de Cardaillac, comme une bonne partie des environs, occupe un site agréable accroché à une plate-forme que domine un à-pic vertigineux.

St-Sulpice

Les maisons et les jardins du vieux bourg s'accrochent sous un magnifique encorbellement de la falaise. Un château du 12e s., remanié aux 14e et 15e s., garde le passage. Il appartient également à la famille Hébrard de St-Sulpice, décidément très présente dans la vallée.

Marcilhac-sur-Célé *(voir ce nom)*

Prendre la première route à droite après l'église.

Grotte de Bellevue★ *(voir Marcilhac-sur-Célé)*

Revenir à Marcilhac et traverser le Célé.

La D 17 contourne la falaise du **Bout du Rocher**. Dolmens, ruines, grottes se succèdent sur ce causse parsemé de quelques fermes. La route, agréablement ombragée, redescend à flanc de combe pour rejoindre la vallée du Lot, offrant de belles échappées.

Cajarc

Village rendu célèbre par le président Pompidou qui y avait une propriété, et par l'enfant du pays, la romancière Françoise Sagan, révélée à l'âge de 19 ans par un premier roman *Bonjour tristesse*. Près de l'église, la maison de l'« Hébrardie » aux fenêtres gothiques est un vestige du château du 13e s.

SAFRAN

Vingt-huit petites safranières ont été recensées sur le canton de Cajarc, relançant une production tombée en désuétude. À voir impérativement : le causse s'empourprer en octobre, lors de la floraison.

Maison des Arts Georges-Pompidou – ♿ *Tlj sf mar. 10h-12h, 14h-18h. Fermé entre Noël et Jour de l'an. 20F. ☎ 05 65 40 78 19 ou ☎ 05 65 40 63 97.*

Inaugurée en 1989, cet établissement organise périodiquement d'importantes rétrospectives d'œuvres d'artistes contemporains européens. Les expositions Hartung, Bissière et Soulages ont hissé Cajarc parmi les principales places régionales de l'art contemporain.

Quitter Cajarc par le Sud en empruntant la D 24, direction Villefranche-de-Rouergue. Après avoir franchi le Lot, tourner à gauche sur la D 127.

La route, qui remonte la rive gauche du Lot, passe en encorbellement au-dessus de la rivière et, aussitôt après Saujac, s'élève, sinueuse, dominant une gorge boisée avant d'atteindre le sommet du causse.

Saut de la Mounine★

Le point de **vue★** se situe à 323 m, et la rivière en contrebas à 155 m. Inutile, donc, de jouer avec le bord de la falaise. Mais, tout de même, le large méandre du Lot qui enserre un damier de cultures et qui découvre, à gauche, les ruines de Montbrun, mérite qu'on s'y attarde. Ce vocable de « saut de la Mounine » évoque une curieuse légende : voulant punir sa fille pour l'amour qu'elle portait au fils d'un autre châtelain, le sire de Montbrun donna l'ordre de la précipiter du haut de la falaise ; ému par cette cruauté, un ermite déguisa avec des vêtements de femme une petite guenon (*mounine* en langue d'oc) aveugle et la jeta dans le vide. À ce spectacle, le père regretta son acte criminel, et sa joie de revoir sa fille saine et sauve fut telle qu'il lui pardonna.

Revenir à Cajarc et prendre vers l'Est la D 662 en direction de Figeac.

Les champs quadrillés tranchent avec le côté sauvage de la falaise de la Mounine.

Montbrun

Enserré de falaises abruptes, le village de Montbrun s'étage sur un promontoire rocheux dominant la rivière. Au sommet de cette éminence, se dressent les **ruines** d'un château fort qui appartint à l'un des frères du pape Jean XXII, puis à la puissante famille des Cardaillac.

Poursuivre sur la D 662.

Château de Larroque-Toirac

De juil. à déb. sept. : visite guidée (3/4h) 10h-12h, 14h-18h. 22F (enf. : 10F). ☎ 05 65 34 78 12.

À flanc de falaise, le château dresse sa haute silhouette au-dessus du village et de la vallée du Lot. Bâti au 12e s., il appartient à la famille de Cardaillac qui, au cours de la guerre de Cent Ans, se pose en championne de la résistance quercynoise à la domination anglaise.

De la place de l'église *(petit parc de stationnement)*, un chemin revêtu mène au château. On accède d'abord à une première tour ronde construite au début de la guerre de Cent Ans pour résister à l'artillerie alors à ses débuts. Remarquez sa charmante ouverture en forme de **cœur**. On traverse les communs pour entrer dans la cour. L'énorme donjon, autrefois haut de 30 m a été rasé sur 22 m en 1793 sur l'ordre des commissaires de la Convention. Un escalier à vis, situé dans une tour accolée au bâtiment principal, en dessert les différents étages. Pour les amateurs de cheminées : la salle des gardes a conservé une belle cheminée romane et la salle d'honneur une cheminée gothique.

Poursuivre sur la D 662.

La forme pentagonale du donjon de Larroque-Toirac a été choisie pour mieux supporter le choc des rochers précipités sur lui du sommet de la falaise.

St-Pierre-Toirac

Église – Édifiée aux 11e et 12e s., elle fut fortifiée au 14e s. L'abside romane vient seule rompre le caractère austère de l'édifice, énorme donjon carré crénelé dont l'étage supérieur constituait un réduit pour la défense. La nef nécessairement très courte, voûtée en berceau, est décorée de chapiteaux de facture primitive. Quelques sarcophages mérovingiens mis au jour dans les environs ont été disposés derrière l'église.

Poursuivre sur la D 662.

> **SAYNETTE**
> Sur la façade Ouest, curieuse scène de combat : l'ange du Bien terrasse un animal hybride.

Faycelles

Ce village, qui surplombe au Sud la vallée du Lot, est une ancienne possession de l'abbaye de Figeac. Au gré de ses rues silencieuses, se dessine la vie de cette bourgade : la fontaine non loin de la maison du Fort, ancienne propriété du seigneur de Larroque-Toirac, la place de la Barrière, ancien octroi pour les foires et le barri (faubourg) des Carbes, à la limite du village, au Sud-Est. Aux premières heures du jour, la brume se déchire au-dessus de la vallée, découvrant ses trésors.

Poursuivre sur la D 662 qui ramène à Figeac.

Grottes de Foissac★

Dans les entrailles de la terre, se dissimulait un véritable trésor que l'on a découvert en 1959 : 8 km de galeries, encore drainées par un ruisseau souterrain. Il est possible de visiter ce magnifique site où les concrétions et les traces d'une présence humaine forment un ensemble de premier ordre.

La situation

Cartes Michelin nos 79 pli 10 ou 235 plis 11 et 15 – Aveyron (12).

Les grottes se situent à l'écart du village de Foissac, en direction du Sud.

Le nom

Les grottes portent tout naturellement le nom du village le plus proche, Foissac. L'origine du nom demeure inconnue.

Les gens

Si le site de Foissac fut mis au jour en 1959, ce n'est qu'en 1965 que le club spéléologique de Capdenac réussit à accéder à la grande salle où sommeillaient les vestiges d'une occupation humaine vieille de 4 000 ans.

Petite formule mnémotechnique à l'usage des distraits : la stalagmite monte, contrairement à la stalactite qui tombe. Dans les deux cas il s'agit de concrétions.

visiter

Juil.-août. : visite guidée (1h, dernière entrée 1h av. fermeture) 10h-19h ; juin et sept. : 10h-12h30, 14h-19h ; avr.-mai et oct. : tlj sf sam. 14h-19h ; nov.-mars : sur demande. Fermé 1er janv., 1er et 11 nov., 25 déc. 34F (enf. : 22F). ☎ 05 65 64 77 04.

Fragile
Trace émouvante : une empreinte de pied d'enfant est fixée dans l'argile, une empreinte de 40 siècles !

◄ Entre autres merveilles minérales, la salle de l'Obélisque et la salle Michel-Roques recèlent quelques fistuleuses étincelantes de blancheur, ainsi que quelques tours d'ivoire. Dans la salle de l'Éboulement, vous verrez un curieux plafond à champignons. Ces derniers témoignent de l'existence de stalagmites antérieures aux séismes qui bouleversèrent la physionomie de la grotte. Enfin, d'originales stalactites bulbeuses ont été surnommées les « Oignons ». Ces grottes conservent aussi des signes de l'occupation humaine à l'âge du cuivre (2 700-1 900 avant J.-C.), elles auraient été utilisées comme carrières, caves mais aussi, cas plus rare, comme cimetière. On a découvert des foyers de charbon de bois, des ustensiles de cuivre, des poteries galbées de grandes dimensions, et surtout des squelettes humains, certains accompagnés d'offrandes attestant une inhumation.

Gourdon★

Plus que pour être la souriante capitale de la Bouriane, Gourdon est connue pour ses « Rencontres estivales ». Tout au long de l'été, se succèdent des concerts de musique classique, de jazz, de spectacles de danse et de théâtre.
Ne confondez pas avec le marché aux bestiaux, qui n'a lieu, lui, que le jeudi, durant cette période !

Rencontres estivales
Couronnées par un grand concert de musique sacrée, les rencontres estivales ont acquis une renommée internationale.
☎ 05 65 41 20 06.
De mi-juillet à mi-août.

La situation

Cartes Michelin nos 75 pli 18 ou 235 pli 6 – Lot (46).
Circulation déconseillée dans le vieux bourg. Stationner sur les deux petits boulevards extérieurs.
i 24 r. de Majou, 46300 Gourdon, ☎ 05 65 27 52 50.

Le nom

Dans les chroniques de la région, ce ne sont pas les références aux seigneurs de Gourdon qui manquent, et pourtant, bien peu d'éléments permettent de se faire une idée sur l'origine de ce nom. En tout cas, pas de fabriques de gourdes pour résoudre le mystère !

Les gens

Une légende tenace attribue le meurtre du roi Richard Cœur de Lion à Bertrand, seigneur de Gourdon. Qu'en pensent les 4 876 Gourdonnais ?

se promener

Rue du Majou★

C'est l'ancienne artère principale de Gourdon. Étroite et pittoresque, elle est bordée par des maisons en encorbellement dont les rez-de-chaussée s'ouvrent par de grands arcs en ogives. Au n° 17, l'ancienne maison d'Anglars a conservé de jolies fenêtres à meneaux.
Cette rue débouche sur l'esplanade de l'hôtel de ville (à gauche) et de l'église St-Pierre.

Hôtel de ville

Cet ancien consulat du 13e s., agrandi au 17e s., présente des couverts qui servent de halles.

Église St-Pierre

Autrefois dépendance de l'abbaye du Vigan, elle fut édifiée au 14e s. Elle présente sur sa façade Ouest un portail orné d'élégantes archivoltes qu'encadrent deux hautes tours asymétriques. La grande rosace est protégée par une ligne de mâchicoulis, témoins des anciennes fortifications.
La nef, voûtée d'ogives, est remarquable par son ampleur ; des panneaux de bois sculptés, peints et dorés, du 17e s., décorent le chœur et le croisillon droit.
En contournant l'église par la gauche, un escalier ombragé permet d'accéder à l'esplanade où s'élevait l'ancien château féodal.

Bel exemple de lucarne à volutes, joliment mise en valeur par un élégant toit en lauzes.

GOURDON

Briand (Bd A.-) 2
Cardinal-Farinié (R. du) 4
Cavaignac (Av.) 5
Dr-Cabanès (Bd) 7
Gaulle (Pl. Ch.-de-) 8
Gourdon (R. B. de) 9
Hôtel-de-Ville (Pl. de l') 10
Libération (Pl. de la) 12
Mainiol (Bd) 14
République (Allées de la) 17
Zig-Zag (R.) 18

Se repérer
En lieu et place de l'ancien château médiéval, une table d'orientation a été aménagée, plus pratique pour se repérer, moins efficace contre les envahisseurs !

Esplanade

Au-delà des toits de la ville, **panorama★** sur les plateaux qui bordent les vallées de la Dordogne et du Céou, et au premier plan, le cimetière, véritable forêt de cyprès.

Revenir sur la place de l'Hôtel-de-Ville et contourner l'église par la droite.

Face au chevet de l'église, s'élèvent quelques maisons anciennes, parmi lesquelles celle du conventionnel Cavaignac avec un beau portail du début du 17e s. Emprunter face au portail latéral droit de l'église, la rue Cardinal-Farinié en descente, ancienne rue habitée par les marchands de la ville. Un petit détour par la rue Zig-Zag : de vieilles maisons, aujourd'hui détruites, ont été remplacées par un square. En contrebas, l'église des Cordeliers.

Aux confins du Quercy et du Périgord, Gourdon s'étage au flanc d'une butte rocheuse. Ses boulevards circulaires ont été tracés à l'emplacement d'anciens remparts.

Église des Cordeliers

De juil. à fin août : visite sur demande préalable auprès de l'Office de tourisme.

Belle abside à sept pans, éclairée par des vitraux du 19e s. Au milieu de sa nef gothique trône une magnifique **cuve baptismale★** du 14e s. sur le pourtour de laquelle s'inscrivent un Christ en majesté et les douze apôtres.

alentours

Grottes de Cougnac★

Rameaux-Toussaint : visite guidée (1h1/4) 9h30-11h, 14h-17h (juil.-août : 9h30-18h). 33F (enf. : 20F). ☎ *05 65 41 47 54. 3 km au Nord par la D 704.* Ces grottes présentent un double intérêt : d'une part, elles sont riches en concrétions naturelles, d'autre part, certaines parties ont été ornées de dessins qui semblent contemporains de ceux de **Pech-Merle** (gravettien, de –25 000 à –22 000 ans et peut-être pour partie solutréen entre –21 000 et –18 000 ans). Les *grottes* comprennent deux cavités distantes de 200 m environ et développent leur réseau sous un plateau calcaire boisé de chênes. La première grotte comprend trois salles de petites dimensions dont les voûtes présentent une pluie de stalactites extrêmement serrées et souvent très fines. La deuxième grotte, plus spacieuse, compte surtout deux salles remarquables : la **salle des Colonnes★** et la **salle des Peintures préhistoriques**, où l'on contemple un grand panneau orné de dessins noirs, ocre et marron : 7 bouquetins, 3 mammouths, 3 mégacéros, un cheval réduit à son encolure. Notez la présence de signes en forme d'oiseau, datés du solutréen, un peu à l'écart et de deux dessins d'un « homme blessé », au corps hérissé de lances : est-ce l'expression d'un mythe ? On retrouve aussi ce motif à Pech-Merle.

La salle des Peintures préhistoriques des grottes de Cougnac offre le spectacle fabuleux du mélange de la nature et de la main de l'homme.

carnet pratique

Où dormir

• À bon compte

Camping L'Étang – *24250 Nabirat – 9 km au NO de Gourdon par D 704 et rte secondaire – ☎ 05 53 28 52 28 – ouv. mai à sept. – ⌧ – réserv. conseillée – 75 empl.* Pêcheurs, soyez les bienvenus ! Un étang vous est réservé pour taquiner le goujon. Emplacements ombragés en terrasses. Piscine et jeux pour les enfants. Locations de chalets, de mobile homes et de gîtes.

• Valeur sûre

Hostellerie de la Bouriane – *Pl. Foirail – ☎ 05 65 41 16 37 – fermé 15 janv. au 10 mars, lun. midi de Pâques au 1er nov., dim. soir et lun. du 2 nov. à Pâques – P – 20 ch. : 399/470 f- ☕ 40 – restaurant 85/250 F.* En retrait du centre-ville, cet hôtel est tranquille avec sa petite terrasse abritée. Les chambres sont classiques, claires, mansardées au 2e étage. Des reproductions de tableaux et des tapisseries d'Aubusson ornent la salle à manger. Bonne cuisine classique à prix doux.

Où se restaurer

• À bon compte

La Bonne Auberge – *6 r. de la Bastidette – ☎ 05 65 41 02 48 – fermé déc., janv. et dim. soir – 85/240 F.* C'est le moment de vous arrêter pendant votre promenade dans la vieille ville. Cette auberge familiale toute proche vous propose ses menus du terroir. Tout est fait maison, même les glaces !

Marchés

Le marché des producteurs de pays du Lot, (charte de qualité) les jeudis 8h30-13h en juil.-août.

Manifestations

« 1189 Bertrand de Gourdon » – Spectacle théâtral historique (durée : 2h). Renseignements auprès de l'Office de tourisme.

Festival de Théâtre de Gourdon – Avr.-mai, organisé par la MJC.

Chapelle de N.-D.-des-Neiges

1,5 km au Sud-Est. Visite sur demande préalable auprès de l'Office de tourisme.

Cette petite chapelle, lieu de pèlerinage pour sa source miraculeuse depuis le 12e s., date du 14e s. Elle abrite un beau retable polychrome (17e s.), chef-d'œuvre d'art populaire.

Dévotion

La « source miraculeuse » s'écoule dans le chœur même de la chapelle.

Le Vigan

5 km à l'Est. D'une abbaye fondée au 11e s. par l'évêque de Cahors, Géraud II, et qui devint au 14e s. un chapitre régulier de chanoines, subsiste l'église gothique.

Église – *Juil.-août : 10h-12h, 14h-18h ; sept.-juin : sur demande. Mairie. ☎ 05 65 41 12 90.*

Cet édifice possède un spectaculaire chevet, dominé par une tour coiffant le carré du transept, intercalant des tourelles défensives dans les absidioles. À l'intérieur, remarquez de belles voûtes d'ogives dans la nef.

Les Prades

Musée Henri-Giron – ♿ *Mai-oct. : tlj sf lun. 10h-12h, 15h-18h (juil.-août : tlj sf lun. 10h-18h) ; nov.-avr. : sur demande préalable auprès de M. Hoving. 15F. ☎ 05 65 41 33 78.*

7 km au Nord-Est. Il renferme une quarantaine d'œuvres de l'artiste bruxellois Henri Giron. Héritier des primitifs flamands, le peintre colore de cette lumière si particulière des sujets et des ambiances très modernes. Singulières et troublantes figures féminines.

circuit

LA BOURIANE

Circuit de 85 km – environ une demi-journée

Quitter Gourdon par l'Ouest en empruntant la D 673.

De Gourdon à la vallée du Lot et à l'Ouest de la N 20 s'étend la Bouriane, région couverte de plantations de châtaigniers, de pins et de noyers. La vigne occupe les versants bien exposés. Une multitude de rivières sillonnent le plateau, créant des paysages vallonnés et boisés à l'habitat dispersé.

Poursuivre sur la D 673.

Salviac

De style gothique, l'**église** possède de beaux vitraux du 14e s. contant la vie de sainte Europe.

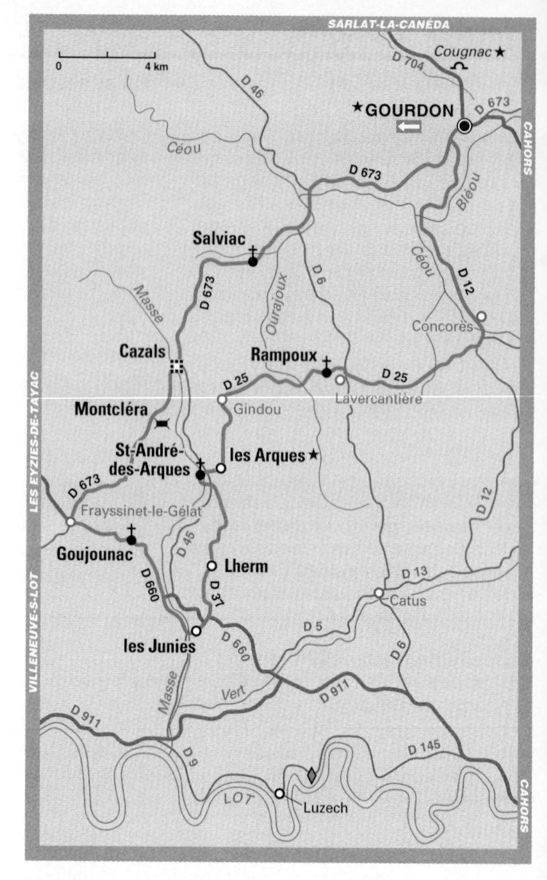

Cazals

Cette ancienne bastide des rois d'Angleterre s'organise autour de sa grand-place carrée. Un plan d'eau a été aménagé au bord de la Masse.

Quitter Cazals par le Sud et poursuivre sur la D 673.

Château de Montcléra

De la fin du 15e s., il présente une porte d'entrée fortifiée derrière laquelle se profilent le donjon carré et un corps de logis flanqué de tours rondes couronnées de mâchicoulis.

Poursuivre sur la D 67. À Frayssinet-le-Gélat, prendre à gauche sur la D 660.

Goujounac

Autour de l'église se trouvait autrefois un prieuré roman dont il reste quelques vestiges. Sur le mur Sud, un **tympan** roman, représentant un Christ en majesté entouré des symboles des quatre évangélistes, est l'œuvre d'un artiste quercynois probablement influencé par le tympan de Beaulieu-sur-Dordogne.

Poursuivre sur la D 660.

Tour de France

Laurent Roux, valeur montante du cyclisme, est né dans le village de Goujounac.

Les Junies

Le château du 15e s. flanqué de tours rondes s'orne d'élégantes fenêtres Renaissance. À l'écart du village, l'église Ste-Madeleine du 14e s., édifice sobre et puissant, impressionne par ses proportions. Elle faisait partie d'un prieuré rattaché aux dominicains en 1345, qui avait été fondé par l'un des seigneurs du lieu, Gaucelin des Junies, cardinal d'Albano.

Quitter Les Junies par le Nord en empruntant la D 37.

Lherm

Le clocher, une tourelle et quelques pigeonniers dominent les solides constructions de calcaire blanc aux toits très pentus et couverts de petites tuiles brunes.

Église N.-D.-de-l'Assomption – Ancien siège d'un prieuré perdu dans ce vallon boisé, elle présente une abside romane et une sobre nef voûtée d'un berceau de moellons. L'édifice a été remanié au 16e s. : porte soignée de style Renaissance.

Poursuivre vers le Nord sur la D 37.

À voir

Le chœur abrite un **retable** à trois panneaux débordant d'or et de sculptures sur un fond bleuté, savoureuse interprétation locale du style baroque.

Église St-André-des-Arques *(voir Les Arques)*

Les Arques★ *(voir ce nom)*

Quitter Les Arques par le Sud-Est en empruntant la D 150 que l'on poursuit après Maussac. Après 2 km, prendre à gauche sur la D 47 qui bientôt rattrape la D 25.

Rampoux

Intéressante église romane du 12e s. en pierre rouge et blanche, ancienne prieurale bénédictine dépendante de Marcilhac et restaurée au 19e s. À l'intérieur des fresques de la fin du 15e s. racontent, dans un style naïf, la vie de Jésus.

Poursuivre sur la D 25. 2 km après Lavercantière, prendre à gauche vers Concorès, puis la D 12 qui ramène à Gourdon en longeant le Bléou.

Château de Hautefort★★

D'où que vous veniez, vous ne pourrez échapper à sa haute silhouette. Le château de Hautefort domine un paysage tout en rondeur. Les jardins, surtout, sont extraordinaires et, les jours de grande chaleur, une longue promenade au milieu de tout ce vert réjouira votre cœur de voyageur.

Vous apprécierez ces magnifiques jardins d'autant mieux, si vous prenez un peu de hauteur, à l'intérieur du château.

La situation

Cartes Michelin nos 75 pli 7 ou 233 Nord du pli 44 – Dordogne (24). Le bourg, établi au pied du château, se trouve à l'écart de la D 704. Le château est facile d'accès. Un vaste parking est ouvert au Nord, à deux pas de la D 62.

Pl. René-Lavaud, 24390 Hautefort, ☎ 05 53 50 40 27.

Le nom

Sa signification est on ne peut plus simple : Hautefort vient de l'occitan *auta* (haute) et *forta* (forte), c'est-à-dire, une fortification haute et forte.

Un troubadour aux allures de guerrier

Bertran de Born, célèbre troubadour du 12e s., cité dans *La Divine Comédie* de Dante, est coseigneur du château de Hautefort avec son frère Constantin. Afin de faire entendre ses droits sur les possessions familiales, Bertran prend les armes contre ce dernier et réussi à amadouer Henri II Plantagenêt qui lui cède le château en 1185. Mais dès l'année suivante, Constantin revient à Hautefort et ravage le château. Bertran se retire alors sous l'habit monastique.

carnet pratique

Où dormir

• ***Valeur sûre***

Chambre d'hôte L'Enclos – *Pragelier – 24390 Tourtoirac – 5 km à l'O de Hautefort par D 62, puis D 67 – ☎ 05 53 51 11 40 – rornsteen@yahoo.com – fermé oct. à mai – ⌿ – 5 ch. : 375/800F – repas 150F.* À l'instar de quelques vedettes du cinéma américain qui viennent ici, vous aimerez ce petit hameau. Les chambres personnalisées sont réparties dans des petits cottages autour du jardin. L'accueil délicieux s'ajoute au subtil mélange de raffinement et de sérénité.

Loisirs

Au pied de Hautefort, l'étang du Coucou offre parcours de santé, pêche, attractions nautiques, baignades... mais aussi des possibilités de restauration rapide. *☎ 05 53 51 38 98.*

Ferme

La famille Personne vous accueille à la ferme de la Garenne. Ouv. toute l'année. *☎ 05 53 50 44 34.*

Les gens

À Hautefort est né Eugène Le Roy, auteur, entre autres, du célèbre roman *Jacquou le Croquant* que les 1 035 Hautefortais ont certainement lu !

visiter

Le château

D'avr. à mi-oct. : visite guidée (1h, dernière entrée 3/4h av. fermeture) 10h-12h, 14h-18h (de mi-juil. à fin août : 9h30-19h) ; vac. scol. hiver : 14h-18h ; de mi-nov. à mi-janv. : dim. 14h-18h. Fermé de mi-déc. à mi-janv. 35F, 25F (parc). ☎ 05 53 50 51 23.

Dès le 9e s., une forteresse des vicomtes de Limoges occupe le site. Plusieurs édifices se succèdent au Moyen Âge. Il en subsiste quelques traces (tour de l'angle Ouest de la cour). La capacité défensive du château, renforcée au 16e s. pendant les guerres de Religion (échauguettes et pont-levis), est allégée dès le 17e s. : Hautefort devient une résidence agréable où se mêlent styles Renaissance et classique, conférant au château une élégance originale.

Le château de Hautefort rappelle, par sa fière silhouette, les demeures royales du val de Loire plus que les forteresses périgourdines.

Les jardins – Des allées du parc de 40 ha, on atteint les terrasses du château savamment entretenues par une équipe dirigée par un paysagiste décorateur : motifs et arabesques toujours renouvelés, essences communes et précieuses.

Les intérieurs – Au rez-de-chaussée, une galerie mène sur deux portes refaites à l'identique, suite au dramatique incendie survenu en 1968. Derrière, un salon de tapisseries et une salle à manger qui renferme des peintures du 17e s. Pièce maîtresse du château, une magnifique **charpente**** de châtaignier, œuvre des Compagnons du tour de France, située dans la tour du Sud-Ouest.

L'église

Édifiée sur la place du village, au Sud du château, c'est l'ancienne chapelle d'un hospice fondé par les Hautefort en 1669. Elle présente un beau dôme recouvert d'ardoises et surmonté d'un haut lanternon. Le bâtiment déploie des formes de croix grecque.

circuit

AUTREFOIS

Au 19e s., le pays d'Ans connut une certaine prospérité grâce à la présence d'une bonne cinquantaine de forges dont certaines produisaient au-delà des besoins locaux.

◄ LE PAYS D'ANS*

Circuit de 60 km – compter une demi-journée

Quitter Hautefort par le Nord-Ouest en empruntant la D 62E1. À St-Aigan, poursuivre tout droit sur la D 62, direction Périgueux.

Tourtoirac *(voir ce nom)*

Quitter Tourtoirac par le Sud en empruntant la D 67.

Ste-Orse

Quelques maisons aux murs lumineux enserrent l'église romane du village. Derrière un portail à triple voussure, l'édifice recèle une crypte polygonale trop souvent fermée au public.

Quitter Ste-Orse par le Sud-Ouest en direction d'Ajat.

Bauzens

Petit trésor de village perdu à la limite du pays d'Ans, Bauzens possède une église romane dont la façade à portail est surmontée d'arcatures. ▶

> **NON LOIN**
> À la toiture de l'église, couverte de lauzes, répond celle d'un vieux pigeonnier.

Ajat

L'église romane du village, dont l'abside est voûtée en cul-de-four, forme un bel ensemble avec le château, ancienne possession des Templiers surmontée de mâchicoulis.

Quitter Ajat par le Sud-Est en empruntant la D 68. À Thenon, suivre la N 89 avant de bifurquer, à droite, 800 m après Azerat.

Rastignac

Bâti au début du 19e s. par le marquis de Rastignac, le château offre une similitude frappante avec la Maison Blanche à Washington ! ▶

> **MAISON BLANCHE !**
> Le château se compose d'un corps de logis rectangulaire surmonté d'une terrasse ornée d'une balustrade à colonnes. La façade du jardin présente un élégant péristyle semi-circulaire à huit colonnes ioniques.

Revenir et poursuivre sur la N 89 (à droite), puis prendre à gauche sur la D 704 en direction de Hautefort. Après 1 km, tourner à droite vers Châtres (par Bord).

Badefols-d'Ans

La seigneurie de Badefols fut propriété de la famille de Bertran de Born. Un donjon carré constitue la partie la plus ancienne du château qui domine la vallée. L'église du 12e s. a été remaniée aux 15e et 16e s.

Quitter Badefols par la D 71 qui ramène à Hautefort.

Issigeac

Une vallée largement évasée où ruisselle la Banège, un paysage bigarré où alternent cultures fruitières et pâturages : c'est dans ce petit coin de paradis que trône, depuis le Moyen Âge, Issigeac. Une terre où les évêques de Sarlat venaient respirer le bon air loin des agitations de leur capitale et l'on se trouve bien de suivre leur exemple.

La situation

Cartes Michelin nos 75 pli 15 ou 235 Sud-Ouest du pli 5 – Dordogne (24).

Parking possible sur la place de l'Église. Tous les dimanches matin, parking et emplacements gratuits à l'extérieur du bourg.

Place du 8-Mai, 24560 Issigeac, ☎ 05 53 58 79 62.

> **JOLI MOIS DE MAI**
> Au mois de mai, le marché aux fleurs d'Issigeac fera le bonheur des amoureux.

Bâtie dans la vallée de la Banège, la petite cité d'Issigeac a conservé une église et un château intéressants.

Le nom

Lié à l'activité religieuse du bourg (*monasterium Sigiacense*), il provient soit d'un nom gallo-romain, *Iccicius*, soit d'un nom germanique, *Assedeus*.

Les gens

Illustre hôte
Fénelon, alors abbé de Carennac, aurait séjourné au château des Évêques.

La grande fierté des 638 Issigeacois reste la Foire aux paniers et à la vannerie traditionnelle, manifestation unique en Aquitaine qui accueille une bonne trentaine de vanniers de plusieurs régions de France. Par ailleurs, une conférence se déroule régulièrement en parallèle de cette foire très courue. Petite précision utile : cette manifestation se tient en juillet.

se promener

Le vieux village

Plan ancien
Vu d'en haut, le vieux bourg ecclésiastique présente une forme ronde, les maisons sont pressées les unes contre les autres.

Dédale de rues et venelles que surplombent quelques échoppes étagées, le vieux centre d'Issigeac s'oppose à la rigueur des bastides de la région. En son cœur, la place centrale est dominée par l'**église** gothique, construite par Armand de Gontaut-Biron, évêque de Sarlat. Sous le clocher-porche, le tympan du portail est orné de voussures torsadées. De l'autre côté de la place, le **château des Évêques** fut édifié par François de Salignac dans la seconde moitié du 17e s. À deux pas, se dresse l'ancienne maison des Dîmes, à la haute toiture de lauzes. Mais le lieu le plus remarquable reste la **maison aux Têtes** dont les faciès grimacent au passage des visiteurs.

Jumilhac-le-Grand

Une vallée très sauvage : celle de l'Isle, un château d'une solennité incroyable (il est vraiment très imposant) : ce contraste ne saurait à lui seul résumer Jumilhac-le-Grand, mais il vous en donne un aperçu...

La situation

Cartes Michelin nos 72 pli 17 ou 233 pli 33 – Dordogne (24).
Le château est situé au Sud-Ouest du village, au bout d'une allée bordée d'arbres et d'une place aménagée en parking où l'ombre est plutôt rare.
Mairie, 24630 Jumilhac-le-Grand, ☎ 05 53 52 55 43.

Le nom

De *Gemiliacus*, provenant d'un propriétaire gallo-romain nommé *Gemellius*, la forme passe à *Jumilhacum* à la fin du Moyen Âge. « Grand » est ajouté au 18e s. en opposition à un autre Jumilhac dit « le Petit ».

Les gens

L'écrivain Eugène Le Roy (1836-1907), auteur du célèbre roman *Jacquou le Croquant*, se maria à Jumilhac-le-Grand où il occupait un poste de percepteur. 1 454 « grands » Jumilhacois !

visiter

Le château

♿ *juin-sept. : visite guidée (3/4h) 10h-19h, juil.-août : nocturnes mar. et jeu. 21h-23h30, juin et sept. : mar. 21h-23h20 ; de mi-mars à fin mai et d'oct. à mi-nov. : w.-end et j. fériés 14h-18h30. 35F (enf. : 25F). ☎ 05 53 52 42 97.*

Le bâtiment principal du château de Jumilhac-le-Grand est couronné d'une multitude de toits d'ardoises en poivrière ornés d'échauguettes, de lucarnes, de cheminées et de lanternons.

Juché sur son éperon rocheux, le château de Jumilhac a tellement été remanié à la Renaissance que rien ne subsiste de l'édifice mentionné dès le 12e s. Antoine Chapelle, ancien propriétaire au 16e s. et richissime maître des forges, a laissé de son passage d'intéressants épis de faîtage en plomb décorés de figurines humaines et fantastiques. Les deux larges ailes qui ferment la cour ont été construites au 17e s. dans les mêmes matériaux que le corps de logis central. Celle de droite renferme un large escalier qui conduit à un immense salon. Lambrissé et parqueté, il rappelle quelques pièces du palais de Versailles. Dans ce salon, cheminée Louis XIII en bois sculpté rehaussée de statues allégoriques. Également intéressante, la chambre dite « de la fileuse », aux murs épais, naïvement décorés de peintures où apparaissent animaux, anges et feuillages. Dominant le château de son clocher octogonal, l'église située à gauche n'est autre que l'ancienne chapelle. Elle renferme la relique de saint Eusice.

Une prison dorée

Louise de Hautefort aurait été séquestrée pendant vingt longues années dans une des pièces du château. Conséquence, pour certains, du tempérament d'un mari jaloux, pour d'autres, de celui d'une femme volage.

Musée de l'Or

De mi-juin à mi-sept. : 10h30-12h30, 14h30-18h30 ; de mi-avr. à mi-juin et de mi-sept. à mi-oct. : dim. et j. fériés 15h-18h. 20F. ☎ 05 53 52 55 43.

À défaut de proposer la recette de la pierre philosophale, ce musée unique en France présente des pièces provenant de la campagne de sauvegarde des mines gallo-romaines du Fouilloux. Installé dans les anciennes caves du château, il décrit les étapes de l'extraction du métal, de son traitement et présentent certaines applications comme la dorure, la bijouterie ou la monnaie...

Labastide-Murat

Le village, sur une jolie hauteur du causse de Gramat, vibre encore du souvenir du plus glorieux de ses fils, Joachim Murat. Sa maison natale et, au Sud-Ouest de la localité, le château qu'il fit bâtir pour son frère André, perpétuent la mémoire de l'un des plus vaillants soldats de l'Empire.

La situation

Cartes Michelin nos 75 Sud du pli 18 ou 235 pli 10 – Lot (46).

À l'aube du troisième millénaire, Labastide-Murat, située au cœur du causse, sera raccordée à la nouvelle autoroute A 20 par une bretelle de raccordement.

i *Pl. D.-Roques, 46240 Labastide-Murat, ☎ 05 65 21 11 39.*

FOIRES ET MARCHÉS
Foire – 2e et 4e lundi du mois.
Marché – Le marché des producteurs de pays du Lot (charte de qualité), dimanche 9h-12h de début juillet à début septembre.

Le nom

Ancienne bastide royale fondée au 12e s. par Fortanier de Gourdon, le bourg prend le nom de Labastide-Fortanière, puis celui de Labastide-Fortunière avant de choisir, sur délibération du conseil municipal de 1836, le nom de Murat, en souvenir de l'illustre enfant de la commune.

Les gens

610 Bastidois. Le musée Murat a fait la récente acquisition d'un portrait d'Antoinette Murat, épouse du prince de Hohenzollern-Sigmaringen, sa descendance était alliée avec la plupart des trônes d'Europe.

comprendre

Un fils d'aubergistes qui se fait couronner roi de Naples, quel parcours !

Le prodigieux destin de Joachim Murat – Né en 1767 de parents aubergistes et voué à l'état ecclésiastique, Murat se sent attiré, à l'âge de 21 ans, par la carrière des armes. Les campagnes d'Italie et d'Égypte lui permettent de gravir rapidement tous les grades dans l'ombre de Bonaparte dont il devient le beau-frère en se mariant avec Caroline, sœur du Premier Consul. Désormais, il cumule les honneurs, devient maréchal d'Empire, grand-duc de Berg et de Clèves et roi de Naples. La folle bravoure dont il fait preuve sur tous les champs de bataille de l'Europe, son ascendant sur ses cavaliers à la tête desquels il n'hésite pas à charger, font de lui un héros de légende. Son étoile pâlit avec celle de son maître, qu'il abandonne aux jours sombres de l'Empire. Sa fin misérable, en 1815, illustre cette vie toute de contrastes : après le retour des Bourbons à Naples, il tente de reconquérir son royaume, mais il est fait prisonnier et fusillé.

visiter

Musée Murat

De juil. à fin sept. : visite guidée (1h) 10h-12h, 15h-18h. 20F.
Ce musée a été installé en 1959 dans la maison natale de Murat (petite rue à gauche de l'église). On peut y voir la cuisine du 18e s., la salle d'auberge, et un grand tableau généalogique où sont représentées plus de dix nations européennes et de nombreuses familles royales. Au 1er étage, différents souvenirs du roi de Naples et de sa mère.

circuit

Un élément majeur du causse de Gramat est absent sur cette vue : le mouton... peut-être est-il en train de paître derrière ce muret de pierre ?

LE SUD DU CAUSSE DE GRAMAT*

Circuit de 60 km – environ une demi-journée

Quitter Labastide-Murat par le Sud en empruntant la D 32.

St-Martin-de-Vers

Ce petit village aux charmantes maisons à toits de tuiles brunes s'est formé autour d'un ancien prieuré dépendant de Marcilhac. Le clocher-tour barlong et crénelé témoigne encore du sentiment d'insécurité ressenti par la population d'autrefois.

Quitter St-Martin par l'Est en empruntant la D 13. Après 3 km, prendre à gauche sur la D 10.

Soulomès

Au 12e s., les templiers aménagent une commanderie dans ce petit village du causse de Gramat.

Église – Dans le chœur, admirez d'intéressantes **fresques** des 15e et 16e s. représentant divers épisodes de la vie du Christ. On reconnaît, entre autres scènes, le Christ et Marie-Madeleine, l'incrédulité de saint Thomas, la Mise au tombeau, l'apparition de Jésus ressuscité à un chevalier.

Quitter Soulomès par le Sud en empruntant la D 17, puis après 1 km, tourner à gauche sur la D 71.

« Désert » de la Braunhie

La portion la plus âpre du causse qui déroule à perte de vue ses murets de pierres sèches et sa maigre végétation : chênes, érables, noyers rabougris, genévriers et épineux. Note : la Braunhie se prononce Brogne !

Caniac-du-Causse

Crypte de l'église – Elle fut construite au 12e s. par les moines de Marcilhac-sur-Célé, pour abriter les reliques de saint Namphaise. Cet officier de l'armée de Charlemagne devenu ermite est tenu en grande vénération par les populations de la Braunhie ; il passait en effet pour avoir creusé dans le roc les petits « lacs de St-Namphaise » que l'on aperçoit encore sur le causse et qui en atténuent l'aridité. Minuscule, cette crypte présente un inhabituel voûtement et une attrayante colonnade centrale.

Fiat lux
Pour découvrir la crypte, un interrupteur est à disposition au pied de l'escalier situé à droite du chœur.

Poursuivre sur la D 71. Cette route traverse les terres les plus arides de la Braunhie.

Quissac

À voir : de belles fermes manoirs, un « travail » à bœufs, autrefois présent dans toutes les localités du causse. C'est dans ce même village que la tradition situe la mort de saint Namphaise, tué par un taureau.

Découverte
Pour apprécier pleinement cette contrée, d'anciens chemins de troupeaux réhabilités invitent à s'aventurer à pied à la découverte de cloups, igues, cuzouls ou gariottes (noms du pays qui désignent des formations calcaires).

Quitter Quissac par l'Ouest en empruntant la D 146. À Fontanes-du-Causse, prendre à gauche la D 2. 4,5 km après Montfaucon, tourner à gauche sur la D 17.

Château de Vaillac

Du haut de son coteau, la silhouette d'un puissant château féodal domine ce modeste village du causse, réputé dès le 18e s. pour sa fabrique de draps. Construit aux 15e et 16e s., il se compose d'un vaste corps de logis flanqué de cinq tours et d'un donjon. Une seconde campagne de travaux permettra d'agrandir les écuries afin d'abriter quelque 200 chevaux et de construire un nouveau corps de logis pour accueillir la nombreuse descendance du seigneur de Vaillac. Ce château constitue l'un des meilleurs exemples d'architecture militaire du Quercy datant de la fin de la guerre de Cent Ans.

Rejoindre à l'Est la D 10 vers Labastide-Murat

Grottes de Lacave★

Dans le causse de Gramat, la nature a élaboré avec patience un univers magique, où formes et couleurs étranges suscitent les rêves. Chaque incursion dans ce monde à part fera naître en vous de nouvelles images.

La situation

Cartes Michelin nos 75 pli 18 ou 235 pli 6 – Schéma p. 168 – Lot (46). Accès par la D 43, à la sortie Sud du petit bourg. Parking gratuit et photos autorisées. Accès aux grottes en train électrique et ascenseur.

Le nom

Les grottes portent le nom du village qui les environne. Lacave est proche des grottes : rien de plus normal, non ?

Les gens

Le site a été découvert en 1902 par Armand Viré, disciple de E.-A. Martel. 249 Lacavois.

carnet d'adresses

Où se restaurer

• À bon compte

Au Relais de Bellemire – *Centre équestre et d'attelage – 46200 Lacave – 3 km au N de Lacave par D 23 – ☎ 05 65 37 05 85 – fermé avr. à juin, sept. et mer. – 65/170F.* Entre champs de maïs et falaises du Quercy, cette charmante grange vaut le détour. Repas sans chichis à prix doux. Pour les sportifs, équitation, promenade en attelage... Tout est réuni pour y passer un moment agréable.

• Valeur sûre

Pont de l'Ouysse – *46200 Lacave – ☎ 05 65 37 87 04 – fermé 12 nov. à déb. mars, lun. sf le soir en été et mar. midi – 160/500F.* Enchanté par le cadre et chouchouté par les hôtes, vous vous souviendrez de votre passage dans cette maison étoilée au creux de la falaise. Terrasse, promenade au bord de la rivière ou piscine pour le savourer pleinement. Ses quelques chambres sont calmes.

La salle des Merveilles des grottes de Lacave qui, vous le verrez, est digne de son nom, s'étend sur au moins 2 000 m².

visiter

Les grottes

Juil.-août : visite guidée (1h1/4) 9h30-18h ; mars-juin : 10h-12h, 14h-18h ; de sept. au 11 nov. : 10h-12h, 14h-17h. Fermé du 11 nov. à fin fév. 42F (enf. : 32F). ☎ *05 65 37 87 03.*

Curieux
Les concrétions que l'on y rencontre évoquent des formes de personnages, d'animaux, de végétaux, voire de monuments ou de cités englouties.

Les galeries aménagées pour le public représentent un trajet à pied de 1,6 km aller-retour et se divisent en deux ensembles que l'on parcourt successivement. La première partie est riche en stalactites, stalagmites et autres concrétions comme les excentriques (parmi les plus grandes d'Europe). La seconde est le domaine des eaux souterraines qui ruissellent de gours (barrage naturel) en gours. La phosphorescence naturelle de certaines concrétions a permis, dans la salle du Lac, les jeux de lumière noire qui rendent luminescente la partie vivante des stalactites. Des outils et des armes préhistoriques, en os et en corne, ainsi que des silex ont été découverts lors des travaux d'aménagement des grottes, présumant d'une occupation du site datée du magdalénien supérieur.

Château de Lanquais★

Si une Belle au bois dormant moderne pouvait choisir le cadre de son si long sommeil, on imagine que le château de Lanquais, le plus italien des châteaux du Périgord, aurait sa préférence. Et les pierres blondes des maisons du village s'harmoniseraient avec la chevelure de la Belle...

La situation

Cartes Michelin nos 75 pli 15 ou 235 pli 5 – Schéma p. 97 – Dordogne (24). Le château est situé à l'écart de la Dordogne, à 1 km de Varennes par la D 22.

Le nom

Origine courante dans la région, Lanquais provient d'un nom de personnage gallo-romain *Linacus*. Une autre hypothèse propose l'union de deux mots celtiques pour donner *lano-ceton*, « le bois de la plaine ». La forme passera tour à tour par *Linicassio*, *Linçays*, *Lencasium* et *Lancais*.

FESTIVAL
Au mois d'août, dans ce cadre ravissant sont organisées les *Estivales de Lanquais*.
☎ 05 53 61 17 92.

Les gens

Isabeau de Limeuil, née au château de Lanquais, faisait partie des séductrices espionnes de Catherine de Médicis. Chargées de récupérer sur l'oreiller confidences et secrets, elles ne devaient en aucune façon connaître « l'enflure du ventre ». Isabeau s'éprit du duc de Condé qu'elle devait épier et engendra un enfant, mettant ainsi fin à sa « carrière » à la cour.

visiter

Le château

Mai-sept. : visite guidée (3/4h) tlj sf mar. 10h30-12h, 14h30-18h (juil.-août : tlj 10h-19h) ; mars-avr. et oct. : tlj sf mar. 14h30-18h. 35F (enf. : 17F). ☎ 05 53 61 24 24.

À l'approche du château, se dessinent les impacts des premiers boulets qui criblèrent les murs de l'édifice lors d'une escarmouche en 1577. Sur un corps des 14e et 15e s., conservant les caractères défensifs d'un château fort, se greffe un bâtiment Renaissance édifié pendant les guerres de Religion : travées, moulures et frontons de fenêtres rythment les **façades★** côté cour. À l'intérieur, deux remarquables **cheminées★** au décor sculpté constituent le point fort de la visite.

VESTIGE
Au pied du château, vous verrez trôner une ancienne grange à dîme.

Si le prince charmant devait venir délivrer la belle du château de Lanquais d'un chaste baiser, il n'est pas sûr qu'il ne ferait pas attendre un peu sa belle, le temps d'admirer l'élégante façade depuis l'accueillant jardin.

Grotte de Lascaux★★

Petit coup d'œil dans le rétroviseur : 17 000 ans avant J.-C., le climat est glacial, la nourriture rare. L'homme meurt jeune. Et pourtant il dessine. Les murs de son habitation deviennent lieux d'exposition ; il raconte les animaux ou trace sa propre main... : l'art est né. La grotte de Lascaux est l'une des premières et des plus importantes expressions artistiques en France. Que vous aimiez la préhistoire ou simplement ce qui est beau, arrêtez-vous à Lascaux.

La situation

Cartes Michelin nos 75 Sud du pli 7 ou 233 pli 44 - Dordogne (24).

Les grottes de Lascaux et du Regourdou se situent à une poignée de kilomètres au Sud-Est de Montignac.

🅸 *Pl. Bertran-de-Born, 24290 Montignac, ☎ 05 53 51 82 60.*

Le nom

Le nom de cette célèbre grotte se forme de deux termes de langue occitane : le premier provient de *las*, « les », le second, de *cau*, qui trouve sa racine dans le celtique *calmi*, « le plateau, le désert ».

Les gens

À la suite de l'extraordinaire découverte des peintures, l'instituteur de Montignac alerta l'abbé Breuil qui authentifia les figures. Il en confia ensuite l'étude à Maurice Thaon, puis à l'abbé André Glory.

Cette peinture très schématique mettant en scène un bison blessé chargeant un homme est l'une des rares représentations humaines.

comprendre

Le hasard de la découverte – C'est à quatre jeunes garçons, partis à la recherche de leur chien disparu dans un trou que l'on doit la découverte des grottes de Lascaux, le 12 septembre 1940. À l'aide d'un éclairage de fortune, ils aperçurent sur les parois de la galerie où ils s'étaient introduits une extraordinaire fresque de peintures polychromes.

Bis
En 1983, pour pallier la fermeture de la grotte qui a fait le désespoir des promeneurs pendant 20 ans, un fac-similé, **Lascaux II★★**, est ouvert au public.

◄ **La rançon de la gloire** – Malheureusement, la cavité, aménagée pour la visite en 1948, souffre rapidement de l'affluence de ses visiteurs : le gaz carbonique de leur respiration, la pénétration de l'humidité et l'introduction de spores accrochées sous leurs semelles entraînent le développement de deux maladies : la « verte » qui se traduit par la poussée de mousses et d'algues, et la « blanche » qui engendre un dépôt de calcite. En 1963, la décision est prise : pour préserver ce chef-d'œuvre de l'art paléolithique, il faut se résoudre à fermer la grotte au public.

Au sec
Une fermeture naturellement hermétique et l'imperméabilité du plafond expliquent l'absence de concrétions et la parfaite conservation des peintures fixées et authentifiées par une légère imprégnation naturelle de calcite.

◄ **Un ensemble exceptionnel** – La grotte, creusée dans le calcaire du Périgord noir, est une cavité modeste qui s'étend seulement sur 150 m. Elle comprend plusieurs secteurs, dont la Rotonde et le Diverticule axial, qui recèlent 90 % des peintures ; les parois sont couvertes de plus de 1 500 représentations. Ces œuvres sont traditionnellement attribuées au magdalénien ancien (vers –17 000 ans, mais certains préhistoriens penchent pour une utilisation prolongée, du solutréen au magdalénien moyen), époque où le climat était relativement clément, comme en témoigne la présence de cerfs sur les parois. Certains animaux ne sont représentés qu'une seule fois : l'oiseau, le rhinocéros, et surtout, l'homme, ici affublé d'une tête d'oiseau (fac-similé visible au musée du Thot). Cette représentation conte une des rares scènes narratives de l'art paléolithique : le thème du « chasseur en difficulté », que l'on retrouve aussi dans la **grotte du Villars**, sans doute contemporaine. Une partie des figures de **Font-de-Gaume** appartient peut-être aussi à la même époque.

La chute
Un des dessins, un cheval marron situé au fond du Diverticule axial semble tomber dans les entrailles de la terre.

◄ **Le style de Lascaux** – Les animaux de Lascaux présentent un aspect très reconnaissable : des chevaux à gros ventre et à tête effilée, des aurochs et des bouquetins aux cornes et aux sabots vus de trois quarts - voire en « perspective tordue » - et des cerfs à la ramure fantasmatique. Mais le critère le plus important est sans doute l'animation des gestes de ces bêtes, qui semblent prendre plaisir à gambader tout autour du visiteur et à l'encercler. Noter aussi, dans bien des cas, une savante utilisation des reliefs et des volumes de la paroi.

visiter

Lascaux II★★

Avr.-sept. : visite guidée (3/4h) 9h-19h ; oct. : tlj sf lun. 9h-19h ; fév.-mars et nov.-déc. : 10h-12h30, 13h30-17h30. Fermé 1er janv. et 25 déc. Attention ! Durant l'été la billetterie se trouve à Montignac, sous les arcades de l'Office de tourisme. La vente des billets commence à 9h et se termine aussitôt la barre des 2 000 entrées atteinte (ce qui en saison se produit rapidement). 50F (enf. : 25F), 57F (billet jumelé comprenant la visite du parc et du musée du Thot) (enf. : 30F). ☎ 05 53 35 50 10.

À 200 m de la grotte originale, ce fac-similé reconstitue la Rotonde et le Diverticule axial de manière très fidèle. Des « sas muséographiques » présentent l'archéologie de la grotte (sagaies, silex des graveurs, poudres colorées ayant servi aux peintures, lampe à suif pour l'éclairage, reconstitution d'un échafaudage...), expliquent les différentes techniques utilisées par l'artiste magdalénien et retracent l'histoire de la découverte. Une véritable prouesse technologique doublée d'une grande rigueur scientifique ont permis de recréer l'atmosphère incomparable de la cavité originale. Dès 1966, l'Institut géographique national avait effectué des relevés « stéréophotogrammétriques » au millimètre près de la grotte de Lascaux afin de reconstituer son relief de façon précise. Ce travail permit de réaliser, dans une ancienne carrière à ciel ouvert, une coque en ferro-ciment bâtie à l'image des constructions navales. Sur la paroi artificielle, Monique Peytral a recopié les peintures murales en s'aidant des relevés qu'elle avait effectués et de diapositives. Elle a utilisé les mêmes pigments et les mêmes procédés que les artistes magdaléniens.

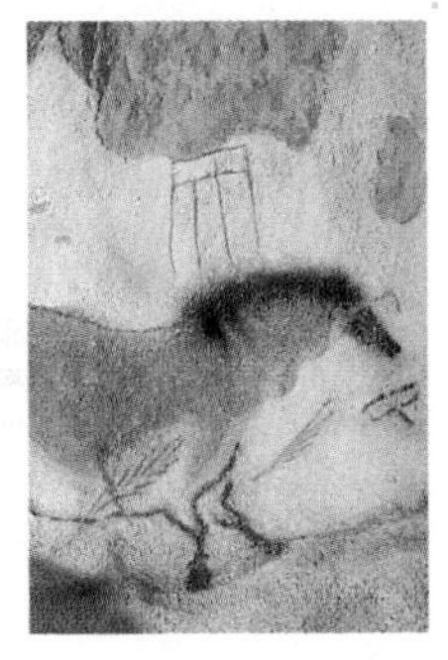

Détail de l'étonnante frise de petits chevaux (les « poneys ») à longs poils.

On peut donc admirer, comme dans l'original, les cinq grands taureaux noirs de la Rotonde, dont le quatrième, long de 5,50 m, demeure la plus grande figure paléolithique connue, ainsi que, harmonieusement placés, des vaches rouges, des chevaux noirs, rouges, jaunes et bruns, et deux petits bouquetins jaune et rouge, affrontés dans le Diverticule axial. L'ensemble, apparemment désordonné, présente cependant de nombreuses compositions, dont certaines sont en rapport avec le relief des parois.

FANTASTIQUE
La « Licorne », paroi gauche de la Rotonde : animal fabuleux composé, semble-t-il, d'un mélange de plusieurs espèces.

alentours

Regourdou

Gisement préhistorique - *Mars-oct. : visite guidée (1/4h) sur demande préalable (8j. av.) 9h-12h, 14h-18h (juin-août : 9h-18h30) ; nov.-fév. : 10h-12h, 14h-17h. Site préhistorique de Régourdou, 24290 Montignac-sur-Vézère. 25F (enf. : 15F). ☎ 05 53 51 81 23.*

1 km à l'Est. Dans ce gisement préhistorique découvert en 1954, de nombreux objets et ossements ont été mis au jour dont le squelette d'un homme de Néanderthal *exposé au* musée du Périgord à *Périgueux*. Il est daté d'environ -70 000 ans, et appartenait, vu ses outils, au moustérien. Un petit **musée** rassemble divers ossements et outils provenant du site.

Ô GRAND OURS
Des ossements d'ours furent retrouvés, souvent en amas, donnant naissance au mythe du « culte de l'ours », hypothèse abandonnée depuis.

Montignac *(voir ce nom)*

2 km au Nord-Ouest par la D 704E.

Abbaye de Loc-Dieu★

L'abbaye de Loc-Dieu fut construite au 12ᵉ s. par des moines cisterciens, en grès de nuances diverses où dominent l'ocre et le jaune. Ces tons chauds des pierres contrastent avec le vert des châtaigniers alentour, pour le plus grand plaisir de l'œil.

Restaurés et transformés au 19ᵉ s., les bâtiments monastiques sont devenus un château d'allure mi-féodale, mi-Renaissance.

La situation

Cartes Michelin nᵒˢ 79 Nord du pli 20 ou 235 pli 15 – Aveyron (12).

À l'écart de la D 926, sur le bord de la D 115, vous trouverez l'abbaye.

Le nom

Dans un coin du Rouergue infesté de malfrats et de brigands, une poignée de moines crée un lieu de paix et de recueillement, donnant naissance au « *Locus Dei* », le lieu de Dieu.

Les gens

13, c'est le nombre que retint la tradition sur la fondation de l'abbaye fortifiée : treize moines qui vinrent fonder ce qui allait devenir la première abbaye cistercienne du Rouergue : l'établissement ne fut rattaché à l'ordre de Cîteaux qu'en 1162.

visiter

L'abbaye

De juil. à mi-sept. : visite guidée (3/4h) tlj sf mar. 10h-12h, 14h-18h ; de mi-sept. à fin juin : visite libre du parc uniquement, tlj sf mar. 10h-12h, 14h-18h. 26F (abbaye et parc), 12F (parc). ☎ 05 65 29 51 17.

Église★ – Bâti de 1159 à 1189, date de sa consécration, ce magnifique exemple de plan cistercien marie pureté, sobriété et harmonie des proportions.

Haute de plus de 20 m, la nef aux reflets ocre et jaunes est flanquée d'étroits collatéraux. Exception dans l'architecture cistercienne qui privilégie le chevet plat, le chœur se termine ici par une abside à cinq pans.

Sur le transept, s'ouvrent quatre absidioles. Subissant les premières influences du style gothique, l'église est voûtée sur croisées quadripartites, mais son élévation demeure romane.

De toute beauté
Dans la première absidiole à droite, ne ratez pas le **triptyque★** du 15ᵉ s., en bois sculpté et peint qui encadre une Vierge à l'Enfant.

Cloître et salle capitulaire – Détruits pendant la guerre de Cent Ans, ils furent reconstruits au 15ᵉ s. Le cloître, encadrant désormais un jardin d'agrément, n'a conservé que trois galeries, restaurées au 19ᵉ s. La salle capitulaire, de la même époque, est soutenue par deux colonnes centrales à fines moulures.

alentours

Prieuré de Laramière

De juil. à mi-sept. : visite guidée (1/2h) 14h-17h30 ; de mi-sept. à fin juin : sur demande. 20F, 15F (hors sais.). ☎ 05 65 24 74 57 (Mme Griffon) ou ☎ 05 65 31 54 07 (M. Oules).

5 km au Nord-Ouest par la D 76 et la D 115. Il fut fondé en 1148 par le moine itinérant Bertrand de Grifeuille, de l'ordre des Augustins, également fondateur, quelques années plus tard, du prieuré d'Espagnac-Ste-Eulalie. Les bâtiments élevés aux 12ᵉ et 13ᵉ s. formaient un quadrilatère, mais une partie d'entre eux fut démolie pendant les guerres de Religion. Au milieu du 17ᵉ s. les jésuites s'y installèrent et élevèrent la maison du régisseur. La visite des bâtiments restaurés permet de voir les voûtes de la chapelle, la salle romane qui accueillait les pèlerins de St-Jacques-de-Compostelle et surtout la **salle**

Récompense
Sur le mur Sud de l'église, des enfeus abritaient les tombeaux des donateurs Hugues de la Roche et sa femme.

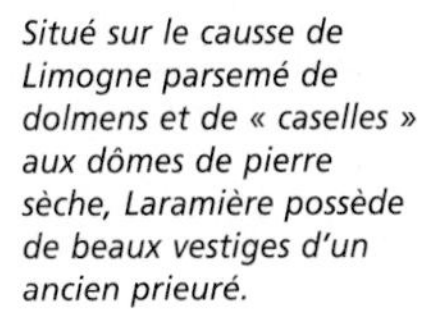

Situé sur le causse de Limogne parsemé de dolmens et de « caselles » aux dômes de pierre sèche, Laramière possède de beaux vestiges d'un ancien prieuré.

capitulaire voûtée et peinte de décors géométriques, ainsi que des chapiteaux à l'effigie de Saint Louis et de Blanche de Castille.

Dolmen de la Borie du Bois

2,5 km au Sud-Ouest de Laramière par la D 55.

Bien dégagé, c'est l'un des plus beaux dolmens du Quercy et sans doute l'un des plus lourds : on estime son poids à 25 tonnes !

Beauregard

8 km à l'Ouest de Laramière par la D 55.

Cette bastide, édifiée sur un ancien bourg, a conservé le tracé d'origine de ses rues à angle droit. Sur la place centrale, s'élève une **halle** du 14e s. dont les piliers trapus supportent une solide charpente et sa belle couverture de lauzes ; creusées dans la pierre, des **mesures à grains** témoignent de l'activité économique exercée jadis dans cette cité gouvernée par des consuls.

À VOIR

Sur le parvis de l'église, se dresse un beau calvaire qui daterait du 15e s.

Luzech

Couronnée par le donjon de son ancien château, Luzech occupe un site magnifique au cœur d'un méandre du Lot. Bordée au Nord par l'oppidum de l'Impernal et au Sud par le promontoire de la Pistoule, la bourgade s'est équipée d'un vaste plan d'eau où une base nautique a été aménagée.

La situation

Cartes Michelin nos 79 pli 7 ou 235 Nord du pli 14 – Lot (46).

Le bourg n'occupe pas que la boucle du méandre, mais aussi la rive gauche du Lot, accessible par la D 8 de Cahors. ℹ *Maison des Consuls, rue de la Ville, 46140 Luzech* ☎ *05 65 20 17 27.*

Le nom

Il conviendrait de chercher dans le prolifique panthéon gaulois l'origine du nom de Luzech dans lequel il faudrait reconnaitre *Lucetios*... sans certitude.

C'est dans la boucle d'un méandre du Lot dont l'isthme, dans sa partie la plus resserrée, atteint à peine 100 m, que s'est développé Luzech.

Les gens

1 543 Luzechois. La ville de Luzech fut le siège de l'une des quatre baronnies du Quercy et fut une des villes représentant la rente que le roi Philippe le Bel s'était engagé à payer au roi d'Angleterre en échange de l'évacuation de la région.

comprendre

Le Pech de l'Impernal – Habité dès les temps préhistoriques, l'Impernal constitue une défense naturelle appréciée par les Gaulois qui font du plateau une puissante place forte. En contrebas est édifiée au Moyen Âge une citadelle dont il subsiste le donjon carré. Richard Cœur de Lion est maître de Luzech en 1118. Siège de l'une des quatre baronnies du Quercy, Luzech est convoitée par les Anglais au cours de la guerre de Cent

carnet pratique

Où dormir

• À bon compte

Chambre d'hôte La Méline – *rte de Sauzet – 46140 Albas – 9 km à l'O de Luzech par D 8 et D 37 – ☎ 05 65 36 97 25 – fermé Toussaint à Pâques – ⊭ – 3 ch. : 190/275F – repas 110F.* Après votre visite des richesses de la vallée, grimpez sur les hauteurs, à la Méline, belle maison quercinoise du 19e s. Dormez du sommeil du juste dans les chambres sobres où rien ne viendra troubler votre quiétude. Savourez aussi les plaisirs de la table d'hôte conviviale.

• Valeur sûre

Chambre d'hôte Château de la Coste – *46700 Grezels – 16 km à l'O de Luzech par D 8 – ☎ 05 65 21 34 18 – ⊭ – réserv. obligatoire – 5 ch. : 400/680F – repas 150F.* C'est un véritable château médiéval superbement planté sur les hauteurs de la vallée. Petites ou grandes, les chambres splendides ont toutes un charme personnel avec leur élégant décor. Vu d'en haut, le spectacle à vos pieds est somptueux.

Chambre d'hôte Marliac – *46140 Bélaye – 15 km à l'O de Luzech par D 8 et D 50 – ☎ 05 65 36 95 50 – ⊭ – réserv. obligatoire – 5 ch. : 270/390F – repas 110F.* Les bonnes choses se méritent, alors ne vous découragez pas devant la route sinueuse qui vous mènera jusqu'à la ravissante maison de Marliac. Les chambres, au décor simple et élégant, sont confortables. Calme, détente et gourmandise sont au rendez-vous. Piscine.

Hôtel Source Bleue – *46700 Touzac – 8 km à l'O de Puy-l'Évêque par D 8 – ☎ 05 65 36 52 01 – fermé 16 déc. au 24 mars – P – 18 ch. : 320/500F – ☕ 35F – restaurant 100/230F.* Une source du Lot resurgit au milieu de ces trois anciens moulins dans un parc tranquille. Chambres personnalisées aux jolies étoffes. Salle à manger dans une ancienne grange. Promenez-vous dans le frais de la bambouseraie. Piscine d'été.

Où se restaurer

• À bon compte

Auberge Imhotep – *46140 Albas – 9 km à l'O de Luzech sur D 8 – ☎ 05 65 30 70 91 – fermé 1re sem. de janv., dim. soir et lun. – réserv. obligatoire – 78/250F.* Architecte de l'Égypte ancienne, Imhotep a aussi institué le système de gavage des oies. D'où le nom donné à cette charmante auberge qui confectionne ses foies gras et autres plats régionaux, en toute simplicité. Prix très raisonnables.

• Valeur sûre

Ferme-auberge La Roseraie – *46700 Duravel – ☎ 05 65 24 63 82 – réserv. obligatoire – 110/195F.* Si vous n'avez jamais goûté au confit d'autruche, c'est le moment de vous laisser tenter. C'est la spécialité de cette ferme qui les élève. Du pain au fromage, en passant par les légumes et le vin, tout est fait sur place. Réservation obligatoire. Location de chambres et de gîtes.

Gindreau – *46150 St-Médard – 12 km au NO de Mercuès par D 911 et D 5 – ☎ 05 65 36 22 27 – fermé 1er au 9 mars, 12 nov. au 11 déc., mar. sf été et lun. – 170/450F.* Imaginez les temps anciens où ce restaurant était encore l'école du village, à l'ombre des marronniers de la jolie terrasse sur les hauteurs. Salle à manger cossue avec ses boiseries et ses murs décorés de tableaux. Table étoilée au goût du jour.

Sports

Safaraid – 46140 Albas – ☎ *05 65 30 74 47.* Un des principaux loueurs de canoë-kayak. Possède plusieurs bases (Vallées Lot, Célé, Dordogne).

Marchés

À Duravel – En août, marché nocturne.

Mi-août : foire aux vins et produits régionaux.

À Prayssac – Le marché des producteurs de pays du Lot (charte de qualité) : dim. 8h-13h en juil.-août.

De mai à août, de nombreuses randonnées pédestres sont organisées, proposant des « haltes gastronomie ». Renseignements auprès de l'Office de tourisme).

Ans, mais elle résiste à tous leurs assauts et devient un important centre fortifié. Pendant les guerres de Religion, elle demeure un fidèle bastion du catholicisme en restant aux mains des évêques de Cahors.
Des fouilles pratiquées sur la colline de l'Impernal ont permis de mettre au jour des murailles et des vestiges de constructions des époques gauloise et romaine.

se promener

Débuter la promenade du haut de l'Impernal.

Point de vue★

Du haut de l'Impernal, la vue embrasse Luzech ramassée au pied de son « pech », puis le promontoire de la Pistoule, comme une proue de navire fendant l'ample plaine alluviale où le Lot serpente parmi d'opulentes cultures.

Descendre par le sentier balisé (GR) sur la ville.

Donjon

Accès depuis la place des Consuls. On y pénétrait à l'origine par la petite porte ogivale du premier étage. De la terrasse de ce donjon du 13e s. la vue plonge sur la ville aux toits bruns, dans son écrin de cultures et de prairies, tandis que des collines cernent l'horizon.

Ville ancienne

Dans l'ancien faubourg du Barry de pittoresques ruelles relient la rue du Barry-del-Valat aux quais.
De l'autre côté de la place du Canal, le quartier de la place des Consuls conserve quelques vestiges architecturaux du Moyen Âge où se mêlent briques et pierres : chapelle des Pénitents (12e s.), porte du Capsol avec son ogive de briques, ou encore maison des Consuls ornée de belles fenêtres géminées.

visiter

Musée archéologique Armand-Viré

De mai à fin sept. : 10h-12h30, 16h30-18h30. Gratuit. ☎ 05 65 20 17 27.

Aménagé dans la belle cave voûtée de la maison des Consuls (Office de tourisme), ce musée retrace l'histoire du riche site de Luzech, du paléolithique à la période gallo-romaine. Les objets de la collection exposée proviennent des fouilles du plateau de l'Impernal et de la grotte creusée dans ses flancs.

OBJETS D'EXCEPTION
Un modèle réduit de la **colonne Trajane★**, diffusée dans l'empire romain au début du 2e s. après J.-C., ou insolites comme la **cuiller articulée** gallo-romaine en bronze et fer.

alentours

N.-D.-de-l'Île

1,2 km au Sud par la D 23.

Dans un cadre paisible de vignes et de vergers, sur la toile de fond des coteaux abrupts enserrant le Lot, cette chapelle de style gothique flamboyant (16e s.) s'élève à l'extrême pointe de l'isthme. Ce lieu de pèlerinage remontant au 13e s. est encore très fréquenté comme l'attestent plusieurs ex-voto.

Église de Cambayrac

8 km au Sud par la D 23.

Elle se signale de loin par son clocher-mur en forme de chapeau de gendarme. À l'intérieur, l'abside romane fut revêtue au 17e s. d'un rare décor de marbres et de stucs dans le goût classique.

circuit

LES « CINGLES » DU BAS PAYS

Circuit de 85 km -compter environ une journée

Quitter Luzech par l'Ouest en empruntant la D 8.

C'est à travers les causses du Quercy que le Lot déroule ses plus beaux atours, au pied d'escarpements couverts de châtaignieraies et de villages-promontoires. Depuis, la route (D 8) qui suit la rive gauche de la rivière, découvrez d'agréables perspectives sur la vallée.

Albas

Cette bourgade, ancienne résidence des évêques de Cahors, a conservé des rues étroites bordées de maisons anciennes.

Poursuivre sur la D 8.

Les villages érigés sur la rive gauche du Lot dominent fièrement la vallée. Albas en est un bel exemple.

Anglars-Juillac

Le portail de l'église romane a été orné à la Renaissance d'une Crucifixion quelque peu malmenée par les années.

Poursuivre sur la D 8. Après 2,5 km, tourner à gauche sur la D 50.

Bélaye

TERRASSE
Sur la place du village, dominant la vallée du Lot, une petite terrasse ombragée accueille les visiteurs.

Bélaye occupe le sommet d'une de ces hautes falaises qui bordent le Lot et que l'on appelle dans la région une cévenne. De la place supérieure de ce petit village, se révèle une **vue★** étendue sur la vallée. Qui prend le temps de parcourir le petit bourg découvre nombre de vestiges de ce fastueux passé où Belaye était intégré au fief des évêques de Cahors : les vestiges du château du coseigneur, qui se dresse à l'extrémité de la « montagne » et que l'on découvre déjà du fond de la vallée ; le château de l'évêque, dont il ne reste d'intact que le mur méridional ; ou encore l'église de l'hôpital, du 14e s.

Rejoindre et poursuivre sur la D 8 (à gauche).

Grézels

Château de La Coste – *De juil. à fin août : visite guidée (1h1/2) à 16h. 25F (enf. : 15F).* ☎ 05 65 21 34 18.

Les évêques de Cahors possédaient la vallée du Lot de Cahors à Puy-l'Évêque, et Grézels marquait une limite de leur fief. Ils avaient donc construit au 12e s. un « repaire » pour défendre l'entrée de leur territoire. Transformé pendant la guerre de Cent Ans par les Guiscard en château fort et restauré au 14e et au 16e s., il tomba à l'abandon après la Révolution.

Poursuivre sur la D 8.

Arrivé à proximité du pont de Courbenac, découvrez la meilleure **vue** d'ensemble sur la ville de Puy-L'Évêque *(voir plus loin).*

Poursuivre sur la D 8 jusqu'à Touzac. Après avoir franchi le Lot, prendre à gauche sur la D 911, puis à droite vers Cavagnac. Rejoindre au Nord la D 673 (à gauche), puis après 2,5 km, tourner à droite sur la D 158.

Château de Bonaguil★★ *(voir ce nom)*

Revenir vers Couvert (D 158). Après 500 m, prendre à gauche en direction de St-Martin-le-Redon.

Sur la gauche, une très belle **vue★** (possibilité de parking) s'offre sur le château de Bonaguil dressant sa fantastique silhouette dans son écrin de verdure.

St-Martin-le-Redon

Ce joli petit village, qui conserve encore quelques belles bâtisses anciennes, est connu pour les eaux de la source St-Martial qui avaient la réputation de guérir les maladies de peau.

Quitter St-Martin en empruntant la D 673 vers Gourdon.

Montcabrier

Cette bastide fut fondée en 1297 par Guy de Cabrier, sénéchal de son état, qui lui donna son nom, puis elle fut dotée en 1304 d'une charte de franchise par Philippe le Bel. Autour de la place quelques maisons anciennes, dont la « maison de la Cour royale » (16e s.), occupent encore le tracé régulier du plan d'origine.

Église – Reconstruite en partie au 14e s., elle présente un portail flamboyant restauré surmonté d'un joli clocher ajouré. À l'intérieur, objet d'un pèlerinage local, une statue d'un style plutôt rustique (14e s.) représentant saint Louis, le saint patron de la paroisse, est entourée d'ex-voto.

Quitter Montcabrier par le Sud-Est en empruntant la D 68, puis, après 1 km, tourner à droite sur la D 58.

Duravel

Église – Rattachée à un prieuré, elle fut édifiée au 11e s. ; elle possède un chœur décoré de chapiteaux historiés ; des colonnes ornées de chapiteaux très frustes soutiennent une petite crypte archaïque à trois nefs *(clefs disponibles à l'Office de tourisme)*. Le bourg et l'église furent cédés à l'abbaye de Moissac qui y transféra les corps des saints Hilarion, Poémon et Agathon, encore conservés au fond de l'abside. L'exposition solennelle de leurs reliques, appelée « ostension », a lieu tous les 5 ans.

Quitter Duravel par le Sud en empruntant la D 911.

Puy-l'Évêque

Étagée sur la rive droite du Lot, la petite ville regroupe ses vieilles maisons aux belles pierres ocre jaune autour de son ancien donjon et de son église.

Église St-Sauveur – *De juil. à fin août : lun.-ven. 10h-12h, 15h-18h. ☎ 05 65 21 37 63.*

Construite au Nord-Est de la ville, elle était située à l'extrémité du système de défense dont elle faisait partie. L'édifice, précédé d'un puissant clocher-porche flanqué d'une tourelle, s'ouvre sur un magnifique **portail**, couronné d'un fronton en accolade et décoré de statues : on peut y reconnaître aux pieds du Christ en croix, la Vierge et saint Jean. La nef, surélevée, date des 14e et 15e s. Par l'ouverture gauche du porche, on accède au cimetière où l'on découvre une croix de calvaire ornée de sculptures de facture archaïque. Ces dernières relatent la Flagellation et la Crucifixion du Christ.

Adresse

Au Périgord, ses troupeaux d'oies, au Quercy, ses troupeaux... d'autruches. Quercy Autruches élève en effet cet oiseau assez inhabituel sous nos latitudes. À découvrir... ☎ 05 65 36 47 32.

Passé sous la suzeraineté des évêques de Cahors, Puy-L'Évêque gardera gravées dans sa toponymie les traces de la domination épiscopale.

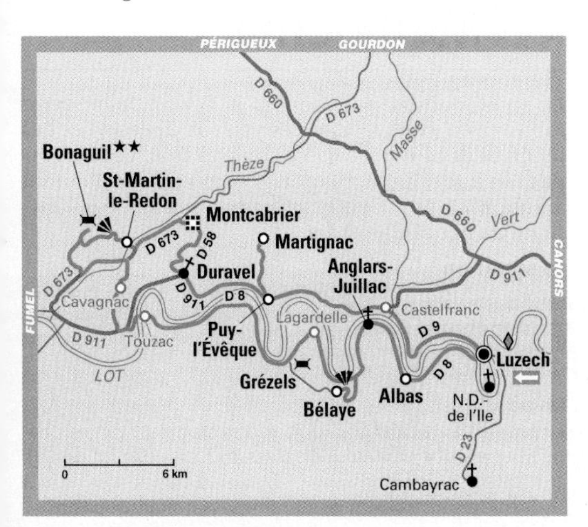

Redescendre vers la place du Rampeau pour rejoindre la place du Mercadiel. Au-delà de la Grande-Rue, le vieux bourg s'accroche au promontoire dans un entrelacs de rues et ruelles.

Donjon – Seul vestige de l'ancien château épiscopal, il remonte au 13e s. Haut de 23 m, il domine les anciennes dépendances du palais épiscopal, comme la Lychairie, vaste salle capitulaire.

Esplanade de la Truffière – Attenante au donjon, découvrez une **vue** étendue sur la vallée du Lot. Puy-l'Évêque marque la limite des amples méandres du Lot. Le fond alluvial s'élargit considérablement, terrasses et collines sont couvertes de vignes, tandis que la plaine est tapissée de cultures.

Quitter Puy-l'Évêque par le Nord en empruntant la D 28.

Martignac

Ce petit village possède une belle église rustique.

Église – Bâtie en belle pierre jaune et surmontée d'un haut clocher barlong à pans de bois, elle présente une nef et un chœur décorés de **fresques** du 15e s. Dans la nef, un personnage monté sur un homme figure la paresse, un autre, un jambon sous le bras, la gourmandise, tandis qu'une femme chevauchant un bouc symbolise la luxure. Face à cette fresque, se déroulent le Couronnement de la Vierge et l'entrée des élus au Paradis, conduits par saint Michel et accueillis par saint Pierre. Dans le chœur, on distingue une Mise au tombeau, des anges.

Regagner Puy-l'évêque, puis prendre la D 911 qui ramène à Luzech. La route longe la rive droite du Lot.

Les tons jaune et ocre dominent dans les fresques de l'église de Martignac. Malgré la raideur des attitudes, l'expression des physionomies et la composition des scènes donnent à cet ensemble un intérêt certain. Dans la voûte du chœur, admirez un superbe Christ en majesté.

Site de La Madeleine★

En vous promenant le long de la Vézère, le moment arrivera où vous lèverez les yeux et apercevrez des fenêtres dans la falaise. Pas de panique, vous n'êtes pas victime d'hallucinations ; vous êtes simplement arrivé à La Madeleine, splendide village troglodytique de dix siècles d'âge.

La situation

Cartes Michelin nos 75 Nord du pli 16 ou 235 pli 1 – Dordogne (24). Accès par Tursac et le pont vers l'Espinasse.
Pl. de la Mairie, 24620 Les Eyzies-de-Tayac, ☎ 05 53 06 97 05.

Le nom

Le site de La Madeleine doit son nom à une petite chapelle. Agrandie et voûtée d'ogives au 15e s., elle fut dédiée à la sainte. C'est ensuite ce site qui donnera son nom à la dernière période du paléolithique, le magdalénien.

Une vingtaine d'habitations, aménagées sous le rocher, à proximité d'une source, et protégées par une étroite entrée fortifiée, pouvaient permettre à une centaine de personnes de séjourner en période troublée, voire de façon continue.

Les gens

À mi-pente, incrusté dans la falaise et protégé par des abris sous roche, un **village troglodytique** fut probablement occupé de la fin du 9e s. (invasions normandes) au 19e s.

visiter

Le site

Juil.-août : visite guidée (3/4h) 9h30-19h ; sept.-juin : 10h-18h. 30F (enf. : 17F). ☎ 05 53 06 92 49.

Le paysage est façonné par le méandre le mieux dessiné et le plus étroit de la rivière. Sur la hauteur subsistent les vestiges d'un château médiéval édifié sur le roc, au milieu du 15e s. Sous le village, au pied de la falaise, s'étend le **gisement paléolithique** qui permit de définir la culture du magdalénien. Fouillé dès 1863 par E. Lartet, puis D. Peyrony, il livra, en 1864, une plaque d'ivoire avec, gravée dessus, la représentation d'un mammouth, espèce fossile dont on a retrouvé les cadavres congelés en Sibérie. L'homme qui a gravé ce mammouth en avait vu vivant : preuve était faite d'un art très ancien, plus vieux que les menhirs de Bretagne. Certaines pièces (dont des parures) sont visibles au musée national de la Préhistoire des Eyzies.

Marcilhac-sur-Célé

C'est au cœur d'un cirque de falaises blanches que Marcilhac se love et profite des eaux du Célé pour se refléter. À deux pas des berges, vous attendent les ruines d'une ancienne abbaye bénédictine dont l'influence rayonna jusqu'à Rocamadour.

La situation

Cartes Michelin nos 79 plis 19 ou 235 Ouest du pli 11 – Schéma p. 187 – Lot (46).

Dans le village, traversé dans sa partie supérieure par la D 41, privilégier le parking situé en face de la mairie (aire de repos aménagée).

46160 Marcilhac-sur-Célé, ☎ 05 65 40 61 43.

Le nom

La présence d'une villa gallo-romaine, portant le nom de son propriétaire, *Marcilius*, est à l'origine de Marcilhac, tout comme de Marcillac (dans l'Aveyron).

Les gens

Située entre le village et la grotte de Bellevue, la chapelle N.-D.-de-Pailhès, dite aussi du Bon-Rencontre, fait encore l'objet d'un petit pèlerinage le jeudi de l'Ascension. 196 Marcilhacois.

OÙ DORMIR

Chambre d'hôte Les Tilleuls – *☎ 05 65 40 62 68 – fermé 11 nov.–1re sem. de janv. – 4 ch. : 170/235F.* Cette belle demeure du 18e s. au centre du village est tenue de main de maître par une hôtesse chaleureuse et de bon conseil pour découvrir la région. Chambres simples et petits déjeuners copieux, relevés de confitures maison et servis dans la splendide cuisine. Location de gîtes.

comprendre

Dans le maquis de la procédure – Au 11e s., l'abbaye de Marcilhac possède l'humble sanctuaire de Rocamadour, mais le laisse à l'abandon. Profitant de cette négligence, des moines de Tulle s'y installent. En 1166, la découverte du corps de saint Amadour *(voir Rocamadour)* en fait un riche et célèbre lieu de pèlerinage. Marcilhac se souvient alors de son droit et fait chasser les moines. Peu après, l'abbé de Tulle s'empare à nouveau de Rocamadour et met à la porte les gens de Marcilhac ; les procès succèdent aux procès. L'affaire est épineuse, l'évêque de Cahors, le légat, l'archevêque de Bourges, le pape lui-même, appelés à se prononcer, évitent de prendre une décision ; enfin, après un siècle de chicanes, Marcilhac accepte une indemnité de 3 000 sols et abandonne Rocamadour. Jusqu'au 14e s., l'abbaye de Marcilhac jouit d'une remarquable prospérité, mais, pendant la guerre de Cent Ans, les bandes anglaises et les grandes compagnies l'anéantissent. Après les troubles de la Réforme, Marcilhac passe aux mains des Hébrard de St-Sulpice qui délaissent l'établissement.

DÉCADENCE
Faute d'entretien et de moyens sous les Hébrard, les religieux doivent renoncer à la vie conventuelle et aller loger chez... l'habitant.

visiter

Ancienne abbaye

L'église abbatiale se compose de deux parties bien distinctes.

Partie romane – Le porche, à l'Ouest, et les trois premières travées de la nef sont à ciel ouvert et flanqués d'une haute tour carrée. Au Sud, une porte en plein cintre est surmontée d'un **tympan** sculpté représentant le Jugement dernier : le Christ en majesté, entouré de deux emblèmes figurant, croit-on, le Soleil et la Lune, est placé au-dessus de deux anges trapus aux ailes déployées et de saint Pierre et saint Paul. Ces sculptures, d'un style archaïque, semblent remonter au 10e s.

Remarquez dans la partie romane de l'ancienne abbatiale, une haute tour carrée, vraisemblablement fortifiée au 14e s.

Franchir cette porte et pénétrer à droite dans l'église.

Partie gothique – Fermée à l'Ouest au-delà de la 4e travée, la partie de l'église relevée au 15e s. est de style flamboyant. Reprenant des éléments de l'église primitive, le chœur, voûté en étoile, est entouré d'un déambulatoire. Une stalle baroque aux armes des Hébrard recèle une somptueuse **miséricorde** sculptée d'une tête d'ange. Une chapelle à gauche du chœur offre des fresques du 15e s. : le Christ bénissant est entouré des 12 apôtres ; sous chaque apôtre, on peut lire son nom et une phrase qui le caractérise. Le blason au centre de chaque triade est celui des Hébrard de St-Sulpice.

En sortant de l'église, prendre sur la droite, dans la 2e travée romane, un sentier qui conduit à l'ancienne salle capitulaire.

Salle capitulaire – Elle date du 12e s. Ses baies sont décorées de chapiteaux romans d'une grande finesse, alternativement exécutés en calcaire gris bleu et pierre de stalagmite rosée. Certains d'entre eux sont exposés au musée de Cahors.

Gagner une esplanade ombragée de platanes : une tour ronde indique l'emplacement de la maison de l'abbé. Au bord du Célé, à droite, une poterne perce les anciens remparts. Revenir au pied des vestiges romans.

alentours

Grotte de Bellevue*

Juil.-août : visite guidée (3/4h) 10h-19h ; juin et sept. : sur demande préalable. 28F (enf. : 20F). ☎ *05 65 40 63 92.*

1,5 km au Nord-Ouest. La route d'accès s'élève en corniche au-dessus de la vallée du Célé, offrant de beaux **aperçus** du village et de l'abbaye. Après les quatre lacets en forte montée, prendre à la première bifurcation la route à gauche vers le hameau de Pailhès. *Parc de stationnement à 200 m à gauche.*

La grotte fut découverte en 1964 et ouverte au public deux ans plus tard. Elle possède des concrétions d'une richesse remarquable : stalactites, stalagmites, draperies, colonnes effilées ou massives, immense coulée de calcite au blanc immaculé et strié d'ocre ou de carmin. Les stalagmites ressemblent à de longs cierges. La « Colonne d'Hercule », incroyable de régularité, mesure 4 m de hauteur pour une circonférence de 3,50 m, sa partie supérieure étant formée d'un disque incliné à 45°.

Excentriques
Dans la grande salle de la grotte, fabuleuse explosion d'excentriques, concrétions qui, telles une floraison de corail, fusent dans tous les sens.

Château de Mareuil

Couvert de tuiles roses, le château de Mareuil est une drôle de forteresse : elle est un peu de guingois pour cause de nombreux remaniements et cela lui donne beaucoup de charme. Elle veille sur le village - une des portes du Périgord - et ses visiteurs.

La situation

Cartes Michelin nos 72 pli 14, 75 pli 4 ou 233 pli 31 - Dordogne (24). Le gros bourg de Mareuil est situé à l'intersection de la D 708 et de la D 939, sur l'axe Périgueux-Angoulême. *Allée des Promenades, 24340 Mareuil-sur-Belle, ☎ 05 53 60 99 85.*

Le nom

Le mot serait d'origine gauloise, composé à la fois de *maro*, grand, et de *-ialo*, qui aurait donné les finales en *-euil* (comme Excideuil) et désigne un lieu découvert.

Les gens

Mareuil fut le siège de l'une des quatre baronnies du Périgord, ce qui explique le caractère très défensif de la forteresse.

Le château de Mareuil a conservé de son passé féodal des douves, un mur d'enceinte et les tours de l'entrée.

visiter

De mi-mars à mi-oct. : visite guidée (3/4h) tlj sf mar. 10h-12h, 14h-18h, dim. et j. fériés 14h-18h (de juil. à déb. sept. : tlj sf mar. 10h-13h, 14h-19h) ; de mi-oct. à fin nov. : tlj sf mar 14h-18h ; de déc. à mi-mars : dim. 14h-18h. 25F (enf. : 11F). ☎ 05 53 60 74 13.

Au 15e s., Geoffroi de Mareuil fait reconstruire l'édifice de ses ancêtres pour le rendre plus conforme aux aspirations du moment. La forteresse n'en garde pas moins nombre d'éléments de défense : douves, mur d'enceinte et deux tours cylindriques, tout en intégrant des éléments Renaissance. Dans la tour de gauche, se niche une petite chapelle de style gothique flamboyant. Au-delà du châtelet qui surveillait l'accès au château, un corps de logis s'articule en équerre autour d'un ancien donjon. En gravissant l'escalier à vis de ce dernier, l'on accède aux appartements comme la salle du Conseil (beau dallage du 15e s.), ou cette chambre qui présente une amusante collection de poupées anciennes. Dans une autre pièce, consacrée au Premier Empire, mobilier et documents racontent l'histoire du Maréchal Lannes, duc de Montebello, ancêtre des actuels propriétaires.

Martel★

Délicieuse petite ville au nom suggestif, Martel fait corps avec son histoire et l'on s'attend presque, au détour d'une ruelle, à voir surgir un chevalier en armure, monté sur un beau destrier, qui caracolerait de tour en tour (il y en a sept).

La situation

Cartes Michelin nos 75 pli 18 ou 235 pli 2 – Schéma p. 168 – Lot (46). La N 140 arrive sur la place Gambetta qui s'ouvre sur le boulevard des Cordeliers, large rue animée aux portes du vieux Martel.

Pl. de la Halle, 46600 Martel, ☎ 05 65 37 43 44.

Le nom

La fondation de la ville par Charles Martel tient plus de la légende que de la réalité, mais cela ne l'a pas empêché de lui laisser son nom. Martel est, par ailleurs, une des formes du mot « marteau », en français du 13e s.

Les gens

1 462 Martelais. Le plus connu est donc Charles Martel. Qui n'a pas entendu parler du fameux capitaine qui a arrêté les Arabes à Poitiers en 732 ?

carnet pratique

Où dormir

• *À bon compte*

Chambre d'hôte Cabrejou – *46600 St-Denis-le-Martel – 3 km à l'E de Martel par D 703 – ☎ 05 65 37 31 89 – ⊭ – 7 ch. : 180/220F – repas 80F.* Cette exploitation agricole qui produit du tabac et des noix vous accueille dans une très jolie maison couverte de lierre. Les chambres sont simples et confortables. Certaines sont aménagées dans une annexe.

• *Valeur sûre*

Chambre d'hôte La Cour au Tilleul – *Av. du Capitani – ☎ 05 65 37 34 08 – ⊭ – 3 ch. : 280F.* Voici une adorable maison avec sa façade du 12e s. Ses chambres coquettes et accueillantes sont toutes personnalisées. Aux beaux jours, les petits déjeuners copieux sont servis dans la ravissante cour intérieure... à l'ombre d'un tilleul.

Où se restaurer

• *À bon compte*

Ferme-auberge Le Moulin à Huile de Noix – *Rte de Bretenoux – 3 km à l'E de Martel par D 703 – ☎ 05 65 37 40 69 – fermé Toussaint à Pâques et lun. – ⊭ – réserv. obligatoire – 78/180F.* Dans la très belle salle de ce moulin, qui date du 17e s., vous goûterez une savoureuse cuisine du terroir. Vous pourrez aussi y découvrir la fabrication de l'huile, faite dans la tradition. Petite boutique de produits maison dans l'ancienne cave.

• *Valeur sûre*

Au Vieux Four – *R. Gustave-Delal – 46110 Les Quatre-Routes-du-Lot – 8 km au NE de Martel par D 96 – ☎ 05 65 32 01 98 – réserv. obligatoire le w.-end – 115/200F.* Vous serez bien accueilli dans ce petit restaurant au décor simple. La carte est soignée et la cuisine élaborée à partir de produits frais. Pour les amateurs, il y a aussi des pizzas cuites dans l'imposant four à pain de l'arrière-salle.

Marché et foire

Marché de la Noix réputé et une **foire à la laine**, en juil., le 23 du mois.

Marché aux truffes en déc. et janv.

Visite

Visite commentée de la ville avec le petit train « le Tournemire » – ☎ 05 65 37 34 07.

Bâtie sur un causse du Haut-Quercy éponyme, Martel a été surnommé « la ville aux sept tours ».

comprendre

La légende des trois marteaux – Après avoir arrêté les Arabes à Poitiers en 732, **Charles Martel** les poursuivit en Aquitaine. Quelques années plus tard, il leur livre un nouveau combat et anéantit leurs armées. Pour commémorer cette victoire sur les « Infidèles » et remercier Dieu, il fait édifier en ce lieu une église, près de laquelle s'élève bientôt une ville : elle reçoit alors le nom de Martel et place sur son blason trois marteaux, en souvenir de son fondateur.

Martel et la vicomté de Turenne – Si la fondation de Martel par le vainqueur de la bataille de Poitiers relève plus du conte que de l'histoire, on sait par contre que les vicomtes de Turenne en firent une communauté urbaine importante dès le 11e s. En 1219, le vicomte Raymond IV octroie à Martel une charte la reconnaissant comme ville libre et lui accorde l'exemption d'impôts vis-à-vis du roi et le droit de frapper monnaie. Très vite, Martel s'organise avec un conseil communal et un consulat ; elle devient le siège du bailliage royal et de la sénéchaussée. Son apogée se situe à la fin du 13e s. et au début du 14e s. ; ensuite elle connaît les vicissitudes de la guerre de Cent Ans : jamais prise, la ville tombe aux mains des Anglais par le traité de Brétigny. Elle connaît aussi les ravages des guerres de Religion, pendant lesquelles elle est saccagée par les bandes huguenotes. En 1738, la vente de la vicomté de Turenne au roi fait perdre ses privilèges à Martel qui devient une simple châtellenie.

Le fils rebelle – À la fin du 12e s., Martel est le théâtre d'un épisode des tragiques discordes qui mettent aux prises le roi d'Angleterre **Henri Plantagenêt**, sa femme, Aliénor d'Aquitaine, et leurs quatre fils. Le ménage royal est un enfer. Henri ne peut plus supporter Aliénor, déjà répudiée par le roi de France : il l'enferme dans une tour. Les fils prennent alors les armes contre le père et l'aîné, **Henri Court-Mantel**, ravage la vicomté de Turenne et le Quercy. Pour le punir, Henri Plantagenêt donne ses terres à son troisième fils, Richard Cœur de Lion, et suspend sa pension. Henri Court-Mantel, sans ressources, pille les trésors des abbayes. À Rocamadour, il enlève la châsse et les pierreries de saint Amadour. Mais, comme il quitte la ville, la cloche miraculeuse tinte : c'est un avertissement de Dieu. Henri s'enfuit jusqu'à Martel où il arrive malade et confesse ses crimes, son père lui envoie son pardon par messager. Henri Court-Mantel agonise sur un lit de cendres, une lourde croix de bois sur la poitrine. Bientôt il expire, adressant à sa mère Aliénor un suprême adieu.

MARTEAU ?
Le fameux Charles Martel préférait le marteau à toute autre arme. Il faut dire qu'à l'époque, son look était très différent et beaucoup plus dangereux !

JUSTICE
Véritable cour d'appel où se traitaient toutes les affaires juridiques de la région, la sénéchaussée occupait plus de 50 magistrats, juges et avocats.

FAUCHÉ
C'est à Rocamadour qu'Henri Court-Mantel, vraiment sans le sou, vend la fameuse Durandal, l'épée de Roland.

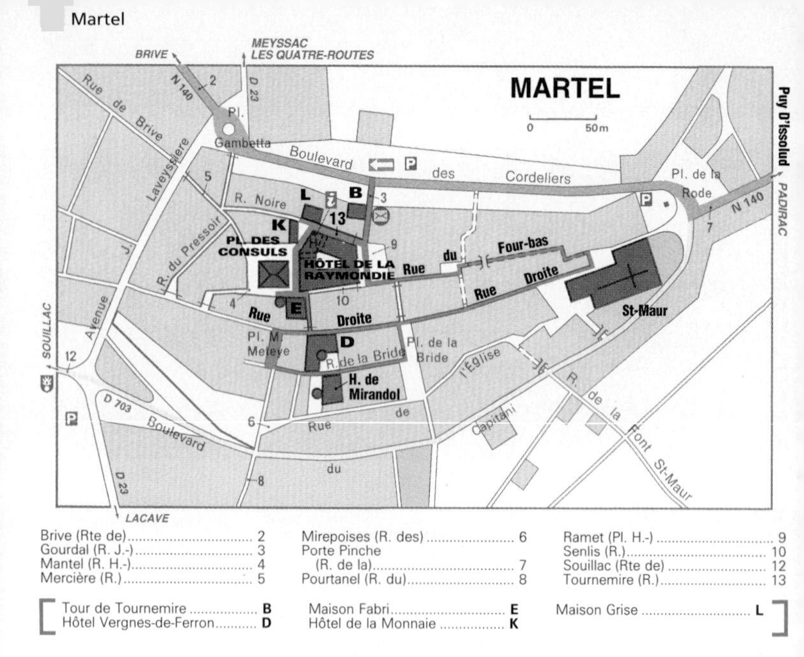

se promener

Ancienne enceinte

Des boulevards – fossés des Cordeliers, fossés du Capitani – ont été aménagés à l'emplacement des anciens remparts des 12e et 13e s. La **tour de Tournemire**, qui servit à la fois de tour de guet et de prison, la porte de Souillac et la porte de Brive évoquent l'époque où Martel était une ville forte, protégée par une double enceinte. La deuxième enceinte englobait alors les faubourgs de la ville.

Laisser la voiture au parking aménagé à l'emplacement des anciens remparts Nord. Passer entre la poste et la tour de Tournemire pour pénétrer dans la vieille ville.

Rue du Four-Bas

Traversée par une archivolte ogivale, elle conserve quelques maisons Renaissance.

Suivre la rue du Four-Bas en direction de la place de la Rode.

Église St-Maur

> **ANGÉLIQUE**
> Le Christ assis, la tête entourée du nimbe crucifère, écarte les bras et montre ses plaies ; deux anges tiennent les instruments de la Passion, deux autres sonnent les trompettes de la Résurrection.

Cet édifice gothique (13e-16e s.) était inclus dans le dispositif défensif de la ville, d'où ce caractère massif : contreforts aménagés en tours de défense, mâchicoulis protégeant le chevet plat, et une tour-clocher de 48 m de haut qui prend des allures de donjon. Sous le porche s'ouvre un beau **tympan** historié, d'époque romane, représentant le Jugement dernier. La nef ne manque pas d'ampleur ; le chœur, couvert d'une savante voûte en étoile, est éclairé par une grande **verrière** du 16e s. représentant Dieu le Père, les quatre évangélistes et diverses scènes de la Passion.

Revenir vers le centre par la rue Droite.

Rue Droite

Elle est bordée de vieux hôtels dont celui de **Vergnes-de-Ferron**, qui s'orne d'une belle porte Renaissance, et que l'on aperçoit également de la rue de la Bride.

Place de la Bride, s'engager dans la rue du même nom.

Hôtel de Mirandol

Édifié au 15e s. par François de Mirandol, il possède une grosse tour carrée avec escalier à vis.

Quitter la rue de la Bride par la place M.-Meteye, prendre à droite, puis s'engager à gauche.

Maison Fabri

La petite tour qui barre la façade en son milieu montre sur cinq niveaux des baies ornées de frontons à boules.

Fabri ou Court-Mantel
Cette tour porte aussi le nom d'Henri-Court-Mantel, car celui-ci y mourut en 1183.

Place des Consuls★

Le centre en est occupé par la **halle**, qui date du 18e s. La charpente repose sur de gros piliers de pierre. On remarque sur l'un des côtés les anciennes mesures de Martel.

Hôtel de la Raymondie★

L'ancienne forteresse des vicomtes de Turenne, commencée vers 1280 a été transformée en palais gothique au 14e s. La **façade★** donnant sur la rue de Senlis est remarquable par ses ouvertures : la file d'arcades en ogive du rez-de-chaussée est surmontée de sept fenêtres à roses quadrilobées. Le portail de l'entrée principale, situé place des Consuls, s'orne d'un écusson sculpté de trois marteaux. Dans les salles du 1er étage, remarquez les deux cheminées en bois sculpté et le bas-relief Renaissance. Dans le haut du donjon, un petit **musée** local présente des pièces provenant des fouilles du Puy d'Issolud.

L'hôtel de la Raymondie est dominé par un beffroi et couronné de tourelles d'angle.

Rue Tournemire

La petite rue s'ouvre à gauche de l'hôtel de la Raymondie. C'est à l'hôtel Condamine, aussi appelé hôtel de la Monnaie (13e s.), qu'étaient frappés écus et deniers pour la vicomté de Turenne. La **maison Grise**, du 16e s., s'orne d'un buste sculpté et d'un écusson aux trois marteaux.

Château de Monbazillac★

Monbazillac : nom évocateur d'un breuvage divin, liqueur de soleil mise en flacon. Ce vin célébrissime fait chanter le palais et exhale le goût d'un foie gras ou d'un dessert. Monbazillac, c'est aussi un village et un château du 16e s. qui émergent d'un océan de vignes. Les anciennes caves du château abritent – il n'y a pas de hasard – un musée du Vin.

La situation

Cartes Michelin nos 75 pli 14 ou 234 pli 8 – Dordogne (24). De Bergerac, on accède à Monbazillac en prenant la D 13 sur 7 km.

Le nom

Il provient de la combinaison de *mons*, *mont* en occitan, et de *Basilius*, personnage gallo-romain : le tout donne Monbazillac, le mont de Basile.

Les gens

En 1985, alors qu'il fouille une épave dans la Manche, un archéologue néerlandais met la main sur quatorze bouteilles de Monbazillac millésime... 1747. À en croire les spécialistes, le vin est semblable à celui d'une bouteille de 1960, tout en étant près de deux siècles plus vieux. Les 831 Monbazillacois sont fiers de leur vignoble.

Où se restaurer

Tour des Vents – *24240 Monbazillac – 3 km à l'O de Monbazillac par D 14 – ☎ 05 53 58 30 10 – fermé janv., dim. soir et lun. du 15 sept. au 30 juin – 95/290F.*
À perte de vue, la vallée de Bergerac se déploie devant la belle terrasse ombragée de ce restaurant adossé à un vieux moulin. N'en oubliez pas pour autant les réalisations culinaires de la patronne, elles sont goûteuses et leurs prix sont raisonnables.

visiter

Le château

Juin-sept. : 10h-12h30, 14h-19h30 (juil.-août : 10h-19h30) ; mai et oct. : 10h-12h30, 14h-19h ; avr. : 10h-12h, 14h-18h ; nov.-mars : tlj sf lun. 10h-12h, 14h-17h. Fermé de mi-janv. à mi-fév. 35F (enf. : 16F). ☎ 05 53 61 52 52.

L'architecture de l'édifice construit vers 1550 hésite entre une composition toute militaire et l'élégante fantaisie du style Renaissance : ses douves sèches et son

Vin de messe ?

Monbazillac, à l'égal de Bergerac, soutint la Réforme avec ardeur. Les exportateurs de la ville fournissaient d'ailleurs en vin les protestants réfugiés aux Pays-Bas.

Émergeant d'un océan de vignes, le château de Monbazillac est la propriété de la cave coopérative de Monbazillac qui l'a restauré et aménagé.

chemin de ronde crénelé se conjuguent avec une façade percée de fenêtres à croisillons et surmontée de lucarnes ouvragées. À l'intérieur, vous remarquerez surtout la **Grande Salle**, ornée d'une cheminée monumentale Renaissance, de meubles et de tapisseries des Flandres du 17e s. À l'étage, reconstitution de la chambre de la vicomtesse de Monbazillac, meublée en style Louis XIII.

Cave de Monbazillac – Musée du Vin

Juil.-août : tlj sf dim. 10h-19h ; sept.-juin : tlj sf dim. 10h-12h30, 13h30-19h. Fermé j. fériés. Gratuit. ☎ 05 53 63 65 00.

Dive bouteille
Rien de tel que de joindre le flacon à l'ivresse : une remarquable collection de bouteilles des 18e et 19e s. a été réunie dans le musée.

Fraîcheur assurée pour les estivants dans ces caves en partie taillées dans la roche où sommeillent les meilleures productions du cru. Le musée rassemble, entre autres, des instruments anciens de vinification et de vendange. Depuis 1960, la Cave de Monbazillac, propriétaire du château, exerce un véritable mécénat pour entretenir et enrichir les collections du **musée du Protestantisme et du Meuble périgourdin**, que propose également le château. Situés dans la cour d'honneur du château, les anciens chais ont été aménagés en restaurant. En été, la terrasse ombragée permettra d'échapper quelques instants au soleil brûlant.

circuit

LE VIGNOBLE DE MONBAZILLAC

Circuit de 15 km – environ 1 h

Quitter le chateau au Nord par la D 13. Prendre la D14 à gauche pour s'engager, 1,5 km plus loin, à gauche sur la D 933. Après un peu plus de 2 km sur cette voie, tourner à gauche.

Moulin de Malfourat

Une bonne occasion de faire le point dans ce moulin ruiné du 15e s. : une table d'orientation perchée à 180 m donne le détail du **panorama★** qui embrasse les alignements de vignes sur des kilomètres à la ronde.

Reprendre la D 933 que l'on quitte pour traverser Rouffignac-de-Sigoulès pour rejoindre le château de Bridoire.

Château de Bridoire★

Il est des plus majestueux à hauteur de la rivière Gardonnette, dressant ses poivrières entre deux bouquets d'arbres. Forteresse protestante, il fut en partie démoli par les troupes catholiques de Montluc en 1598, puis restauré aux 19e et 20e s. par la famille du père Charles de Foucauld. Deux grands corps de logis en équerre flanqués de tours rondes à mâchicoulis font face à une cour fermée par une enceinte convexe.

Après le hameau Les Costes, tourner à gauche pour retrouver la D 107, puis la D 14E3 qui ramène à Monbazillac.

Monpazier★

Véritable ville de guet médiévale, Monpazier est la bastide la mieux conservée du Périgord. Elle constitue un séduisant décor de vie, à découvrir en fin d'après-midi, pour profiter pleinement de la lumière chaude qui fait chatoyer les pierres.

La situation

Cartes Michelin nos 75 pli 16 ou 235 Nord du pli 9 - Dordogne (24).

De Belvès ou de Beaumont, on accède aux deux portes fortifiées au Nord du bourg d'où l'on gagne sans encombre le parking de l'église. En haute saison, prévoir un stationnement à l'extérieur de la bastide, au Sud ou au Nord.

Pl. des Cornières, 24540 Monpazier, ☎ 05 53 22 68 59.

LILLIPUTIENNE
Avec ses 53 hectares, Monpazier est l'une des plus petites communes de France.

Le nom

Il pourrait venir de *montipasseri* ou de *mont paciarus*, le « mont de la paix ». En italien, cela voudrait dire « le mont des moineaux ».

Les gens

La ville de Monpazier, tout comme les bourgs de Biron et de Hautefort, servit de décor au cinéaste André Hunebelle pour son film *Le Capitan* (1960), avec l'inoubliable duo Bourvil-Jean Marais. 531 Monpaziérois.

comprendre

Des débuts difficiles - Monpazier est fondé en 1284 par Édouard Ier en association avec Pierre de Gontaut, seigneur de Biron, qui apporte les terrains. Désireux de compléter la zone de défense déjà entreprise avec la fondation des bastides de Lalinde, Beaumont, Molières et

À L'AMENDE
Pour accélérer la colonisation de Monpazier, le roi Édouard menace d'amendes les bâtisseurs trop lents à son goût.

Monpazier est une des bastides créées pour commander les routes allant de l'Agenais aux rives de la Dordogne.

carnet pratique

Où dormir

• *À bon compte*

Camping Le Moulin de David – *3 km au SO de Monpazier par D 2 – ☎ 05 53 22 65 25 – ouv. 13 mai au 11 sept. – réserv. conseillée 10 juil.– 20 août – 100 empl. : 114F.* Dans un vallon boisé, le site bien préservé avec ses moulins et murets de pierres sèches, peut-être le point de départ de balades culturelles ou sportives dans la région... Bon confort et accueil aimable. Possibilité de location de mobile homes et tentes.

Foires et marchés

Marchés – Tous les jeu. matin, pl. des Cornières.

Foires – Le troisième jeu. du mois.

Artisans

Le grain de sel – *30 r. St-Jacques – ☎ 05 53 74 30 07.*

Sculpture en cuir – Annie Delamarre – *pl. des Cornières – ☎ 05 53 36 56 71.*

Souffleur de verre – P. Guernic – *13 r. St-André (horaires à l'Office de tourisme) – ☎ 05 53 74 30 82.*

Roquépine, le souverain se trouve vite confronté à de nombreux problèmes : conflit avec le seigneur de Biron et les habitants, reprise des hostilités avec les Français, retards dans les constructions...

Le temps de la Réforme – En 1574, la bastide est livrée par trahison au chef huguenot Geoffroi de Vivans qui s'illustrera plus tard par la prise de Domme *(voir ce nom)*.

Les Croquants à Monpazier – Le bourg, une des « paroisses unies » de la révolte, est le lieu d'une grande assemblée en 1594. L'insurrection se rallume en 1637 sous la conduite de Buffarot, un tisserand du bourg voisin qui subira, après la répression des troubles par les troupes du duc d'Épernon, le supplice de la roue. On promènera sa tête sur une pique jusqu'aux portes de Belvès.

se promener

LA BASTIDE

De la bastide, subsistent le plan d'ensemble et trois des six portes fortifiées. Plusieurs maisons ont conservé leur caractère original. La ville forme un quadrilatère de 400 m sur 220 m. Le grand axe étant orienté Nord-Sud. Des rues courent d'une extrémité à l'autre, parallèlement aux grands côtés. Quatre rues transversales les croisent, décomposant ainsi la cité en compartiments rectangulaires. Toutes les habitations présentaient à l'origine la particularité d'être d'égales dimensions et séparées les unes des autres par d'étroits intervalles ou « andrones », prévus pour éviter la propagation des incendies. Vue panoramique sur la vallée de la Dropt depuis le jardin des Franciscains situé au Sud-Est de la bastide.

Après avoir fait le tour de la bastide, venez prendre un rafraîchissement bien mérité, place des Cornières, à l'ombre des galeries.

Place des Cornières*

Agréablement enveloppée de galeries couvertes à cornières, cette place possède toujours son ancienne halle. Soutenue par des piliers de bois, celle-ci abrite encore de vieux récipients de mesures à grain.

Quitter la place par un pan de mur coupé.

Église St-Dominique

Intéressant édifice construit au 13e s. et remanié à plusieurs reprises : portail (14e s.), rose et pignon (16e s.). La nef unique, très large, est voûtée d'ogives et se prolonge par un chevet polygonal.

Derrière l'église.

Maison dite « du Chapitre »

Datant du 13e s., cette ancienne maison de trois étages située à deux pas de l'église servait d'entrepôt aux récoltes réquisitionnées pour l'impôt. On l'appelle encore la « grange aux dîmes ».

Château de Montaigne

Point n'est besoin d'avoir lu Les Essais pour venir visiter le château de Michel Eyquem, seigneur de Montaigne. Le souvenir de ce grand homme hante le lieu, et tout particulièrement la tour-bibliothèque où il aimait à écrire.

La situation

Cartes Michelin n°s 75 pli 13 ou 234 pli 4 – Dordogne (24)

Le château est situé au Nord du bourg. Parking restreint au bout de l'allée ombragée.

24230 St-Michel-de-Montaigne, ☎ 05 53 73 29 62.

Le nom

Montaigne ne provient qu'indirectement du nom de l'écrivain. C'est à l'origine un fief possédé par son père et qui dérive du bas latin *montanea*, la montagne.

Les gens

Michel Eyquem naît en 1533 dans les murs du château de Montaigne, acquis par son arrière grand-père du temps de la guerre de Cent Ans. Conseiller au Parlement et maire de Bordeaux, gentilhomme de la Chambre du Roi, il se lie d'amitié avec Étienne de La Boétie. À l'âge de 38 ans, il préfère délaisser la cour, où il ne fait plus que de brèves apparitions, pour vivre sur ses terres et se consacrer à son œuvre.

SAGESSE

L'œuvre de Montaigne exprime la tolérance, la sagesse, la maîtrise des passions, la compréhension et un amour lucide à l'égard de son prochain : « Chaque homme porte en soi la forme entière de son humaine condition. »

Les solives de la bibliothèque sont ornées d'une cinquantaine de sentences grecques et latines... « antisèche » ou pense-bête ?

visiter

De mi-fév. à déb. janv. : visite guidée (1/2h) tlj sf lun. et mar. 9h-12h, 14h-19h. 18F. ☎ *05 53 58 60 56.*

Seuls les communs ainsi que la **tour** de la librairie, où Montaigne avait coutume de se retirer, ont été épargnés par l'incendie de 1885. De sa chambre, située au-dessus de la chapelle, le philosophe pouvait écouter la messe par une ouverture pratiquée dans le mur. À l'étage supérieur se situe la bibliothèque, où l'écrivain aurait rédigé ses fameux *Essais*. En contournant le château, on découvre un paysage harmonieux : coteaux boisés et vignobles produisant un vin blanc apprécié, tandis que se profile, à l'horizon, la silhouette féodale du donjon de Gurson.

EMMURÉ

Le cœur du philosophe serait scellé dans l'un des piliers de l'église du village de St-Michel-de-Montaigne.

Château de Montal★★

« Un château digne des rois » : disent les dépliants touristiques. Ce n'est pas un effet d'annonce. Ce château Renaissance, tant pour sa façade que la cour ou l'intérieur mérite bien une couronne. A fortiori une visite.

La situation

Cartes Michelin nos 75 pli 19 ou 239 pli 39 – 3 km à l'Ouest de St-Céré – Lot (46).

Le château de Montal se situe sur une petite colline à l'extrémité d'un chemin, à l'écart de la D 130 qui mène à St-Céré.

ℹ *Pl. de la République, 46400 St-Céré,* ☎ *05 65 38 11 85.*

GREEN

Au pied du château, un superbe parcours de golf de neuf trous a été récemment créé.

Le nom

La position du château, sur les pentes du coteau, s'accorde avec son nom, car dans Montal, il y a « mont ».

Les gens

« I » « R » et « D » : ces lettres, situées en écusson sur la frise de la cour intérieure du château, sont les initiales de la fondatrice et de ses fils : Jeanne, Robert et Dordé.

comprendre

La façade intérieure du château, d'une grande richesse décorative, est une des gloires de Montal.

Un miracle d'amour maternel – Pour son fils aîné Robert, qui guerroie en Italie au service de François Ier, **Jeanne de Balsac d'Entraygues**, veuve d'Amaury de Montal, gouverneur de Haute-Auvergne, fait construire en 1523 un manoir de « plaisance » à l'emplacement d'un château féodal. Des rives de la Loire, la châtelaine fait venir les meilleurs artistes et, en 1534, s'élève un véritable chef-d'œuvre. Mais les jours s'envolent et la mère attend toujours le retour du fils aîné ; seul son cadavre reviendra au castel. Jeanne fait sceller la lucarne à laquelle elle s'accoudait pour guetter l'arrivée de son fils et, sous celle-ci, fait graver ce cri déchirant : « Plus d'espoir. » Son second fils, Dordé de Montal, dignitaire de l'Église, reçoit alors l'autorisation du pape de se démettre de ses fonctions afin de perpétuer le nom de sa lignée.

Agonie et résurrection – Proclamé bien national et devenu inhabitable à la suite des déprédations commises au cours de la Révolution, Montal échoit en 1879 à un certain Macaire qui, à court d'argent, met le château en pièces : 120 tonnes de pierres sculptées sont débitées et expédiées à Paris. Vendus aux enchères, les chefs-d'œuvre de Montal sont dispersés dans les musées et les collections privées du monde entier. En 1908, Montal renaît grâce à l'initiative de son nouvel acquéreur, M. Fenaille. Avec un acharnement admirable, celui-ci rend au château tous ses joyaux, rachetés à prix d'or, et, après l'avoir entièrement meublé, en fait don à l'État en 1913.

visiter

Avr.-Toussaint : visite guidée (1/2h) tlj sf sam. 9h30-12h, 14h30-18h. 30F (enf. : 15F). ☎ 05 65 38 13 72.

Extérieur – Par ses toits à forte pente couverts de lauzes, ses grosses tours rondes à meurtrières, le château présente l'aspect d'une forteresse. Cette sévérité fait mieux ressortir, par contraste, le charme de la cour intérieure, parée des sourires de la Renaissance. Montal se compose de deux corps de logis en équerre reliés par la tour carrée qui abrite l'escalier, commandant la distribution des pièces. Au-dessus des ouvertures du rez-de-chaussée court une **frise** de 32 m de longueur. Au 1er étage, les fenêtres à meneaux alternent avec de fausses lucarnes à frontons très ouvragés, encadrant **sept bustes** en haut relief, chefs-d'œuvre d'un réalisme parfait. On reconnaît, les effigies des membres de la famille de Montal, de gauche à droite : Amaury, l'air hautain, coiffé d'un bonnet ; Jeanne, sa femme, la fondatrice du château, dont le visage, presque monacal, semble figé dans un deuil éternel ; Robert le fils aîné, tué en Italie, qui porte un chapeau à panache à la mode de François Ier ; Dordé, le second fils, à la figure de jeune page. Au nombre de quatre, les **lucarnes** rappellent par leur décoration celles de Chambord : de part et d'autre des pignons sont accolés de petits personnages et leurs niches abritent des figures.

FRISE
C'est une merveille d'ornementation aux sujets les plus divers : amours, oiseaux, chimères voisinent avec des écussons et une énorme tête humaine.

Intérieur – On y accède par une porte placée à l'angle des deux corps de bâtiments. Flanquée de pilastres, celle-ci est surmontée d'un linteau supportant plusieurs niches. Admirez l'**escalier Renaissance★★** construit en belle pierre blonde de Carennac : l'évidement du mur central permet d'admirer le dessous des marches, très finement sculpté : rinceaux, coquillages, oiseaux fantastiques, initiales, petits personnages forment un plafond dont la décoration complète celle des voûtes à clefs des vestibules. Dans la **salle des gardes**, voûtée d'arcs surbaissés et ornée d'une magnifique cheminée, et dans la **salle du Cerf**, comme dans le reste des **appartements**, se côtoient meubles anciens (surtout Renaissance et Louis XIII), retables, tableaux, plats attribués à Bernard Palissy et tapisseries des Flandres et de Tours.

L'escalier Renaissance est un chef-d'œuvre de proportions et d'ornementation.

Site de Montfort★

Le château de Montfort est perché sur un drôle de rocher criblé d'alvéoles et il semble surveiller la courbe de la Dordogne. Ce cingle est l'un des plus connus et des plus beaux du Périgord : le village lui a donné son nom.

La situation

Cartes Michelin nos 75 pli 6 ou 233 pli 43 - Dordogne (24).
Le site de Montfort se découvre au détour d'un virage de la D 703, entre les bourgs de Vitrac et de Carsac-Aillac.

Le nom

Il n'a aucun lien avec le sire de sinistre mémoire, Simon de Montfort, qui parcourut la région pour en extirper le catharisme et organisa nombre de massacres. Il vient du latin *mons fortis*, élévation forte (qui résiste à la force).

Les gens

631 Vitracois, puisque le site de Montfort est situé sur la commune de Vitrac.

Le village de Montfort, aux toits de lauzes se groupe au pied de son château, perché sur un rocher criblé d'alvéoles.

se promener

Cingle de Montfort★

Entre Carsac et Montfort, sur la D 703 - Aire de stationnement.
De la route accrochée à la falaise, un superbe **panorama★** embrasse la presqu'île de Turnac et sa noiseraie, qu'enveloppe un méandre de la Dordogne. À droite, le château de Montfort qui s'accroche au sommet de son promontoire.

Château de Montfort★

Visite du parc et des remparts uniquement.
Une forteresse sur un tel site ne pouvait qu'attiser les convoitises de ceux qui prétendaient à la suzeraineté du Périgord. Du coup, l'histoire du château se résume à une longue litanie de sièges et de luttes pour sa possession : en 1214, il est pris par Simon de Montfort qui le fait raser ; reconstruit une première fois, il est détruit à trois autres reprises : lors de la guerre de Cent Ans, sous Louis XI et Henri IV, et chaque fois, rebâti !

Réfections
Ce sont les restaurations entreprises au 19e s., par l'adjonction d'une loggia et de lanternons, qui lui donnent cet aspect de château d'opérette.

Montignac

La petite ville de Montignac est sortie de l'anonymat lors de la découverte de la grotte de Lascaux. Depuis, une certaine effervescence règne parmi les maisons anciennes et la tour médiévale : c'est ça d'être la voisine d'une star !

La situation

Cartes Michelin nos 75 Sud du pli 17 ou 233 pli 44 – Dordogne (24). La ville s'est développée sur les deux rives de la Vézère. Nombreux sens uniques sur la rive gauche. *Pl. Bertran-de-Born, 24290 Montignac, ☎ 05 53 51 82 60.*

Le nom

Si le nom de *Montaneus* a donné Montagnac, celui de *Montanius* a donné Montignac. Le bourg s'appelait Montignac-le-Comte sous l'Ancien Régime.

Les gens

2 938 Montignacois. Montignac compte parmi ses hommes d'esprit, Eugène Le Roy (1836-1907), l'auteur de *Jacquou le Croquant* qui se retira dans le bourg à la fin de sa vie.

visiter

Musée Eugène-Le Roy

Juin-août : 9h-12h, 14h-19h ; sept.-mai : tlj sf dim. 9h-12h, 14h-18h. Fermé en janv. 10F. ☎ 05 53 51 82 60.
Installé dans l'ancien hôpital St-Jean-l'Évangéliste, ce musée est en grande partie consacré au « romancier du Périgord ». Outre la vie et le cabinet de travail d'Eugène, il présente sur quatre salles des scènes de la vie locale illustrant ses œuvres, mais aussi le souvenir de vieux métiers disparus et quelques éléments préhistoriques.

OFFICE DE TOURISME
L'hôpital St-Jean abrite également le syndicat d'initiative.

carnet d'adresses

OÙ DORMIR

• *À bon compte*

Camping La Garenne – *24210 Peyrignac – 10 km au N de Montignac par N 89 ; puis D 47 – ☎ 05 53 50 57 73 – – réserv. conseillée – 40 empl. : 50F.* Une situation agréable pour ce camping perché sur une petite colline boisée : en été, vous serez content de profiter de l'air qui y circule. Bien ombragé par les arbres, le terrain jouit d'une position isolée. Confort simple.

• *Valeur sûre*

Hôtel de la Roseraie – *Pl. d'Armes – 24290 Montignac – ☎ 05 53 50 53 92 – fermé fin oct. à fin avr. – 14 ch. : 450F – 50F – restaurant 130/195F.* Goûtez à la rêverie dans cette demeure bourgeoise sur une place calme. Les chambres sont coquettes, décorées de tissus fleuris et de meubles anciens peints. Salle à manger ouvrant sur une terrasse prolongée d'un jardin avec piscine.

OÙ SE RESTAURER

• *À bon compte*

Auberge de Castel Merle – *24290 Sergeac – 1,5 km au S de Montignac par D 65 – ☎ 05 53 50 70 08 – fermé nov. au 1er mars et lun. – réserv. obligatoire en été – 97/190F.* Juchée sur les falaises au-dessus de la Vézère, cette paisible auberge de charme offre une vue magnifique sur la vallée. Les tables nappées de rouge et blanc s'éparpillent sur la grande terrasse ombragée. Quelques chambres douillettes au style campagnard.

• *Une petite folie !*

L'Imaginaire – *Pl. Foirail – 24120 Terrasson-Lavilledie – 16 km au NE de Montignac par D 704, puis N 89 – ☎ 05 53 51 37 27 – fermé 20 déc. au 16 janv., dim. soir, lun. et mar. sf été et j. fériés – 265F.* Tout est réuni pour vous faire passer un agréable moment. Le décor des voûtes de pierres d'une maison du 17e s. et la table étoilée qui vous fera goûter ses saveurs raffinées.

alentours

Grottes de Lascaux★★ *(voir ce nom)*
2 km au Sud-Est de Montignac par la D 704E.

La Grande Filolie
5 km à l'Est de Montignac par la D 704.
Désordonnée pour les uns, savante pour les autres, l'imbrication de bâtiments et de tours du château de la Grande Filolie ne manque pas d'intérêt ni même de beauté. Mi-château, mi-ferme, il présente une forme quadrangulaire flanquée à chaque extrémité de tours carrées couronnées de mâchicoulis. Recouverts de toits de lauzes, ses murs des 14e et 15e s. paraissent immergés dans un océan de verdure. Une architecture rigoureuse est animée par un logis Renaissance, un pavillon d'entrée et, sous le toit le plus pointu, une petite chapelle.

Fanlac
7 km à l'Ouest de Montignac.
Fanlac est une destination de charme, avec ses maisonnettes de pierres blondes et leurs toits échevelés. Eugène Le Roy l'avait choisi pour situer en partie l'action de son roman.

L'imposante falaise de La Roque-St-Christophe se présente comme une énorme ruche creusée d'une centaine de cavités.

circuit

VALLÉE DE LA VÉZÈRE

Circuit de 55 km – compter une demi-journée
Cette partie, entre Montignac et la région des Eyzies, est sans conteste, la plus charmante de la vallée de la Vézère, tour à tour enserrée de falaises et de peupliers.
Quitter Montignac par le Sud-Ouest en empruntant la D 706, direction Les Eyzies.

Le Thot, espace Cro-Magnon★
Avr.-sept. : 10h-19h ; oct. : tlj sf lun. 10h-19h ; nov.-mars : tlj sf lun. 10h-12h30, 13h30-17h30. Fermé en janv. et 25 déc. 30F (enf. : 15F), 57F (Le Thot et Lascaux II) (enf. : 30F). Juil.-août : billets à retirer à Montignac, sous les arcades du Point-Information ; sept.-juin : billets en vente sur le site. ☎ 05 53 35 50 10.
Le **musée** présente un large panorama des moyens d'expression de l'homme de la préhistoire : la peinture, la sculpture, les graffitis ; leur place dans l'histoire de l'humanité, leur évolution, les motivations humaines. Ces différents thèmes sont abordés à l'aide de techniques modernes : fac-similés, diapositives géantes, montage audiovisuel, film, etc.
Implanté dans un site privilégié, le **parc** permet d'avoir un aperçu de la faune que l'homme de Cro-Magnon côtoyait et représentait sur les parois des grottes : animaux vivants tels que les « aurochs », bisons d'Europe,

ON S'Y CROIRAIT !
Plusieurs reconstitutions de campements, souvent spectaculaires, et de scènes de la vie quotidienne au paléolithique supérieur, contribuent à rendre la visite très attractive.

chevaux de Prjevalski – ou reproductions grandeur nature et animées d'espèces disparues comme le mammouth et le rhinocéros « laineux ».

Poursuivre sur la D 706.

Château de Losse

Juin-août : visite libre parc et remparts, visite guidée (3/4h) du grand logis 10h-19h ; Pâques-mai et sept. : 10h-12h30, 13h30-18h. 32F (enf. : 16F). ☎ *05 53 50 80 08.*

Planté sur son rocher, ce château du 16e s., composé d'un corps de logis flanqué d'une grosse tour ronde, était le cadre de vie de Jean II de Losse, précepteur du roi Henri IV et gouverneur de Guyenne. On accède à la cour d'honneur par un pont dormant et un châtelet édifié au 17e s. L'intérieur vaut surtout par la qualité de son mobilier italien et Louis III, et quelques **tapisseries** dont deux, surtout, du 17e s., se détachent, l'une flamande et l'autre florentine. La première est située dans la chambre, et la seconde, *Le Retour de la courtisane*, dans la grande chambre, leurs couleurs sont d'une étonnante vivacité.

Patrimoine
Le château accueille dans un cadre très vert quelques manifestations culturelles, notamment pendant le Festival international de folklore de Montignac qui a lieu la dernière semaine de juillet. ☎ 05 53 50 14 00.

Le joli décor de cette vaste pièce, du château de Losse, incite à penser qu'un petit dîner aux chandelles doit être fort agréable en ces lieux.

Continuer jusqu'à Thonac, puis prendre à droite la D 45.

Tour de la Vermondie

À deux pas d'un ancien manoir reconverti en luxueuse résidence, se dresse une curieuse tour penchée, à laquelle est attachée une jolie légende : il y a bien longtemps, cette tour était habitée par un jeune prince que l'on tenait enfermé. Chaque jour sa fiancée passait en bas et se lamentait. Émue par leur infortune, la tour s'inclina tellement un jour, qu'ils purent échanger un baiser.

Côte de Jor
Cette côte, qui domine de 150 m la vallée, ouvre un remarquable **panorama** sur la Vézère et St-Léon-sur-Vézère.

Poursuivre sur la D 45.

Plazac

Perchée sur une butte dominant le village, l'église romane est entourée par un cimetière planté de cyprès. Le clocher-donjon du 12e s. est une récupération de l'ancienne tour du château des évêques de Périgueux. Couvert de lauzes, il est orné d'arcatures aveugles retombant sur des bandes lombardes.

Quitter Plazac par le Sud en empruntant la D 6.

Le Moustier

Bâti au pied d'une colline, ce petit village périgourdin possède un **abri préhistorique** célèbre. Les gisements paléolithiques du Moustier ont révélé un squelette d'homme de Néandertal et de nombreux outils de silex (entre –100 000 et –40 000 ans environ).

Un confessionnal (17e s.) très original a trouvé refuge dans la petite église du village.

Histoire de noms
De même que le site de La Madeleine a donné son nom au magdalénien, Le Moustier a donné son nom à une culture du paléolithique moyen, le moustérien.

Traverser la Vézère, puis tourner à gauche sur la D 66.

La Roque-St-Christophe★

Juil.-août : visite guidée (3/4h) 10h-19h ; sept.-juin : visite libre 10h-18h. 34F (enf. : 17F). ☎ *05 53 50 70 45.*

Cette falaise surplombe sur 900 m de long et 80 m de haut la vallée de la Vézère. Énormes balafres dans la roche, ses six étages recèlent une centaine de cavités,

Recensement
Au 14e s., au moment des occupations les plus fortes, La Roque-St-Christophe a accueilli jusqu' à 1 500 personnes.

constituant le plus grand ensemble troglodytique d'Europe. Dans certaines d'entre elles, on trouve des traces de vie humaine remontant au paléolithique supérieur. Ses terrasses ont également servi au 10e s. de fondations à un fort aménagé contre les raids normands et rasé pendant les guerres de Religion. L'incroyable entrelacs de canalisations, escaliers, passages, mais aussi les citernes, les éviers et les foyers montrent l'importance de la vie humaine sur ce site. De la grande terrasse, très belle **vue★** plongeante sur la vallée.

Poursuivre sur la D 66.

Peyzac-le-Moustier

Musée paléontologique – ♿ *De juil. à mi-sept. : 9h-19h30 ; de mi-sept. à fin juin : sur demande préalable (15 j. av.) auprès de M. Quinsac-Mandeix. 15F. ☎ 05 53 50 81 02 ou 05 53 04 86 21.*

Il présente l'évolution des êtres vivants et la progression de leurs techniques, des premiers êtres, trilobites ou autres ammonites parfois âgés de 600 millions d'années, aux gallo-romains.

Quitter Peyzac par le Sud et rejoindre la D 65.

St-Léon-sur-Vézère★ *(voir ce nom)*

Revenir à Peyzac, prendre à gauche et rejoindre la D 65.

Sergeac

Une croix du 15e s. salue le visiteur à l'entrée du village. Ce dernier s'est organisé autour de l'implantation des templiers qui décident, à la fin du 13e s., d'y établir une commanderie. L'église date du 12e s. Sa belle couleur ocre adoucit des traits guerriers : chambres à meurtrières, mâchicoulis et clocher-mur. À l'intérieur, au-delà du porche creusé de voussures, un arc triomphal en plein cintre s'ouvre sur un chevet plat orné de chapiteaux décorés.

Castel-Merle

Le site, longtemps fermé au public, a vu nombre de ses découvertes dispersées aux Eyzies, Périgueux et St-Germain-en-Laye. Un petit **musée** aménagé non loin des fouilles, présente de nombreuses pièces. La collection vaut surtout pour ses colliers, reconstitués, de perles, d'os et de coquillages retrouvés sur le site (♿ *visite guidée (1h) sur demande préalable (1 j. av.) auprès de M. Castanet, Le Bourg, 24290 Sergeac. ☎ 05 53 50 77 45).*

Bien connus des spécialistes, les **abris** permettent de découvrir quelques restes de sculptures magdaléniennes. Coupe stratigraphique pour visualiser la superposition des périodes (*visite guidée (1h) sur demande préalable. ☎ 05 53 50 77 45).*

Regagner Montignac par la D 65 qui borde la rive gauche de la Vézère (jolie vue sur le château de Losse).

Terrasse

À l'issue de ces visites, une petite halte s'impose sur la terrasse du restaurant de *La Peyrol*, un endroit très sympathique et délicieusement baigné par les derniers rayons du soleil.

Montpezat-de-Quercy★

Ce ne sont pas ses jolies ruelles, sa place à couverts ou ses nombreuses maisons anciennes qui font le plus pour le renom de Montpezat-de-Quercy. Mais bien la collégiale St-Martin (14e s.) et ses innombrables trésors. Bonne chasse !

En fin de journée, la collégiale St-Martin se pare d'or.

La situation

Cartes Michelin nos 79 pli 18 ou 235 pli 18 – Tarn-et-Garonne (82).

De la N 20, la D 20 amène le visiteur à la porte de la ville, ancienne porte fortifiée du 14e s. Possibilités de parking sur les places Reduch et de la Résistance, ou sur le boulevard des Fossés.

ℹ *Bd des Fossés, 82270 Montpezat-de-Quercy, ☎ 05 63 02 05 55.*

Le nom

« Montpezat » désigne la localisation du bourg : *mons pedatus* signifiant le mont fortifié, palissadé.

Les gens

1 411 Montpezatais. Originaire de Montpezat, la famille Des Prés a donné à l'Église cinq éminents prélats. Pierre Des Prés, cardinal de Préneste (actuelle Palestrina en Italie) est le fondateur de la collégiale St-Martin qu'il consacra en 1344. Son neveu Jean Des Prés fut tour à tour évêque de Coïmbra, ancienne capitale du Portugal, et de Castres. Trois autres membres de la famille montent successivement sur le siège épiscopal de la ville de Montauban, toute proche : Jean Des Prés (1517-1539), qui offre à la collégiale de Montpezat ses célèbres tapisseries flamandes, Jean de Lettes (1539-1556) et Jacques Des Prés (1556-1589), grand pourfendeur de huguenots, au sein de son diocèse, alors l'un des plus ardents foyers du protestantisme.

HOMO HOMINI LUPUS
La fin de Jacques Des Près sera aussi tragique que son époque troublée : il sera tué dans une embuscade à Lalbenque.

visiter

Collégiale St-Martin

Dédiée à saint Martin de Tours, elle est construite en 1337 par un architecte de la Cour papale d'Avignon. Elle présente les caractéristiques des édifices du Languedoc : une nef unique et des chapelles latérales séparées par les contreforts intérieurs de la nef. Voûté d'ogives dont les clefs de voûte sont peintes aux armes de la famille Des Près, le **vaisseau** frappe par son unité, sa simplicité et l'harmonie de ses proportions. Les pièces qu'il renferme ne sont qu'une partie de l'extraordinaire trésor accumulé en ces lieux : dans la première chapelle à droite, belle Vierge de piété, en grès polychrome du 15e s., dans la chapelle opposée, une Vierge aux colombes du 14e s., en albâtre. Dans la 2e chapelle à droite, trois éléments de retable en albâtre provenant de Nottingham ont pour thème la Nativité, la Résurrection et l'Ascension ; enfin, dans la 4e chapelle à gauche, coffrets en bois du 15e s. avec application de pâtes dorées.

Tapisseries des Flandres★★ – Cinq panneaux de trois tableaux, spécialement adaptés au plan du sanctuaire, longs de près de 25 m et hauts de 2 m environ, retracent, en seize scènes, les principaux épisodes historiques et légendaires de la vie de saint Martin : figurent, entre autres, le partage du manteau, diverses guérisons obtenues par le saint et sa lutte victorieuse contre le diable. Chaque scène est commentée par un quatrain en ancien français, placé sur la partie supérieure de chaque panneau.

OÙ DORMIR
Chambre d'hôte
Le Barry – *Fg St-Roch – ☎ 05 63 02 05 50 – fermé 15 nov. au 31 mars sf réserv. 285/350F.* Proche de la collégiale, cette très belle maison s'ouvre sur la vallée. La vue splendide, l'adorable jardin, la piscine, le charme de cette demeure et la qualité de l'accueil vous feront regretter votre départ. Bon rapport qualité/prix.

Cette tapisserie illustre le partage du manteau de saint Martin. L'excellent état de conservation de ces tapisseries du 16e s., l'éclat et la richesse de leurs coloris, l'existence d'une telle série placée dans le cadre même pour lequel elle a été conçue leur confèrent un intérêt exceptionnel.

Gisants★ – Si le corps du cardinal Pierre Des Prés repose sous le pavement situé en avant du chœur, le mausolée en marbre de Carrare qui le représente fut placé en 1778 à l'entrée du chœur, à droite. De l'autre côté, à gauche, le gisant en pierre de son neveu Jean Des Prés est un chef-d'œuvre de la statuaire funéraire.

Château de **Montréal**

Au détour d'un virage, apparaît, dressé au sommet d'une colline, un étonnant édifice aux allures mi-féodales, mi-Renaissance, entouré d'élégants communs : c'est le château de Montréal.

La situation

Carte Michelin n° 75 pli 14, Nord-Ouest du pli 8 – Dordogne (24).

Le château se situe à 7 km au Sud-Est de Mussidan, par la D 38.

Le nom

Sans faire l'unanimité, la formule *mons real*, le mont royal, est assez répandue pour expliquer l'origine de Montréal, un nom qui s'est exporté jusqu'aux États-Unis et au Canada.

« Je reviendrais à Montréal... » chante si bien Robert Charlebois ; oui mais sait-il que l'original se trouve dans le Périgord !

Les gens

Claude de Pontbriand, seigneur de Montréal, serait à l'origine du nom de la deuxième ville française du monde après Paris : en octobre de l'an 1535, il se trouve aux côtés de Jacques Cartier sur les bords du St-Laurent lorsque celui-ci fonde un établissement français sur l'emplacement d'une bourgade indienne.

visiter

♿ Pâques-Toussaint : visite guidée (3/4h) dim. et j. fériés 14h30-18h30 (juil.-sept. : tlj). 28F (enf. : 15F). ☎ 05 53 81 11 03.

Entouré par une double enceinte, le corps de logis actuel fut construit au 16e s. À l'intérieur, parmi le mobilier présenté, essentiellement daté du 18e s et de l'Empire, on retiendra un ensemble de sièges à médaillon situé dans le salon de réception. D'époque Louis XVI, il a conservé ses **tapisseries d'Aubusson** tissées sur différents thèmes des fables de La Fontaine. Une charmante bibliothèque épouse les murs de la tour d'angle de l'édifice, mettant en valeur un ensemble de beaux livres reliés. Dans les communs, un escalier du 12e s. voûté de berceaux successifs conduit aux **caves** que prolonge une grotte parée de petites concrétions.

La sainte épine

Une **chapelle** fut construite au 16e s. dans la partie Ouest de l'enceinte pour abriter le reliquaire de la sainte épine, prise sur le corps du maréchal anglais Talbot à la bataille de Castillon.

Najac★

Campé tout en longueur sur son promontoire, le vieux bourg, s'assoupit sous ses toits d'ardoises que dominent encore les tours du château fort.
Devenu « site remarquable du goût » autour des Fêtes de la fouace et de la St-Barthélemy, Najac est avant tout un bourg vivant que dynamisent les deux villages de vacances des environs.

GARGANTUESQUE
La Fête de la fouace a lieu le week-end suivant le 15 août. Trois fouaces de 80 kg sont promenées dans les rues du village le dimanche après-midi.

La situation

Cartes Michelin nos 79 plis 19 ou 235 Sud-Ouest du pli 19 – Aveyron (12). Deux accès permettent de gagner le bourg : le plus pittoresque se fait par la vallée, l'autre par le plateau, à l'Ouest, qui depuis la D 239, propose une très belle vue sur le site de Najac. En haute saison, les voies du Barriou et du Bourguet, situées au cœur du village, sont interdites à la circulation. Privilégier les deux parkings situés à l'entrée du bourg, côté Ouest.

Pl. du Faubourg, 12270 Najac, ☎ 05 65 29 72 05.

Le nom

Une seule chose est sûre : les noms en *-ac*, fréquents dans l'Aveyron, dérivent d'un suffixe gaulois *-acos*, accolé au nom du propriétaire d'un domaine. Mais qui était ce premier agriculteur Najacois ? Nul ne le sait !

SPORTIFS
Après la visite du village allez vous dégourdir les jambes à la base de loisirs du Païsserou. *☎ 05 65 29 73 94.*

Les gens

Les 766 Najacois d'aujourd'hui comptaient parmi leurs concitoyens celui qui fut maire de... Provins (Seine-et-Marne), député, ministre, académicien et auteur de *Quand la Chine s'éveillera...* : Alain Peyrefitte (1925-1999).

Chef-d'œuvre de l'art militaire du 13e s., la forteresse de Najac, qui surveille la vallée de l'Aveyron, était dotée d'une importante garnison, et le village comptait alors plus de 2 000 habitants !

carnet d'adresses

OÙ DORMIR

• *À bon compte*

Chambre d'hôte Cambayrac – *Cambayrac – 82160 Castanet – 12 km au NO de Najac par D 39, D 84, puis rte secondaire – ☎ 05 63 24 04 03 – ⊭ – 4 ch. : 190/250F – repas 80F.* Accueil chaleureux dans cette maison bien tenue. Les chambres au mobilier rustique et confortable ont été aménagées sous les combles de l'ancienne grange. Bon rapport qualité/prix.

• *Valeur sûre*

Belle Rive – *3 km au NO de Najac par D 39 – ☎ 05 65 29 73 90 – P – 30 ch. : 265/300F – ☕ 45F – restaurant 86/200F.* Au bord de l'Aveyron, dominé par le château, cet hôtel est idéal pour une halte paisible. Les chambres sont fonctionnelles et bien tenues. Salle à manger avec grande terrasse ombragée. Cuisine traditionnelle. Piscine.

se promener

Le bourg

Il se développe jusqu'au pied de la forteresse. À deux pas de la mairie, une fontaine à vasque monolithe porte la date de 1344 et les armes de Blanche de Castille, mère de Saint Louis (13e s.). La place du Faubourg est déjà très développée au 14e s., époque où se dissocient le côté Sud, appelé l'Adret, et le côté Nord, l'Hiversenc. Au-delà, la rue du Bourguet, voie principale du village, est bordée de quelques maisons à encorbellement construites pour la plupart entre le 13e et le 16e s.

Non loin, prendre à droite sur la même rue du Bourguet et délaisser la rue des Comtes-de-Toulouse sur la gauche.

Bordant la rue Médiévale à hauteur d'une ancienne porte fortifiée, le **château des Gouverneurs**, fut la résidence de quelques seigneurs, tout comme la **maison du Sénéchal** (13e-15e s.), située sur la gauche, un peu plus haut en direction de la forteresse.

La forteresse★

Des trois enceintes primitives subsiste un important système fortifié flanqué de grosses tours rondes. En forme de trapèze, le château proprement dit, bâti en partie en grès clair, est défendu par d'épaisses murailles. La plus puissante des tours, au Sud-Est, constituait le donjon. Après avoir franchi, par des poternes, les enceintes successives, on atteint la plate-forme du donjon. De là, magnifique **vue★** sur la forteresse, le village en enfilade, la pittoresque vallée de l'Aveyron, l'église, bâtie entre le château et la rivière, au cœur de la bourgade primitive.

VISITE
Les parties ruinées que vous découvrez sont essentiellement dues à la transformation de l'édifice en carrière au 19e s.

Descendre du château vers la rue de l'Église.

La **porte de la Pique** (13e s.), munie d'un assommoir, reste le dernier vestige des dix portes qui autrefois protégeaient le bourg.

L'église

Malgré des ajouts, c'est un intéressant édifice de style gothique. La façade Ouest est surmontée d'une rosace et la nef unique, terminée par un chevet plat. À l'intérieur, remarquez dans le chœur l'autel primitif (14e s.) constitué par une vaste dalle de grès fin, un Christ de l'école espagnole du 15e s., deux statues (la Vierge et saint Jean), du 15e s., ainsi qu'une belle statue de saint Pierre assis, en bois polychrome, du 16e s.

UNE CAGE ?
Oui, c'est bien une cage en fer forgé qui est conservée dans la nef (à gauche) mais nul n'y fut jamais enfermé : elle était destinée à recevoir la « chandelle Notre-Dame » ou cierge pascal.

Regagner le faubourg par la rue des Comtes-de-Toulouse, bordée de maisons médiévales.

Neuvic

Village calme aux abords de la forêt du Landais, Neuvic est idéal pour un séjour placé sous le signe de la verdure. En effet, vous pouvez alterner les balades en forêt et les promenades dans le parc du château transformé en jardin botanique.

La situation

Cartes Michelin nos 75 pli 14 ou 233 Nord-Est du pli 41 – Dordogne (24).

Neuvic se love dans la vallée de l'Isle, entre les bourgs de Mussidan et de St-Astier.

Maison du tourisme, pl. de la Bastide, 24500 Eymet, ☎ 05 53 23 74 95.

Le nom

La forme ancienne « Neuf-Vic », utilisée au 17e s., donne les éléments de la formation de Neuvic : le nouveau, *novus*, en latin, hameau, *vicus*.

Les gens

2 782 Neuvicois. Le village aurait bougé de son site originel : suite aux invasions normandes, Neuvic quitte la confluence de la Verne et de l'Isle pour remonter de quelques centaines de mètres dans la vallée.

visiter

Château de Neuvic

♿ *Visite guidée (3/4h) 13h30-18h30. Fermé 1er janv. et 25 déc. 30F château et parc botanique (enf. : 15F).* ☎ *05 53 80 86 65.*

Une allée bordée d'arbres précède ce bel édifice érigé sur la rive gauche de l'Isle, qui abrite actuellement un centre médico-pédagogique. Bâti en 1530, ce château possède un chemin de ronde à mâchicoulis plus décoratif que défensif ; deux corps de logis s'articulent autour d'une tour carrée construite au début du 16e s. À l'intérieur, certaines pièces sont décorées de fresques des 16e et 18e s.

Jardin botanique

10h-12h, 13h30-18h30 (oct.-mai : 10h-12h, 13h30-18h30, w.-end et j. fériés 13h30-18h30). Fermé 1er janv. et 25 déc. 20F. ☎ *05 53 80 86 65.*

Les espaces verts du château ont été aménagés en parc botanique. Il propose quelque 1 500 espèces végétales (chênes, cornouillers, fusains, lilas, roses, etc.).

Le jardin botanique accueille de bien étranges personnages.

alentours

Château de Grignols

De juil. à fin août : visite guidée (1h) 14h30-19h. 25F. ☎ *06 82 43 96 64.*

6 km à l'Est par la D 44. Planté sur une crête rocheuse qui surplombe la vallée, ce château fut édifié à l'époque où le village de Grignols, en contrebas, comptait 10 paroisses et... 5 000 habitants ! Aménagée sur une terrasse triangulaire entre deux douves, la forteresse défendait la route entre Périgueux et Bordeaux. Les logis édifiés du 13e au 17e s. s'imbriquent les uns dans les autres, dominé par un donjon carré. La plupart des bâtiments furent démantelés pendant la Fronde.

circuit

FORÊT DE LA DOUBLE

Circuit de 95 km – compter environ une journée

Quitter Neuvic par le Nord en traversant l'Isle, puis en empruntant la D 3 (à droite).

Nauves ?

Ce terme périgourdin désigne les longs bras des étangs, où les ajoncs sont rois.

St-Astier

Sur les rives de L'Isle, St-Astier s'est développé aux portes de la forêt de la Double et de ses fraîches frondaisons. Dans la partie ancienne du bourg, vous verrez quelques maisons Renaissance autour de l'église. Le bourg a longtemps vécu de la cimenterie et de l'extraction des pierres. Des pierres blanches illuminent ainsi l'église magistrale, dominée par une **tour-clocher** carrée du 16e s.

Quitter St-Astier par le Nord en empruntant la D 43.

St-Aquilin

L'église romano-gothique de ce petit bourg recèle un étonnant retable en bois doré.

Suivre la D 43 sur 700 m et bifurquer à droite.

Château du Bellet

À proximité de l'étang des Garennes, cet édifice des 15e et 17e s. exhibe sans complexe tours, corps de logis, échauguettes et, à l'écart, un pigeonnier.

Poursuivre sur la D 43. Après 3 km, tourner à droite sur la D 104.

À vos maillots !

L'étang des Garennes a été aménagé pour la baignade et les loisirs. En plein été, cette source de fraîcheur n'est pas à dédaigner.

Ségonzac

À l'entrée du village, remarquez le **château de la Martinie**, bâtisse du 15e s. plusieurs fois remaniée, pour

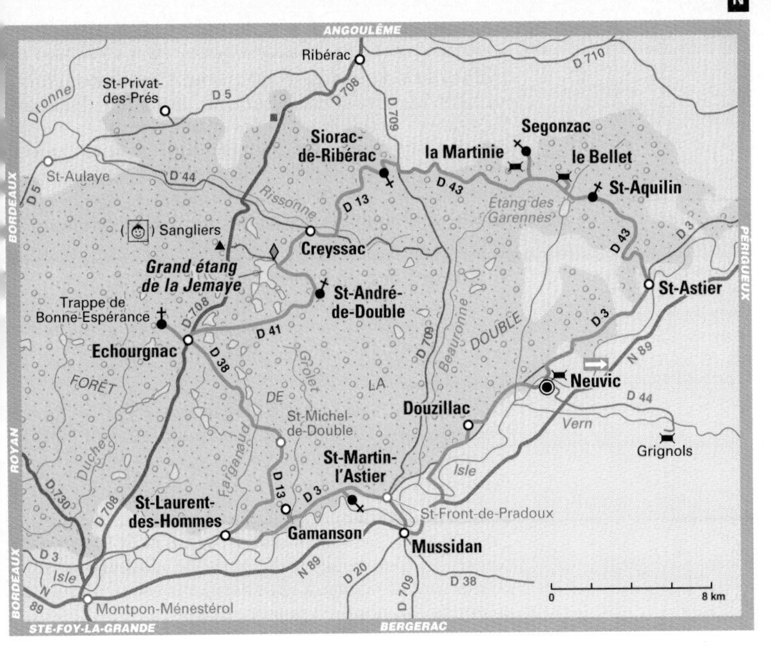

être finalement reconvertie en ferme. L'**église** romane vaut surtout pour son abside en cul-de-four nervé et ses chapiteaux richement décorés.

Depuis la route de crête qui rejoint Siorac-de-Ribérac, belles vues sur la vallée de la Dronne et le Ribéracois.

Revenir sur la D 43 (à droite).

Siorac-de-Ribérac

Une nef unique couverte d'une coupole sur le faux carré du transept : voici la particularité de l'**église** fortifiée de Siorac, intégrée au parcours balisé « Églises romanes ».

Quitter Siorac par l'Ouest et rejoindre la D 13 (à gauche). Après avoir traversé la Rissonne, prendre à droite sur la D 44 en direction de St-Aulaye.

Creyssac

Non loin d'un château privé, un élégant pigeonnier se reflète dans les eaux d'un petit étang.

Grand étang de la Jemaye

Au milieu de la forêt de la Double, les projets d'aménagement affluent pour développer la base de loisirs qui propose déjà plage, pêche, planche à voile, VTT, randonnée...

Revenir sur la route et prendre à droite.

MARCASSINS

Non loin du grand étang de la Jemaye, à l'intersection de la D 108 et de la D 708, un enclos à sangliers a été aménagé à proximité de la route.

La région de la Double présente des paysages sauvages de forêts parsemées d'étangs et un habitat dispersé de maisons à pans de bois et torchis. Chênes et châtaigniers constituent la majorité du peuplement forestier.

Échourgnac

À deux pas de l'ancienne capitale de la Double, les moines de la Trappe de Port-Salut en Mayenne ont fondé au 19e s. un nouvel établissement : la Trappe de Bonne-Espérance. Venus assainir les marécages de la région, certains payèrent de leur vie cet effort. Toujours en activité, la fromagerie propose encore sa production, le « trappe », qui ressemble au port-salut.

Adresse
À la sortie d'Échourgnac, la ferme de Pacot initie les curieux à l'architecture locale.
☎ 05 53 81 99 28.

Quitter Échourgnac par le Sud-Est en empruntant la D 38. À St-Michel-de-Double prendre la D 13.

St-Laurent-des-Hommes

Dans ce village, comme à Gamasson, on peut découvrir quelques superbes maisons traditionnelles de la Double.

Quitter St-Laurent par l'Est en empruntant la D 3.

Gamanson

À quelques pas de la route, ce hameau en cours de restauration forme le plus riche ensemble d'habitations traditionnelles de la Double, en colombages et torchis.

Revenir et poursuivre sur la D 3 (à gauche).

St-Martin-l'Astier

Dressée au milieu du cimetière, l'église de St-Martin a été construite sous le signe du huit : le clocher-tour et le chœur sont octogonaux, et ce dernier est soutenu par huit colonnes. Un nouveau nombre d'or ?

Poursuivre sur la D 3 et traverser l'Isle.

Mussidan

Au bord de l'Isle, cette ancienne cité huguenote fut assiégée à plusieurs reprises pendant les guerres de Religion. Le siège de la ville en 1569 inspira à Montaigne son essai *L'Heure des parlements dangereuse.*

Musée des Arts et Traditions populaires du Périgord André-Voulgre – *De mars à fin nov. : visite guidée (1h1/2) w.-end et j. fériés 14h-18h (de juin à mi-sept. : tlj 9h30-12h, 14h-18h). Fermé de mi-sept. à fin sept. et 1er mai. 15F. ☎ 05 53 81 23 55.*

Ce musée se niche dans une ancienne chartreuse périgourdine où vivait le docteur Voulgre qui réunit patiemment des éléments de la vie locale. Des vaisseliers aux alambics, d'une locomotive à vapeur aux animaux naturalisés, les différentes salles d'exposition retracent les grandes lignes du bon vieux temps !

Jadis
Les marchés de Mussidan existent depuis le 15e s., époque où Charles VIII fit du bourg une cité commerçante.

Quitter Mussidan par le Nord-Est en empruntant la N 89. Après 3 km, tourner à gauche sur la D 3ES.

Douzillac

L'actuel bâtiment de la mairie, maison à poivrière avec un balcon de bois, mérite un coup d'œil. En direction de Neuvic, aux abords de la D 3, le **château de Mauriac**, édifié au 16e s. se mire dans les eaux de l'Isle.

Poursuivre sur la D 3 qui ramène à Neuvic.

Nontron

Ce gros bourg du Haut-Périgord a su préserver sa qualité de vie et son environnement. Avec la création d'un Parc naturel régional « Haut-Périgord-Limousin », la région joue désormais la carte du développement durable et de la conservation du patrimoine rural : forges et moulins « vivants »...

Gourmand ?
Artisan confiseur - chocolatier
route de Savignac,
☎ 05 53 60 32 51.

La situation

Cartes Michelin nos 72 pli 15 ou 233 pli 31 – Dordogne (24).

À l'extrémité Nord du département de la Dordogne, Nontron est situé sur la D 675, à mi-distance de Rochechouart et Périgueux, via Brantôme.

ℹ 5 r. de Verdun, 24300 Nontron, ☎ 05 53 56 25 50.

Le nom

Nantirius ou *Nantironius*... un de ces deux noms gallo-romains, qui devaient être ceux de propriétaires, a donné Nontron.

Les gens

3 850 Nontronnais. Les reines de la ville sont les poupées qui, si elles étaient comptées dans le recensement, augmenteraient sérieusement le chiffre de la population.

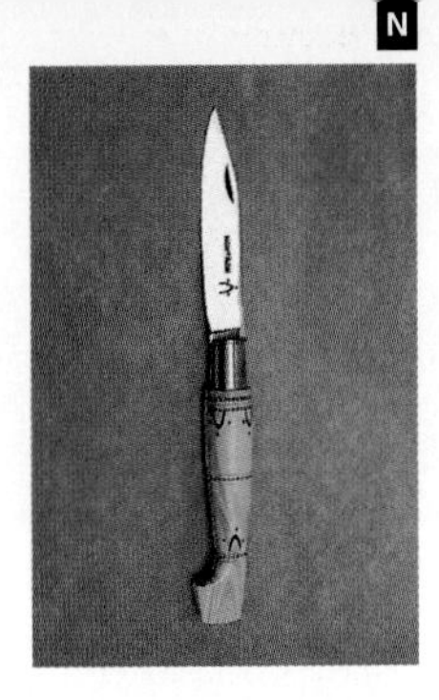

Si vous offrez en cadeau un couteau de Nontron, n'oubliez pas de demander en échange une pièce de monnaie... pour ne pas couper l'amitié !

visiter

Musée de la Poupée et du Jouet

Juil.-août : 10h-19h ; juin et sept. : tlj sf mar. 10h30-12h, 14h30-18h ; Rameaux-mai et d'oct. à mi-nov. : tlj sf mar. 14h30-18h. 35F (enf. : 17F). ☎ 05 53 56 20 80.

Installé dans le château, il présente une intéressante collection de poupées et de jouets anciens, souvent mis en situation avec charme et poésie.

circuit

AUX PORTES DE L'ANGOUMOIS

Circuit de 80 km – compter environ une journée

Quitter Nontron par l'Est en empruntant la D 707. À St-Pardoux-la-Rivière, prendre au Nord la D 83 jusqu'à Champs-Romain. Se garer près du cimetière.

Saut du Chalard

3/4 h à pied AR. Un sentier balisé en surplomb conduit jusqu'à une petite plate-forme dominant la Dronne. En contrebas, les bouillonnements de la rivière écument entre les versants escarpés et boisés. Rafraîchissant.

Revenir et poursuivre sur la D 83 (à droite). Après 2,5 km, prendre à droite sur la D 79, puis à gauche sur la D 96 vers Abjat-sur-Bandiat. À Fargeas, tourner à gauche.

Augignac

À la limite du village, intéressant **moulin à eau**, remis en état (un des fameux moulins « vivants »).

Prendre vers l'Est.

Étang de St-Estèphe

Cet étang de 30 hectares de superficie, constitue pour les Nontronnais une agréable base de loisirs.

Poursuivre sur la même route jusqu'au parking.

Roc Branlant

Suivre la rive gauche du ruisseau qui s'anime entre les rochers jusqu'à l'entablement du roc. Pour les curieux et les amoureux de verdure, poursuivre jusqu'à un amoncellement de rochers appelé **« Chapelet-du-Diable ».**

À St-Estèphe, prendre à gauche la D 88, vers Nontron.

Roc Poperdu

Non loin de l'intersection des D 3 et D 675, étrange chaos de blocs de granit.

Faire demi-tour et suivre la D 3.

Le Bourdeix

L'**église** recèle d'étonnantes **fresques** : des têtes de morts blanches sur un drapé noir, censées repousser les épidémies de peste et autres malédictions (15e-16e s.).

Quitter Le Bourdeix par le Nord-Est.

Piégut-Pluviers

Le bourg est dominé par la haute silhouette d'un donjon circulaire, unique vestige d'un château détruit en 1199 par Richard Cœur de Lion.

Quitter Piégut par le Nord-Ouest en empruntant la D 91.

OÙ DORMIR

Camping Château le Verdoyer – *24470 Champs-Romain – 15 km à l'E de Nontron par D 707, D 85 et D 79 – ☎ 05 53 56 94 64 – ouv. mai à sept. – réserv. conseillée 7 juil.-25 août – 150 empl. : 126F.* Un joli petit château se reflète dans l'eau d'un étang. Tous les services de ce camping sont regroupés dans ses dépendances. Piscine à débordement été-hiver et tennis. Location de mobile homes. Aire de jeux pour les enfants.

Bussière-Badil

18 km au Nord par la D 675 et la D 3.

Aux portes de l'Angoumois, ce bourg est assez isolé. Bien sûr, les amoureux des vieilles pierres ne sont pas découragés pour si peu et viennent nombreux admirer l'église, ancienne abbatiale du 11e s.

Comme un livre
À l'intérieur, vingt-huit chapiteaux historiés animent la triple nef : l'histoire biblique se lit aussi dans la pierre.

Église Notre-Dame – Cet édifice roman rappelle par bien des aspects l'église cistercienne de Cadouin, dans le Périgord noir. La couleur rose de la pierre égaie une façade sobre et imposante qui s'ouvre par un portail à triple voussure sculptée. Certains évoqueront l'influence du Limousin à travers son clocher octogonal, d'autres les traits saintongeais de sa façade Ouest. Du système de défense du 15e s. ne subsistent que deux échauguettes.

Quitter Bussière-Badil par l'Ouest et rejoindre la D 91.

Varaignes

Adresse
Centre d'étude et de découverte des villages du Haut-Périgord. Organisation de séjours. ☏ 05 53 56 23 66.

Atelier-musée des Tisserands et de la Charentaise du Haut-Périgord-Limousin – *Mai-oct. : visite guidée (1h) 10h-12h, 14h30-18h30, dim. 14h30-18h30 ; nov.-avr. : 10h-12h, 14h-17h, dim. 14h-17h. Fermé pdt vac. scol. Noël, 1er mai, w.-end Toussaint. 15F. ☏ 05 53 56 35 76.*

Installé dans l'ancien château des ducs des Cars (13e-15e s. et Renaissance), il retrace l'activité textile du pays à travers la reconstitution de divers ateliers : tisserands de village, premiers métiers industriels, mailles et tricots, pantoufles « charentaises ». Après avoir découvert un intérieur paysan d'autrefois, découvrez les salles du château qui se succèdent avec leur décor d'origine (cheminées, fenêtres, escaliers à vis...) ; remarquez une collection de métiers à tisser.

Par ici la sortie !
Sortir du château par la cour intérieure ornée d'une galerie Renaissance. Dans un local, a été reconstruit un moulin à huile auquel se joignent de nombreux outils agricoles.

Quitter Varaignes par le Sud-Est. Traverser la D 75 et poursuivre sur la D 92.

La Chapelle-St-Robert

Vers 1050, Robert de Turlande, fondateur et 1er abbé de la Chaise-Dieu envoie son disciple Raoul Passeron, fonder un prieuré sur ce lieu. Si les bâtiments conventuels n'existent plus, l'**église** se dresse toujours dans le calcaire coquiller du pays à la belle couleur grise. Le portail est orné de chapiteaux primitifs.

Quitter La Chapelle-St-Robert par le Sud-Est et rejoindre la D 93 (à gauche).

Javerlhac

Édifiée aux 12e et 15e s., l'**église** est composée de deux nefs dissymétriques voûtées en berceau brisé. Dans le mur Sud, se trouve un enfeu dans lequel repose un couple de gisants assez abîmés.

À côté de l'église, joli **château** du 15e s., ancienne possession d'Aymeric Vigier et de Louis de Rochechouart.

Quitter Javerlhac par le Nord-Est en empruntant la D 93.

Teyjat

Pas pratique
L'accès de la grotte est aujourd'hui limité.

Grotte de la Mairie – Découverte en 1880, cette grotte recelait un important gisement du magdalénien supérieur (entre – 13 000 et –10 000 ans). Ce n'est qu'en 1903 que D. Peyrony et P. Bourrinet découvrirent de remarquables **gravures** sur de grandes dalles stalagmitiques. Un mélange d'une faune « froide » (renne, cheval, bison) avec une faune plus tempérée (cerf) traduit bien le radoucissement du climat à cette époque.

Revenir à Javerlhac et prendre à gauche sur la D 75 qui ramène à Nontron.

Gouffre de Padirac★★

La visite de ce gouffre vertigineux, de sa mystérieuse rivière et des vastes cavernes ornées de concrétions calcaires gigantesques, reste un incontournable rendez-vous pour qui découvre le causse de Gramat. Plongez dans un monde à part.

La situation

Cartes Michelin nos 75 pli 19 ou 239 plis 38, 39 – Lot (46).
Le gouffre est à l'écart des grands axes routiers, situé à trois kilomètres du petit village de Padirac par la D 90.
Bourg, 46500 Padirac, ☎ 05 65 33 47 17.

Le nom

Padirac proviendrait du nom propre latin *Patera*, sans doute le prénom de la femme du propriétaire des lieux ou d'une de ses filles.

Les gens

148 Padiracois. Le spéléologue Édouard-A. Martel fut le premier à atteindre la salle du Grand Dôme, en 1890.

HUMIDE
N'oubliez pas de vous munir de vêtements imperméables pour visiter le gouffre, surtout s'il a plu les jours précédents !

carnet d'adresses

OÙ DORMIR

• *À bon compte*

Padirac Hôtel – *46500 Padirac – à 2,5 km de l'entrée du gouffre – ☎ 05 65 33 64 23 – fermé 11 oct. au 31 mars – P – 22 ch. : 120/230F – 37F – restaurant 64/195F.* C'est un petit hôtel calme et modeste. Les chambres sont simples mais bien tenues. Restauration classique avec snack et glacier en été. Les prix sont très honnêtes.

OÙ SE RESTAURER

• *À bon compte*

Auberge de Mathieu – *46500 Padirac – à 100 m de l' entrée du gouffre de Padirac – ☎ 05 65 33 64 68 – fermé 15 nov.au 15 fév. – 98/180F.* Cette auberge près du gouffre est bien située. Entre spécialités régionales et cuisine traditionnelle, vous trouverez de quoi vous rassasier et entre les repas, une petite carte calmera les fringales impromptues. Quelques chambres.

Le Vieux Chêne – *46500 Mayrinhac-Lentour – 5 km au SE de Padirac par D 354, puis D 60 – ☎ 05 65 38 04 14 – fermé dim. soir sf été – réserv. obligatoire en été – 95/140F.* Malgré la proximité de la route, vous serez au calme dans cette auberge au décor simple. Vous y dégusterez des spécialités du terroir à prix raisonnables.

• *Valeur sûre*

Le Salmière – *46500 Alvignac – 6 km à l'O de Padirac par D 673, puis D 20 – ☎ 05 65 33 49 30 – fermé 16 oct. au 31 mars sf ven. soir, sam. et dim. – 105/145F.* Cette source thermale du 16e s. a connu ses heures de gloire... avec la Pompadour et quelques illustres politiciens de la 4e République. Sur leurs traces, visitez l'ancienne cure et restaurez-vous sur les bords de l'étang. Bon rapport qualité/prix.

comprendre

La légende du diable à Padirac – Saint Martin à la recherche d'âmes à sauver et n'en ayant pas trouvé, vit brusquement sa mule stopper : Satan surgit portant un grand sac plein d'âmes. Se moquant du saint, il lui propose un marché : il lui donnera les âmes qu'il emporte en enfer, à condition que saint Martin fasse franchir à sa mule un obstacle qu'il crée sur-le-champ. Il frappe le sol du pied et aussitôt apparaît un gouffre béant. L'animal fit un tel bond de l'autre côté de l'abîme que les empreintes de ses sabots y sont encore visibles ; dépité, Satan regagna l'enfer par le trou qu'il avait créé, sans les âmes !

De la légende à l'exploration – Le gouffre servit de refuge aux habitants du causse pendant la guerre de Cent Ans et au cours des guerres de Religion, mais il semble que ce soit seulement vers la fin du 19e s. à la suite d'une violente crue de la rivière, qu'une communication praticable se soit ouverte entre le fond du puits et les galeries souterraines.

VIE QUOTIDIENNE
Malgré la légende et leurs peurs du gouffre, les gens du lieu y descendaient pour y chercher du salpêtre.

INCROYABLE
L'expédition de 1947 a permis de déterminer, par une expérience de coloration à la fluorescéine, que les eaux de Padirac réapparaissaient à l'air libre à 11 km de là, à la source du Lombard et à la fontaine de St-Georges, au **cirque de Montvalent**, près de la Dordogne.

Le spéléologue **Édouard-A. Martel** découvre ce passage en 1889. En onze ans, il entreprend neuf expéditions. En 1898, Padirac est inauguré. Depuis, de nombreuses expéditions spéléologiques ont permis de porter la longueur du réseau reconnu à 22 km.
Au cours des expéditions de 1984 et 1985, les spéléologues accompagnés de paléontologues, de préhistoriens et de géologues, ont mis au jour, à 9 km de l'orifice sur l'affluent du Joly, un gisement qui renferme de nombreux ossements de mammouths, de rhinocéros, de bisons, d'ours, de lions des cavernes et de cerfs... qui datent de 150 à 200 000 ans.
Parmi les ossements ont aussi été découverts des silex taillés datant de 30 à 50 000 ans.

visiter

IMPRESSIONNANT
Du fond du cône, à 75 m de profondeur, la vue est saisissante sur les parois couvertes de coulées de stalagmites et de végétation et sur le coin de ciel qui se détache au-dessus.

Août : visite guidée (1h1/2) 8h-19h ; juil. : 8h30-18h30 ; avr.-juin et sept.-oct. : 9h-12h, 14h-18h. Tarif non communiqué. ☎ 05 65 33 64 56.
À la descente, deux ascenseurs doublés d'escaliers conduisent à l'intérieur du gouffre de 32 m de diamètre jusqu'au cône d'éboulis formé par l'effondrement de la voûte primitive. Des escaliers mènent, jusqu'au niveau de la rivière souterraine, à 103 m au-dessous du sol. Après la descente au fond du gouffre on parcourt environ 2 000 m sous terre, dont 700 m en barque.

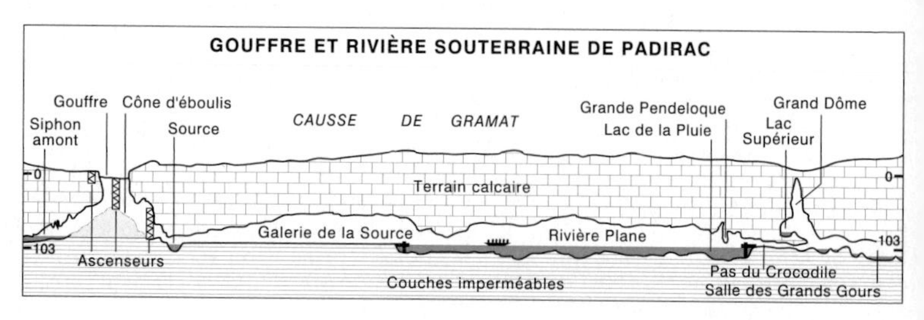

Galerie de la Source
Elle est aménagée au fond d'un canyon souterrain dont la voûte s'élève peu à peu. Longue de 300 m, elle emprunte le tracé de la rivière qui l'a creusée et conduit à l'embarcadère.

VENISE EN QUERCY
Les guides se transforment en gondoliers le temps de cette « traversée » souterraine.

Rivière plane
Une flottille de bateaux plats insubmersibles permet d'effectuer une féerique promenade sur la « rivière plane » aux eaux étonnamment limpides ; la profondeur de la rivière varie de 50 cm à 4 m, la température de l'eau est constante à 10,5 °C, celle de la grotte est toujours de 13 °C. La hauteur de la voûte s'élève progressivement jusqu'à atteindre 78 m. Au cours de cette promenade en barque, remarquez les niveaux d'érosion correspondant aux cours successifs de la rivière. En fin de parcours, on admire la **Grande Pendeloque du lac de la Pluie**. Cette gigantesque stalactite dont la pointe atteint presque la surface de l'eau n'est que le pendentif final d'un chapelet de concrétions de 78 m de hauteur.

MAGISTRAL
Sur la gauche du pas du Crocodile, trône le **Grand Pilier**, haut de 40 m.

Pas du Crocodile
Un passage resserré entre de hautes parois sépare le lac souterrain des salles vers lesquelles se poursuit la visite.

Salle des Grands Gours
Une série de bassins séparés par des gours, barrages naturels de calcaire, partagent la rivière et le lac en superbes vasques au-delà desquelles une cascade haute de 6 m marque l'extrémité du parcours aménagé pour les visiteurs.

Lac Supérieur

Alimenté seulement par les eaux d'infiltration tombant de la voûte, il est situé à 20 m au-dessus de la rivière plane, et limité par une série de gours aux formes arrondies. Ses eaux sont d'un beau vert émeraude.

Salle du Grand Dôme

Cette **salle impressionnante** par la hauteur de son plafond (91 m) est la plus belle et la plus vaste du gouffre. Le belvédère établi à mi-hauteur permet d'observer les formations rocheuses et les coulées de calcite qui décorent ses parois. Au cours de la descente vers l'embarcadère, vues intéressantes sur le Grand Pilier et la Grande Pendeloque.

À SAVOIR
De l'extrémité de la galerie de la Source, près du gouffre, 4 ascenseurs ramènent au pavillon d'entrée, évitant ainsi la montée de 455 marches.

Grotte du Pech-Merle★★★

Les émerveillements que procure la grotte du Pech-Merle sont presque inénarrables : le long des couloirs et des galeries (vous parcourrez plus d'un kilomètre !) se succèdent gravures, peintures – c'est une fabuleuse vitrine de l'art pariétal – et formes minérales insolites et colorées. Ne ratez pas ce bijou préhistorique !

La situation

Cartes Michelin nos 79 pli 9 ou 235 Est des plis 10, 14 – Schéma p. 142 – Lot (46).

La grotte, accessible par une seule route en cul-de-sac, se situe à 3 km de Cabrerets.

46330 Cabrerets, ☎ 05 65 31 27 12. Site internet : http//www.quercy.net

Le nom

Le latin désigne sous le terme *podium* toute éminence de petite taille. En langue d'oc, il donne *puèg, puog* ou encore *pech*. Quant aux lieux nommés *merle*, ils n'ont rien à voir avec l'oiseau, mais proviennent d'une déformation de *marla*, marne, terre argilo-calcaire. Pech-merle ou la petite colline de marne.

Les gens

213 Cabreretsiens. Deux garçons de 15 et 16 ans, André David et Henri Dutertre, ont été les héros de la découverte du Pech-Merle. Fascinés par les recherches menées par l'abbé Lemozi, curé de Cabrerets, préhistorien et spéléologue, ils explorent une petite faille connue seulement pour avoir servi de refuge pendant la Révolution et découvrent après de nombreux efforts les merveilleuses peintures pariétales.

PRIMITIF
En 1949, la découverte d'une nouvelle salle a permis de retrouver **l'accès primitif**, celui qu'utilisaient les hommes il y a environ 16 à 20 000 ans pour pénétrer dans cette caverne.

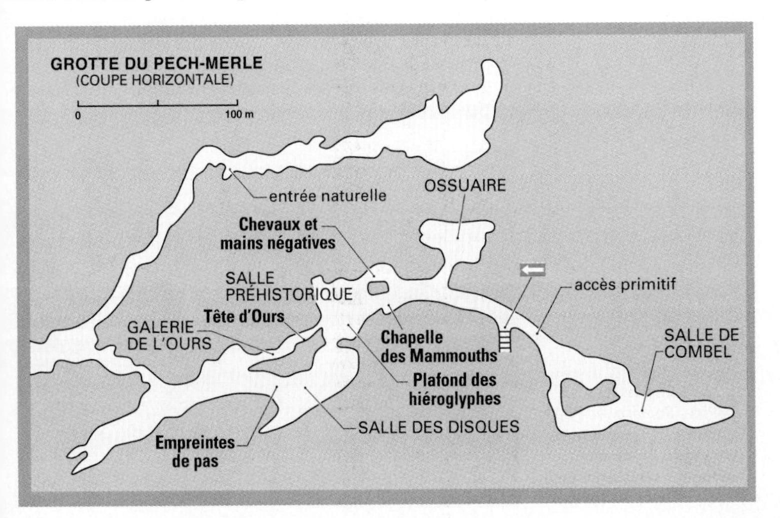

visiter

La grotte

Rameaux-Toussaint : visite guidée (1h) 9h30-12h, 13h30-17h. Visite limitée à 700 visiteurs par jour (il est conseillé de réserver en saison). 44F (enf. : 30F), 38F hors sais. (enf. : 25F). ☎ 05 65 31 27 05.

Dans un gour, vous découvrirez cette empreinte de pas faite dans l'argile humide par un jeune adolescent, il y a plus de 12 000 ans !

En visitant la grotte du Pech-Merle, vous pouvez à la fois admirer de vastes salles décorées de très belles concrétions et vous émerveiller devant la série de gravures et de peintures pariétales témoignant d'une technique déjà éprouvée.

Encore appelée « frise noire », la **chapelle des Mammouths** est ornée dans son niveau supérieur de dessins de bisons et de mammouths, exécutés au trait noir, formant une frise longue de 7 m et haute de 3 m.

La **salle des Disques** est décorée de nombreuses et curieuses concrétions de calcites, évoquant des disques dont la formation serait due à la superposition de deux dalles unies par un joint très fin. L'aspect arrondi est expliqué par une théorie physique de cristallisation : les cristaux s'organiseraient naturellement en lignes concentriques.

La galerie de l'Ours est intéressante pour ses concrétions naturelles : colonnes aux dimensions impressionnantes, excentriques, fistuleuses, ainsi que de rarissimes **perles des cavernes** qui retiennent l'attention par leurs couleurs allant du blanc étincelant de la calcite pure à l'ocre rouge dû à la présence dans le calcaire d'argile et d'oxyde de fer.

Après la salle Rouge, on redescend par un boyau, où fut gravée une tête d'ours.

RITUEL

Ces peintures et le plafond des hiéroglyphes décoraient un sanctuaire plus ancien que celui de la « chapelle des Mammouths ».

Dans la partie inférieure de la **salle préhistorique**, un panneau est décoré de **deux silhouettes de chevaux** surchargées et entourées de points, de signes mystérieux et d'empreintes de mains, dites « mains négatives » obtenues en projetant des pigments avec la bouche sur la main, selon le principe du pochoir. Comme à Lascaux, les chevaux ont des silhouettes déformées avec un corps énorme et une tête minuscule. Dans la dernière salle visitée, la **salle de Combel**, ont été découverts des **ossements d'ours** des cavernes, toujours en place. Au centre de la salle, la racine particulièrement développée d'un chêne vient chercher l'humidité. Étonnant !

Musée Amédée-Lemozi

Mêmes conditions de visite que la grotte du Pech-Merle, billet jumelé. ☎ 05 65 31 23 33.

Dédié à l'art pariétal et à la préhistoire en Quercy, il complète la visite de la grotte, en présentant, de façon attrayante et didactique, les ossements, les outils, les armes, les ustensiles et les œuvres d'art trouvés dans quelque 160 gisements préhistoriques différents. Ces objets couvrent toute la période du paléolithique ancien à l'âge du fer. Une série de photos permet également de se promener dans les grottes ornées de la région, et un film documentaire sur l'art paléolithique en Quercy complète la visite.

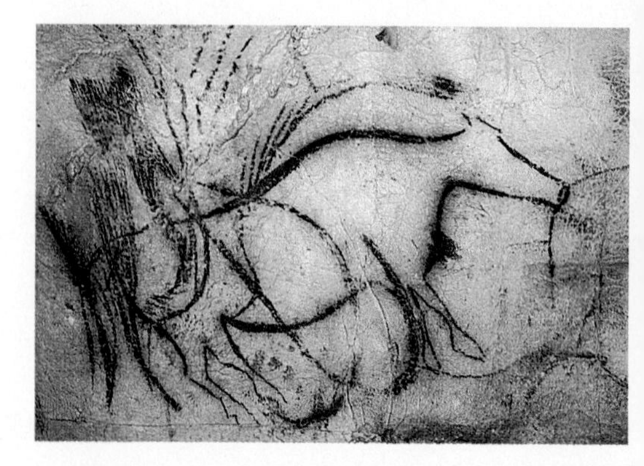

Dans la chapelle des mammouths, c'est à partir de ce cheval que la grande frise noire a été réalisée. Remarquez que la trompe et les défenses croisées du pachyderme viennent surcharger les flancs du cheval.

Le Périgord noir★★

Sur le blason du Périgord noir, on trouverait certainement des châtaigniers et des chênes, une oie, quelques truffes, un château sur fond de paysage et une silhouette dont on apercevrait juste le très grand sourire. Difficile en effet de ne pas être heureux dans cette région d'abondance et de beauté !

La situation

Cartes Michelin nos 75 plis 7, 17 ou 235 plis 2, 6 – Dordogne (24).

Au sens large, le Périgord noir est compris entre les vallées de la Dordogne et de la Vézère.

Pl. de la Liberté, BP 114, 24203 Sarlat-la-Canéda Cedex, ☎ 05 53 59 27 67.

Le nom

Périgord provient des Pétrocores, fameuse tribu celte qui vivait dans la région. Le qualificatif de « noir » évoque sa couverture forestière de chênes, de châtaigniers et de pins maritimes.

PÉRIGORD LATIN : *Petracorensis*, donna longtemps lieu à des jeux de mot sur le « cœur dur » des habitants (*petra*, pierre, et cor, cœur).

Les gens

Les habitants de la région ont été appelés tour à tour *Périgordin* et *Périgourdin*. Curieusement, c'est la seconde version qui a la faveur de la population, même si elle semble moins logique. L'auteur de *Jacquou le Croquant* ne trouvait-il pas d'ailleurs que ce « u » alourdissait, assourdissait le véritable nom ?

carnet d'adresses

OÙ DORMIR

• *À bon compte*

Meynardie – *24590 Salignac-Eyvigues – 2,5 km au S de Salignac par D 62, puis rte secondaire – ☎ 05 53 28 85 98 – 98/280F.* Cette ancienne ferme périgourdine est perdue dans la campagne qui donne le ton au décor de la salle à manger : poutres, sol de galets, murs de pierres et cheminée. Ou bien choisirez-vous la terrasse si le temps le permet. Cuisine bien tournée à prix raisonnables.

Chambre d'hôte Le Moulin de la Garrigue – *24590 Borrèze – 5 km au SE de Salignac par D 62 – ☎ 05 53 28 84 88 – – 4 ch. : 240/260F.* C'est un coquet moulin du 19e s. entouré de bois. Les chambres sont simples et fonctionnelles, avec leur mezzanine. Vos hôtes seront ravis de vous guider dans vos recherches de bonnes tables, de randonnées et autres loisirs. Piscine dans le jardin.

Camping La Bouquerie – *24590 St-Geniès – 12 km au NO de Salignac par D 60 et D 61 – ☎ 05 53 28 98 22 – ouv. 15 mai au 15 sept. – réserv. conseillée – 170 empl. : 125F – restauration.* Bien entretenu, ce terrain est plaisant : les propriétaires qui l'ont conçu autour de bâtiments anciens, l'améliorent régulièrement, multipliant notamment les piscines... Emplacements ombragés. Location de mobile homes.

• *Valeur sûre*

Chambre d'hôte Les Granges Hautes – *24590 St-Crépin-et-Carlucet – 12 km au NE de Sarlat-la-Canéda par D 47, puis D 56 – ☎ 05 53 29 35 60 – fermé 1er oct. au 31 mars – 5 ch. : 350/390F – 45F.* Quel raffinement ! Les chambres (non-fumeurs) sont meublées avec charme et élégance. Joli jardin planté d'arbres pour se laisser aller à la paresse, avec sa piscine d'eau salée au fond de mosaïque. Vous aimerez cette maison et le bien-être qui s'en dégage.

OÙ SE RESTAURER

• *À bon compte*

Auberge de Sol – *24590 St-Crépin-et-Carlucet – 2 km à l'O de Salignac par D 60 – ☎ 05 53 28 80 51 – fermé 15 derniers jours de nov. – réserv. obligatoire – 80/135F.* Ne cherchez pas le menu, il n'y en a pas ! Attablez-vous dans cette charmante auberge avec ses poutres et sa vaste cheminée de pierres et laissez-vous porter par les saveurs des produits régionaux. Vous serez récompensé de votre détour pour arriver jusqu'ici.

circuit

DE LA DORDOGNE AU PAYS D'ARTABAN**

Circuit de 75 km – compter environ une journée

Sarlat-la-Canéda*** *(voir ce nom)*

Quitter Sarlat par le Sud-Est en empruntant la D 704, direction Gourdon. À la sortie de la ville, prendre à droite vers La Canéda.

Site de Monfort* *(voir ce nom)*

Quitter Montfort par le Nord-Est en empruntant la D 703.

Carsac-Aillac

Dans un site champêtre s'élève la modeste mais charmante église de Carsac bâtie en belle pierre jaune. Sa façade s'ouvre sur un porche à cinq voussures retombant sur des colonnettes ; le massif clocher roman et l'abside sont couverts de lauzes.

AUSTÉRITÉ
Un **Chemin de croix**, réalisé par l'artiste Zack, complète l'ornementation : l'œuvre frappe par la rudesse de son style et l'austérité de sa conception ; les textes sont de Paul Claudel.

La nef et les bas-côtés ont reçu au 16e s. des voûtes étoilées dotées d'élégantes clefs en disques. Une petite coupole sur pendentifs surmonte la croisée du transept. Le chœur se prolonge par une abside romane, voûtée en cul-de-four et ornée d'intéressants chapiteaux de style archaïque d'inspiration orientale.

Quitter Carsac par le Sud en empruntant la D 704. Après avoir franchi la Dordogne, prendre à gauche sur la D 50.

Château de Fénelon

Juin-sept. : visite guidée (1h) 9h30-19h ; oct.-mai : 10h-12h, 14h-18h. 35F (enf. : 20F). ☎ 05 53 29 81 45.

Bâti auprès du village de Ste-Mondane, sur une éminence dominant la Dordogne et les bois de la Bouriane, le château de Fénelon, dont les fondements datent des 15e et 16e s., a subi d'importantes transformations au 17e s. Sa triple enceinte lui confère une allure de très puissante forteresse. Les logis et les tours ont conservé leur couverture de lauzes. Un bel **escalier** à double

HABITAT
L'architecture des maisons, châteaux, manoirs et églises du Périgord noir, dont les murs construits dans le beau calcaire doré de la région sont couverts de toits pentus en lauzes ou en petites tuiles plates au coloris brun, est en parfaite harmonie avec les paysages vallonnés et boisés.

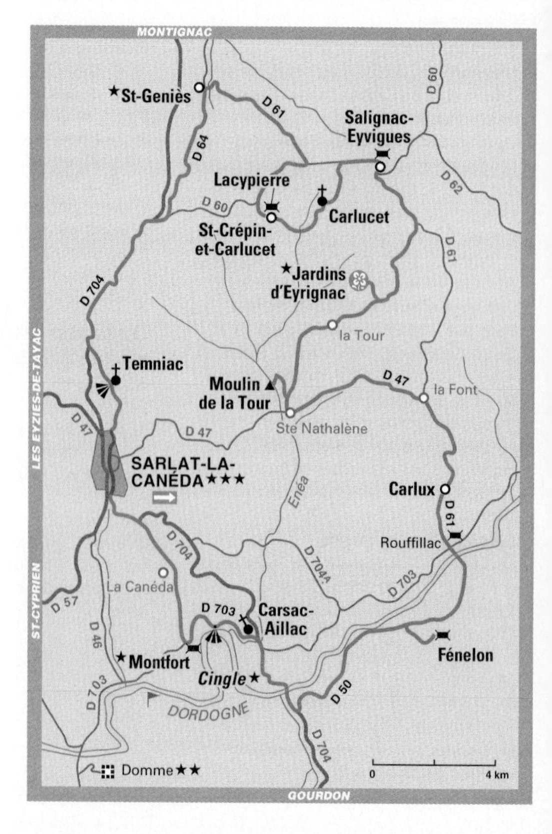

François de Salignac de Lamothe-Fénelon, auteur du Télémaque, naquit au château de Fénelon le 6 août 1651 et y passa son enfance. Sa famille possédait le fief depuis le 14e s., et le conserva jusqu'en 1780.

révolution fait accéder à la cour d'honneur. On visite à l'intérieur la chambre de Fénelon, la chapelle, la cuisine creusée dans le roc et une collection d'objets militaires médiévaux.

Suivre la D 50 jusqu'à St-Julien-de-Lampon, puis rejoindre la rive droite de la Dordogne par la D 61.

Le franchissement de la Dordogne est gardé par le **château de Rouffillac**, dont la silhouette émerge des chênes verts.

Carlux

Campée sur une position dominante, cette bourgade a conservé de vieilles maisons et sa petite halle. Une rare cheminée gothique, surgissant d'un mur-pignon, lui donne une note insolite. Du château subsistent encore une tour d'entrée, le donjon et d'imposantes courtines. De la terrasse du château, jolie **vue** sur la vallée et les falaises servant de fondations à la forteresse.

Poursuivre sur la D 61 en direction de Salignac. Après 3 km, tourner à gauche sur la D 47. À Ste-Nathalène, prendre à droite et suivre la direction de Proissans.

La Dordogne, l'une des plus longues rivières de France, passe pour en être la plus belle.

Moulin de la Tour

♿ *Juil.-août : visite guidée (1/4h) lun., mer., ven. 9h-12h, 14h-19h, sam. 14h-19h (dernière entrée 18h30) ; avr.-juin et sept. : mer. et ven. 9h-12h, 14h-19h ; oct.-mars : ven. 9h-12h, 14h-19h. Fermé vac. scol. fév. zone C, 1er janv., 1er nov., 25 déc. 25F. ☎ 05 53 59 22 08.*

Actionné par les eaux de l'Enéa, ce moulin du 16e s. perpétue la fabrication traditionnelle d'huile de noix et noisette. Nombreux étaient autrefois en Périgord les moulins céréaliers équipés pour une production complémentaire, en hiver, d'huile de noix ; le mécanisme de celui-ci a 150 ans. La visite fait découvrir les diverses étapes de la fabrication de l'huile. Vente de la production.

Revenir sur Ste-Nathalène. Peu avant le village, prendre à gauche vers le hameau de La Tour.

Jardins d'Eyrignac★

♿ *Juin-sept. : visite guidée (3/4h) 9h30-19h ; oct.-mai : 10h30-12h30, 14h30 à la tombée de la nuit. 35F (enf. : 20F). ☎ 05 53 28 99 71.*

Aménagés au 18e s. par le marquis de la Calprenède, contrôleur général des Comptoirs et Monnaies de France, ces jardins ont d'abord été transformés en parc anglais. Puis, à l'issue d'une patiente restauration, ils ont retrouvé leur aspect initial. Heureux compromis entre le style à la française et l'art topiaire toscan, les végétaux à feuilles persistantes sont majoritaires, permettant ainsi tout au long de l'année de découvrir à peu près le même visage : allées gazonnées bordées d'ifs savamment taillés, chambres de verdure, haies de conifères, arabesques de buis nain, dés de charmille, quinconces de pommiers, bosquet de cyprès...

Rejoindre la D 61 et prendre à gauche.

Vous avez-dit art topiaire ?

L'art topiaire consiste à tailler des végétaux – arbres et arbustes – jusqu'à créer de véritables sculptures aux formes figuratives ou géométriques.

Vasques, bassins, alignements de vases et petits pavillons agrémentent cette précieuse architecture végétale ordonnée autour du manoir d'Eyrignac, sobre demeure du 17e s. en pierre blonde de Sarlat.

Salignac-Eyvigues

La place de la Halle, sur laquelle donne la façade du couvent des Croisiers (13e s.), et les ruelles avoisinantes, la rue Ste-Croix en particulier, forment un joli tableau, à quelques pas de l'entrée du château.

Château – *De juil. à fin août : visite guidée (1/2h) tlj sf mar. 10h-12h, 14h-18h. 25F (enf. : 15F). ☎ 05 53 28 81 70.*

Atmosphère
Les tons chauds de la pierre, les beaux toits de lauzes mettent cet ensemble en valeur.

Cette forteresse médiévale appartient toujours à la famille dont est issu François de Salignac de La Mothe-Fénelon. Bâti du 12e au 17e s., le château est encore flanqué de ses remparts. Le corps de logis, égayé de fenêtres à meneaux, est encadré de tours rondes et carrées. Par un escalier à vis Renaissance, on visite plusieurs pièces dotées d'un mobilier intéressant, essentiellement d'époque Renaissance et Louis XIII.

Quitter Salignac par l'Ouest en empruntant la D 60, direction Sarlat. À la sortie du village, tourner à gauche.

Carlucet

L'église de Carlucet est accompagnée d'un curieux **cimetière** du 17e s. dont une partie des tombes se trouvent dans des enfeus creusés dans le mur d'enceinte.

Quitter Carlucet par le Sud-Ouest en empruntant une petite route qui serpente dans le vallon.

St-Crépin-et-Carlucet

Château de Lacypierre – ♿ *Pâques-Toussaint : visite libre de l'exposition sur la restauration du château et du parc, visite guidée du château sur demande préalable (8j. av.). ☎ 05 53 59 29 41.*

Charmante gentilhommière bâtie à la fin du 16e s. à l'emplacement d'une ancienne demeure fortifiée. Le logis rectangulaire est conforté de deux tourelles. L'ensemble est recouvert de lauzes.

Quitter St-Crépin par le Nord en empruntant la D 60, direction Salignac. Après 2 km, tourner à gauche sur la D 61.

St-Geniès★

Remarquez sur l'église de St-Geniès, cette corniche à arceaux reposant sur des modillons sculptés de têtes.

C'est l'un des beaux villages du Périgord noir, avec des maisons de calcaire doré couvertes de lauzes, les ruines d'un donjon roman, et un château du 15e s. accolé à l'**église**. On pénètre dans celle-ci par un clocher-porche fortifié, rajouté au 16e s. La **chapelle du Cheylard**, petite construction gothique au sommet d'une butte, derrière la poste, est ornée de belles **fresques**★ du 14e s. relatant la vie du Christ et de saints populaires.

Quitter St-Geniès par le Sud en empruntant la D 64 et rejoindre la D 704, direction Sarlat. Aux Presses, prendre à gauche.

Temniac

Située sur une colline au-dessus de Sarlat d'où s'offre un beau **point de vue★** sur la ville, la **chapelle Notre-Dame** est toujours le but d'un pèlerinage important. L'enceinte du château, aujourd'hui en cours de restauration, fut une commanderie des templiers avant de devenir la résidence des évêques de Sarlat. La chapelle du 12e s. présente les caractéristiques du style roman périgourdin avec sa nef voûtée de deux coupoles et son chœur à cinq pans. Une Vierge noire, objet de la dévotion du pèlerinage se trouve dans la crypte voûtée d'ogives archaïques.

La D 57 ramène à Sarlat.

Périgueux★★

Périgueux se dévore comme un bon roman : à chaque coin de rue, une nouvelle page narre les splendeurs passées des deux cités de la vallée fertile qui naguère unirent leur force. Et c'est avec des mots comme « patrimoine », « gastronomie » ou « festivités » que la ville attire de nombreux visiteurs sur les pentes de sa colline, dominée par la silhouette byzantine de sa cathédrale.

La situation

Cartes Michelin nos 75 pli 5 ou 233 plis 42, 43 - Dordogne (24). Le vieux Périgueux s'est installé dans un méandre de l'Isle. On atteint facilement le centre-ville par les cours Tourny et Fénelon. *26 pl. Francheville, 24070 Périgueux Cedex, ☎ 05 53 53 10 63.*

PANORAMA
On a un bon aperçu de la ville du pont qui franchit l'Isle dans le prolongement du cours Fénelon au Sud-Est.

Le nom

Le terme *Petrocorii,* signifiant en celtique « les quatre tribus », a donné son nom à Périgueux, ainsi qu'au Périgord.

Les gens

51 450 Périgourdins habitent Périgueux. La ville de Périgueux compte parmi ses enfants un brillant général, Pierre Daumesnil, qui participa aux campagnes d'Italie et d'Égypte à côté de Napoléon, et un caricaturiste, Georges Goursat, plus connu sous le nom de Sem.

comprendre

La superbe Vésone – La source sacrée de Vésone est à l'origine de Périgueux. C'est près d'elle que les Gaulois **Pétrocores** établissent, sur la rive gauche de l'Isle, leur principal *oppidum.* Après avoir pris fait et cause pour la résistance de Vercingétorix contre César, les Pétrocores doivent accepter la domination romaine, mais profitent largement de la *pax romana* qui fait de la ville l'une des plus belles cités de la province d'Aquitaine. Vésone s'étend au-delà de la boucle de l'Isle, tandis que s'élèvent temples, forums, basiliques et arènes. Cette prospérité est brusquement ruinée au 3e s. par les Alamans qui détruisent la ville, ainsi que 70 autres bourgades de la Gaule.

RENDEZ-VOUS EN 2001 !
À cette date sera inaugurée le musée spécialement conçu par Jean Nouvel pour mettre en valeur les fouilles gallo-romaines de Périgueux.

La malheureuse cité – Pour éviter un nouveau désastre, les Vésoniens s'enferment dans une étroite enceinte ; les pierres des temples servent à élever un rempart, les arènes sont transformées en donjon. Malgré ces précautions, la ville subit les assauts des envahisseurs barbares : Wisigoths, Francs et Normands la pillent et la brûlent tour à tour. Dans cette cascade de malheurs, Vésone perd jusqu'à son nom. On ne l'appelle plus que : la cité des Pétrocores, ou la Cité. Au 10e s., siège d'un évêché fondé par saint Front, la Cité (nouveau nom de Vésone) devient la modeste capitale du comté de Périgord.

Bâtie dans la fertile vallée de l'Isle, Périgueux est une ville très ancienne où il est agréable de flâner.

carnet pratique

Où dormir

• À bon compte

Hôtel L'Écluse – *24420 Antonne-et-Trigonant – 10 km au NE de Périgueux par N 21 – ☎ 05 53 06 00 04 – P – 45 ch. : 225/315F – ☕ 45F – restaurant 140/230F.* L'Isle coule tranquille le long de la petite plage aménagée devant cette bâtisse périgourdine au milieu d'un parc. Choisissez une chambre en façade, avec son balcon charpenté donnant sur la rivière. Repas en terrasse l'été avec petite plage descendant dans l' eau.

Périgord – *74 r. V.-Hugo – ☎ 05 53 53 33 63 – fermé 15 oct. au 3 nov., dim. soir et sam. du 1er oct. au 28 fév. – 20 ch. : 215/300F – ☕ 35F – restaurant 85/170F.* Un petit hôtel simple à l'écart du centre-ville. Les chambres sont proprettes. La cuisine est classique et les prix sont très sages. Petit jardin avec terrasse.

Où se restaurer

• À bon compte

Hercule Poireau – *2 r. de la Nation – ☎ 05 53 08 90 76 – fermé 2 sem. en juil. et 2 sem. en août, sam. midi et dim. – réserv. conseillée – 95/175F.* C'est dans une belle cave voûtée du 16e s. que vous dégusterez la savoureuse cuisine d'Hercule Poireau et non à bord de l'Orient-Express ! Les Périgourdins ne s'y trompent pas, il est donc prudent de réserver. Menu basses calories pour les irréductibles du régime.

Au Bouchon – *12 r. de la Sagesse – ☎ 05 53 46 69 75 – fermé sam. midi, dim. et lun. – réserv. obligatoire – 80/160F.* Un petit bouchon lyonnais au cœur du Périgord. Le décor simple et agréable est une invitation à découvrir une autre cuisine... Sur l'arrière du restaurant, une terrasse vous est réservée été comme hiver pour un bon petit repas. Cuisine de produits frais.

• Valeur sûre

Le 8 – *8 r. de la Clarté – ☎ 05 53 35 15 15 – fermé 1er au 15 juil., Noël au Jour de l'An, sam. midi et dim. – 165/400F.* C'est tout petit et les murs de pierres et la frisette ajoutent à l'intimité de ce restaurant, à deux pas de la cathédrale. Vous aurez donc intérêt à réserver dans l'une des trois petites salles à manger d'autant que sa renommée locale n'est plus à faire. Cuisine du terroir et authentique pâté de Périgueux.

Où boire un verre

Bar St-Silain – *7 pl. Saint-Silain – ☎ 05 53 09 65 63 – en hiver : mar.-sam. 10h-16h – en été : lun.-sam. 10h-1h.* Ce n'est pas un café, c'est une terrasse, et quelle terrasse ! Elle ouvre sur un lieu idyllique, une place pavée et arborée où vous attendent de confortables sièges en osier.

Café de la Place – *7 pl. du Marché-au-Bois – ☎ 05 53 08 21 11 – ouv. tlj 9h-2h – fermé le jour de Noël.* D'aucuns l'appellent le café des intellos, mais ces derniers se fondent parfaitement à la population hétéroclite qui aime à flâner sur la terrasse ou dans le décor début 20e s. de cet établissement qui est le plus connu de la ville.

The Star Inn – *17 r. des Drapeaux – ☎ 05 53 08 56 83 – en hiver : lun.-sam. 20h-1h – en été : 20h-2h.* Ce pub tenu par des Anglo-Irlandais prend ses aises et occupe presque un pâté de maisons. L'endroit est séduisant : trois salles tout en vieilles pierres et bois noir, jalonnées de hautes bibliothèques et de photographies de marins. Isolée du bruit et du tumulte urbain, cette ancienne auberge possède en prime une terrasse fort plaisante. Remarquez à côté du bar l'inscription des « Chevaliers de la Royale Champagne » gravée dans la pierre depuis 1778.

Tea for Tous – *Pl. St-Louis – ☎ 05 53 53 92 86 – en hiver : mar.-sam. 10h-19h – en été : mar.-sam. 10h-2h.* Sis dans une petite bâtisse du 16e s., ce salon cosy – tendu de tissus bordeaux et safran – propose les fameux thés Mariage et des pâtisseries maison. Sur la place St-Louis, la terrasse avance ses sièges aux coussins moelleux. Accueil simple et charmant.

Achats

La Ferme Périgourdine – *9 r. Limogeanne – ☎ 05 53 08 41 22 – mar.-sam. 7h-12h30, 14h30-19h30 – tous les matins : au marché pl. du Coderc.* Les Thieullent vous le diront : « Ici, la terre est trop riche, le lait trop gras. » Nous leur saurons gré de cet avertissement bienveillant et nous leur achèterons donc des fromages venus d'ailleurs... Mais peu importe, car la passion de ces fromagers-affineurs est gage de produits de grande qualité, quelle que soit leur origine.

Le Relais des Caves – *44 r. du Président-Wilson – ☎ 05 53 09 75 00 – mar.-sam. 8h30-12h30, 14h-19h30.* Cet aimable caviste propose un large choix de vins de toute la France et quelques très vieux crus qui raviront les connaisseurs. Vous y trouverez aussi des curiosités comme les fruits au vin de Bergerac et la confiture de vin.

Loulou Bordas – *8 r. de la Sagesse – ☎ 05 53 08 75 10 – en hiver : mar.-sam. 6h30-12h30, 15h30-19h30 – de mi-juin à mi-sept. : tlj 6h30-19h30 – fermé les 15 premiers j. de juin.* Derrière les deux arcades vitrées de sa boutique, Loulou, figure incontournable de la ville, ne propose que les meilleurs produits de la région. Ce qu'il ne cuisine pas lui-même, il le sélectionne avec le plus grand soin en prenant garde de surveiller toutes les étapes de la préparation. Confits, foies gras, magrets en découpe ou en conserve, vins, le Périgord authentique possède son représentant. Loulou vient de prendre sa retraite, mais rassurez-vous, la relève est assurée.

Foie gras et pâté de Périgueux

La Maraunie – *Eylac – 24330 St-Pierre-de-Chignac – ☎ 05 53 07 57 18.* Stages de préparation de foie gras de canard. (Minimum de participants requis.)

Trois adresses pour le véritable pâté de Périgueux :

Daniel Mazières, charcuterie « La cathédrale », 9 r. des Chaînes.

Serge Mesnard, pâtissier, 58 r. Louis-Blanc.
Francis Delpey, restaurateur « Le 8 », 8 r. de la Clarté.

Marchés

Mer. et sam. matin : pl. de la Claütre (alimentaire), pl. Bugeaud et pl. Franche-Ville (vestimentaire). Tous les matins : pl. du Coderc (alimentaire). Déc.-fév. : marché au gras.

Tout le monde vend de tout, mais chacun cultive son petit jardin et ses spécialités. N'hésitez-pas à vous renseigner : les commerçants apprécieront à leur juste valeur les marques d'intérêt que vous témoignerez à leur travail et ils vous inviteront en retour à déguster leurs meilleurs produits.

En juillet et août, ne manquez pas le mercredi, le marché de nuit.

Stationnement

Deux grands parkings : *pl. Montaigne et pl. Francheville*. Première heure gratuite.

Cartes de stationnement.

Parkings gratuits : les Quais, Tourny et Mauvard.

Aéroport

Périgueux Bassillac – Situé à l'Est de Périgueux – *24330 Bassillac* – ☎ *05 53 02 79 71.*

Manifestations

Mimos – Festival international de mime, déb. du mois d'août – ☎ *05 53 53 55 17.*

Festival de la chanson française – De fin août à déb. sept. – ☎ *05 53 53 22 72.*

Salon international du livre gourmand – Du ven. au dim., nov. et déc. – ☎ *05 53 53 18 71.*

Animation du patrimoine

Un choix d'une douzaine de visites à thème commentées par des conférenciers agréés, expositions, balades aux flambeaux.... Tous les mercredis soir en été, le spectacle son et lumière « La légende de saint Front » offre 1h15 d'évocation poétique et historique au pied de la cathédrale. Infos à l'Office de tourisme.

Sport

VTT – À la base de La Monzie – ☎ *05 53 35 39 58.*

L'ambitieux Puy-St-Front – Non loin de la Cité s'élevait un petit sanctuaire abritant le tombeau de saint Front, apôtre du Périgord. Objet d'un pèlerinage, ce lieu saint devient un centre monastique autour duquel se groupe un bourg actif : Puy-St-Front, dont l'importance éclipse bientôt celle de la Cité. Ses bourgeois participent aux ligues féodales contre les rois anglais, établissent le régime émancipateur du consulat, puis prennent parti pour Philippe Auguste contre Jean sans Terre. Peu à peu, l'envahissant St-Front s'adjuge les prérogatives de la Cité, les escarmouches se multiplient entre les deux rivales. Isolée sur l'échiquier politique, la Cité doit accepter l'union. Le 16 septembre 1240, les deux entités scellent leur union : une seule communauté gouvernée par un maire et 12 consuls sous le vocable de Périgueux. Les deux anciennes villes devenues quartiers gardent leur personnalité : dans la Cité, clercs et aristocrates, à Puy-St-Front, commerçants et artisans.

Périgueux, préfecture – En 1790, lors de la création du département de la Dordogne, Périgueux est choisi comme préfecture, contre Bergerac et connaît alors un nouvel essor. Des avenues, de nouvelles places sont aménagées entre les quartiers anciens.

Postal

Le transfert de l'Imprimerie des timbres-poste de Paris à Périgueux eut lieu en 1970. La production de figurines postales, pour la France et une vingtaine de pays étrangers, avoisine les 3,5 milliards par an !

découvrir

LES ÉGLISES À COUPOLES*

St-Étienne-de-la-Cité*

Tlj sf dim. et j. fériés 8h-19h.

Construite au 12e s. à l'emplacement de l'antique temple de Mars, cette église est le premier sanctuaire chrétien de la ville. Consacrée par saint Front au martyr saint Étienne, elle demeure la cathédrale de Périgueux jusqu'en 1669 où elle est remplacée par St-Front. Après l'occupation de la ville en 1577, les protestants ne laissèrent de l'édifice d'origine que les deux travées orientales. Le palais épiscopal tout proche fut aussi démoli. Restaurée au 17e s., mutilée à nouveau pendant la Fronde, St-Étienne fut désaffectée à la Révolution et rendue au culte sous le Premier Empire.

Pureté architecturale

Telle qu'elle nous est parvenue, cette église reste un exemple très pur du style roman périgourdin.

À l'intérieur, deux travées construites à un demi-siècle d'intervalle : la première, élevée au 11e s., est archaïque, fruste, trapue, obscure. Les grands arcs jouent le rôle de formerets et la coupole, la plus vaste du Périgord avec ses 15 m de diamètre, est éclairée par de petites fenêtres. La seconde est plus élancée avec sa coupole cursive qui repose sur des arcs brisés à rouleau retombant, sur des piliers carrés. Contre le mur Sud de la première travée se trouve un imposant **retable** du 17e s. en chêne et noyer exécuté pour le grand séminaire. En face, l'arcade sculptée qui faisait partie du tombeau de Jean d'Asside, évêque de Périgueux de 1160 à 1169, encadre aujourd'hui des fonts baptismaux du 12e s. Un chemin de croix contemporain a été réalisé par le peintre J.-J. Giraud.

PARIS-PÉRIGUEUX
L' architecte Paul Abadie (Paris, 1812-Chatou, 1884) a restauré de nombreux monuments en France et à Périgueux en particulier. Il s'est inspiré de la cathédrale St-Front pour dessiner les **plans du Sacré-Cœur**.

Cathédrale St-Front★★

Dès le 6e s. une chapelle est édifiée à l'emplacement du tombeau de saint Front, bientôt rejointe par une abbaye dont on ne sait si elle était à l'origine augustinienne ou bénédictine. En 1047, une église plus vaste est consacrée. Ce second édifice est ravagé par un incendie en 1120 et l'on décide alors la construction d'une église encore plus grande, dans le prolongement de l'église endommagée. Achevée vers 1173, cette troisième basilique, de type byzantin, rappelle par ses coupoles et son plan en croix grecque, rare en France, St-Marc de Venise et les Sts-Apôtres de Constantinople. En 1575, au cours des guerres de Religion, St-Front est pillée par les protestants, le trésor dispersé, le tombeau du saint détruit. Plusieurs restaurations sont menées sans tenir compte du plan original.

ORIGINALE
St-Front est la première des églises à coupoles élevée le long de la voie romaine, encore fréquentée au Moyen Âge, allant de Rodez à Cahors et à Saintes.

Depuis la place de la Claustre, vous avez une vue d'ensemble de la cathédrale. La façade donnant sur la place et les travées dévoûtées appartiennent à l'église du 11e s. Le beau clocher à étages est le seul élément de l'église du 12e s. à peu près conservé tel quel. Abadie s'est inspiré de sa lanterne pour concevoir les gros clochetons qui coiffent les nouvelles coupoles.

Pénétrer dans la cathédrale par le porche latéral Nord.

Pour respecter l'ordre chronologique de la construction de l'édifice, on verra d'abord, tenant lieu de base au clocher, les vestiges de l'église du 11e s. : deux travées couvertes de coupoles juchées sur de hauts tambours. De son prestigieux modèle roman, l'église réinventée par Abadie a repris les dimensions, la hardiesse des coupoles sur pendentifs et la puissance des curieux piliers creusés de passages en forme de croix. Bel exemple d'ébénisterie du 17e s., la **chaire★**, entourée notamment d'Hercule soutenant la cuve auquel font écho les deux atlantes portant l'abat-son. Les cinq lustres de cuivre monumentaux, éclairant chacun une travée de l'édifice, furent dessinés par Abadie ; ils servirent pour le mariage de Napoléon III à Notre-Dame de Paris.

MONUMENTALE
Un **retable★★** en noyer meuble le fond de l'abside. Ce chef-d'œuvre de sculpture baroque magnifie la Dormition et l'Assomption de la Vierge.

La cathédrale St-Front est l'une des plus vastes du Sud-Ouest et l'une des plus originales de France. Pur style périgourdin, elle a été en grande partie reconstruite par Abadie à partir de 1852, dans le goût des pastiches du Second Empire.

Le cloître date des 12e, 13e et 16e s. et présente une architecture mi-romane, mi-gothique. *La salle capitulaire est recouverte de voûtes d'arêtes retombant sur des colonnes.* Dans les galeries du cloître sont présentés des éléments architecturaux de St-Front avant la restauration.

GIROUETTE
L'énorme « pomme de pin » au centre du cloître coiffait autrefois le sommet du clocher. Un coq la remplaça à la Révolution, puis ce fut l'ange actuel.

se promener

1 LE QUARTIER SAINT-FRONT**

L'ancien quartier des artisans et des commerçants, classé secteur sauvegardé, a fait l'objet d'importantes restaurations. Ses façades Renaissance, ses cours, ses escaliers, ses maisons nobles, ses échoppes ont été sauvés de la ruine et remis en valeur. Les rues piétonnes ont retrouvé leur fonction d'artères commerçantes ; les places du Coderc, de l'Hôtel-de-Ville s'animent le matin avec le marché aux fruits et aux légumes, tandis que la place de la Claustre sert de cadre aux grands marchés du mercredi et du samedi. En hiver, les prestigieuses ventes de truffes et de foie gras attirent des foules de connaisseurs. En été, les tables des restaurants débordent sur le pavé et l'on peut savourer la prestigieuse cuisine périgourdine dans un cadre d'une autre époque.

Partir de la tour Mataguerre, face à l'Office de tourisme.

Tour Mataguerre

Visite guidée uniquement. Cette tour ronde, couronnée d'un parapet à mâchicoulis et percée d'archères, date de la fin du 15e s. et faisait partie du système de fortifications qui protégeait le Puy-St-Front au Moyen Âge. Du sommet, vue intéressante sur les toits de tuiles du vieux quartier de Périgueux, les tours des maisons nobles, les dômes de St-Front et les collines environnantes dont la fameuse colline d'Écornebœuf qui était si raide que les bêtes s'y rompaient le cou... et y perdaient leurs cornes !

HOMONYME
Le nom de cette tour viendrait d'un Anglais qui serait resté emprisonné 17 ans entre ses murs.

Rue des Farges (des Forgerons)

Elle fait suite à la rue de la Bride. Aux nos 4 et 6, la maison des **Dames de la Foi** dresse sa façade mutilée dont on lit encore l'ordonnance médiévale (13e s.) : arcs brisés au rez-de-chaussée, plein cintre au niveau supérieur, loggia sous la toiture. Un petit clocheton à un angle rappelle que l'édifice abritait au 17e s. un couvent d'une congrégation.

Prendre à droite.

POURQUOI PAS 3 ?
Les vieux quartiers de Périgueux sont sauvegardés. Pour découvrir leur richesse et aussi leur charme, et découvrir des lieux qui ne sont ordinairement pas accessibles, nous vous invitons vivement à suivre les visites guidées de l'Office de tourisme. Vous trouverez peut-être alors que leur visite vaut trois étoiles ?

Rue Aubergerie

Au no 16, l'**hôtel d'Abzac de Ladouze.** Une grande arche soudée à une tour octogonale et à une tourelle en encorbellement, caractéristique du 15e s. Aux nos 4 et 8, l'hôtel de Sallegourde, également du 15e s., présente une tour polygonale couronnée d'un chemin de ronde à mâchicoulis.

Rue St-Roch

Au no 4, petite loggia à arcature décorée de pointes de diamants.

Sur la droite.

Rue de Sully

Joliment restaurée, elle comporte une maison à pans de bois.

Revenir sur ses pas.

Rue du Calvaire

On y voit au no 3 une belle porte cloutée sous un portail Renaissance.

ULTIME EFFORT
Les condamnés qui étaient exécutés place de la Claustre gravissaient cette rue qui était leur « calvaire ».

Place de la Claustre

Une intéressante perspective s'offre sur l'imposante cathédrale St-Front.

Prendre à droite de l'imposant édifice.

Arènes .... AZ
Cathédrale St-Front .... BCZ
Château Barrière .... AZ
Domus du Bouquet .... AZ **B**
Église St-Étienne-de-la-Cité .... AZ
Hôtel de Lagrange-Chancel (Hôtel de ville) .... BZ **H**
Hôtel de Lestrade .... BY **D**
Jardin du Thoin .... CZ
Maison Cayla .... CZ **E**
Maison Lambert .... CZ **F**
Maison de Lur .... CZ **K**
Maison natale de Daumesnil .... BZ **L**
Maison romane .... AZ **N**
Maison Tenant ou maison du Pâtissier .... BY **Q**
Musée militaire du Périgord .... BZ **M¹**
Musée du Périgord .... CY **M²**
Porte Normande .... AZ
Tour Mataguerre .... BZ
Tour de Vésone .... AZ
Vieux Moulin .... CZ

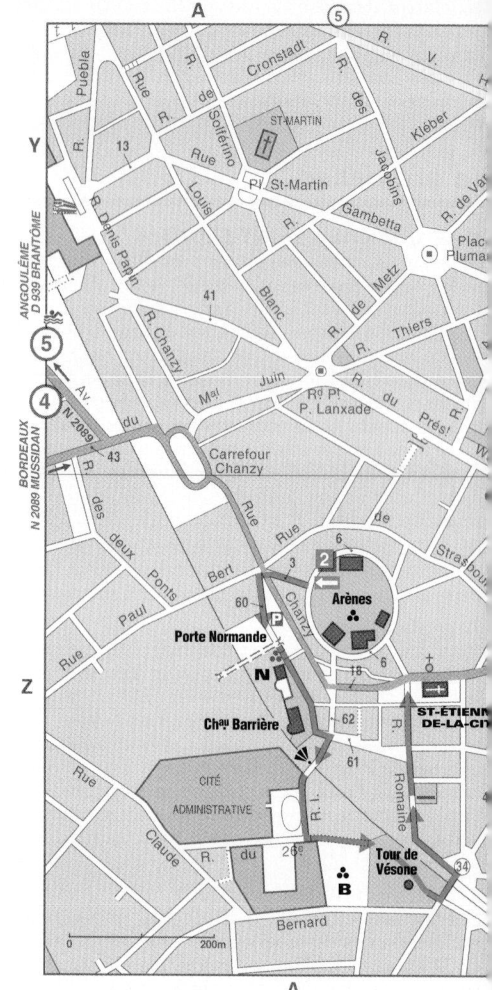

PÉRIGUEUX

Abreuvoir (R. de l') .... CY 2
Amphithéâtre (R. de l') .... AZ 3
Aquitaine (Av. d') .... BYZ 4
Arènes (Bd des) .... AZ 6
Arsault (R. de l') .... CY
Aubarède (R.) .... CYZ
Aubergerie (R.) .... BZ 9
Barbecane (R.) .... CY 12
Barbusse (Av. Henri) .... AY 13
Barris (Pont des) .... CZ
Bert (R. Paul) .... AZ
Bloy (R. L.) .... CZ
Boétie (R. de la) .... BZ
Bonnelie (R. Sergent) .... CZ
Born (Bd Bertran-de-) .... BZ
Bride (R. de la) .... BZ 15
Bugeaud (Pl.) .... BZ
Calvaire (R. du) .... BZ 16
Cavaignac (Av.) .... AZ 18
Chanzy (Carrefour) .... AY
Chanzy (R.) .... AYZ
Cité (R. de la) .... ABZ 23
Clarté (R. de la) .... BZ 24
Claude-Bernard (R.) .... AZ
Clautre (Pl. de la) .... BZ 26
Clos-Chassaing .... BY 27
Coderc (Pl. du) .... BYZ 28
Combe-des-Dames (R.) .... BY
Condé (R.) .... BZ 29
Constitution (R. de la) .... CY 30
Courier (R. Paul-Louis) .... CY
Cronstadt (R. de) .... AY
Daumesnil (Galerie) .... BYZ 31
Daumesnil (Av. et Pl.) .... BCZ 32
Deux-Ponts (R. des) .... AYZ
Durand (Rd-Pt Charles) .... AZ 34
Eguillerie (R.) .... BY 35
Faidherbe (Pl.) .... CZ
Farges (R. des) .... BZ
Fénelon (Cours) .... BZ
Francheville (Pl.) .... BZ
Gadaud (R. A.) .... ABY
Gambetta (R.) .... ABY
Guillier (R.) .... ABZ
Guynemer (R.) .... BY
Hôtel-de-Ville (Pl. de l') .... BZ 37
Jacobins (R. des) .... AY
Juin (Av du Mar.-) .... AY
Kléber (R.) .... AY
Lacombe (R.) .... CZ
Lakanal (Bd) .... BZ
Lammary (R.) .... BY 38
Lanxade (Rd-Pt P.-) .... AY
Limogeanne (R.) .... BY

Place du Thouin

Ses deux canons de bronze portant l'inscription « Périgueux 1588 » furent exhumés place du Coderc en 1979, à l'emplacement de l'ancien Consulat où était établie l'armurerie.

Contourner la cathédrale St-Front, et rejoindre le 7, rue de la Clarté

SOMMATION

« Je rendrai Vincennes quand on me rendra ma jambe. » C'est en ces termes que Daumesnil répondit à l'ennemi qui le sommait de quitter la place de Vincennes.

Maison natale de Daumesnil

Derrière cette façade du 18e s. naquit le 27 juillet 1776 le **général Pierre Daumesnil** qui suivit Napoléon à Arcole, en Égypte, puis à Wagram où il perdit une jambe. *Poursuivre rue de la Clarté.*

Place de l'Hôtel-de-Ville

La mairie est installée dans l'**hôtel de Lagrange-Chancel** datant des 17e et 18e s. Au n° 7, une demeure

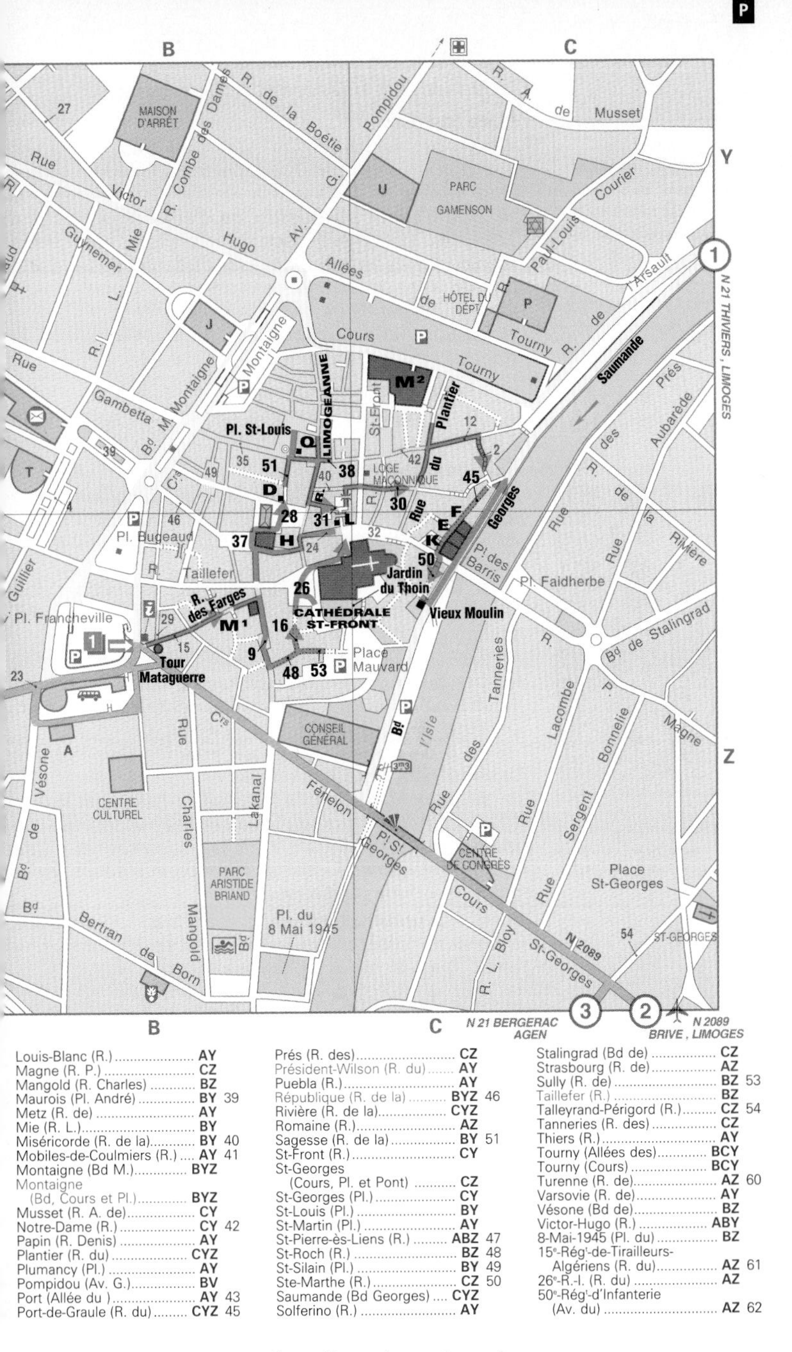

Louis-Blanc (R.) ..... AY
Magne (R. P.) ..... CZ
Mangold (R. Charles) ..... BZ
Maurois (Pl. André) ..... BY 39
Metz (R. de) ..... AY
Mie (R. L.) ..... BY
Miséricorde (R. de la) ..... BY 40
Mobiles-de-Coulmiers (R.) ..... AY 41
Montaigne (Bd M.) ..... BYZ
Montaigne (Bd, Cours et Pl.) ..... BYZ
Musset (R. A. de) ..... CY
Notre-Dame (R.) ..... CY 42
Papin (R. Denis) ..... AY
Plantier (R. du) ..... CYZ
Plumancy (Pl.) ..... AY
Pompidou (Av. G.) ..... BV
Port (Allée du) ..... AY 43
Port-de-Graule (R. du) ..... CYZ 45
Prés (R. des) ..... CZ
Président-Wilson (R. du) ..... AY
Puebla (R.) ..... AY
République (R. de la) ..... BYZ 46
Rivière (R. de la) ..... CYZ
Romaine (R.) ..... AZ
Sagesse (R. de la) ..... BY 51
St-Front (R.) ..... CY
St-Georges (Cours, Pl. et Pont) ..... CZ
St-Georges (Pl.) ..... CY
St-Louis (Pl.) ..... BY
St-Martin (Pl.) ..... AY
St-Pierre-ès-Liens (R.) ..... ABZ 47
St-Roch (R.) ..... BZ 48
St-Silain (Pl.) ..... BY 49
Ste-Marthe (R.) ..... CZ 50
Saumande (Bd Georges) ..... CYZ
Solferino (R.) ..... AY
Stalingrad (Bd de) ..... CZ
Strasbourg (R. de) ..... AZ
Sully (R. de) ..... BZ 53
Taillefer (R.) ..... BZ
Talleyrand-Périgord (R.) ..... CZ 54
Tanneries (R. des) ..... CZ
Thiers (R.) ..... AY
Tourny (Allées des) ..... BCY
Tourny (Cours) ..... BCY
Turenne (R. de) ..... AZ 60
Varsovie (R. de) ..... AY
Vésone (Bd de) ..... BZ
Victor-Hugo (R.) ..... ABY
8-Mai-1945 (Pl. du) ..... BZ
15e-Régt-de-Tirailleurs-Algériens (R. du) ..... AZ 61
26e-R.-I. (R. du) ..... AZ
50e-Régt-d'Infanterie (Av. du) ..... AZ 62

du 15e s. présente une tour d'escalier polygonale et des mâchicoulis, pur « enrichissement » néogothique.

S'engager à gauche de l'hôtel de ville.

Place du Coderc

À l'origine pré à parquer les cochons, elle devint par la suite le cœur administratif du Puy-St-Front. Au début du 19e s., l'ancien consulat, centre de la vie municipale et siège du tribunal, y dressait encore son haut beffroi carré vieux de 600 ans. Il fut remplacé par des halles vers 1830.

Rue de la Sagesse

Hôtel de Lestrade – *Visite guidée uniquement.*

Au n° 1, il abrite un très bel **escalier Renaissance★** de plan carré, décoré de caissons au plafond, représentant des scènes de la mythologie, dont Vénus déposant les armes, symbole de la jeune mariée entrant dans la maison. Le H et le S entremêlés au centre des caissons sont les initiales des Hautefort et des Solminihac.

Gras
Foire au gras, marché au gras... pour les ennemis du light, se rendre sur la place St-Louis à la fin de l'automne, au moment où les éleveurs vendent foies d'oies et de canards.

Place St-Louis

Elle est connue localement comme la « place du marché aux gras ». Elle s'orne d'une fontaine moderne décorée d'un bronze de Ramon : la Source. Sur la droite, la **maison Tenant** ou **maison du Pâtissier** est l'ancien hôtel des Talleyrand, constitué d'un logis en équerre accolé d'une tourelle en encorbellement. La porte d'angle est curieusement surmontée d'une double trompe. Un parapet à mâchicoulis délimite la petite cour intérieure. Sur la façade de la rue Éguillerie, voir la remarquable fenêtre gothique.

Rue Lammary

Au n° 5, rare superposition de fenêtres à meneaux d'angle.

La rue Limogeanne est une grande artère piétonne bien agréable.

Rue Limogeanne*

Cette rue menait autrefois à la porte Limogeanne qui s'ouvrait au Nord, sur la route de Limoges. Elle est bordée de nombreux magasins et de quelques beaux hôtels Renaissance.
Au n° 12, l'**hôtel de Méredieu** possède dans sa cour intérieure une porte sculptée du 15e s., ornée d'un blason rajouté au 17e s.
Au n° 7, au centre de l'imposte en fer forgé, remarquez les initiales. Ce sont celles d'Antoine Courtois, traiteur célèbre au 18e s., connu jusqu'à la cour de Prusse pour ses pâtés de perdrix. C'est ici qu'il officiait.
Au n° 5, la **maison Estignard** présente une élégante façade Renaissance très ouvragée.
Au n° 3, derrière la lourde balustrade surmontant le portail, la cour intérieure se pare d'une belle porte ornée de grotesques sur le linteau, et de la salamandre de François Ier au tympan. L'escalier monumental donne accès à des expositions temporaires.

Au n° 1, la **maison Lapeyre**, qui fait l'angle avec la place de Coderc, présente une tourelle d'angle en encorbellement. *Après la rue de la Miséricorde, sur la gauche.*

Loge
Dans la rue St-Front, percée au 19e s., vous verrez à gauche le curieux bâtiment des francs-maçons, dont la façade reprend les attributs.

Galerie Daumesnil*

Elle s'ouvre en face du n° 3 rue Limogeanne. C'est un ensemble de cours et de petites places reliées les unes aux autres par des passages. Les demeures parasites qui s'étaient construites au fil des siècles ont été rasées, laissant des dégagements permettant d'admirer de belles façades des 15e, 16e et 17e s.

Rue de la Constitution

Au n° 3, la **porte de l'hôtel de Crémoux** est décorée d'un arc à choux frisés encadré de hauts pinacles.
Au n° 7, l'**hôtel de Gamanson** comprend deux corps de logis du 15e s. en retour d'équerre réunis par une tour d'escalier avec tourelle en encorbellement et fenêtres à meneaux. Un puits du 17e s. s'abrite sous une coupole !

Rue du Plantier

Au-delà du carrefour avec la rue Barbecane, on verra le pignon à crochets de l'hôtel des Monnaies (n° 24), témoin de l'ancienneté de la demeure (16e s.).

Cinéma
En 1967, plusieurs scènes du film *Jacquou le Croquant* y furent tournées.

Rue du Port-de-Graule et rue Ste-Marthe

Elles ont gardé leur aspect moyenâgeux, avec leurs gros pavés inégaux, leurs portes basses et leurs départs de venelles-escaliers.

Les quais

Le long de l'Isle (boulevard Georges-Saumande) quelques belles maisons se côtoient. La **maison Lambert**, dite maison aux colonnes à cause de sa galerie, est un bel hôtel Renaissance avec deux logis en équerre éclairés par des baies à meneaux. À côté, la **maison Cayla**, dite « maison des Consuls », fut construite au

Si vous avez joué les maisons de Lur, Cayla, Lambert dans l'ordre, vous avez le tiercé gagnant des maisons anciennes du bord de l'Isle. Félicitations !

15e s. sur le rempart. La toiture est décorée de lucarnes de style flamboyant. Faisant l'angle avec l'avenue Daumesnil, la **maison de Lur** date du 16e s. Sur les quais se poursuivant de l'autre côté de l'avenue Daumesnil, l'édicule à pans de bois, encorbellé sur le mur d'enceinte, est un vestige du **grenier du chapitre**, nommé le vieux moulin, qui autrefois surplombait la rivière.

2 LE QUARTIER DE LA CITÉ

Situé à l'emplacement de l'ancienne Vésone, ce quartier possède encore de nombreux vestiges gallo-romains.

Les arènes

Un agréable jardin public occupe aujourd'hui l'espace des arènes. Construit au 1er s., cet amphithéâtre elliptique, l'un des plus vastes de la Gaule, pouvait contenir jusqu'à 20 000 personnes. D'énormes blocs de maçonnerie font encore apparaître des cages d'escalier, des vomitoires (larges sorties) et des voûtes, mais toute la partie inférieure reste enfouie dans le sol. La démolition des arènes commença dès le 3e s., lorsqu'elles furent aménagées en bastions et incorporées aux remparts de la cité. Transformées ensuite en carrières, les arènes servirent à l'édification de certains immeubles de la ville.

La muraille gallo-romaine

Plusieurs constructions ont été élevées sur l'enceinte elliptique du 3e s., par ailleurs définitivement abattue au cours des guerres de Religion.

Porte normande

Même si sa date de construction est controversée (3e ou 10e s. ?), elle reste néanmoins le plus intéressant monument de cet ensemble.

Son nom de « normande » vient de ce qu'elle aurait joué un rôle dans la défense de la ville contre les Vikings, qui au 9e s. remontaient l'Isle.

Quitter les arènes, gagner la rue de Chanzy et s'engager en face, rue de Turenne.

Maison romane

Bâtiment rectangulaire du 12e s., voisinant avec les vestiges d'une tour de l'enceinte gallo-romaine, où s'enchevêtrent éléments de chapiteaux, et tambours de colonnes. C'est ici que fut découvert l'autel taurobolique exposé au musée du Périgord.

Château Barrière

Du nom de la famille qui l'occupa. ce château présente un donjon du 12e s. qui surmonte l'une des tours des remparts. Remanié à la Renaissance, il a gardé la belle porte d'honneur de sa tour d'escalier. Incendié lors des guerres de Religion, il ne fut pas reconstruit !

Prendre la rue de Turenne, puis franchir le pont de chemin de fer qui donne accès à la rue des Vieux-Cimetières. Tourner à gauche dans la rue des Vieux-Cimetières.

La brèche de la façade de la tour de Vésone serait liée à la récupération de matériaux par la population en vue d'édifier les remparts de la ville.

Tour de Vésone

Visite guidée uniquement.

Cette tour de 20 m de haut et de 17 m de diamètre est le seul vestige d'un temple dédié à la déesse tutélaire de Vésone. Élevé au cœur du forum de la cité antique sous le règne de Antonius au 2e s. après J.-C., ce temple comprenant à l'origine un péristyle était entouré de portiques et encadré par deux basiliques. La tour reste imposante malgré ses mutilations et la brèche qui la déchire.

Domus du Bouquet, dite « villa de Pompeius »

Visite guidée uniquement.

Les vestiges de cette *domus* (maison individuelle urbaine) furent découverts en 1959 alors que l'on s'apprêtait à construire un immeuble. Les fouilles ont permis de dégager les bases de cette riche demeure gallo-romaine qui ordonnait ses pièces d'habitation et de service autour d'une cour carrée bordée d'un péristyle. Elle était dotée de tout le confort avec son chauffage par hypocauste (l'air chaud circulait dans des conduits de brique) et ses bains. Une piscine et des baignoires individuelles complétaient cet ensemble, ainsi que des ateliers d'artisans (forgeron, potier).

Par la rue Romaine, on revient sur l'église St-Étienne-de-la-Cité et au-delà, les arènes.

visiter

Musée du Périgord★

Avr.-sept. : tlj sf mar. 11h-18h, w.-end 13h-18h ; oct.-mars : tlj sf mar. 10h-17h, w.-end 13h-18h. Fermé j. fériés. 20F. ☎ 05 53 06 40 70.

Situé sur les allées de Tourny à l'emplacement de l'ancien couvent des Augustins, ce musée est l'un des plus importants musées de préhistoire de France.

Section de préhistoire – Le squelette de Chancelade, vieux de 15 000 ans, est authentique contrairement à celui de Combe-Capelle, découvert à St-Avit-Sénieur qui est, lui, un moulage. Précédant la salle « Vesunna Petrucorum », le vestibule orné d'une reconstitution de fresque de style pompéien contient deux pièces exceptionnelles : une **pompe à eau** en bois parfaitement conservée et un **diadème funéraire**★ en or, œuvre de facture très délicate, exécutée au 3e s. en Grande Grèce. La salle « **Vesunna Petrucorum** » présente **l'archéologie gallo-romaine**. Les collections proviennent pour la plupart des fouilles de l'antique Vésone. Elles sont riches en mosaïques, stèles, cippes funéraires, verreries et poteries. Remarquez l'**autel taurobolique** qui servait aux sacrifices d'animaux et la **mosaïque de sol** (tableau central) représentant un cerf et une daine provient d'une villa du 4e s. des environs de Terrasson.

Cet épi de faîtage en terre cuite émaillée de Thiviers, qui décorait la toiture du château de la Borde ; représente son bâtisseur, Christophe Joumard, en tenue de lansquenet.

La **salle octogonale** rassemble du mobilier médiéval : le **diptyque de Rabastens**, une petite pietà du 15e s. en pierre, et un Dieu bénissant en bois polychrome, œuvre germanique du 15e s. De beaux meubles sculptés sont également exposés, dont une armoire de sacristie du 15e s., ayant appartenu à l'abbaye de Chancelade.

Le musée présente aussi des peintures, parmi lesquelles le portrait de Fénelon par F. Bailleul se distingue.

Aménagé en 1903 sur l'ancien couvent des Augustins, le musée a conservé le **cloître**, qui abrite des collections lapidaires de toutes les époques : inscriptions gallo-romaines, stèles funéraires, sculptures de la Renaissance, éléments architecturaux provenant de St-Front dont un retable représentant la Mort de la Vierge (12e s.).

Musée militaire du Périgord

Avr.-sept. : tlj sf dim. 10h-12h, 14h-18h (dernière entrée 1/2h av. fermeture) ; janv.-mars : mer. 14h-18h, sam. 14h-18h ; oct.-déc. : tlj sf dim. 14h-18h. Fermé j. fériés. 20F. ☎ 05 53 53 47 36.

Une multitude d'armes, de drapeaux, et d'uniformes évoque le passé militaire du Périgord du Moyen Âge à nos jours et ses grands hommes d'armes. Le 50e régiment d'infanterie basé à Périgueux depuis 1876 y est particulièrement à l'honneur.

Héroïque

Ce musée conserve un drapeau du 50e régiment d'infanterie dans lequel le colonel Ardouin s'enroula lors de la capitulation de Sedan pour ne pas le livrer à l'ennemi.

circuit

LE PÉRIGORD BLANC

Circuit de 80 km – compter une environ demi-journée

Quitter Périgueux par le Nord-Ouest en empruntant la D 939, direction Brantôme.

Périgord, d'accord, mais pourquoi blanc ? Les châtaignes ? Les noix ? Le foie gras ? Le cou d'oie farci ? Les châteaux ? Pas la truffe, c'est sûr qu'elle est noire. Vous n'y êtes pas, le qualificatif de cette région si riche vient tout bonnement de la couleur des pierrailles du causse, qui est blanche.

DÉCOUVERTE
Pour découvrir d'autres aspects du Périgord blanc, se reporter à *Sorges* et *Neuvic*.

Abbaye de Chancelade★ *(voir ce nom)*

Quitter Chancelade par le Nord en empruntant la D 2.

La route s'élève parmi la forêt de châtaigniers et de chênes. Le prieuré de Merlande se niche dans un vallon solitaire de la forêt de Feytaud, près d'une fontaine.

Prieuré de Merlande

Du prieuré fondé au 12e s. par les moines de Chancelade, seules subsistent la chapelle fortifiée et la maison du prieur, toutes deux fort bien restaurées. La chapelle évoque, par son plan quadrangulaire et son chevet gardé par un véritable châtelet, une forteresse. À l'intérieur, le chœur (partie la plus ancienne) est légèrement surélevé et voûté en berceau. Il s'ouvre sur un arc triomphal en plein cintre et se termine par un chevet plat. Il est entouré par une arcature dont les **chapiteaux★** archaïques sont d'une grande finesse : des monstres enchevêtrés, des lions dans des rinceaux à palmettes composent une faune extraordinaire du plus saisissant effet.

Revenir et poursuivre sur la D 2 (à gauche). Après 2,5 km, prendre à droite.

Château-l'Évêque

Le village doit son nom à la présence d'un château épiscopal. Modifié à de nombreuses reprises depuis le 14e s., ce château se compose d'un corps de logis dissymétrique. Ses façades sur la vallée de la Beauronne sont percées de baies à croisillons de pierre et surmontées d'un chemin de ronde à mâchicoulis.

HISTOIRE LOCALE
L'église paroissiale de Château-l'Évêque servit de cadre à l'ordination de saint Vincent de Paul par Mgr François de Bourdeille, le 23 septembre 1600.

Quitter Château-l'Évêque par le Nord-Est en empruntant la D 3E.

Agonac

Ce bourg du Périgord blanc est agréablement situé au milieu d'une couronne de collines boisées.

Église St-Martin – *De mi-juil. à mi-août : visite guidée lun.-ven. 15h30-18h sur demande préalable. ☎ 05 53 06 38 44.*
Elle dresse sa silhouette trapue à l'écart du village, dans la vallée de Beauronne, en bordure de la D 3E. Le gros clocher carré et les contreforts (16e s.) qui l'épaulent sont postérieurs aux dévastations causées par les protestants lors des guerres de Religion. L'intérieur réunit tous les caractères d'un type roman fréquent en Périgord : nef en plein cintre, coupoles sur l'avant-chœur et le sanctuaire, chevet plat. La grande coupole sur pendentifs, supportant le clocher, date du 12e s. ; le système de chambres de défense, à deux étages, qui fait le tour de cette coupole rappelle les époques troublées où les églises étaient transformées en bastions.

MONSTRES
Le chœur est orné de chapiteaux sculptés de monstres vomissant du feuillage, de facture archaïque.

Quitter Agonac par l'Est en empruntant la D 106.

Sorges *(voir ce nom)*

Quitter Sorges par le Sud-Est en empruntant la D 68. À Savignac-les-Églises prendre à droite sur la D 705 qui borde la rive droite de l'Isle, direction Périgueux.

Le château des Bories se compose d'un corps de logis flanqué de deux tours rondes et d'une grosse tour carrée à mâchicoulis.

Château des Bories

De juil. à fin sept. : visite guidée (3/4h) 10h-12h, 14h-19h. 25F (enf. : 10F). ☎ 05 53 06 00 01.

POPOTE
La très belle cuisine, aux voûtes gothiques ornées de clés en disque, comporte deux vastes cheminées sous arcs surbaissés.

◄ Situé au bord de l'Isle, il fut construit au 16e s. par la famille de St-Astier. Son **architecture intérieure★** est remarquable. Un escalier monumental s'élève dans la tour carrée, l'espace central étant occupé à chaque étage par une petite pièce ; celle du haut est un oratoire gothique. La salle des gardes offre un curieux voûtement reposant sur des trompes portées par des ogives partant d'une colonne centrale. Dans la grande galerie meublée Louis XIII, belle cheminée Renaissance et tapisserie des Flandres.

Poursuivre sur la N 21. À Antonne-et-Trigonant, prendre à droite et rejoindre la D 8 par la forêt de Lanmary.

Château de Caussade

Nichée dans une clairière de la forêt de Lanmary, ce noble édifice possède toutes les caractéristiques d'une maison forte du 15e s. Son enceinte polygonale, entourée de douves à demi comblées, est flanquée de tours carrées.

Revenir et poursuivre sur la D 8 qui ramène à Périgueux.

Château de **Puyguilhem★**

Le château de Puyguilhem a le charme des châteaux de la Renaissance : bâtiment clair, grandes fenêtres, et tours recouvertes d'ardoises. Vous vous croirez sur les bords de la Loire plutôt qu'au cœur du Périgord vert. La promenade y est douce, et vous rencontrerez peut-être les mânes de Mondot de Marthonie, qui fit construire le lieu.

La situation

Cartes Michelin nos 75 Nord-Est du pli 5 ou 233 plis 31, 32 – Schéma p. 119 – Dordogne (24).

Le château est situé à l'extrémité d'une petite route qui quitte le village de Villars au Nord.

i Mairie, 24530 Villars, ☎ 05 53 54 82 04.

Le château de Puyguilhem présente les caractères des châteaux du val de Loire du temps de François Ier.

Le nom
L'occitan local *poi*, autrement désigné *puy*, et qui signifie « la petite éminence », s'attache ici à *Guilhem*, forme méridionale de Guillaume, pour donner Puyguilhem, autrement dit, la colline de Guillaume.

visiter

Avr.-oct. : visite guidée (3/4h) tlj sf lun. 10h-12h30, 13h30-19h (juil-août : tlj 10h-19h) ; nov.-mars : tlj sf lun. 10h-12h30, 13h30-17h30. Fermé en janv. et 25 déc. 30F (enf. : 15F). ☎ 05 53 35 50 10.

Une certaine harmonie se dégage de la décoration du château : lucarnes et cheminées finement sculptées, fenêtres à meneaux et mâchicoulis délicatement décorés contribuent à l'élégance de cet édifice première Renaissance. Son dispositif apparaît moins homogène : un corps de logis sépare une grosse tour ronde accolée à une petite tour octogonale, d'une tour barlongue renfermant l'escalier d'honneur. À l'intérieur, d'admirables **cheminées★** sculptées agrémentent de belles pièces sur les trois étages de la bâtisse.

À voir
Les sculptures du grand escalier et la charpente de châtaignier de la grande salle du 2e étage.

Le Quercy blanc★

Une ribambelle de ruisseaux qui entaillent les bas plateaux, des constructions de briques rouges, des toitures presque plates couvertes de tuiles romaines rose pâle : le Quercy blanc s'imagine aux bords de la Garonne. Au gré des cultures de vigne, de tabac, de tournesol ou de maïs, moulins, églises romanes et châteaux s'élèvent, ponctuant ces terres fertiles de lignes verticales.

La situation
Cartes Michelin nos 79 plis 17 et 18 ou 235 Est du pli 17 – Tarn-et-Garonne (82).
Le Quercy blanc est à cheval sur le Sud du département du Lot et sur la partie septentrionale du département du Tarn-et-Garonne.

Le nom
À l'instar de « Cahors », le mot « quercy » viendrait de la tribu des Cadurques. Situé entre les vallées du Lot et du Tarn, le Quercy blanc doit son nom à la coloration de son sol crayeux.

Les gens
Dans tout le pays de Lalbenque, le visiteur attentionné remarquera la profusion de croix, « petits » calvaires témoignages de foi parfois hauts de 2 m. Ils sont l'œuvre d'artisans qui sculptaient selon des modèles ou suivant leur imagination.

circuits

LE SUD QUERCY
Circuit de 50 km – environ 2 h 30

Lauzerte
Perchée sur son promontoire d'où elle s'épanche doucement, la **Ville haute** presse ses maisons d'un gris clair et couvertes de toits presque plats autour de l'église St-Barthélemy et de la place des Cornières.
La promenade de l'Éveillé était autrefois le quartier des riches bourgeois et des officiers de justice. S'y élèvent encore de belles demeures anciennes, les unes à pans de bois, certaines de style gothique, d'autres d'époque Renaissance. De leurs fenêtres, larges échappées sur

Espagnole
Surnommée la « Tolède du Quercy », Lauzerte est une ancienne bastide fondée en 1241 par le comte de Toulouse.

carnet d'adresses

Où dormir

• À bon compte

L'Ermitage – *46230 Lalbenque – 1 km du centre-ville en dir. de Cahors sur D 6 – ☎ 05 65 31 75 91 – ✉ – 3 gîtes : sem. 1400F.* Perdues au milieu des chênes truffiers, les gariottes, abris de berger ronds en pierres sèches, ont été converties en studios meublés. Le décor est sobre et fonctionnel. Un beau mariage de simplicité et d'authenticité. Possibilité de louer à la nuit.

Valeur sûre

Caufour – *46800 Montcuq – 5 km au S de Montcuq par D 28 – ☎ 05 65 31 91 52 – ✉ – gîte rural : sem. 3000F, w.-end 900F.* C'est un endroit où il fait bon vivre ! Les gîtes sont spacieux et agréablement décorés, la vue splendide, l'accueil délicieux. Table d'hôte élaborée avec les produits de la maison. Goûtez aux confitures et n'oubliez pas de remplir votre panier de friandises avant de quitter ce lieu enchanteur.

Où se restaurer

• À bon compte

Ferme-auberge du Cantou – *46800 Montlauzun – 8 km au S de Montcuq par D 953, puis D 65 – ☎ 05 65 22 92 82 – fermé mer. sf été – ✉ – réserv. obligatoire – 95/160F.* C'est dans un presbytère du 13e s. que vous dégusterez le fruit de la production de la ferme du Cantou. Si le temps le permet, installez-vous sur la terrasse et appréciez tranquillement le joli point de vue. Attention les réservations sont obligatoires !

Chez Bernadette – *82190 Miramont-du-Quercy – 7 km au S de Lauzerte par D 953 – ☎ 05 63 94 65 57 – fermé ven. soir et sam. midi hors sais. – réserv. obligatoire – 90/205F.* Véritable auberge de campagne, voilà une adresse idéale pour faire bombance sur sa terrasse fleurie à l'ombre des catalpas. Attention, pour être sûr de goûter à cette savoureuse cuisine du terroir, pensez à réserver. Quelques chambres très simples pour vous dépanner.

Hôtel du Quercy – *Fg d'Auriac – 82110 Lauzerte – ☎ 05 63 94 66 36 – fermé 3 sem. en oct., 1 sem. pdt vac. scol. de fév., dim. soir et lun. hors sais. – ✉ – 80/250F.* On vous parlera plutôt de son restaurant bien connu des environs. Venez donc ici plutôt pour déjeuner ou dîner. La salle à manger est claire avec son parquet et ses murs orange. Une table de produits régionaux frais avec un menu surprise.

un doux paysage de collines et de vallons. Bordant les rues de la Garrigue et de la Gendarmerie, les rez-de-chaussée de quelques maisons des 13e et 14e s. s'ouvraient sur des boutiques animées. À l'Est, au-delà des anciens remparts, l'église des Carmes, remaniée aux 17e et 19e s.

Quitter Lauzerte par l'Est en empruntant la D 34. Après Tréjouls prendre à gauche sur la D 28.

Cette jolie maison à colombage, dont les fenêtres sont agréablement fleuries, possède une particularité : des briquettes rouges superbement ajustées entre les pans de bois.

Petite précision !

Montcuq provient de la racine occitane *kuk dérivée* du latin mons acutus, « tête, mont arrondi ». L'usage, peut-être pour faire taire les plaisantins, tend à prononcer systématiquement la dernière lettre.

Montcuq

Chef-lieu d'une châtellenie à qui Raymond VI, comte de Toulouse, octroie une charte de coutumes au 12e s., Montcuq connaît ses premiers déboires lors de la croisade des Albigeois. Il fait également l'objet de luttes sanglantes pendant la guerre de Cent Ans et lors des guerres de Religion. De ses puissantes fortifications, il ne reste que le haut **donjon** du 12e s. campé en haut d'une butte dominant le cours de la Petite Barguelonne.

Entre la place des Consuls et la place de la Halle-aux-Grains, l'ancien quartier recèle encore quelques vieilles bâtisses à pans de bois et aux nombreuses ouvertures en arc brisé.

Quitter Montcuq par le Sud-Ouest en empruntant la D 953. Après 2 km, bifurquer à droite sur la D 228.

Ste-Croix

Le petit bourg a conservé nombre de ses vieilles maisons qui se sont regroupées autour de son imposante église. Celle-ci a conservé un joli portail roman aujourd'hui muré qui s'ouvrait sur le cimetière.

Rejoindre au Nord la D 55 (prendre à gauche), puis tourner à droite sur la D 23. Rouler sur 1 km.

Château de Lastours

Les deux tours de son enceinte dominent la vallée de la Séoune. Le logis a été reconstruit au 16e s.

Faire demi-tour (sur la D 23) et rejoindre la D 2 qui ramène à Lauzerte.

ÉGLISES ET MOULINS DU QUERCY BLANC

Circuit de 45 km – compter une demi-journée

Montpezat-de-Quercy★ *(voir ce nom)*

Quitter Montpezat par le Nord en empruntant la D 20, Cahors. Après 2 km, tourner à gauche.

Église de Saux

S'adresser à la mairie ou au presbytère de Montpezat. ☎ 05 63 02 08 31.

Cet édifice dédié à saint André est situé au bout d'une route étroite qui serpente à travers bois et débouche dans un cadre bucolique. L'intérieur composé de trois travées à coupoles, est décoré de belles **fresques** des 14e et 15e s. Dans la chapelle de droite, fresques représentant la légende de sainte Catherine ; dans celle de gauche, celle de saint Georges.

FRAÎCHEUR...
Les fresques les mieux conservées se trouvent dans le chœur : Christ en majesté entouré des attributs des quatre évangélistes, Crucifixion et scènes de l'enfance de Jésus.

Faire demi-tour. Au croisement, prendre à droite pour rejoindre la D 38 (à droite). Après 6,5 km, tourner à droite sur la D 26.

Flaugnac

Cet ancien bourg fortifié occupe un charmant **site** qui surplombe la vallée de la Lupte. Au 13e s., un château occupait l'extrémité du promontoire. Sur les pentes de l'éminence s'étiraient les faubourgs, autrement appelés « barri ».

Quitter Flaugnac par la crête, puis prendre à gauche sur la D 19. Après 3 km, prendre à droite la D 659.

Moulin de Boisse

Ce moulin, en très bon état de conservation, fait l'objet, une fois par an, d'une démonstration.

Faire demi-tour et rejoindre Castelnau par la D 19.

Castelnau-Montratier

À Castelnau-de-Vaux, établi en contrebas de la colline et totalement détruit par les troupes de Simon de Montfort en 1214, succède vers 1250 Castelnau-Montratier, bastide construite au sommet du promontoire par Ratier, seigneur de Castelnau, qui lui donne son nom. Elle connaît alors une période de prospérité : ses foires réputées attirent marchands de laine et d'étoffes. De nombreux visiteurs campent sous les couverts de sa place triangulaire. Mais les conflits successifs amenuisent définitivement cet éclat.

Au Nord du promontoire sur lequel Castelnau-Montratier s'est installé, s'élèvent trois **moulins** à vent dont l'un est encore en état de marche. Ombragée de tilleuls et de marronniers, l'ancienne **place du Mercadial**, aujourd'hui place Gambetta, conserve encore quelques couverts et maisons anciennes. Plantée à l'extrémité du promontoire, l'**église St-Martin** a des airs de Sacré-Cœur.

Au 19e s., le Quercy totalisait quelque 170 moulins à vent. Beaucoup ont disparu et aujourd'hui, on n'en compte plus qu'une petite poignée.

Quitter Castelnau par le Sud-Est en emprntant la D 659. Après 4 km, tourner à gauche sur la D 83 qui ramène à Montpezat-de-Quercy.

Ribérac

Ribérac est une ville pour les gourmands... de verdure et les autres ! Collines boisées, champs, bosquets ou bien marché aux noix, marché fermier, marché aux gras : ici, aux confins de la Charente et du Périgord, vous trouverez certainement ce que vous aimez.

La situation

Cartes Michelin nos 75 pli 4 ou 233 pli 41 – Dordogne (24). Ribérac s'est installé à une petite encablure de la Dronne. La D 710 (de Périgueux), et la D 709 (à travers la forêt de la Double) permettent d'accéder rapidement à la ville.

Pl. Charles-de-Gaulle, 24600 Ribérac, ☎ 05 53 90 03 10.

Le nom

Ribérac viendrait du bas latin *ribeira*, qui signifie rivière, cela tombe bien, la ville est justement au bord d'une rivière, la Dronne en l'occurence.

Les gens

4 118 Ribéracois. Virtuose de la poésie lyrique, Arnaut Daniel vit le jour au château de Ribérac vers 1150. Personnage singulier, il fut tenu par Dante et Pétrarque pour le meilleur artiste de langue d'oc. La ville est aussi le lieu de naissance de François d'Aydie, vicomte de Ribérac et « mignon » d'Henri II tué en duel.

se promener

Collégiale N.-D. de Ribérac

Ancienne chapelle du château de Ribérac disparue à la Révolution, la collégiale Notre-Dame devient le lieu de sépulture des seigneurs locaux avant d'être gravement endommagée lors des guerres de Religion. Les travaux entrepris au 19e s. lui rendront sa superbe.

Après avoir bénéficié d'une complète restauration, elle est devenue une salle d'exposition et de concerts.

Église de Faye

2 km au Nord-Ouest par la D 20. Consacrée à saint Pierre de Faye, elle renferme un autel de bois sculpté. Tout aussi admirable, le **tympan**, unique en Périgord, sculpté d'un Christ en majesté qu'encensent deux anges.

carnet pratique

Où dormir

• *À bon compte*

Hôtel de France – *☎ 05 53 90 00 61 – fermé 15 nov. au 15 déc., 17 au 30 janv., mar. midi et lun. sf été – 16 ch. : 200/290F – 40F – restaurant 110/270F.* Cet hôtel en centre-ville était un relais de poste aux 17e et 18e s. Chambres meublées à l'ancienne. Salle à manger avec sa belle cheminée et son parquet à grandes planches cirées. Et si vous vous installiez sur la terrasse ombragée dans sa cour fermée pour boire un verre ?

Festival

Musique et paroles en Ribéracois – En juil.-août – *☎ 05 53 90 28 67.*

Loisirs

Équitation – *La Double au rythme du Cheval – Moulin de la Gaucherie – 24410 Festalemps – ☎ 05 53 90 09 42.*

Natation – Piscine municipale de Ribérac – *☎ 05 53 90 03 40* – ouv. de juin à sept.

Marchés

Importants marchés aux gras entre novembre et mars, et marchés aux noix, en octobre et novembre.

Petit marché fermier – Mardi matin.

Grand marché hebdomadaire – Vendredi matin.

circuit

LE VAL DE DRONNE

Circuit de 65 km – compter une demi-journée

Quitter Ribérac par le Sud-Est en empruntant la D 709.

St-Martin-de-Ribérac

Édifiée au 12e s., l'**église** est couverte de deux dômes dont les calottes ont été remontées au 19e s.

Quitter St-Martin par le Nord-Est et rejoindre la D 710 aux Bigoussies (à droite). À St-Médard, tourner à gauche sur la D 104 qui bientôt franchit la Dronne.

Villetoureix

Sur les berges de la Dronne, le **manoir de la Rigale** incorpore une **tour** d'époque gallo-romaine, ancienne *cella* d'un temple. Dans le village, l'**église** romane est consacrée à saint Martin de Tours.

Poursuivre sur la D 709 que coupe la D 708.

Allemans

Derrière un manoir du 15e s., l'**église St-Pierre**, est un bel édifice roman remanié qui possède une nef unique voûtée de deux coupoles.

Quitter Allemans par le Sud en empruntant une petite route qui offre de belles vues sur la vallée de la Dronne. Traverser la rivière à hauteur de Bourg-du-Bost.

Aubeterre-sur-Dronne★ *(voir ce nom)*

Quitter Aubeterre par le Sud-Ouest en empruntant la D 17.

St-Aulaye

L'**église Ste-Eulalie**, à la façade de style saintongeais, a perdu la coupole qui coiffait sa croisée de transept pour une croisée d'ogives.

Le château de cette ancienne bastide, reconverti en mairie, a appartenu à Guy Chabot de Jarnac. L'homme est resté dans les chroniques comme le vainqueur d'un duel avec l'un des favoris d'Henri II grâce à la botte dite **coup de Jarnac**.

Quitter St-Aulaye par la D 5 en direction de Ribérac.

AU MASCULIN

Ste-Eulalie donne au masculin le nom de St-Aulaye. Du coup, on ne sait plus très bien qui est qui, hormis le fait que le culte à cette jeune pucelle espagnole fut introduit au 11e s. jusqu'ici grâce aux croisades contre les maures d'Espagne.

St-Privat-des-Prés

L'**église**★ est probablement l'un des plus beaux édifices romans du Périgord. Sa façade occidentale est très influencée par le style saintongeais : un élégant portail déploie neuf voussures en plein cintre et une archivolte sculptée de dessins géométriques. Fortifiée, elle dissimule dans le mur Ouest un couloir de défense, et des murs surmontés de vestiges de merlons.

À VOIR

À l'intérieur, outre un beau baptistère roman, on découvre deux retables en bois sculpté du 17e s.

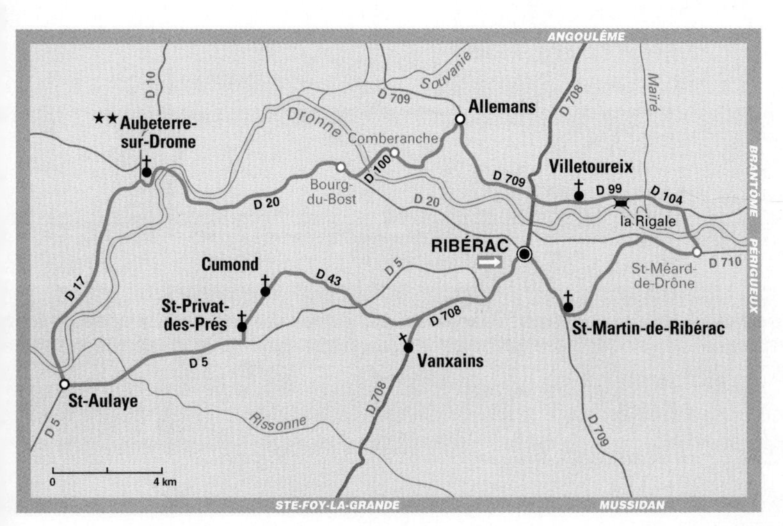

Musée de l'Outil et de la Vie au village – *Juil.-août : tlj sf lun. 15h-18h ; sept.-juin : sur demande préalable à la mairie. 15F.* ☎ *05 53 91 22 87.*
Des ateliers d'artisans, une épicerie ancienne, une école du début du siècle : voici quelques exemples de ce que vous trouverez dans ce musée. Très intéressante collection de **maquettes★** de monuments français.

Quitter St-Privat par le Nord-Est.

Cumond

Dans ce joli hameau, à deux pas d'un imposant pigeonnier, se trouve une **église** à coupole du 12e s. consacrée à saint Antoine. Son portail est décoré de neuf voussures !

Poursuivre la route vers le Nord-Est qui longe le cimetière, puis prendre à droite la D 43.

Vanxains

Le village conserve encore quelques belles maisons des 16e et 18e s. De style roman, l'**église Notre-Dame** a été remaniée au 16e s. : les maçonneries furent épaissies pour autoriser l'élévation du clocher. Dans l'avant-chœur, sous une coupole, un curieux bestiaire et quelques personnages décorent les chapiteaux. Les plus courageux admireront la salle de défense placée au-dessus des voûtes.

Rejoindre la D 708 (à droite) qui ramène à Ribérac.

Rocamadour★★★

Rocher miraculeux, recueil d'histoire, de croyances et de légendes, sanctuaire de la Vierge noire, lieu de pèlerinage : Rocamadour est tout cela. C'est aussi l'un des sites les plus extraordinaires qui soient. Défiant tout équilibre, les vieux logis, les tours et les oratoires dégringolent le long de la falaise escarpée, sous l'égide du fin donjon du château et des 7 sanctuaires.

Autre vue saisissante
De la D 32, route de Couzou, descendre le plateau à hauteur d'un chemin qui tourne à gauche.

La situation

Cartes Michelin nos 75 plis 18, 19 ou 239 pli 38 – Lot (46).
Le bourg et la cité religieuse sont piétonniers. On y accède soit depuis le plateau (parking) à pied ou en ascenseurs (payants), soit depuis la vallée de l'Alzou

(parkings), à pied, ou en petit train (payant) jusqu'au bourg ; de celui-ci à la cité religieuse, on a le choix entre les escaliers de la Via Sancta et l'ascenseur.

Cité médiévale, 46500 Rocamadour, ☎ *05 65 33 74 13.*
e-mail : rocamadour@wanadoo.fr

Le nom

Le nom de ce village sanctuaire est la traduction de l'expression occitane *roc amator* : « qui aime le rocher », qui devint par la suite Roc Amadour puis Rocamadour. Un seul regard suffit pour comprendre cette origine.

Le site
En arrivant par la route de l'Hospitalet, on découvre une **vue**★★ remarquable sur le **site**★★★ : au fond d'une gorge, l'Alzou, serpente au milieu des prairies, et à 500 m environ, agrippé à la falaise du causse, se détache l'extraordinaire profil du village dont l'élévation est un défi à la pesanteur. Au-dessus du bourg, s'étage la cité religieuse couronnée par les remparts du château.

Les gens

627 Amadouriens vivent dans l'ombre de la Vierge noire et du saint Amadour, dont le corps fut déterré au 12e s. et détruit durant les guerres de Religion, avec beaucoup d'acharnement et bien des difficultés.

comprendre

LE ROC AMADOUR, HAUT LIEU DE LA CHRÉTIENTÉ MÉDIÉVALE

L'énigmatique saint Amadour – Son identité n'a pu être établie d'une façon formelle. Un chroniqueur rapporte qu'en 1166 « un habitant de la localité ayant manifesté le désir d'être enterré sous le seuil de la chapelle élevée à la Vierge, on trouva en creusant la terre un corps intact, que l'on déposa auprès de l'autel pour l'exposer à la vénération des fidèles et que de nombreux miracles se produisirent depuis lors en ce lieu ». Quel était ce personnage mystérieux dont la sépulture semblait très ancienne ? On a soutenu sur ce point les thèses les plus contradictoires. Certains auteurs en font un ermite égyptien, d'autres l'identifient à saint Sylvain. La légende la plus souvent répandue (à partir du 15e s.) est qu'il s'agit de Zachée, disciple du Christ et mari de sainte Véronique. Tous deux seraient venus s'établir en Limousin et, à la mort de Véronique, Zachée se serait retiré dans cette vallée de l'Alzou, alors désertique et sauvage.

Énigme
Si l'identification de l'ermite n'a pu se faire, une autre question reste en suspens : qui a pu enterrer ce solitaire, isolé dans une vallée sauvage ?

La renommée de Rocamadour – Dès les premiers miracles et jusqu'à la Réforme, le pèlerinage de Rocamadour est l'un des plus célèbres de la chrétienté. Les foules y accourent. Les jours de « grand pardon » où l'indulgence plénière est accordée, 30 000 personnes se

Miraculeux
Avec plus de 120 miracles déjà recensés dans ses pages, le *Livre des miracles* de *Notre-Dame* finit d'asseoir la réputation de Rocamadour dès sa parution en... 1172.

Rocamadour accroche un extraordinaire entassement de vieux logis, d'oratoires, de tours et de rocs en surplomb aux flancs escarpés d'une falaise dominant de 150 m la canyon de l'Alzou.

carnet pratique

Où dormir

• *À bon compte*

Hôtel le Belvédère – *À l'Hospitalet 1,5 km de Rocamadour – ☎ 05 65 33 63 25 – fermé 3 nov. au 31 mars – P – 18 ch. : 250/370F – ☕ 38F – restaurant 78/225F.* Régalez-vous les yeux ! De la terrasse séparant les deux salles à manger, la vue sur le site de Rocamadour est superbe. Une grande partie des chambres fonctionnelles en profitent aussi. Cuisine traditionnelle et régionale.

Hôtel du Centre – *Pl. de la République – 46500 Gramat – 8 km au SE de Rocamadour par N 140 – ☎ 05 65 38 73 37 – fermé 14 au 28 nov. et sam. sf vac. scol. – 14 ch. : 240/320F – ☕ 40F – restaurant 85/210F.* Vous serez charmé par l'accueil chaleureux de ce petit hôtel familial simple en centre ville. Les chambres aux murs crépis blancs sont fonctionnelles. Cuisine classique. Menu enfants.

Hôtel Les Vieilles Tours – *4 km à l'O de Rocamadour par D 673 – ☎ 05 65 33 68 01 – fermé 16 nov. au 26 mars – P – 18 ch. : 215/460F – ☕ 54F – restaurant 122/195F.* Une ferme du 16e s. et un fauconnier du 13e s. en pleine campagne... Si la chambre de la tour est libre, n'hésitez pas, c'est la plus belle. Les autres sont simples et moins spacieuses ou plus actuelles dans une maison récente. Jolie vue du jardin sur la vallée. Piscine.

• *Valeur sûre*

Chambre d'hôte Le Moulin de Fresquet *– 46500 Gramat – 6,5 km au SE de Rocamadour par N 140 – ☎ 05 65 38 70 60 – fermé 1er nov. au 1er avr. – 🚭 – 5 ch. : 310/410F – repas 115F.* Qu'il fait bon vivre, ici ! Dans un cadre bucolique, ce très joli moulin n'est qu'à 800 m du centre ville. Ses chambres élégantes et confortables (non-fumeurs) s'ouvrent sur le ravissant jardin. L'accueil y est délicieux et la table d'hôte succulente.

Domaine de la Rhue – *6 km au NE de Rocamadour par D 673, puis N 140 – ☎ 05 65 33 71 50 – fermé 19 oct. au 31 mars – P – 14 ch. : 380/570F – ☕ 44F.* Nuits paisibles garanties ! Aménagées dans les écuries d'un domaine agricole du 19e s., les chambres sobres et meublées à l'ancienne ouvrent sur la campagne. Poutres et piliers de bois sont restés intacts. Une belle piscine vous attend pour votre bain quotidien.

Où se restaurer

• *À bon compte*

Le Moulin de Roque-Fraîche – *☎ 05 65 33 70 50 – fermé 15 oct.au 31 mars – 55/79F.* Loin de la cohue du village, la terrasse de ce joli moulin du 14e s. vous invite à déguster dans le calme crêpes et salades. Et si la pluie venait à tomber, vous pourrez vous réfugier dans la petite salle du 1er étage. Service continu de 12h à 21h.

Le Mas de Douze – *Les Gîtes de Rocamadour – 4 km à l'E de Rocamadour par D 673 – ☎ 05 65 33 72 80 – fermé oct. à mars – 89/145F.* Un havre de paix non loin du site touristique. Dans un décor campagnard, les spécialités régionales satisferont les beaux appétits. Avant ou après le repas, reposez-vous sur la terrasse et rafraîchissez-vous dans la piscine. Huit gîtes.

Château – *Rte du Château – ☎ 05 65 33 62 22 – fermé 8 nov. au 27 mars – 98/195F.* Cette maison régionale est tranquille, à proximité du château. Grande terrasse sous les chênes pour un repas gourmand en plein air. Chambres récemment rénovées très confortables, plus simples au Relais Amadourien, en annexe. Belle piscine été-hiver.

Où boire un verre

L'Esplanade – *Belvédère de l'Hospitalet – ☎ 05 65 33 18 45 – en été : tlj 10h-0h30 – fermé de mi-nov. à mi-fév.* Ce nouveau café bénéficie d'un point de vue exceptionnel sur la cité médiévale et les montagnes qui l'entourent. Sa terrasse ombragée est un lieu idéal pour admirer le « deuxième » site de France. Mais quel peut bien être le premier ?

Le Bistrot Beau Site – *Cité médiévale – ☎ 05 65 33 63 08 – www.beausite.rocamadour@wanadoo.fr – ouv. tlj 7h-21h – fermé nov.-fév.* Avec sa terrasse arborée dominant la vallée, ce bistrot chic mérite bien son nom. L'emplacement est réservé à la restauration aux heures de repas, mais l'on y sert aussi le petit déjeuner. Quel réveil plus agréable peut-on souhaiter ?

Les Jardins de la Louve – *Pl. Victor-Hugo – ☎ 05 65 33 62 93 – en hiver : tlj 9h-23h sf mar. 9h-20 – en été : tlj 9h-1h sf mar. 9h-20h – fermé de mi-nov. à mi-avr.* Cet élégant salon de thé et glacier est tenu par une véritable amadourienne. Agrémenté d'une grande cheminée et de fleurs fraîches disposées sur les tables, l'intérieur de pierre et de poutre rivalise de charme et de fraîcheur avec la terrasse arborée et le jardin fleuri de cette superbe demeure du 13e s. De surcroît, l'accueil est soigné et l'établissement, ouvert le week-end en hiver, promet de bons moments au coin du feu.

Achats

Boutique du Terroir – *R. de la Couronnerie – ☎ 05 65 33 71 25 – sam.-jeu. 9h30-19h – juil.-août : tlj 9h30-0h – fermé de mi-nov. à avr.* Voilà un artisan bardé de récompenses, dont la médaille d'or du Salon agricole 1999 décernée par le ministère de l'Agriculture. Du foie gras frais aux plats cuisinés, cette jolie boutique contient mille et une merveilles comme cette eau-de-vie de prune, également primée.

La Maison de la Noix – *R. de la Couronnerie – ☎ 05 65 33 67 90.* Cette boutique propose apéritifs, liqueurs, confitures, huiles, biscuits, confiseries, moutardes et vinaigres de noix.

Gourmandises

Ferme Lacoste – *Les Alix – ☎ 05 65 33 62 66 – lun.-ven. 10h-12h, 14h30-18h – sam.-dim. 10h-12h, 14h30-17h – fermé de mi-nov. à avr.* Cette belle ferme abrite une centaine de chèvres qui broutent courageusement pour préserver la réputation de leur délicieux fromage : le fameux cabécou de Rocamadour, rebaptisé avec une robuste simplicité « Rocamadour ».

Patisserie Quercynoise – *Pl. St-Louis – ☎ 05 65 33 63 09 – ouv. tlj 8h-1h – fermé de mi-nov. à avr.* Prendre un peu de repos sur la terrasse ombragée de cette pâtisserie-brasserie en méditant les mystères de la Providence divine face aux montagnes, voilà sans doute un plaisir que les pénitents de Rocamadour n'auraient pas refusé après leur long pèlerinage « rédempteur ».

Dans les airs

Association Rocamadour Aérostat – *Domaine de la Rhue – ☎ 05 65 33 71 50 – fermé le mar.* Rocamadour est le lieu rêvé pour découvrir le plus poétique des transports aériens : la montgolfière. Après avoir assisté à la préparation du ballon, on s'élève du fond de la vallée pour un vol de 45mn autour de la cité miraculeuse... Sur réservation. Attention aux annulations de dernière minute en raison de mauvaises conditions météorologiques.

Circulation

Rues de la cité et du bourg piétonnes. Accès autorisé en voiture pour les seuls clients des hôtels et restaurants.

Se déplacer

Ascenseur de Rocamadour – ♿ *Juil.-août : 8h-22h ; mai-juin : 8h-20h ; de sept. à mi-nov. : 8h-18h ; des vac. scol. de fév. à fin avr. et vac. scol. Noël : 9h-18h. Fermé de mi-nov. au déb. des vac. scol. de Noël et en janv. 15F AR, 11F A (enf. : gratuit). ☎ 05 65 33 62 44.*

Ascenseur incliné – ♿ *Rameaux-Toussaint : 9h-12h30, 13h30-18h (mai–juin et sept. : 8h-20h, juil.-août : 8h-22h) ; vac. scol. fév. et Noël : 9h-12h, 14h-17h. Fermé entre ces périodes. 23F AR, 15F A (enf. : gratuit). ☎ 05 65 33 67 79.*

Petit train de nuit – *De mi-mai à fin août : visite guidée (1/2h) en petit train à 21h45 et 22h15 (de mi-juin à mi-juil. : à 22h et 22h30) ; de Pâques à mi-mai et de fin août à sept. à 21h30 et 22h. Dép. porte du Figuier. 30F (enf. : 15F). ☎ 05 65 33 67 84 ou ☎ 05 65 33 65 99.*

Marchés et foires

Marchés des producteurs de pays du Lot (charte de qualité) – *Pl. Publique-de-Miers.* Ven. 17h-21h du 27 juin au 29 août.

Foire aux fromages – À l'Hospitalet, le dim. de Pentecôte.

pressent à Rocamadour. Comme le village est trop exigu, la vallée de l'Alzou est transformée en un vaste campement. Henri Plantagenêt, roi d'Angleterre, miraculeusement guéri, est l'un des premiers à s'agenouiller devant la Vierge et son exemple est suivi, au cours du Moyen Âge, par les plus illustres personnages : saint Bernard, saint Dominique, Saint Louis et Blanche de Castille, Philippe IV le Bel, Philippe VI et Louis XI. Le culte de N.-D.-de-Rocamadour s'établit à Lisbonne, à Porto, à Séville et même en Sicile où l'étendard de Rocamadour, déployé à la bataille de Las Navas de Tolosa, contribue à mettre en déroute les musulmans et donne la victoire aux rois catholiques d'Espagne.

Le pèlerinage et les pénitents – Les tribunaux ecclésiastiques, et parfois les tribunaux civils, ont fréquemment imposé le pèlerinage de Rocamadour. C'était une grande pénitence. Le jour de son départ, le pénitent entendait la messe et, vêtu d'un costume orné de grandes croix, coiffé d'un vaste chapeau, il partait bourdon en main et besace au dos. Arrivé au terme de son voyage, le pèlerin se dépouillait de ses vêtements et, en chemise, gravissait à genoux les fameux degrés. On lui attachait alors des chaînes aux bras et au cou. Conduit devant l'autel de la Vierge noire, il prononçait l'amende honorable dans cette posture humiliante. Le prêtre récitait les prières purificatrices et enlevait ses fers au pénitent qui, désormais sanctifié, recevait une attestation du recteur et une « **sportelle** », sorte de médaille de plomb à l'image de la Vierge miraculeuse.

Lieu de rencontre

Les seigneurs et les consuls des villes aimaient à se placer sous la protection de Notre-Dame pour conclure un traité ou signer une charte. On venait aussi au pèlerinage de Rocamadour par curiosité, pour rencontrer nombre de gens ou éventuellement traiter des affaires.

Déclin et renaissance – Au 13e s., Rocamadour atteint son apogée. On y obtient des grâces refusées à Jérusalem ; les donations affluent sans cesse. Mais les richesses accumulées suscitent de nombreuses convoitises. Pendant un siècle, les abbayes de Marcilhac et de Tulle se disputent la possession de l'église de Rocamadour. Après arbitrage Tulle l'emporte. Au cours du Moyen Âge, la ville est plus d'une fois saccagée : Henri Court-Mantel révolté contre son père Henri Plantagenêt, dévaste l'oratoire en 1183 ; pendant la guerre de Cent Ans, les bandes anglaises et les routiers pillent à plusieurs reprises le trésor : au cours des guerres de Religion, les capitaines protestants Bessonies et Marchastels s'emparent de Rocamadour qu'ils profanent et dévastent : seules, la Vierge et la cloche miraculeuse échappent à la destruction. Rocamadour ne se relève pas de ses ruines, le sanctuaire végète jusqu'à la Révolution qui lui porte le coup de grâce. Au 19e s., les évêques de Cahors essaient de faire renaître le pèlerinage : les sanctuaires sont restaurés. Avec une partie de sa splendeur passée, Rocamadour a retrouvé la ferveur des pèlerins et c'est aujourd'hui le centre d'un pèlerinage très suivi.

DEMI-MIRACLE
Le corps toujours intact de saint Amadour est livré aux flammes : il ne brûle pas ! De rage, Bessonies le brise à coups de marteau.

découvrir

LA CITÉ RELIGIEUSE

S'adresser au Pèlerinage de Rocamadour, le château, 46500 Rocamadour. ☎ 05 65 33 23 23.

Gravir les 233 marches du Grand Escalier (*Via Sancta*, c'est à dire voie sainte) dont les pèlerins font souvent l'ascension en s'agenouillant à chaque degré. Les 141 premières marches conduisent en cinq paliers à une plate-forme où s'élèvent les habitations des chanoines, aujourd'hui converties en magasins et en hôtels.

Le Fort

Ancien palais des évêques de Tulle, ce vaste bâtiment d'aspect militaire surplombe l'énorme rocher de la falaise. Il abritait les pèlerins illustres. Construit au 14e s., il a été restauré au 19e s. par un élève de Viollet-le-Duc. Sur la plate-forme débouche la petite rue de la Mercerie.

On l'appelle place des Senhals parce que c'est là qu'étaient fabriqués les insignes de pèlerinage : « senhals » ou « sportelles ».

Rue de la Mercerie

Cette rue, la plus ancienne, est bordée de jardins en terrasses. Elle aboutit à la porte de Cabiliert, du 13e s., que flanquait autrefois une tour de défense.

La **porte du Fort**, percée sous le mur d'enceinte du palais, permet d'accéder à l'enceinte sacrée. Un escalier de 75 marches conduit au parvis entouré des sanctuaires.

Le parvis des églises

Également appelé place St-Amadour, c'est un espace assez restreint autour duquel s'élèvent sept sanctuaires : la basilique St-Sauveur en face de l'escalier, la crypte St-Amadour sous la basilique, la chapelle Notre-Dame ou chapelle miraculeuse à gauche, à droite les trois chapelles St-Jean-Baptiste, St-Blaise et Ste-Anne, tandis que la chapelle St-Michel se dresse à gauche sur une terrasse.

Basilique St-Sauveur

De style romano-ogival (11e-13e s.), elle appuie ses deux nefs sur la paroi de la falaise. La mezzanine en bois a été rajoutée au siècle dernier pour pallier la petitesse de la basilique lors des grands pèlerinages.

VÉNÉRATION
Au-dessus de l'autel se dresse un beau **Christ** en bois polychrome du 16e s. dont la croix représente un arbre privé de ses rameaux.

Crypte St-Amadour

Visite guidée uniquement dans le cadre de la visite commentée de la cité religieuse.

Cette petite église inférieure, édifiée au 12e s., s'étend sous les deux travées Sud de la basilique St-Sauveur. Elle comporte un chevet plat et deux travées sous voûtes quadripartites. Elle servait autrefois de lieu de culte : on venait y vénérer le corps de saint Amadour.

Chapelle Notre-Dame

Visite guidée uniquement dans le cadre de la visite guidée de la cité religieuse (voir ci-dessus).

Sur la façade extérieure de la chapelle Notre-Dame, à droite de la porte flamboyante, subsiste une partie de la fresque du 13e s. illustrant la danse macabre « des trois morts et trois vifs ».

Du parvis, un escalier de 25 marches s'élève jusqu'à la chapelle miraculeuse, considérée comme le « saint des saints » de Rocamadour. C'est là en effet que l'ermite aurait aménagé un oratoire dans le roc. Écrasée en 1476 par la chute d'un rocher, elle fut reconstruite en gothique flamboyant par l'évêque de Tulle, Denys de Bar. Cette nouvelle chapelle, saccagée pendant les guerres de Religion et sous la Révolution, a fait l'objet d'autres travaux au 19e s.

Dans la pénombre de la chapelle noircie par la fumée des cierges, on découvre sur l'autel la Vierge miraculeuse appelée aussi **Vierge noire★** : de petite taille (69 cm) elle est assise, hiératique, portant sur son genou gauche, sans le tenir, un étonnant Enfant Jésus au visage d'adulte. Cette statue reliquaire en bois de facture rustique date du 12e s. Tout autour ont été accrochés de nombreux témoignages de reconnaissance : ex-voto, fers qu'on mettait jadis aux pèlerins pendant certaines cérémonies de pénitence *(voir plus haut)*. Suspendue à la voûte et difficile à distinguer dans la pénombre, une très vieille **cloche**, faite de plaques de fer assemblées et datant sans doute du 9e s., sonnait d'elle-même pour annoncer les miracles, par exemple lorsque les marins perdus en mer invoquaient N.-D.-de-Rocamadour.

En sortant de la chapelle Notre-Dame, on peut voir au-dessus de la porte une grossière épée de fer enfoncée dans la paroi rocheuse. La légende l'identifie à « **Durandal** » la célèbre épée de Roland.

Légende

Cerné par les Sarrasins et ne pouvant casser son épée, Roland implora l'archange saint Michel et lança son épée qui d'un seul jet vint se planter dans le rocher de Rocamadour, loin des Infidèles.

Chapelle St-Michel

Visite guidée uniquement dans le cadre de la visite commentée de la cité religieuse.

Surélevée de quelques marches, cette chapelle de style roman est abritée par un encorbellement rocheux. Son abside, dans laquelle s'inscrit un petit oratoire, fait saillie du côté du parvis. Elle servait pour les offices des moines du prieuré qui y avaient aménagé leur bibliothèque. Sur le mur **extérieur** deux fresques représentent l'Annonciation et la Visitation : l'habileté de la composition, la richesse des tons (ocre, jaune, rouge-brun, fond bleu roi), l'élégance des mouvements datent l'œuvre du 12e s., elle s'inspire à la fois des châsses limousines et des mosaïques byzantines. À l'**intérieur**, le chœur est orné de peintures : le Christ en majesté est entouré des évangélistes, tandis qu'au-dessous un séraphin et l'archange saint Michel, devisant avec le démon, pèsent les âmes.

Saint Christophe

Au-dessous, une autre fresque du 14e s. montre un immense saint Christophe, patron des voyageurs et par extension des pèlerins.

Musée d'Art sacré★

♿ *Juil.-août : 10h-19h ; sept.-juin : 10h-12h, 14h-18h. Il est préférable de téléphoner en hiver. 28F (enf. : 15F).* ☎ *05 65 33 23 30.*

Dans le hall, des cartes, une statue de saint Jacques en pèlerin (Rocamadour était une étape vers St-Jacques-de-Compostelle), des documents divers évoquent l'histoire de Rocamadour et de son pèlerinage. Le vestibule présente des objets provenant du sanctuaire : un vitrail du

Révélation

Le musée est dédié à Francis Poulenc qui, après avoir reçu le « coup de poignard de la grâce » lors d'une visite à Rocamadour en 1936, composa les « Litanies à la Vierge noire de Rocamadour ».

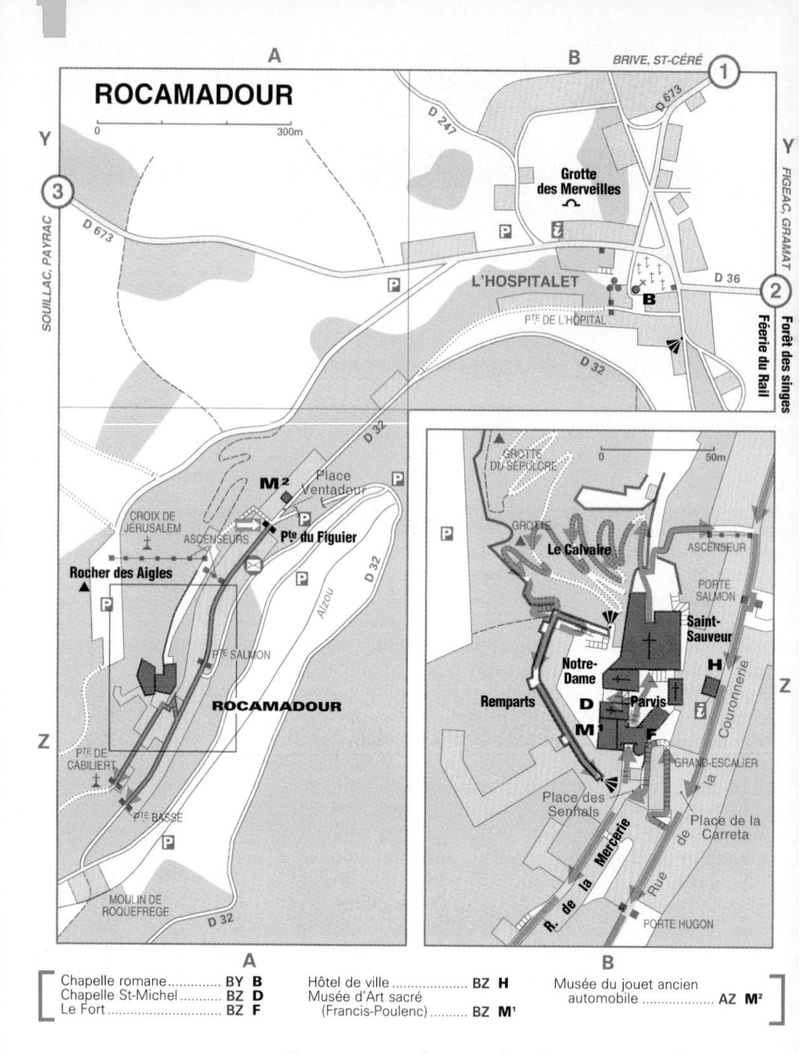

13e s. montrant la mort de saint Martin, seul vestige des verrières de St-Sauveur, et le reliquaire de saint Amadour (17e s.) qui contenait les reliques du corps du saint détruit pendant les guerres de Religion. La première galerie rassemble des ex-voto, toiles et bois sculptés, la plupart du 17e s. Un panneau naïf daté de 1648 montre saint Amadour saluant la Vierge par l'Ave Maria. À côté une statue baroque d'origine flamande représente le prophète Jonas sous l'aspect d'un vieillard écrivant.

CHÂSSES LIMOUSINES
Les châsses de Lunegarde (12e s.), de Laverhne (12e s.) et de Soulomès (13e s.) décorées d'émaux montrent la virtuosité des artistes limousins.

La salle du trésor rassemble quelques très belles pièces provenant du Trésor, jadis fabuleux, du sanctuaire, comme un chef reliquaire en argent doré de saint Agapit (14e s.). La galerie suivante est consacrée aux peintures religieuses des 17e, 18e et 19e s.

En sortant du musée, emprunter la galerie dite « le tunnel » qui passe sous la basilique St-Sauveur et conduit à une terrasse dominant le canyon de l'Alzou.

visiter

DANS LE BOURG

Musée du Jouet ancien automobile

Avr.-sept. : 10h-12h, 14h-18h ; oct.-mars : sur demande. 20F (enf. : 10F). ☎ *05 65 33 60 75.*

Pl. Ventadour. À l'entrée de la cité, cet espace rassemble une collection de **voitures à pédales★**, répliques exactes de certains modèles de légende (Bugatti,

Cadillac, De Dion Bouton, Delage), de course (Ferrari, Maserati) ou plus populaires (Citroën, Peugeot, Renault), qui ont fait la joie d'enfants entre 1910 et 1960. Avions, cyclorameurs, scooters et même une **soucoupe volante** (!) complètent l'exposition. Une vitrine de modèles réduits Dinky Toys attirera l'attention de bien des amateurs de la « Rolls » des petites voitures.
Par la **porte du Figuier**, qui existait déjà au 13e s., vous pénétrerez dans la rue principale du village, encombrée de magasins de souvenirs, rue étroite accrochée au rocher, que domine en surplomb l'étagement des maisons, des sanctuaires et du château.

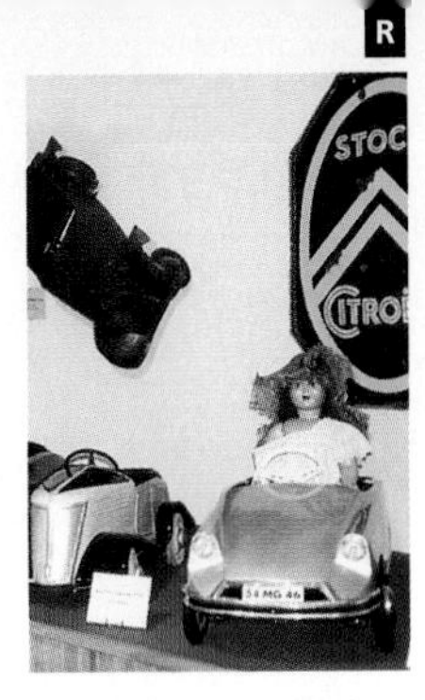

Quel enfant ne rêverait pas encore d'avoir pour Noël un de ces modèles ?

Hôtel de Ville

Avr.-sept. : 10h30-12h30, 13h30-18h (de mi-juil. à fin août : 9h30-19h30) ; oct.-mars : vac. scol. 14h30-17h30. Fermé 1er janv. et 25 déc. 10F. ☎ 05 65 33 22 00.
Il est installé dans une maison du 15e s. restaurée et appelée « la Couronnerie » ou maison des Frères. Dans la salle du conseil sont exposées deux belles **tapisseries★** de Jean Lurçat *(voir St-Céré)*.
Plus loin, on passe sous la porte Hugon, du 13e s. Jusqu'à la porte Basse, la rue traverse un quartier dont les petites maisons dévalent la pente jusqu'à l'Alzou, près duquel se dresse le vieux moulin fortifié dit « de Roquefrège ».

SUR LE PLATEAU

Remparts

8h-20h. 13F. ☎ 05 65 33 23 23.
Ultimes vestiges d'un fort du 14e s. destiné à barrer l'éperon rocheux et à protéger le sanctuaire. Adossée à ce fort, la demeure des chapelains de Rocamadour a été construite au 19e s.

CALVAIRE
Un chemin de croix ombragé aménagé au 19e s. monte en lacet vers les remparts. Après les grottes de la Nativité et du Sépulcre, on aperçoit la grande croix de Jérusalem, apportée des Lieux saints par les pèlerins de la Pénitence.

Rocher des Aigles

♿ *Rameaux-Toussaint : 10h-12h, 14h-18h. 40F (enf. : 25F). ☎ 05 65 33 65 45.*
Tout près des remparts, se trouve un centre d'élevage et de reproduction de rapaces diurnes et nocturnes, qui présente d'étonnantes démonstrations de vol de ces volatiles dressés.
Pour redescendre au bourg, revenir à une esplanade au niveau de l'enceinte sacrée et emprunter l'ascenseur qui permet de gagner la rue principale près de la porte Salmon.

alentours

Préhistologia

Juil.-août : 10h-18h30 ; avr.-juin : 10h-12h, 14h-18h ; de fin août à mi-sept. : 10h-12h, 14h-17h30 ; de mi-sept. à fin sept. : 14h-17h ; oct. : dim. 14h-17h. 41F (enf. : 25F). ☎ 05 53 40 15 32.
5 km au Nord-Ouest par la D 247. Parcourez quelque 4,6 milliards d'années qui séparent l'apparition des premiers animaux de celle de l'homme. Des reconstitutions scientifiques et grandeur nature de dinosaures (autour d'un volcan en activité), d'oiseaux et de reptiles primitifs, de mammifères préhistoriques et des premiers hommes illustrent l'évolution de la vie sur terre.

Moulin de Cougnaguet

D'avr. à mi-oct. : visite guidée 10h-12h, 14h-18h (juil.-août : 9h30-12h, 14h-19h). Tarif non communiqué. ☎ 05 65 32 63 09.
10 km à l'Ouest par la D 673. Il date du 15e s. mais fut précédé par un autre moulin auquel le « droit des eaux » fut concédé en 1279. Au Moyen Âge, le grain et la farine, denrées précieuses très convoitées, devaient être particulièrement protégés. Le moulin abrite quatre meules qui pouvaient produire 3 tonnes de farine par jour ; l'une d'elles fonctionne et moud le grain sous vos yeux.

MOULIN FORT
Le système défensif du moulin est impressionnant : l'ouverture des vannes précipitait les assaillants vers une conduite forcée où, engloutis, ils connaissaient un sort atroce.

Le moulin fortifié de Cougnaguet enjambe de ses arches en plein cintre une dérivation de l'Ouysse dans un site tout à fait charmant d'eaux vives.

circuit

LE NORD DU CAUSSE DE GRAMAT

Circuit de 70 km – compter environ une demi-journée
Quitter Rocamadour par le Nord en empruntant la D 32.

Le causse de Gramat s'étend entre la vallée de la Dordogne, au Nord, et celles du Lot et du Célé, au Sud. Vaste plateau calcaire, haut de 350 m, il est le plus important et le plus sauvage des causses du Quercy. C'est en automne qu'il faut le parcourir, lorsque les arbres hésitent entre le jaune et le rouge et illuminent de leurs teintes dorées le gris des pierres et des rochers.

L'Hospitalet

Le nom de ce village, sur le rebord de la falaise de Rocamadour, lui vient d'un petit hôpital fondé au 11e s. par Hélène de Castelnau, pour soigner les pèlerins sur la route du Puy à Compostelle. Il reste peu de vestiges de cet hôpital, la **chapelle romane**, qui se trouve au milieu du cimetière, a été remaniée au 15e s.

> **POINT DE VUE**
> L'Hospitalet, où se trouve un important syndicat d'initiative, est très fréquenté pour son **point de vue★★** sur le site de Rocamadour.

Grotte des Merveilles – *D'avr. au 11 nov. : visite guidée (1/2h) 10h-12h, 14h-18h (juil.-août : 9h-19h). 30F (enf. : 15F). ☎ 05 65 33 67 92.*

Découverte en 1920, cette petite grotte située sous seulement 8 m de roche présente quelques belles formations minérales : stalactites, stalagmites, gours où se reflètent la voûte et ses concrétions... Sur ses parois quelques peintures rupestres estimées aux alentours de –20 000 ans. Elles représentent des mains « négatives », des ponctuations, quelques chevaux, un félin et un cervidé schématique.

Féerie du rail – ♿ *De mi-juil. à la 3e sem. août : spectacle (3/4h) à 10h45, 11h30, 13h45, 14h40, 15h30, 16h15, 17h, 17h50 et 21h30 (sf mer. et dim.) ; de la 3e sem. août à fin août : à 11h15, 13h50, 14h45, 15h30, 16h15, 17h ; de mi-juin à mi-juil. : à 11h15, 14h40, 15h30, 16h15, 17h ; d'avr. à mi-juin et sept. : à 11h15, 14h45, 16h30 ; oct. : à 14h45 et 16h15. Fermé nov.-mars. 38F (enf. : 23F). ☎ 05 65 33 71 06.*

Route de Figeac. À bord d'une tribune mobile permettant de longer une maquette géante de 85 m², le visiteur est transporté dans l'univers féerique de la **miniature animée**. Un fabuleux **décor★** évoquant tout à la fois la ville, la campagne et la montagne est sillonné par un réseau de trains et de voitures. Par des effets sonores et lumineux, l'attention est guidée sur des groupes de petits automates reconstituant des scènes très réalistes (mariage, descente à skis).

> **ZOOM**
> Certaines animations fourmillant de détails (cirque, fête foraine) ou se signalant par leur singularité (envol de montgolfières) sont restituées sur un moniteur vidéo.

Quitter L'Hospitalet par l'Est en empruntant la D 36.

Forêt des singes

♿ *Avr.-sept. : 10h-12h, 13h-18h (juil.-août : 10h-19h) ; d'oct. au 11 nov. : 13h-17h, w.-end 10h-12h, 13h-17h. Fermé 11 nov. 35F (enf. : 20F). ☎ 05 65 33 62 72.*

Route de Figeac. Sur 15 ha boisés, 150 singes vivent en liberté dans ce cadre qui rappelle les hauts plateaux d'Afrique du Nord, dont ils sont originaires.

> **BARBARES**
> Ce sont des magots – ou macaques – de Barbarie (en fait, de Berbérie) qui s'ébattent dans la forêt, espèce simiesque en voie de disparition.

Poursuivre la D 36 sur 2 km et prendre à gauche sur la N 140, puis à droite sur la D 673. À Alvignac tourner à gauche sur la D 20.

Source Salmière

Les premières études sur l'eau de source de Miers datent de 1624. Très riche en magnésium, elle séduit rapidement les spécialistes pour ses bienfaits contre les maladies de foie, des voies biliaires et urinaires, mais surtout pour son action laxative.

PHARMACOPÉE
L'eau minérale de Miers-Alvignac est vendue en pharmacie et dans les boutiques diététiques.

Gouffre de Padirac** *(voir ce nom)*

Rejoindre Padirac (au Sud), et prendre à droite la D 673. Après 2 km, tourner à gauche sur la D 11.

Gramat

Capitale du causse qui porte son nom, Gramat est un centre de foires très importantes (ovins) et un excellent point de départ pour la visite de Padirac, de Rocamadour et de la région comprise entre le Lot et la Dordogne. C'est à Gramat qu'est installé, depuis 1945, le Centre de formation des maîtres de chien de la gendarmerie.

Quitter Gramat par le Sud-Ouest en empruntant la D 677. Après la voie ferrée, tourner à gauche sur la D 14.

Parc de vision de Gramat

Pâques-sept. : 9h-19h ; oct.-Pâques : 14h-18h. 43F (enf. : 30F). ☎ 05 65 38 81 22.

Cet espace a été acquis par la municipalité de Gramat pour faire connaître aux visiteurs la réalité animale et végétale dans un cadre isolé de 40 ha.

Les spécimens de la flore locale – chênes pubescents, cornouillers, frênes du causse – côtoient des espèces animales en grande partie européenne qui vivent là en semi-liberté. Un conservatoire de races de basse-cour présente des espèces très variées de gallinacés, de porcs, etc. Un parcours balisé de 3 km permet de découvrir ces animaux tout en faisant une agréable promenade.

ENDURANCE
Certains de ces animaux présentés : l'aurochs, le cheval de Przevalski, les bouquetins, le bison d'Europe vivaient déjà sur ces terres à l'époque préhistorique.

Faire demi-tour et rejoindre la D 677 (à gauche). Au Bastit prendre à droite la D 50, puis à Carlucet tourner à droite sur la D 32 qui ramène à Rocamadour.

La Roque-Gageac**

C'est en abordant La Roque-Gageac par l'Ouest qu'on a la meilleure vue d'ensemble. En fin d'après-midi, le soleil éclaire la haute falaise grise couverte de chênes verts, tandis que les maisons aux toits de lauzes ou de tuiles se reflètent dans la rivière. Au premier plan se détache la silhouette du château de la Malartrie et à l'autre extrémité du village, apparaît le charmant manoir de Tarde.

La situation

Cartes Michelin n°s 75 pli 17 ou 235 Ouest du pli 6 – Schéma p. 170 – Dordogne (24).

Près de Domme, Sarlat et Beynac, La Roque-Gageac se blottit entre la falaise et la D 703.

Le nom

Le mot latin *rupes*, désignant une paroi rocheuse, passa par une forme occitane, *roca* puis donna Roque. Gageac provient du nom d'un personnage gallo-roman, *Gaius*.

Les gens

407 Laroquois. L'ancien village, fortifié de remparts au Moyen Âge, accueillait les évêques de Sarlat en villégiature, mais point n'est besoin d'être évêque pour venir passer du temps à La Roque-Gageac !

OÙ DORMIR ET SE RESTAURER
La Plume d'Oie – *☎ 05 53 29 57 05 – fermé fin nov. au 20 déc., mi-janv. à déb. mars, le midi en été, mar. midi et lun. hors sais. – réserv. obligatoire – 195/395F.* Une petite auberge de village dans une ancienne maison régionale rénovée. La salle à manger est lumineuse avec ses poutres de bois clair, ses pierres apparentes et ses grandes baies vitrées. Quelques chambres avec vue sur la Dordogne.

Qui pourrait penser en admirant ce superbe site, que La Roque-Gageac vécut une tragédie en 1957. En effet, pendant la nuit un énorme bloc se détacha de la paroi de la falaise, écrasant maisons et dormeurs.

PHILÉAS FOG
Montgolfière du Périgord pour prendre de la hauteur sur les merveilles de la vallée. La Roque-Gageac, *☎ 05 53 28 18 58.*

se promener

Le bourg

Dans ce **site★★** exceptionnel, vous déambulerez avec plaisir de ruelle en ruelle : les habitations de paysans et d'artisans côtoient de nobles demeures, toutes sont agrippées à la falaise. Une de ces petites rues très croquignolettes, débute à droite de l'hôtel *Belle Étoile* et grimpe à travers une végétation luxuriante vers la petite église ; un peu de courage, le point de vue depuis l'église vaut la peine.

Manoir de la Tarde – Deux logis à pignons aigus, percés de fenêtres à meneaux, accostent une tour cylindrique. À ce manoir est attaché le nom de la famille Tarde ; le plus célèbre reste le chanoine Jean Tarde, historien, cartographe astronome et mathématicien !

Rouffignac★

Ce village doit sa renommée à la richesse des sites qui l'entourent et, notamment, à la magnifique grotte★ du même nom. Il a été détruit lors de la Seconde Guerre mondiale et complètement reconstruit, reconstruction bien orchestrée : Rouffignac est un lieu de villégiature tout en calme et en plaisir.

La situation

Cartes Michelin nos 75 Sud-Est du pli 6 ou 235 Nord-Est pli 1 – Dordogne (24).

La reconstruction s'est effectuée entre 1946 et 1950. Le village est spacieux, aéré et constitue, avec ses commerces et ses campings alentour, une base de départ privilégiée d'excursions dans la région.

🅘 24580 Rouffignac-St-Cernin-de-Reilhac, ☎ 05 53 05 39 03.

Le nom

Ruffinius, probable propriétaire gallo-romain des terres situées aux environs, a laissé son nom au village, nommé Roffinhac au 14e s. et Roffignac au 18e s.

Les gens

1 429 Rouffignacois. Le village, incendié par les Allemands en 1944, a fusionné avec le bourg voisin de St-Cernin-de-Reilhac en 1972.

visiter

Église

Elle s'ouvre par un intéressant clocher-porche dont le portail est du style de la première Renaissance. Exécuté vers 1530, il est orné de chapiteaux corinthiens et surmonté d'un linteau finement sculpté. La nef se compose de deux travées à collatéraux de style flamboyant voûtées d'ogives et renforcées par des colonnes engagées moulurées en hélice.

> **Déco**
> La décoration profane des chapiteaux – sirènes, bustes de femmes – surprend un peu en pareil lieu !

alentours

Grotte de Rouffignac★

♿ *Des Rameaux à fin oct. : visite guidée (1h) 10h-11h30, 14h-17h, dim. et j. fériés 11h30-17h (juil.-août : 9h-11h30, 14h-18h, dim. et j. fériés 11h30-18h). 31F (enf. : 10F).* ☎ *05 53 05 41 71.*

5 km au Sud de Rouffignac par la D 32. Cette grotte sèche, appelée aussi Cro de Granville, était déjà connue au 15e s. Ses galeries ont plus de 8 km de longueur, aujourd'hui parcourues par un chemin de fer électrique qui vous transporte vers les galeries principales. En 1956, le professeur L.-R. Nougier signala son remarquable ensemble de dessins au trait noir et de **gravures★**, exécuté au magdalénien moyen (vers -13 000 ans). Ces figures représentent des chevaux, des bouquetins, des rhinocéros laineux, des bisons et surtout des mammouths (158 au total) parmi lesquels on remarquera le « Patriarche », une étonnante frise de deux hardes s'affrontant, et des signes tectiformes (en forme de maison) que l'on retrouve, entre autres, à Bernifal, Combarelles et Font de Gaume. Ces quatre cavités appartenaient sans doute au même ensemble cultuel.

> **Coquin ?**
> Le Grand Plafond et ses 66 figures, récemment nettoyé de ses graffitis au noir de fumée présente le « Mammouth à l'œil coquin », chef-d'œuvre de l'art paléolithique.

Mammouth et bouquetins sont superbement représentés sur cette peinture au trait, que vous découvrirez dans la grotte de Rouffignac.

Fleurac

5,5 km au Sud-Est de Rouffignac par la D 31.

Château et Musée automobile – ♿ *De juil. à mi-sept. : visite guidée (3/4h) 14h30-18h30 (de mi-juil. à fin août : 10h30-19h) ; mai et juin : dim. et j. fériés 14h30-18h30. 30F (enf. : 20F).* ☎ *05 53 05 95 01.*

On visite quelques pièces du rez-de-chaussée du château, élevé à la fin du 19e s. dans le style de la Renaissance périgourdine. Dans un bâtiment annexe sont exposées une quarantaine d'automobiles, modèles surtout français produits entre le début du siècle et les années 1970.

Château de l'Herm

Juil.-août : 10h-19h ; mai et juin : dim. et j. fériés 10h-19h ; sept.-avr. : sur demande préalable. 24F (enf. : 12F). ☎ *05 53 05 46 61.*

4,5 km au Nord-Ouest de Rouffignac par la D 6. L'histoire de cette ancienne forteresse médiévale embellie par une campagne de travaux de 1485 à 1512 est marquée par une longue série de crimes. Mais de ce noir passé, seules subsistent d'imposantes ruines. Les grosses tours de défense émergent de la forêt. La tourelle de l'escalier, hexagonale, s'ouvre par un portail de style flamboyant mais déjà influencé par la Renaissance. La deuxième archivolte décorée de choux frisés lance très haut son pinacle. Cette porte donne accès à un remarquable **escalier à vis★** dont le noyau central dessine une torsade moulurée. Sans palier, d'un seul élan, il s'achève par une voûte en étoile, croisée d'ogives avec liernes et tiercerons, formant un véritable palmier de pierre. Des fenêtres de cette tour, la vue plonge sur les cheminées monumentales qui décoraient les trois étages. Elles portent les armoiries de la famille de Calvimont.

Héraldique
Le blason de la cheminée supérieure est soutenu par deux anges, un peu décalés, vu l'histoire du château !

Saint-Amand-de-Coly★

La belle pierre jaune des maisons et de l'église surgit au milieu du vert environnant. C'est la première impression que l'on a du village. Ensuite, le caractère exceptionnel de l'église fortifiée et le festival de musique qu'elle accueille ajoutent une touche culturelle à cet ensemble très pictural.

La situation

Cartes Michelin nos 75 Sud du pli 7 ou 239 Sud du pli 25 – Dordogne (24).

Le village de St-Amand est isolé des grands axes, c'est l'occasion de parcourir l'arrière-pays et ses petites routes sinueuses.

Pl. Bertran-de-Born, 24290 Montignac, ☎ 05 53 51 82 60.

Le nom

Un petit monastère aurait été construit au 7e s. par saint Amand, venu évangéliser le pays avec ses deux acolytes, saint Cyprien et saint Sour, dans un vallon de la forêt de Coly. Ce dernier nom est celui du ruisseau, résurgence d'une source vauclusienne très profonde. Certains voient dans ce vocable un ancien mot occitan à rattacher à *colinar*, « couler ».

Festival
L'abbaye fait aujourd'hui l'objet d'une attention toute particulière pour accueillir, chaque année, quelques-uns des concerts organisés par le Festival de musique du Périgord.

Les gens

312 St-Amandois. Mais, il n'est pas si loin le temps où les gens du bourg, s'exprimant en langue d'oc, se nommaient les St-Amancois. Une dernière appellation est enfin possible, plus précieuse : les Colysantons.

carnet d'adresses

Où dormir

• *Valeur sûre*

Château de la Fleunie – *24570 Condat-sur-Vézère – 10 km à l'O de St-Amand par D 62, D 704 et rte secondaire – ☎ 05 53 51 32 74 – fermé janv. et fév. – P – 33 ch. : 350/800F – ☕ 50F – restaurant 135/350F.* Un décor idéal pour le repos. Avec ses tours rondes aux quatre coins, ce château du 15e s. trône au milieu de son parc de 100 ha. Chambres meublées à l'ancienne et d'autres plus actuelles dans une maison récente. Poutres décorées et belle cheminée dans la salle à manger.

• *Une petite folie !*

Manoir d'Hautegente – *24120 Coly – 3 km au N de St-Amand – ☎ 05 53 51 68 03 – fermé déb. nov. à déb. avr. – P – 10 ch. : 720/1100F – ☕ 65F – restaurant 230/380F.* En été, quand la vigne vierge court sur la façade de ce manoir, il se fond dans la nature environnante. Les ruines d'un moulin du 14e s. enjambent un petit cours d'eau. Nuits paisibles dans les chambres cossues. Trois salles à manger voûtées avec belle cheminée.

visiter

L'église**

De juil. à fin août : 17h-18h30. 15F. ☎ 05 53 51 83 49.

L'abbaye augustinienne dont fait partie l'église connaît au cours des guerres anglaises un déclin de son activité spirituelle, et se mue par la suite en forteresse. Elle devient le « fort St-Amand ». Un système défensif très élaboré est conçu pour maintenir l'ennemi à distance, mais aussi le déloger en cas d'incursion dans l'église. Les huguenots installés dans l'église en 1575 pourront ainsi résister six jours aux 20 000 soldats du sénéchal du Périgord équipés d'une puissante artillerie.

Une impression de puissance se dégage de la **tour-donjon** percée d'un immense porche en arc brisé, supportant une chambre de défense. Un étroit couloir pavé, gardé par une fortification creusée de chambres fortes, cerne le chevet. Les absidioles contrastent par leur harmonie avec la sévérité des hauts murs de la nef et du transept. À la base des toits de lauzes, un chemin de ronde court autour de l'édifice.

La pureté des lignes et la simplicité de la décoration intérieure, habituelles dans les constructions augustiniennes, caractérisent l'**intérieur** de l'église. Le souci défensif a aussi présidé à l'aménagement intérieur, visible dans la coursière cernant le chœur, les logettes de guet placées dans les piliers du carré du transept, et les trous de tir perçant la base de la coupole.

Bâtie en pierre jaune, c'est peut-être la plus étonnante église fortifiée du Périgord.

Instructif
En face de l'église, dans l'ancien presbytère, est présenté un spectacle audiovisuel sur l'église et son histoire.

Saint-Antonin-Noble-Val*

Les rayons du petit matin, dans la vallée de l'Aveyron, rosissent un peu plus les tuiles rondes et décolorées qui couvrent les toits de cette cité ancienne. Les amoureux de couleurs et d'impressions médiévales côtoient les grimpeurs : un important centre d'escalade se trouve à côté de la vieille ville.

La situation

Cartes Michelin nos 79 plis 19 ou 235 Sud-Ouest du pli 19 – Tarn-et-Garonne (82).

Les deux axes qui permettent d'accéder facilement au bourg sont les D 115, qui longe la berge gauche de l'Aveyron, et D 958, qui longe la droite. D'où que l'on vienne, le vieux bourg est ceint de parkings, plus ou moins ombragés : sur la route de Caussade, en direction de Caylus, place des Tilleuls, ou encore en direction du Bosc, vers la salle polyvalente. *Mairie, 82140 Saint-Antonin-Noble-Val, ☎ 05 63 30 60 23.*

Manœuvres
La circulation peut s'avérer particulièrement délicate dans le centre aux rues et ruelles étroites.

Le nom

Son site agréable a valu à la station gallo-romaine, ancêtre de la ville actuelle, le nom de Noble-Val. La première partie du nom a été donnée en souvenir d'Antonin, le saint qui, selon la tradition, serait venu évangéliser les confins du Rouergue.

Anges
Les restes d'Antonin, martyrisé à Pamiers, auraient été placés par les anges dans une barque qui, guidée par des aigles blancs, aurait descendu l'Ariège et la Garonne.

Les gens

1 867 St-Antoninois. Le vicomte de Saint-Antonin, Ramon Jordan, né vers 1150, comptait parmi les plus brillants troubadours de son temps.

se promener

Au Moyen Âge, la présence d'un point de passage assure à la bourgade d'importantes sources de revenus (octroi), ainsi qu'une grande circulation commerciale ! Saint-Antonin est fréquenté par de riches marchands de draps,

La galerie de colonnettes du 1er étage de l'ancien hôtel de ville est ornée de deux piliers portant les statues du roi Salomon *et d'*Adam et Ève.

de fourrures et de cuirs qui s'installent dans de belles demeures des 13e, 14e et 15e s., pour certaines toujours debout.

Ancien hôtel de ville*

Bâti en 1125 pour un riche bourgeois anobli, Pons de Granolhet, ce bâtiment est l'un des plus anciens spécimens d'architecture civile en France. Au 14e s., il fut utilisé comme maison des consuls. Viollet-le-Duc le restaura au siècle dernier et lui accola un beffroi carré, couronné d'une loggia à mâchicoulis dans le style italien toscan, selon le projet qu'il présenta en 1845. La façade se compose de deux étages. Au rez-de-chaussée, des arcades en arc brisé s'ouvrent sur un musée.

Musée – *Juil.-août : tlj sf mar. 10h-13h, 15h-18h ; juin et sept. : tlj sf mar. 15h-18h ; oct.-mai : sur demande. Fermé 1er mai et 25 déc. 15F. ☎ 03 63 68 23 52.*

Il abrite des collections de préhistoire, parmi lesquelles la période magdalénienne est particulièrement bien représentée. Une salle est réservée au folklore.

Rue Guilhem-Peyre

Débutant sous le beffroi de l'ancien hôtel de ville, c'était la voie noble qu'empruntaient tous les cortèges. À droite, s'élève l'ancienne caserne royale dite « caserne des Anglais », et dans le coude de la rue, une splendide demeure des 13e et 16e s.

Descendre la rue vers la place de Payrols, puis s'engager à droite à la hauteur de la perception.

Rue des Grandes-Boucheries

À l'angle de la rue de l'Église, la « maison du Roy » présente au rez-de-chaussée cinq arcades ogivales, et au 1er étage, autant de baies géminées, aux chapiteaux ornés de têtes juvéniles.

Remonter la rue de l'Église vers la nouvelle mairie.

Précision

L'actuelle promenade des Moines a été aménagée sur l'ancien cimetière, alors situé aux abords de l'Aveyron.

Ancien couvent des Génovéfains

Construit en 1751, il accueille la mairie et le syndicat d'initiative. Un panneau placé à l'entrée de la galerie Sud permet d'en connaître l'historique.

Gagner la place de la Halle par la rue St-Angel et la place du Buoc.

Croix de la halle

Devant la halle aux robustes piliers, se dresse une curieuse croix du 14e s. « à raquette », sculptée sur ses deux faces. Cet ouvrage original et rare, offert par la confrérie des Orfèvres, aurait figuré primitivement à l'entrée ou au centre de l'ancien cimetière.

Rue de la Pélisserie

Elle est bordée des riches maisons des maîtres tanneurs et fourreurs (13e-14e s.).

Tourner à gauche dans la rue des Banhs.

Rue Rive-Valat

Longée par un petit canal enjambé par des ponts, c'est une des nombreuses dérivations de la rivière Bonnette creusées au Moyen Âge pour servir de tout-à-l'égout et

Vieille cité bâtie à la limite du Quercy, de l'Albigeois et du Rouergue, St-Antonin-Noble-Val étage ses maisons aux toits coiffés de tuiles rondes décolorées par le soleil, sur la rive droite de l'Aveyron.

carnet pratique

OÙ DORMIR

• À bon compte

Camping les Trois Cantons – *8 km au NO de St-Antonin par D 19 (rte de Caylus) puis à gauche vers lieu-dit Tarau – ☎ 05 63 31 98 57 – ouv. 15 avr. à sept. – réserv. conseillée en saison – 99 empl. : 99F.* Pour ceux qui veulent se détendre dans un cadre verdoyant tout en s'offrant la possibilité de visiter les alentours, ce terrain boisé est parfait. À six kilomètres des gorges de l'Aveyron, il combine piscine, tennis et VTT.

• Valeur sûre

Chambre d'hôte La Résidence – *37 r. droite – ☎ 05 63 68 21 60 – www.bnpages.com/business/laresidence – 4 ch. : 350/450F – repas 110F.* Charme britannique et couleurs du Sud se conjuguent avec bonheur dans cette maison de maître du 18e s., tenue par un couple franco-irlandais. La plupart de ses élégantes chambres ouvrent sur le jardin et celle qui a une terrasse a un succès fou !

OÙ SE RESTAURER

• Valeur sûre

La Corniche – *82140 Brousses – 9 km à l'O de St-Antonin-Noble-Val par D 115 – ☎ 05 63 68 26 95 – fermé mer. – ✉ – réserv. conseillée – 115/190F.* Voilà une adresse comme on les aime ! Sur la route des Gorges de l'Aveyron, ce restaurant, dans une coquette maison de village sert une cuisine authentique dans une ambiance chaleureuse. En saison, ne manquez pas les cailles et l'agneau du Causse. Agréable terrasse qui surplombe la vallée.

MANIFESTATIONS

Fête des moissons en juillet.

Fête des battages en août.

SPORT

Planète grimpe – *Centre international d'escalade – Le Cayronnet – Servazac – ☎ 05 63 30 66 66.*

MARCHÉS

En juil.-août, marchés de nuit le jeudi.

alimenter les tanneries ; celles-ci possèdent un dernier étage à claire-voie, à usage d'entrepôt et de séchoir, semblable à un « soleilho ».

La rue Rive-Valat débouche sur la rue Droite qui regagne, sur la droite, la place de la Halle.

Rue Droite

Dans cette rue, deux habitations se distinguent par la qualité de leurs clefs de voûtes figurées, la maison de l'Amour (fin 15e s.) et la maison du Repentir où, à l'inverse, deux visages se détournent l'un de l'autre. Vers le milieu de la rue, très belle façade à double encorbellement, colombage garni de tuf calcaire et croisillons de bois.

Par la gauche, on débouche sur la place des Capucins d'où s'étire la rue du Pont-des-Vierges.

La maison de l'Amour doit son nom à cet homme et cette femme qui unissent leurs lèvres en un chaste baiser.

Rue du Pont-des-Vierges

Au niveau de la place du Bessarel, un ancien pressoir à huile de noix se visite sur demande auprès du personnel du musée.

alentours

Grotte du Bosc

Juil.-août : visite guidée (3/4h) 10h-12h, 14h-18h ; Pâques-juin et sept. : dim. et j. fériés 14h-18h. 28F. ☎ 05 63 30 62 91.

4 km au Nord-Est par la D 75. Ancien lit asséché d'une rivière souterraine, ce boyau long de 200 m s'étend sous le plateau entre les vallées de l'Aveyron et de la Bonnette. Nombreuses stalactites et excentriques. Un **musée** minéralogique et préhistorique a été aménagé dans le hall de réception.

circuit

DE LA VALLÉE DE LA BONNETTE AUX GORGES DE L'AVEYRON

Circuit de 90 km – compter environ une journée

Quitter St-Antonin par le Nord en empruntant la D 19.

Solide construction de calcaire blanc, le château de Cas comporte de nombreuses pièces meublées.

Château de Cas

D'avr. à mi-nov. : visite guidée (1h) w.-end et j. fériés 13h30-18h, lun.-ven. sur demande 1 j. av. auprès de Mme Volland (de mi-juin à mi-sept. : tlj). 27F (enf. : 15F). ☎ 05 63 67 07 40.

Élevé au 12ᵉ s. pour garder la vallée de la Bonnette, ce château fut remanié au 14ᵉ et au 16ᵉ s. Ancien siège d'une commanderie de templiers au 13ᵉ s. il devient la propriété de la puissante famille des Cardaillac, puis celle des Lastic Saint-Jal.

Revenir sur la D 19 (à droite).

Caylus *(voir ce nom)*

Quitter Caylus par le Nord en empruntant la D 19, en direction de Lacapelle-Livron.

N.-D.-des-Grâces

Vue !
Bâtie à l'extrémité d'un promontoire, la chapelle N.-D.-des-Grâces embrasse une vue étendue sur la vallée de la Bonnette et les collines boisées entrecoupées de prairies.

◄ Également lieu de pèlerinage, cette petite chapelle de style gothique et coiffée d'un toit de lauzes, s'ouvre par un beau portail sculpté et ciselé.

Poursuivre sur la D 19.

Lacapelle-Livron

Ce vieux village aux maisons couvertes de lauzes a conservé les vestiges d'une commanderie des templiers qui, après 1307, passa à l'ordre de Saint-Jean avec les chevaliers de Malte jusqu'à la Révolution. C'est actuellement un manoir fortifié dominant la Bonnette, avec une cour centrale conservant le plan original de la commanderie. Au Sud, sa petite église forteresse romane est veillée par un puissant clocher-donjon dont subsistent les consoles du chemin de ronde. Elle fait face à l'ancien réfectoire devenu salle des gardes.

Rejoindre la D 97, que l'on prend jusqu'à Puylagarde. Gagner Parisot, au Sud, par la D 33, puis la D 926.

Dans un site vallonné, à l'Est du village, apparaît le **lac de Parisot** bordé de peupliers.

Château de Cornusson

Cette demeure en majeure partie reconstruite au 16ᵉ s., bien située sur une colline boisée dominant la Seye, est flanquée de nombreuses tours.

Poursuivre sur la D 33, puis tourner à droite sur la D 75.

Abbaye de Beaulieu-en-Rouergue★ *(voir ce nom)*

Prophétique
Sur cette croix, figure l'inscription : « C'est la main de Dieu qui nous frappe. »

◄ Peu après la bifurcation qui mène au village de St-Igne *(ne pas prendre, continuer tout droit)*, remarquez, à droite de la route, une curieuse et imposante « **croix du Phylloxéra** » qui a été sculptée en 1882 à la suite de la catastrophique destruction du vignoble.

Poursuivre sur la D 75. À Mazerolles, continuer sur la D 39.

Najac★ *(voir ce nom)*

Quitter Najac par l'Ouest en empruntant la D 594.

Varen

Visite guidée
L'Office du tourisme de Varen met à la disposition des curieux un petit fascicule retraçant les principaux lieux à voir dans le bourg. Disponible sous le porche, à droite de l'entrée de la mairie.

◄ Blotti autour de son église romane que protège un important système défensif, le vieux bourg de Varen est installé sur la rive droite de l'Aveyron. Pénétrer dans la partie ancienne de la localité, par le Sud. La porte El-Faoure, ancienne porte fortifiée, illustre la fidélité du doyenné de Varen au roi Louis XIII par l'inscription « IHS MA un diev une foy ». Cette porte s'ouvre sur la rue dite « Carrera del Fabre » et d'autres ruelles étroites. Ces dernières sont bordées de maisons à pans de bois et garnies de torchis dont les étages en encorbellement et les toits plats coiffés de tuiles rondes composent un vrai tableau.

Château – Il a été entièrement fortifié lors de sa construction. C'est dans ce bâtiment que le « seigneur-prieur » de Varen s'enfermait pour braver les décisions de l'évêque de Rodez et faire preuve de la plus complète indépendance. Cette situation prit fin lorsqu'en 1553 le concile de Trente remplaça les moines du prieuré bénédictin par un collège de douze chanoines, plus dociles.

Déco
Le chœur et les absidioles sont ornés de chapiteaux à motifs végétaux, entrelacs, animaux affrontés et chérubins.

◄ **Église St-Pierre★** – Construite à la fin du 11ᵉ s., elle jouxte le château du prieur. Dès sa construction, elle est conçue comme partie intégrante du système défensif de la ville, sa façade servant de mur d'enceinte. De l'ancien

Le château de Varen possède un donjon rectangulaire surmonté d'un chemin de ronde à mâchicoulis, flanqué d'une tourelle en encorbellement.

portail, muré au 16e s., il reste encore deux chapiteaux de facture archaïque représentant saint Michel terrassant le dragon (à gauche) et Samson ouvrant la gueule du lion (à droite). Un sobre clocher sur plan carré surmonte le chœur plat entre deux absidioles semi-circulaires. Le vaisseau, de style roman très pur, comprend une longue nef aveugle à neuf travées séparées des bas-côtés par des piles carrées.

Quitter Varen par le Nord.

Verfeil

Ce petit bastion de la vallée de la Seye vous charmera grâce à de vieilles demeures aux façades fleuries qui entourent une halle refaite en pierre.

À voir

Dans l'église, on peut voir un maître-autel en bois doré historié et un Christ en bois du 17e s. provenant de l'ancienne abbaye de Beaulieu.

Quitter Verfeil par le Sud-Ouest en empruntant la D 33. Après Arnac, prendre à droite sur la D 958 qui ramène à St-Antonin en longeant la rive droite de l'Aveyron.

Saint-Céré★

Le Festival de musique de St-Céré attire de nombreux amateurs. La qualité de la programmation musicale n'explique pas, à elle seule, cette affluence. L'atmosphère de la ville, ses couleurs chaudes et harmonieuses, sa situation stratégique dans le Haut Quercy, la beauté du site★ sont pour beaucoup dans sa notoriété. Et, quelle que soit la saison, la ville reste un lieu de séjour délicieux.

La situation

Cartes Michelin nos 75 plis 19, 20 ou 239 pli 39 – Lot (46).
La ville est plus facilement accessible par l'Ouest, la vallée de la Bave, que par l'Est qui est plus découpé, mais aussi plus pittoresque. Par les D 30 ou D 940, on dépasse les faubourgs résidentiels avant d'arriver au cœur du vieux bourg.

Pl. de la République, 46400 St-Céré, ☎ 05 65 38 11 85.

Le nom

Le nom de St-Céré est lié à la légende de Spérie : le seigneur Sérénus, avait une fille, Spérie et un fils. Ce dernier n'hésita pas à décapiter sa sœur qui, voulant se consacrer à Dieu, avait refusé le mari qui lui était promis. Spérie aurait alors délicatement porté sa propre tête jusqu'à une fontaine. La ville porta longtemps le nom de la sainte avant de lui préférer celui de son seigneur.

Les gens

3 760 Saint-Céréens. Jean Lurçat, l'incroyable tapissier moderne a terminé sa vie à St-Céré. Le flamboiement de ses dernières œuvres doit beaucoup à la lumière si particulière de la région. Né en 1892 dans les Vosges, il

Qui a inventé le téléphone ?

Un Français ! 20 ans avant l'Américain Graham Bell, **Charles Bourseul** (1822-1912 à St-Céré) avait déjà découvert le téléphone, en mettant au point, dans le caveau familial, un instrument permettant la transmission de la parole grâce au courant électrique.

carnet pratique

Où dormir

• À bon compte

Hôtel du Coq Arlequin – *Av. du Dr-Roux – ☎ 05 65 38 02 13 – P – 16 ch. : 250/480F – ☕ 48F.* Vous admirerez les tapisseries de Jean Lurçat dans la salle des petits déjeuners et une collection de coqs en faïence ... Les chambres de cet hôtel en centre-ville sont classiques, parfois un peu vieillottes mais bien tenues.

Chambre d'hôte Château de Gamot – *46130 Loubressac – 5 km à l'O de St-Céré par D 30 – ☎ 05 65 10 92 03 – ✗ – réserv. obligatoire – 7 ch. : 180/370F.* Vous serez séduit par le charme de cette grande demeure familiale du 17e s. nichée dans un cadre pastoral. Certaines chambres n'ont pas de salle de bains privée, mais elles sont si spacieuses et si confortables... Les gîtes sont aussi agréables.

Où se restaurer

• À bon compte

Le Victor Hugo – *7 av. des Maquis – ☎ 05 65 38 16 15 – fermé 3 premières sem. d' oct., 15 jours en mars, dim. soir et lun. en été – réserv. conseillée – 90/200F.* Située sur les bords de la Bave, cette jolie maison à colombage du 17e s. abrite un agréable restaurant au décor simple. Vous pourrez y faire un savoureux repas, sans façon. Petites chambres coquettes.

• Valeur sûre

Les Prés de Montal – *Rte de Gramat – 2 km de St-Céré par D 673 – ☎ 05 65 38 28 41 – fermé 15 nov. au 31 déc., dim. soir et lun. – 105/150F.* C'est le restaurant de l'hôtel des Trois Soleils, dans le parc du château de Montal. La salle à manger lumineuse et décorée de tableaux anciens ouvre sur la nature boisée. Saveurs raffinées aux menus de cette table étoilée... de quoi vous régaler !

Festival

Festival de musique de St-Céré – *B.P. 59 – 46400 St-Céré – ☎ 05 65 38 28 08.* De fin juil.à mi–août. Opéras, récitals, théâtres, animations.

Loisirs

Base du Tolerme – À environ 20 km de St-Céré, au cœur du jardin du Ségala. Parking payant en juil.-août. 15F. *☎ 05 65 40 31 26.*

Marchés

Le marché des producteurs de pays du Lot (charte de qualité) : dim. 9h-12h en juil.-août.

s'intéressa à la tapisserie et c'est comme peintre-cartonnier qu'il a acquis une notoriété mondiale. Après un séjour à Aubusson, il participe au maquis comme résistant et découvre le Lot.
Il se fixe à partir de 1945 à St-Céré, dans les tours de St-Laurent où il a installé son atelier et dont il fera sa résidence jusqu'à sa mort en 1966.

comprendre

Une ville prospère – Au 13e s., les vicomtes de Turenne, suzerains de St-Céré, accordent aux habitants franchises et libertés. D'autres chartes libérales permettent bientôt à la ville de s'enrichir par l'établissement de foires et le développement d'échanges commerciaux. Des consuls et des syndics administrent la cité dont la protection est assurée par le château de St-Laurent et par une puissante ligne de remparts. La guerre de Cent Ans ne cause pas de graves préjudices à la ville qui connaît à partir du 16e s. une nouvelle période de prospérité.

se promener

LA VILLE ANCIENNE

Place de l'Église

Près du chevet de l'église, l'**hôtel de Puymule** (15e s). est un édifice à tourelles dont les portes et les fenêtres sont décorées d'arcs en accolade.

Quitter la place de l'Église par la rue Notre-Dame, traverser la rue de la République.

Vieilles demeures
De nombreuses demeures des 15e, 16e et 17e s. témoignent de l'intense activité commerciale qui régnait à St-Céré sous l'Ancien Régime.

Rue du Mazel

Plusieurs maisons anciennes et de beaux portails s'ouvrent sur cette belle rue. À l'angle de la rue St-Cyr, remarquez l'**hôtel Ambert** (15e s.) avec ses deux tourelles terminées en cul-de-lampe et sa porte Renaissance.

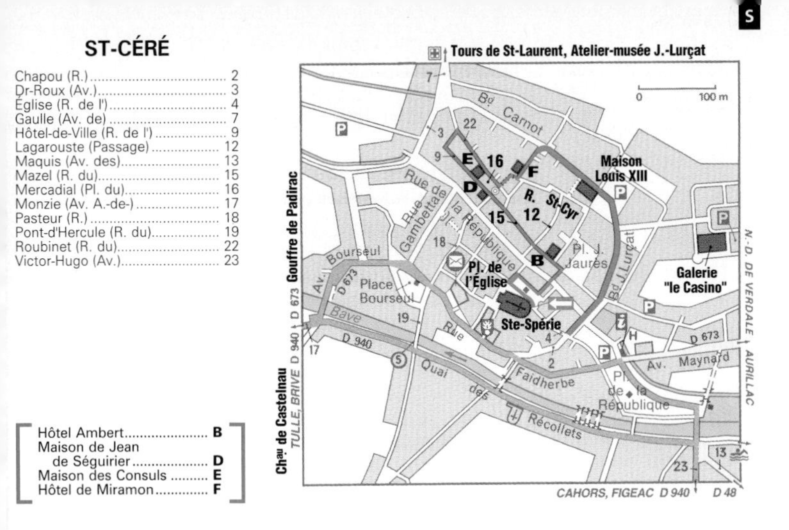

Plus loin s'ouvre, à droite, le **passage Lagarouste** à ruisseau central, pavé de galets, dont l'étroitesse fait ressortir les maisons en encorbellement.
Continuer sur la rue du Mazel.

Place du Mercadial

Cette place accueille encore le marché, comme autrefois. Les pêcheurs venaient alors y déposer leurs prises sur le « taoulié », étal de pierre qui flanque la **maison de Jean de Séguirier** (15e s.) à l'angle de la rue Pasteur. Sur la même place, la **maison des Consuls** et sa façade Renaissance donne sur la rue de l'Hôtel-de-Ville.
Prendre la rue des Tourelles.

Rue St-Cyr

À l'angle qu'elle partage avec la rue de l'Olie, belle maison du Moyen Âge à encorbellement sur ses trois façades. Au 19e s., elle fut transformée en auberge pour accueillir les notables de la ville. Quelques mètres plus loin dans la rue de l'Olie, se dresse à gauche, l'**hôtel de Miramon**, du 15e s, flanqué d'une tourelle d'angle.
Au bout de la rue de l'Olie, s'engager à droite sur le boulevard Carnot.

Maison Louis XIII

Ce bel hôtel présente une élégante façade ornée d'une loggia.
Regagner la place de l'Église en poursuivant le long des boulevards extérieurs.

Certaines maisons comme, celle de Jean de Séguirier, ont conservé leurs façades à pans de bois en encorbellement et leurs beaux toits de petites tuiles brunes.

découvrir

L'ŒUVRE DE LURÇAT

Atelier-musée Jean-Lurçat★

Des Rameaux au dim. ap. Pâques et de mi-juil. à fin sept. : 9h30-12h, 14h30-18h30. 15F.
Au rez-de-chaussée d'une maison bâtie vers 1900, plusieurs pièces (ateliers, salon et salle à manger) accueillent ses différentes œuvres : tapisseries, cartons, peintures, céramiques, lithographies, gouaches, papiers peints, souvent inspirées de ses nombreux voyages autour de la Méditerranée.

SOUVENIR DU NÉGUS
Remarquez les copies des trônes commandés, en 1956, par Haïlé Sélassié, empereur d'Éthiopie.

Galerie d'art « le Casino »

Mai-sept. : 9h30-12h, 16h-18h30, dim. 11h-19h (mai-juin : tlj sf mar.) ; oct.-avr. : tlj sf mar. et dim. 9h30-12h, 16h-18h30. Fermé 1er janv., 1er et 11 nov., 25 déc. Gratuit. ☎ 05 65 38 19 60.
Outre des expositions temporaires, on y trouve en permanence une abondante collection de **tapisseries de Jean Lurçat★**. Sur les murs, matière, formes, couleurs

CITATION
« La tapisserie c'est principalement chose d'architecture. »
(J. Lurçat – 1892-1966.)

se déploient chaleureusement à travers un bestiaire fabuleux ou des visions cosmiques. « Feu du ciel, feu des laines, feu du cœur, c'est toujours la même chaleur qui rayonne des murailles tissées qu'invente Jean Lurçat. »

alentours

Site de N.-D.-de-Verdale★

Quitter St-Céré à l'Est, en empruntant la D 673. Après 2 km, prendre la D 30 à droite. 1 km après Latouille-Lentillac, prendre sur la gauche une petite route qui longe le Tolerme. Laisser la voiture sur le parking bordant le cours d'eau et continuer à pied.

Point de vue
De la chapelle, s'étend une jolie **vue**★ sur les gorges du Tolerme et sur les collines couvertes de châtaigniers.

Environ 1 h A/R. Un sentier borde le cours impétueux du Tolerme, qui coule en cascade au milieu des rochers. Franchir à deux reprises le ruisseau par de rudimentaires ponts de bois ; le sentier s'élève alors rapidement, dans un cadre vallonné. Bientôt, on découvre la chapelle de pèlerinage N.-D.-de-Verdale (15e s.) accrochée à un piton rocheux.

Lac du Tolerme

21 km à l'Est de St-Céré – Quitter St-Céré à l'Est, en empruntant la D 673, puis continuer sur la D 30.

Situé à 530 m d'altitude dans un agréable cadre de verdure, ce vaste plan d'eau de 38 hectares accueille une **base de loisirs**. Un sentier de 4 km longeant les rives du lac permet une agréable promenade.

circuit

VALLÉE DE LA BAVE

Circuit de 45 km – environ 3 h

Quitter St-Céré par l'Ouest en empruntant la D 30.

Château de Montal★★ *(voir ce nom)*

La route, en direction de Gramat, s'élève au-dessus de la vallée de la Bave : vues sur les tours de St-Laurent.

Par St-Jean-Lespinasse, rejoindre à l'Ouest la D 673.

Grotte de Presque★

Mars-sept. : visite guidée (3/4h) 9h-12h, 14h-18h (juil.-août : 9h-19h) ; d'oct. à mi-nov. : 10h-12h, 14h-17h. 33F (enf. : 16,50F). ☎ 05 65 38 07 44.

Une succession de salles et de galeries s'étirent sur 350 m pour nous faire découvrir un ensemble de concrétions : de superbes coulées murales aux mille

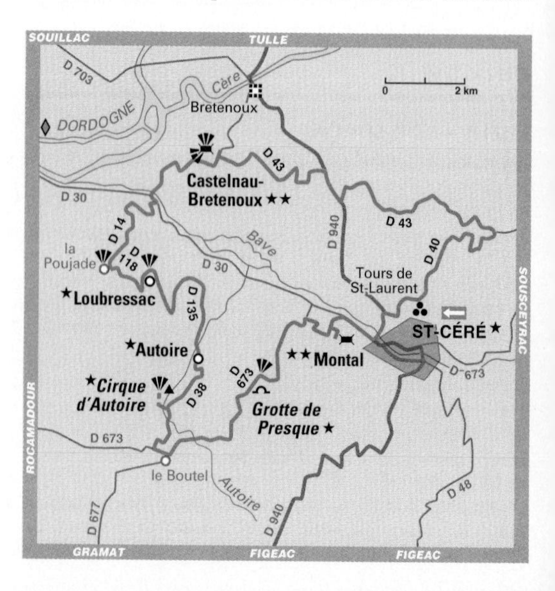

Au creux d'une vallée étroite et surveillé par les parois abruptes de la falaise du cirque éponyme, le village d'Autoire peut se vanter d'occuper un site de choix.

facettes dans la salle des Draperies ; les piliers stalagmitiques de 8 à 10 m de haut, d'une grande finesse, dans la salle de la Grande Cuve ; mais aussi la salle des Merveilles où s'élèvent des colonnes d'une blancheur surprenante...

Poursuivre sur la D 673 en direction de Padirac, puis bifurquer à droite sur la D 38.

Cirque d'Autoire★

Parking sur la droite ; il est interdit de se garer au-delà du virage. Traverser la route et s'engager à gauche de la route sur un sentier.

Après le petit pont, un sentier rocailleux, en forte montée, court à flanc de rocher (zone sécurisée). Très rapidement, se développe une **vue★★** magnifique sur le cirque, le vallon et le village d'Autoire.

Autoire★

Le bourg était autrefois un lieu de villégiature très apprécié des notables de St-Céré. On les comprend quand on découvre ce **site★** magnifique, à l'entrée d'un cirque. Au hasard de ses rues, se dévoile, intact, le caractère quercynois d'Autoire : fontaine entourée de maisons à colombage, vieilles demeures à encorbellement coiffées de tuiles brunes, élégantes gentilhommières flanquées de tourelles comme le manoir Laroque-Delprat, le château de la Roque-Maynard ou le château de Busquelles, haut manoir du 15e s.

Panorama

De la terrasse proche de l'église St-Pierre, au beau chevet roman, jolie vue sur le moulin de Limargue et le cirque rocheux qui se dessine au Sud-Ouest.

Quitter Autoire par le Nord en empruntant la D 135.

Loubressac★

Le vieux bourg fortifié de Loubressac, situé au sommet d'un piton rocheux, découvre l'un des plus **harmonieux paysages** de la vallée de la Dordogne embrassant la vallée de la Bave, St-Céré qu'on reconnaît à ses tours, les châteaux de Castelnau et de Montal, ainsi que les premiers contreforts du Massif Central.

En empruntant des ruelles aux maisons coiffées de tuiles brunes, on gagne la poterne du château. Ce manoir *(qui ne se visite pas)* du 15e s., remanié au 17e s, occupe un **site★** remarquable à l'extrémité de l'éperon qui porte le village. À voir également, la porte fortifiée et la maison des gardes.

Poursuivre sur la D 118. Puis, au hameau de La Poujade, tourner à droite sur la D 14. La route descend vers la vallée de la Bave en offrant quelques **vues★** remarquables sur la vallée de la Dordogne.

Château de Castelnau-Bretenoux★★ *(voir ce nom)*

Quitter Castelnau par l'Est en empruntant la D 43. 5 km après Belmont-Bretenoux, tourner à droite sur la D 40.

Tours de St-Laurent

La circulation sur la route privée qui s'embranche à droite est tolérée.

Tour d'ivoire
En 1945, Jean Lurçat acquiert les tours de St-Laurent qui deviendront le terrain de ses expérimentations de plasticien.

1 h à pied AR. Perchées sur la colline abrupte qui domine la ville, les deux hautes tours médiévales et leur enceinte sont inséparables du site et de l'histoire de St-Céré. On accède à un chemin qui fait le tour des remparts, offrant des vues très agréables sur la ville, les vallées de la Bave et de la Dordogne, et tous les plateaux environnants.

Revenir sur la D 48 (à gauche) qui ramène à St-Céré.

Saint-Cirq-Lapopie★★

C'est l'un des sites majeurs de la vallée du Lot, si ce n'est le plus beau : perché sur un escarpement rocheux, St-Cirq occupe en effet une position remarquable, surplombant d'une centaine de mètres le cour de la rivière.

La situation

Cartes Michelin nos 79 plis 9 ou 235 Nord-Est du pli 14 – Schéma p. 142 – Lot (46).

Magique
Glissant de la falaise, le village égrène ses vieilles maisons qui s'animent, le soir venu, sous la lumière dorée.

Sur la rive gauche de la rivière, le bourg regarde la vallée et la D 662 qu'il faut quitter à hauteur de Tour-de-Faure. Le site du village n'est guère favorable au stationnement, d'ailleurs déconseillé. Privilégier les parkings situés au sommet du bourg. Ne pas oublier de garder quelques forces pour remonter à son véhicule après avoir déambulé dans les rues et venelles de St-Cirq.

46330 St-Cirq-Lapopie, ☎ 05 65 31 29 06. e-mail : saint-cirq.lapopie@wanadoo.fr.

Le nom

Le nom actuel de la localité rappelle le martyr du jeune saint Cyr, tué avec sa mère en Asie Mineure sous le règne de Dioclétien et dont les reliques auraient été, croit-on, rapportées par saint Amadour. Les La Popie, seigneurs du lieu au Moyen Âge, donnèrent leur nom au château établi au plus haut de la falaise et par extension au bourg qui se développa à ses pieds.

carnet pratique

Où dormir

• À bon compte

Camping La Plage – *1,5 km au NE de St-Cirq-Lapopie par D 8 – ☎ 05 65 30 29 51 – réserv. conseillée 10 juil. au 20 août – 120 empl. : 90F.* Au pied du pont qui enjambe le Lot, voilà un camping bien agréable. Vous apprécierez les plaisirs de l'eau de rivière. Base de loisirs avec toutes les activités nautiques.

• Valeur sûre

Hôtel La Pelissaria – *☎ 05 65 31 25 14 – fermé 2 nov. au 1er avr. – P – 10 ch. : 400/700F – 50F – restauration 200F.* Amoureux de vieilles pierres, vous tomberez sous le charme de cette splendide maison médiévale. Depuis le jardinet la vue est exceptionnelle et à l'heure où les touristes quittent le village, le calme et le raffinement des chambres vous séduiront. Petite piscine.

Où se restaurer

• À bon compte

L'Oustal – *☎ 05 65 31 20 17 – fermé fin oct. à déb. avr. – réserv. obligatoire – 95/138F.* Un petit restaurant où le patron en cuisine tient à la qualité. C'est simple et régional et les prix sont tout à fait convenables. L'après-midi, avant le service du dîner, l'agréable petite terrasse tient lieu de buvette.

Visites

Guide de visite gratuit disponible à l'Office de tourisme. Visites commentées, pendant les vacances scolaires, au printemps et en été, du mar. au sam., à 15h.

Maison de la Fourdonne : pour connaître l'histoire du village de la formation géologique à nos jours. Ouv. toute l'année. ☎ 05 65 31 21 51.

Les gens
187 St-Cirquois. En 1950, André Breton et Max Ernst, enfants adoptifs du village, y inaugureront une « route mondiale de la Paix », façon de mettre leur convictions en pratique au lendemain de la guerre.

comprendre

Un site défensif recherché - Il est vraisemblable que l'occupation de cet escarpement commandant la vallée a tenté les hommes dès l'époque gallo-romaine. L'histoire de la forteresse est une longue litanie de sièges et de batailles obscures. Les derniers pans de murs de la vaillante forteresse furent abattus en 1580, sur ordre de Henri de Navarre, futur Henri IV.

La fin d'un artisanat - Depuis le Moyen Âge s'est établie à St-Cirq, une puissante corporation de tourneurs sur bois. Ces artisans, encore nombreux au 19e s., animaient du roulis de leurs tours les ruelles et venelles du petit bourg. Les « roubinetaires », comme on les appelait alors, fabriquaient des robinets de barriques ; les boisseleurs des chandeliers, des grains de rosaire ou des barreaux de chaises. Les façades de leurs échoppes conservent, derrière leurs ouvertures en ogives ou à meneaux, le souvenir de ces artisans aujourd'hui disparus.

Le dernier
Il ne reste plus qu'un tourneur sur bois à St-Cirq, à deux pas de la maison anciennement occupée par Pierre Daura. La maison de la Fourdonne propose des stages de tournage de bois (programme disponible à l'Office de tourisme.

se promener

LE BOURG

Il faut flâner au hasard des rues étroites et en pente, bordées de maisons à colombage aux toits de tuiles brunes. Au hasard des façades en encorbellement, s'ouvrent quelques boutiques où s'expriment quelques artistes qui doivent beaucoup à leurs prédécesseurs. En effet, la plupart de ces demeures ont été restaurées par d'autres artistes, notamment des peintres et des artisans, séduits par St-Cirq et la vallée du Lot. Parmi les plus célèbres, citons André Breton, qui vécut place du Carol dans l'ancienne auberge des mariniers, les peintres Henri Martin et Pierre Daura ; ce dernier habitait la maison aux poutres sculptées (par lui-même) dans la ruelle de la Fourdonne.

St-Cirq-Lapopie est perché sur un escarpement rocheux surplombant de 80 m la rive gauche du Lot, face à un cirque de hautes falaises blanches.

Église fortifiée

Bâti sur une terrasse rocheuse dominant le Lot, cet édifice du début du 16e s. a absorbé la chapelle romane primitive. Précédé d'un clocher-tour trapu, flanqué d'une tourelle ronde, ce vaisseau voûté d'ogives, abrite quelques statues de l'époque baroque. Au pied du clocher, a été conservé une ancienne mesure qui régulait la vente des grains du marché. De la terrasse à droite de l'église, belle vue sur la vallée.

Pause
Sur la terrasse de *La Peyrolière* d'où l'on domine une partie du vieux bourg.

Descendre vers la place du Carol et bifurquer à gauche (écriteau).

Château de la Gardette

D'avr. à fin oct. : tlj sf mar. 10h-12h30, 14h30-18h (juil.-août : fermeture à 19h). 15F. ☎ 05 65 31 23 22.

Les deux corps de logis flanqués d'une belle échauguette abritent le **musée Rignault** qui regroupe les collections de ce peintre et collectionneur qui fit don de ses biens au département du Lot. Un voyage tout autour du monde qui réunit, entre autres, des pièces africaines, asiatiques et océaniennes : des meubles anciens (cabinet et buffet Renaissance, coffre de mariage du 14e s.), des statues des 14e et 15e s. voisinent avec des laques de Chine et des fresques de l'époque Ming.

La Popie
De ce rocher, où se dressait autrefois le donjon de la forteresse de La Popie, on embrasse une **vue**★★ remarquable sur le village de St-Cirq et son église accrochée au flanc de la falaise.

La Popie

À droite de la mairie, un sentier conduit aux vestiges de l'ancien château et au point le plus élevé de la falaise. Derrière le bourg, un méandre du Lot souligné d'une rangée de peupliers enserre un damier de cultures et de prairies. Au-delà, s'étendent les reliefs boisés de la bordure du causse de Gramat.

Belvédère du Bancourel

Pour atteindre ce promontoire rocheux dominant le Lot, suivre pendant 300 m la D 40 en direction de Bouziès. À l'embranchement de la D 8 à gauche, au départ de la route touristique tracée en corniche dans la falaise, a été aménagée une esplanade (parc de stationnement).

Du Bancourel se développe un très beau **panorama**★ sur la vallée du Lot et St-Cirq d'où surgit le rocher de La Popie.

Saint-Jean-de-Côle★

Une ravissante église, un vieux château et quelques maisons où l'ocre des pierres patinées se marie au brun des tuiles, forment le cœur de ce beau village. Village où il est doux de passer du temps, particulièrement en mai, pendant la Fête des fleurs.

La situation

Cartes Michelin nos 75 Nord du pli 6 ou 233 Sud du pli 32 – Schéma p. 119 – Dordogne (24).

Floralies
Au début du mois de mai, le bourg s'enflamme de mille et une couleurs et autant de parfums.

Pour accéder au cœur de St-Jean, dont quelques rues ont été préservées de la circulation, privilégier la sortie Sud-Est du village et ses allées latérales pour contourner l'obstacle.

ℹ 24800 St-Jean-de-Côle, ☎ 05 53 62 14 15.

Le nom

Le village, traversé par la rivière Côle, tient son nom de *Johannes*, en référence à saint Jean Baptiste.

Les gens

339 Jean-Côlois. L'église du village détient une précieuse relique, tenue en grande vénération depuis de nombreux siècles. Il s'agit d'un os du bras du saint décapité : le cubitus.

L'église de St-Jean-de-Côle est vraiment une curiosité architecturale : sa nef est très haute par rapport à sa longueur et ses vieilles halles accolées au chevet devaient faire office, comme en Sologne, de « caquetoire ».

visiter

Église

Commencée au 11e s., cette chapelle de l'ancien prieuré est remarquable par la forme curieuse de son clocher percé de baies et par les chapiteaux **sculptés★** dans sa chapelle droite. À l'intérieur, remarquez dans le chœur les boiseries du 17e s., en chêne. La nef est couverte par un plafond de bois remplaçant une coupole effondrée dont subsistent les pendentifs ; sur le côté droit, une chapelle contient un enfeu à gisant.

Château de la Marthonie

♿ *De juil. à fin août : visite guidée (3/4h) 10h-12h, 14h-19h (dernière entrée 1/2h av. fermeture). 20F (enf. : 10F).* ☎ *05 53 62 30 25.*

Édifié au 12e s., il a été en grande partie détruit et ▶ reconstruit aux 15e et 16e s. ; quelques fenêtres à meneaux subsistent encore de cette époque. Du 17e s. datent la galerie aux arcades surbaissées et l'escalier intérieur à rampes droites et aux arcs excentrés ou en anse de panier.

VERGÉ OU CHIFFON ?
Exposition dans la salle basse : petit **musée du Papier** exposant quelques productions artisanales et autres affiches publicitaires anciennes.

Saint-Léon-sur-Vézère★

À St-Léon-sur-Vézère, vous pourrez visiter l'une des plus belles églises romanes du Périgord. Et si vous venez en dehors des quatre semaines du Festival musical, le calme et la qualité de silence du village vous donneront sans doute envie d'y rester longtemps, pour souffler.

FESTIVAL
Le bourg et ses environs participent au Festival musical du Périgord noir, pendant quatre semaines.
☎ *05 53 51 95 17.*

La situation

Cartes Michelin nos 75 Nord-Ouest du pli 17 ou 235 plis 1, 2 - Dordogne (24).

Le bourg est à l'écart de la D 65, au bout d'une petite route en cul-de-sac. Plusieurs placettes permettent de laisser son véhicule et de se promener au gré des rues et ruelles de ce bourg adorable.

Le nom

Léon, vient du latin *leo*, le « lion ». On recense plus d'une vingtaine de saints qui portent ce nom. Le second élément permet de distinguer le bourg de ses homonymes périgourdins comme St-Léon-d'Issigeac, St-Léon-sur-l'Isle...

Les gens

427 St-Léonnais. Il n'est pas rare de voir quelques oies ou canards échappés de leur élevage descendre paisiblement la Vézère.

carnet d'adresses

OÙ DORMIR

• *À bon compte*

Camping Le Paradis – *4 km au SO de St-Léon-de-Vézère par D 706 – ☎ 05 53 50 72 64 – ouv. 27 mars au 25 oct. – réserv. conseillée – 200 empl. : 127F.* Très bon accueil sur ce terrain qui s'organise autour des bâtiments d'une ferme du pays. Les infrastructures sont modernes et confortables même si elles manquent un peu d'ampleur. Piscine, tennis et terrains de jeux.

OÙ SE RESTAURER

• *À bon compte*

Le Petit Léon – *☎ 05 53 51 18 04 – fermé 30 oct. au 1er mai, dim. soir et lun. sf été – 99/129F.* Qu'il est mignon le jardin du petit Léon ! Gourmands, installez-vous autour d'une table de bois sous les pommiers ou les parasols blancs de ce restaurant de village et régalez-vous des saveurs inédites et goûteuses du menu.

se promener

Derrière l'église, les berges de la Vézère ont été aménagées en aire de repos ombragée.

Église★

Élevée sur les restes d'une villa gallo-romaine, elle faisait partie d'un prieuré conventuel bénédictin fondé au 12e s. qui dépendait de l'abbaye de Sarlat. De la place, l'abside, les absidioles parfaitement lisses et le beau clocher carré à deux étages d'arcatures forment un ensemble équilibré. Le tout est coiffé de lourdes lauzes calcaires du Périgord noir. La croisée du transept est voûtée d'une coupole, tandis que les absidioles communiquent avec l'abside par d'étroites ouvertures dites « passages berrichons ». Cette dernière et l'absidiole Sud sont décorées par quelques éléments de fresques romanes à dominante rouge.

Suivre les berges sur la gauche.

Château de Clérans

Cette élégante construction des 15e et 16e s., flanquée de tours et de tourelles à mâchicoulis, se dresse au bord de la Vézère.

S'engager dans les rues du bourg.

Château de la Salle

Situé sur la place centrale du village, ce petit château en pierres sèches présente un beau donjon carré du 14e s.

Chapelle du cimetière

Cette petite chapelle date du 14e s. Surmontant la porte, une inscription en langue d'oc évoque un événement extraordinaire : en 1233, un domestique, ayant décoché une flèche sur le crucifix qui gardait l'entrée du cimetière, tomba raide mort « ayant son visage tourné derrière-devant ». En 1890, la tombe du profanateur fut fouillée par la Société historique et archéologique du Périgord qui découvrit un squelette au crâne retourné... Le cimetière s'orne toujours d'un haut crucifix, et six enfeus de forme ogivale prennent place dans le mur d'enceinte.

alentours

Le Conquil

Des Rameaux à fin oct. : 10h-18h (mai-sept. : 10h-19h). 28F (enf. : 17F). ☎ 05 53 51 29 03.

500 m à l'Ouest par la D 66. Franchir le pont, puis prendre une petite route sur la gauche. L'accès aux falaises de calcaire s'effectue en longeant la rivière, offrant une jolie **vue** sur l'église, le château de Clérans *(voir ci-dessus)*, et une ancienne écluse. Sous les 148 boulins du **pigeonnier★**, on peut observer une rangée de trous espacés, qui recevaient les poutres d'un plancher. Plus loin, des marches creusées dans la roche *(attention : glissantes par temps de pluie)* conduisent vers une succession d'habitations troglodytiques : abris du guet et des réserves, salles fortifiées. Des marquages au sol permettent de visualiser l'agencement de ces logements de pierre conçus pour parer aux invasions. Le sentier du retour grimpe vers un belvédère aménagé d'où l'on peut contempler la vallée, puis traverse un sous-bois.

COMPLÉMENT DE VISITE

Le site propose des activités « préhistoire » : initiation à la chasse à l'arc, et à la taille du silex et démonstration d'art pariétal.

Saint-Robert★

Sa Grand-Place, ses robustes maisons de pierre blanche couvertes d'ardoise et son église servirent de cadre au feuilleton télévisé *Des grives aux loups*, tiré du roman de Claude Michelet, qui, lui-même, vit d'ailleurs dans la région...

La situation

Cartes Michelin nos 75 pli 7 ou 239 pli 25 - 25 km au Nord-Ouest de Brive-la-Gaillarde - Corrèze (19).

St-Robert couronne un « puy », aux confins de la Corrèze et de la Dordogne. De la terrasse de la mairie, vue sur le chevet de l'église et les environs.

Le nom

De *Rotbertus*, alias Robert de Turlande, fondateur en 1044 du monastère de La Chaise-Dieu (Haute-Loire).

Les gens

Il y a certainement parmi les 331 St-Robertois des personnes qui ont participé au tournage *Des grives aux loups...*

visiter

Église

De l'édifice construit au 12e s. ne subsistent que le transept, dont la croisée supporte un clocher octogonal, et le chœur, de belles proportions. Le chœur, éclairé par des fenêtres hautes, est séparé du déambulatoire par six colonnes surmontées d'intéressants chapiteaux historiés ; ceux qui sont accolés au mur du déambulatoire sont de facture plus archaïque (remarquez les deux vieillards se tirant la barbe). Dans la nef, Christ en bois, de l'école espagnole du 13e s.

Les tours qui flanquent le chevet de l'église de St-Robert sont les témoins du système de défense ajouté au 14e s.

circuit

L'YSSANDONNAIS

Circuit de 60 km – environ une demi-journée

L'Yssandonnais couvre la partie Ouest du bassin de Brive ; son territoire constituait durant le haut Moyen Âge un *Pagus* (mot dont nous avons fait « pays ») qui avait pour chef-lieu Yssandon. Sa géologie variée - schistes noirs du plateau corrézien, mamelons de grès rouge dominés par des buttes calcaires ou « puys » - explique les séduisants contrastes de matériaux employés dans la construction des villages et bourgs. Le relief, très vallonné, porte des prairies et rideaux de peupliers dans les dépressions, des champs de tabac ou maïs, des noyers et autres arbres fruitiers sur les terroirs les mieux exposés, tandis que la forêt de chênes couronne les puys.

Quitter St-Robert par l'Est en empruntant la D 5.

Ayen

Ancienne châtellenie de la vicomté de Limoges, ce village est célèbre pour les **enfeus** (niches funéraires) du 12e s. disposés dans les murs extérieurs de son **église**.

Mont d'Ayen★ – À l'Est du village, cette butte calcaire (377 m) est aménagée en aire de pique-nique.

TABLE D'ORIENTATION
Dominant les vignes, une table d'orientation aide à la lecture du panorama (St-Robert, les monts Dore, Allassac).

Quitter Ayen par le Sud-Est en empruntant la D 2.

Observatoire astronomique

De déb. juil. à mi-août : 21h-2h du matin ; de mi-août à déb. juil. : dernier sam. du mois 21h-2h du matin. 30F. ☎ 05 55 85 17 99.

☺ Le champ du châtel, aménagé en pas de tir de micro-fusées de 1 m de hauteur, accueille un observatoire équipé pour l'étude des taches solaires (le jour) et l'observation du ciel nocturne.

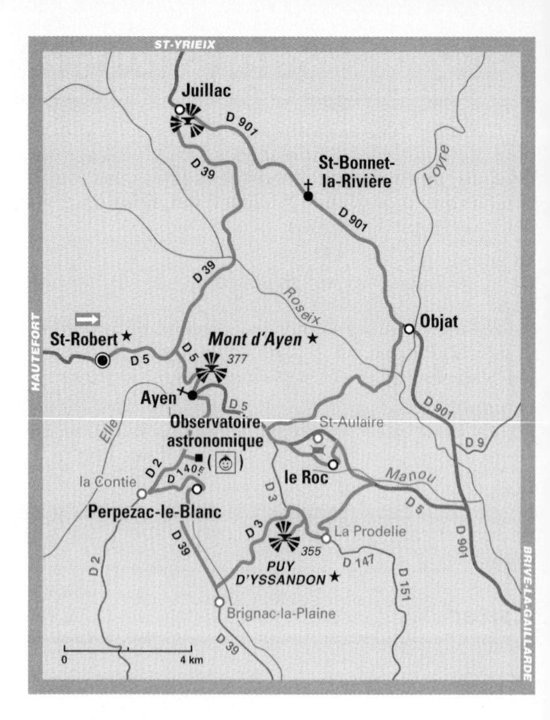

Poursuivre sur la D 2, puis, au lieu dit La Contie, prendre sur la gauche la D 140ᴱ.

Perpezac-le-Blanc

Ce plaisant village aux maisons de calcaire blond est dominé par un élégant château *(on ne visite pas).*

Quitter Perpezac par le Sud en empruntant la D 39. Peu avant Brignac-la-Plaine, tourner à gauche sur la D 3.

Puy d'Yssandon*

L'occupation du site est très ancienne : on y a découvert les structures d'un oppidum gaulois et des vestiges gallo-romains. Trois sites sont à découvrir.

Tour – Seul vestige du château fort médiéval, propriété de puissantes familles : les Pompadour et les Noailles.

Église – Isolé en bout de route, cet édifice du 12ᵉ s. bénéficie d'un site agréable qui domine le bassin de Brive (petite table d'orientation derrière le cimetière).

Table d'orientation – Vues étendues sur les monts du Limousin, les collines du Périgord, la plaine de Brignac.

Rejoindre la D 151 et prendre à droite. Au lieu dit La Prodelie, tourner à gauche. La petite route rattrape bientôt la D 5 ; prendre à gauche, direction Ayen.

La légende veut que le chevalier des Cars, seigneur de St-Bonnet-la-Rivière, ait fait vœu d'élever une église à l'image du St-Sépulcre pendant sa captivité en Terre sainte.

Le Roc

Rustique hameau perché au-dessus de la vallée de la Manou et dominé par le château de St-Aulaire.

Rejoindre la D 5 par St-Aulaire. Peu après, prendre à droite la D 3.

Coloré
Le village, en pleine restauration, est entièrement bâti en grès rouge.

Objat

Pôle économique de la région, ce bourg actif s'est spécialisé dans la culture de la pomme et l'élevage du veau fermier élevé sous la mère (étonnant de nos jours !).

Quitter Objat par le Nord-Ouest en empruntant la D 901.

St-Bonnet-la-Rivière

Église – Original édifice roman en grès rouge, en forme de rotonde, dont le portail d'entrée s'abrite sous un clocher-porche.

Poursuivre sur la D 901.

Juillac

Montez au Châtenet (345 m), où, parmi les vergers, vous découvrirez un joli **panorama** (table d'orientation).

Quitter Juillac par le Sud en empruntant la D 39, puis la D 71 qui ramène à St-Robert.

Sarlat-la-Canéda★★★

Un décor de film au cœur du Périgord noir. Les ruelles médiévales, les hôtels gothiques ou Renaissance de Sarlat-la-Canéda sont, en effet, terriblement cinématographiques et de nombreux films y ont été tournés. Il suffit de faire le tour de la magnifique vieille ville (elle est vraiment très très belle) pour comprendre les raisons de cet engouement. Et puis, pas de panique, Sarlat n'est pas en carton-pâte, on y vit bien : ne ratez pas le célèbre marché ; ni les délicieuses pommes... à la sarladaise.

Éclairage
Conçu par Jacques Rouveyrollis, talentueux éclairagiste du monde du spectacle, 36 candélabres et des spots sous verre se combinent pour conférer à Sarlat un charme supplémentaire.

La situation

Cartes Michelin nos 75 pli 17 ou 235 pli 6 – Schémas p. 170 et p. 244 – Dordogne (24). Sarlat s'est développé sur un axe Nord-Sud. La vieille ville, ceinte de petits boulevards (nombreux parkings), est accessible par les avenues Thiers et Gambetta.

Pl. de la Liberté, BP 114, 24203 Sarlat-la-Canéda Cedex, ☎ 05 53 31 45 45. E-mail : lot.sarlat@perigord.tm.fr.

Le nom

Les origines de Sarlat sont à chercher du côté du bas latin, certainement *serrum*, la colline, suivi de *latum*, large. Le bourg de La Canéda a été rattaché à Sarlat par la suite. La Canéda vient du latin *canetum*, lieu planté de roseaux, roseau se disant *canet* en occitan.

Les gens

10 650 Sarladais. Le plus célèbre d'entre eux reste sans contexte Étienne de La Boétie, ami de Michel de Montaigne auquel il légua la totalité de sa bibliothèque. Un autre personnage sarladais, connu sous le surnom de Fournier-Sarlovèze, inspira le film *Duellistes* au réalisateur Ridley Scott.

Amitié
Montaigne écrivit à propos de son ami La Boétie : « Si on me presse de dire pourquoi je l'aimais, je sens que cela ne peut s'exprimer qu'en répondant : parce que c'était lui, parce que c'était moi... »

comprendre

De l'abbaye à l'évêché – Sarlat s'est développé autour d'une abbaye bénédictine fondée à la fin du 8e s. qui reçoit sous Charlemagne les reliques de saint Sacerdos, évêque de Limoges, et de sa mère, sainte Mondane. En 1299, la signature par la commune, l'abbaye et le roi, d'un acte d'affranchissement, « le livre de la paix », permet à la ville de s'émanciper de la tutelle religieuse : les consuls administrent désormais la ville. En 1317, le pape

Querelle
Comme cet accident survenu en 1273, lors d'un office, où l'abbé fut soudain terrassé par une flèche décochée par un moine.

carnet pratique

Où dormir

• À bon compte

Mas de Castel – *3 km au S de Sarlat-la-Canéda par D 704 – ☎ 05 53 59 02 59 – fermé 2 nov. à Pâques – P – 13 ch. : 250/300F – ☕ 35F.* Rien ne troublera votre repos dans cet hôtel aménagé autour d'un ancien poulailler dans un quartier résidentiel. Chambres aux tons pastel et mobilier régional. Quelques-unes sont en rez-de-chaussée, à quelques mètres de la piscine dans le jardin tranquille.

Camping La Palombière – *9 km au NE de Sarlat-la-Canéda – ☎ 05 53 59 42 34 – ouv. mai au 15 sept. – réserv. obligatoire – 170 empl. : 124F.* Sur le domaine d'une ancienne ferme périgourdine, les emplacements ombragés de ce camping sont aménagés sur des terrasses en pierres de pays. Dans un environnement très « nature » qui plaira aux amateurs de farniente, piscine et terrains de jeux défouleront les sportifs et les petits. Club-enfants.

Où se restaurer

• Valeur sûre

Rapière – *Pl. de la Cathédrale – ☎ 05 53 59 03 13 – fermé 10 janv. à fin fév. et dim. – 105/320F.* Vous qui visitez la vieille ville, à l'heure où la faim vous taraude, cette petite auberge rustique face à la cathédrale est pratique et sympathique. La cuisine est régionale et les prix sont très honnêtes.

Où boire un verre

Mezcal Café – *19 r. de la République – ☎ 05 53 59 64 36 – ouv. tlj 8h-2h.* Le café le plus avenant de Sarlat est animé par des jeunes gens très accueillants. Nombreux sont ceux qui préfèrent traverser cette belle salle voûtée, installée entre deux rues, plutôt que d'emprunter le passage qui la longe. Tout en veilles pierres et arcades vitrées, ce bar au décor sobre possède aussi une terrasse sur rue piétonne où l'on sert le café dans de petits verres.

Achats

Images du Périgord – *R. Albéric-Cahuet – ☎ 05 53 28 88 17 – en hiver : mar.-dim. 10h-12h30, 14h-19h – en été : mar.-dim. 10h-12h30, 14h-22h – fermé oct.-avr. sf pdt les vac. scol.* Si vous avez déjà écrit vos cartes postales, il vous faudra recommencer. Vous trouverez ici les plus beaux clichés du Périgord, et pour cause, Francis Annet est moins photographe qu'artiste. Ses chefs-d'œuvre coûtent moins cher que les cartes industrielles et mériteraient assurément d'être encadrés. Ne lui dites pas... On le lui a déjà trop répété ! Vous y trouverez aussi des grands formats et de magnifiques livres commentés. Le hic ! Lorsque l'artiste photographie, sa boutique est close.

Marché

Marché de la vieille ville : sam. 8h30-18h. Petit marché alimentaire de la pl. de la Liberté : mer. 8h30-13h. Marché au gras et aux truffes : mer., sam. matin de déc. à mars. Un des plus beaux marchés de la région. Le samedi, toutes les rues de la vieille ville s'emplissent d'étals colorés qui exhalent des parfums uniques. Conseil aux automobilistes : ce marché très réputé attire foule, il est donc difficile de stationner le matin.

Gourmandise

Chez le Gaulois – *Pl. André-Malraux – ☎ 05 53 59 01 80 – ouv. tlj 10h-22h.* À l'opposé du collectionneur, le Gaulois, surnommé ainsi pour sa grande moustache et son goût pour la bonne chère, est un sélectionneur. Sous une belle potence à jambons crus, le maître des saveurs et ses disciples vous feront découvrir les meilleurs produits de la région et de France, sans omettre de vous raconter leur histoire. De l'assortiment de charcuteries sur planchette aux confitures (de châtaignes) et aux succulentes glaces artisanales, ils vous offriront un voyage culinaire que vous n'oublierez pas de sitôt.

Loisirs

L'Étrier de Vitrac – *☎ 05 53 59 34 31 – accueil : ven.-mer. 10h-18h – randonnées sur réservation.* Dans le cadre typique d'un sous-bois périgourdin, ce club de 60 chevaux et poneys, tous logés dans des boxes de pierre, vous propose des promenades bucoliques dans la campagne et, pour les initiés, des randonnées de quatre jours jusqu'à Rocamadour.

Parking

Plus l'automobiliste se gare près du centre ville, plus le prix de stationnement est élevé !

Zone piétonne

En été, le vieux Sarlat est réservé aux piétons.

Visite en nocturne

L'éclairage particulier de Sarlat la nuit vaut bien une visite. Cela tombe bien : l'Office de tourisme en propose une.

Festival

Festival des jeux du théâtre de Sarlat – De fin juil. à déb. août – ☎ 05 53 31 10 83.

Jean XXII, partageant l'évêché de Périgueux, proclame Sarlat siège épiscopal d'un territoire dont les limites s'étendent bien au-delà du Sarladais. L'abbatiale devient cathédrale.

L'âge d'or de Sarlat – Sarlat est au 13e s. et au début du 14e s. une ville de foires et de marchés prospère, mais la guerre de Cent Ans la ruine, la laissant exsangue et dépeuplée. Pour la remercier de sa fidélité et de son âpre défense contre les Anglais (auxquels elle avait été cependant cédée par le traité de Brétigny en 1360), le roi Charles VII lui accorde de nombreux privilèges dont l'attribution de nouveaux revenus et l'exemption de certaines taxes. Les Sarladais reconstruisent leur ville et, entre 1450 et 1500, édifient la plupart des hôtels qui font aujourd'hui la fierté de Sarlat. Les magistrats, les clercs, l'évêque et les dignitaires du chapitre, les marchands forment une bourgeoisie aisée et importante à laquelle se mêlent des hommes de lettres comme Étienne de La Boétie. La **Contre-Réforme**, alors dominée par une noblesse de robe, marque la ville : couvents (clarisses, récollets...), chapelles, hôpitaux se multiplient ; la cathédrale est achevée. Seule la disparition des remparts trouble la ville à la fin de l'Ancien Régime.

se promener

LE VIEUX SARLAT***

Le vieux Sarlat a été coupé en deux par la « Traverse » (ou rue de la République), artère percée au 19e s. qui sépare le quartier Ouest plus populaire et le quartier Est plus aristocratique. Les maisons frappent par leur architecture : les cours intérieures, l'appareillage et la qualité de leurs pierres de taille choisies dans un beau calcaire ocre blond. La plupart ont été surélevées au cours des siècles et présentent un rez-de-chaussée médiéval, un étage gothique rayonnant ou Renaissance, des faîtages et des lanternons classiques.

Commencer la visite du vieux quartier place du Peyrou.

QUARTIER PILOTE

Préservé des adjonctions du modernisme des 19e et 20e s., grâce à son éloignement des grandes voies de communication le vieux quartier fut choisi en 1962 comme l'une des opérations pilotes pour la sauvegarde des vieux quartiers. Les travaux engagés en 1964 ont permis de raviver le charme de cette petite ville.

Cathédrale St-Sacerdos

Une église St-Sacerdos avait été construite à cet emplacement au 12e s. En 1504, l'évêque Armand de Gontaut-Biron entreprend la démolition de l'édifice pour reconstruire une cathédrale plus importante. Mais il part de Sarlat en 1519 et les travaux sont abandonnés pendant plus d'un siècle. L'église actuelle, élevée aux 16e et 17e s., a conservé la souche romane de la tour de façade qui présente deux premiers étages à arcatures aveugles et à baies ouvertes. Le troisième étage est une adjonction du 17e s. L'intérieur frappe surtout par ses heureuses proportions et son élévation. La vaste nef voûtée d'ogives prolonge un chœur à cinq pans pourvu d'un

Au cœur du Périgord noir, Sarlat-la-Canéda est bâtie dans une dépression ceinturée de collines boisées. Avec ses rues étroites et ses hôtels restaurés, la ville conserve une allure médiévale.

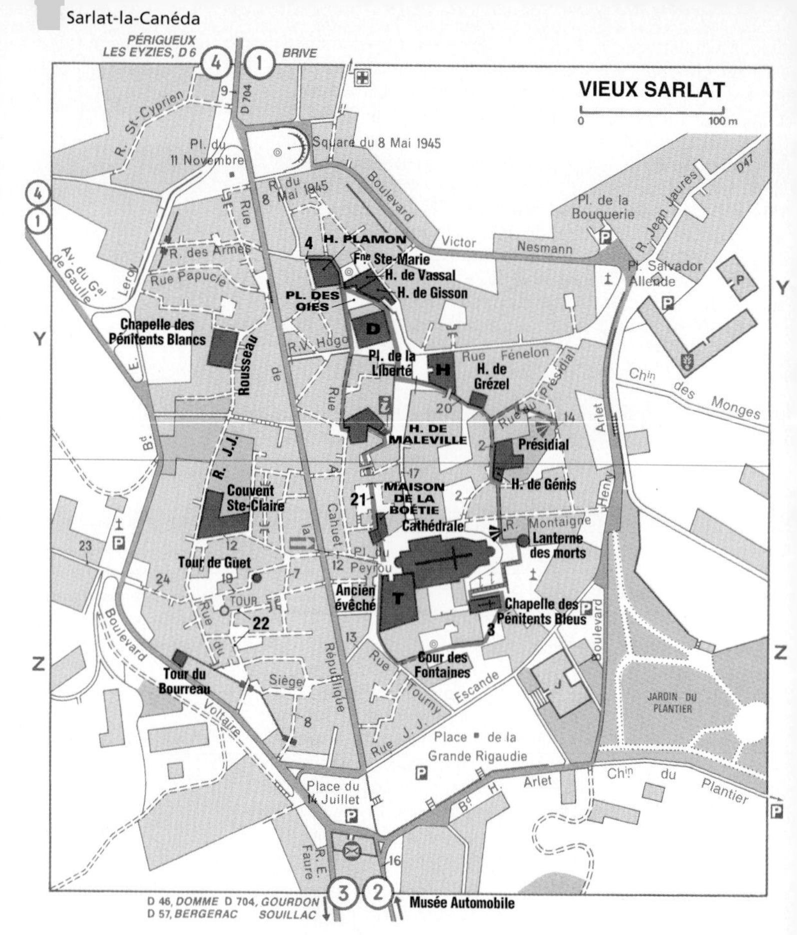

SARLAT

Albusse (R. d') .... YZ 2
Arlet (Bd Henry) .... YZ
Armes (R. des) .... Y
Bouquerie (Pl. de la) .... Y
Cahuet (R. A.) .... YZ
Chanoines (Cour des) .... Z 3
Consuls (R. des) .... Y 4
Cordil (R. du) .... Z 7
Escande (R. J.-J.) .... Z
Faure (R. E.) .... Z
Fénelon (R.) .... Y
Fontaines (Cour des) .... Z
Frères-Chambon (R. des) .... Z 8
Gambetta (Av.) .... Y 9
Gaulle (Av. du Gén.-de) .... Y
Jaurès (R. J.) .... Y
La Boétie (R. de) .... Z 12
Lakanal (R.) .... Z 13
Landry (R.) .... Y 14
Leclerc (Av. Gén.-) .... Z 16
Leroy (Bd E.) .... Y
Liberté (Pl. de la) .... Y
Liberté (R. de la) .... YZ 17
Monges (Chemin des) .... Y
Montaigne (R.) .... Z
Nesmann (Bd Victor-) .... Y
Oies (Pl. des) .... Y
Papucie (R.) .... Y
Peyrou (Pl. du) .... Z
Plantier (Chemin du) .... Z
Présidial (R. du) .... Y
République (R. de la) .... YZ
Rigaudie (Pl. de la Grande-) .... Z
Rousseau (R. J.-J.) .... YZ
Rousset (R.) .... Z 19
St-Cyprien (R.) .... Y
Salamandre (R. de la) .... Y 20
Salvador-Allende (Pl.) .... Y
Ségogne (Pass. H.-de-) .... Z 21
Siège (R. du) .... Z
Tourny (R.) .... Z
Trois-Conils (R. des) .... Z 22
Troubadour-Cairels (R. du) .... Z 23
Turenne (R. de) .... Z 24
Victor-Hugo (R.) .... Y
Voltaire (Bd) .... Z
8-Mai-1945 (R. et Sq. du) .... Y
11-Novembre (Pl. du) .... Y
14-Juillet (Pl. du) .... Z

Ancien évêché (Théâtre) .... Z T
Ancienne église Ste-Marie .... Y D
Cathédrale .... Z
Chapelle des Pénitents Blancs .... Y
Chapelle des Pénitents Bleus .... Z
Couvent Ste-Claire .... Z
Fontaine Ste-Marie .... Y
Hôtel de Génis .... Z
Hôtel de Gisson .... Y
Hôtel de Grézel .... Y
Hôtel de Maleville .... Y
Hôtel de Vassal .... Y
Hôtel de ville .... Y H
Hôtel Plamon .... Y
Lanterne des morts .... Z
Maison de la Boétie .... Z
Présidial .... YZ
Tour du Bourreau .... Z
Tour de Guet .... Z

déambulatoire. Parmi le mobilier de l'église, on remarquera une tribune supportant des orgues de Lépine (célèbre facteur d'orgues du 18e s.).

Ancien évêché

À droite de la cathédrale St-Sacerdos, la façade de l'ancien évêché montre de grandes fenêtres gothiques au 1er étage, Renaissance au 2e et au-dessus, une galerie supérieure Renaissance italienne. Celle-ci fut ajoutée par l'évêque italien Nicolo Goddi, ami de la reine Catherine de Médicis. L'intérieur a été transformé en théâtre. *Sur la même place.*

Maison de La Boétie★

Construite en 1525 par Antoine de La Boétie, lieutenant criminel de la sénéchaussée de Sarlat, elle a vu naître Étienne de La Boétie (1530-1563). Au rez-de-chaussée,

sous un arc à colonnades s'abritait autrefois une échoppe. Au-dessus, deux étages de style Renaissance italienne sont percés de larges baies à meneaux encadrées de pilastres à médaillons et à losanges. Dans la partie gauche de la maison, légèrement en retrait, la toiture de lauzes est percée d'une lucarne à la décoration luxuriante.
Au rez-de-chaussée s'ouvre le **passage Henri-de-Ségogne**, aménagé entre l'hôtel de Maleville et la maison de La Boétie, qui permet de « trabouler » à la lyonnaise en passant successivement sous un arc, dans un couloir, puis sous une voûte.

Si vous avez une bonne vue, vous pourrez distinguer sur les rampants du pignon très aigu de la maison de La Boétie... des choux frisés !

Hôtel de Maleville*

Ce bâtiment accueille l'actuel Office de tourisme. Il est aussi connu sous le nom de l'hôtel de Vienne, pour avoir appartenu d'abord à Jean de Vienne, Sarladais né dans une famille pauvre en 1557, qui après une ascension sociale remarquable devint le surintendant des Finances de Henri IV. Plus tard cet hôtel fut racheté par la famille de Maleville dont est issu le juriste Jacques de Maleville *(voir Domme)*. Il fut agencé au milieu du 16e s. en résidence à partir de trois maisons plus anciennes et de styles différents. Le pavillon central, très haut et étroit, qui fait office de tour, est précédé d'une terrasse sous laquelle s'ouvre l'arc de la porte d'entrée surmonté de médaillons représentant Henri IV et Marie de Médicis. Il est soudé à l'aile gauche par un pan coupé flanqué d'une tourelle en encorbellement. L'aile droite sur la place de la Liberté se termine par un pignon.

Savoureux
Rendez-vous chez *Bazin*, rue de la République pour d'excellentes glaces. Chez *Vergne*, rue de la Liberté, pour les plus fameux gâteaux aux noix de la ville.

« Trabouler » à nouveau, par le passage couvert s'ouvrant à gauche de la porte d'entrée. Gagner la rue des Consuls par la rue Albéric-Cahuet.

Rue des Consuls

Les hôtels de cette rue forment un ensemble extrêmement intéressant d'architecture sarladaise du 14e au 17e s.

Hôtel Plamon*

Appartenant à une famille de drapiers, les Selves de Plamon, dont le nom apparaît encore sur l'écu du fronton triangulaire du premier portail, ce groupe de bâtiments construits à différentes époques présente l'ensemble des styles qui se sont succédé à Sarlat : le rez-de-chaussée du 14e s. s'ouvre par deux grandes arcades ogivales ; au premier étage les trois baies sont ornées d'un remplage gothique rayonnant. Les fenêtres à meneaux du deuxième étage sont postérieures (15e s.). À gauche de ce bâtiment, la tour de Plamon, fort étroite, a été percée de fenêtres de plus en plus petites vers le haut de façon à dessiner *une ligne de fuite*. Au tournant de la rue répond un balcon arrondi, en avancée, monté sur une magnifique trompe (petite voûte). Se retourner pour admirer l'imposant clocher de l'ancienne église Sainte-Marie. Pénétrez dans la cour intérieure de l'hôtel et admirez un très bel **escalier*** en bois, à balustres, du 17e s.

Fontaine Ste-Marie

Située face à l'hôtel de Plamon, elle s'épanche sous la voûte fraîche d'une grotte.

Place du marché aux trois Oies*

Lors du marché du samedi, de décembre à mars, cette place est réservée aux négociations concernant les oies. Elle cumule un beau décor architectural de tourelles, clochetons et escaliers d'encoignure et une sculpture contemporaine dédiée au fameux volatile.

L'oie est le symbole du foie gras, certes... mais attention au canard qui, aujourd'hui, montre de plus en plus le bout de son bec !

Hôtel de Vassal

Situé à l'angle de la place des Oies, cet hôtel du 15e s. présente deux bâtiments en équerre flanqués d'une double tourelle en encorbellement.
À côté, l'hôtel de Gisson (16e s.), appelé aussi hôtel Magnanat, se compose de deux corps de bâtiments soudés par une tour d'escalier hexagonale au remarquable toit pointu couvert de lauzes.

Les couvertures traditionnelles de lauzes calcaires maçonnées et lourdes exigent une charpente pentue (environ 45°) pour que le poids énorme (500 kg/m²) repose sur les murs très épais.

Place de la Liberté

Place centrale de Sarlat où les terrasses de café sont très animées, elle est bordée à l'Est par l'**hôtel de ville** du 17e s., et au Nord par l'**ancienne église Ste-Marie**, également appelée « l'église du marché », mutilée et désaffectée, dont le chœur a été démoli au 19e s.

Quitter la place de la Liberté par la rue de la Salamandre.

Hôtel de Grézel

Occupé par le restaurant *Gueule et Gosier* et édifié à la fin du 15e s., il présente une façade à colombage à laquelle est accolée une tour noble à la belle porte en accolade de style gothique flamboyant. Plus bas, remarquez sur plusieurs toitures le beau montage des lauzes épousant parfaitement l'évasement du bas du toit témoignant ainsi de la maîtrise des charpentiers et des couvreurs.

S'avancer dans la rue du Présidial, puis la rue Landry (à hauteur du n° 7) pour apercevoir la **tour du Présidial** (17e s.), ancien siège de la justice royale.

Revenir sur ses pas.

Au coin de l'impasse où se trouve l'ancien relais de poste et de la rue d'Albusse, se dresse l'**hôtel de Génis**, édifice sobre et massif du 15e s., dont l'étage en encorbellement est supporté par sept corbeaux de pierre.

Descendre la rue Sylvain-Cavaillez et pénétrer en face dans le jardin.

De ce jardin ancien cimetière de l'abbaye, belle **vue** sur le chevet de la cathédrale et les différentes cours. Il est surplombé par un édifice énigmatique.

Lanterne des morts

Construite à la fin du 12e s., cette tour cylindrique, surmontée d'un cône terminal décoré de quatre bandeaux, compte deux salles. L'une au rez-de-chaussée, couverte d'une voûte bombée supportée par six arcs d'ogives et l'autre dans la partie conique qui était inaccessible à un homme.

ÉNIGMATIQUE
De nombreuses hypothèses ont été émises au sujet de la lanterne des morts : tour élevée pour commémorer le passage de saint Bernard en 1147 – il aurait béni des pains qui auraient guéri miraculeusement les malades –, lanterne des morts – mais l'on ne comprend pas comment la lanterne pouvait être éclairée puisque la salle du haut était inaccessible – ou peut-être chapelle funéraire.

Emprunter l'escalier latéral à la scène du Festival de théâtre et contourner la chapelle des Pénitents bleus (12e s.).
Passer dans la cour des Chanoines, puis, dans la cour des Fontaines.
La rue Munz et la rue Tourny ramènent à la place du Peyrou.

LE QUARTIER OUEST*

Situé de l'autre côté de la Traverse, il fait l'objet d'un plan de rénovation et de réhabilitation. Sillonné de ruelles tortueuses et déclives, son calme permet de découvrir un autre aspect de la ville.

Chapelle des Pénitents blancs

Édifiée entre 1622 et 1626, elle faisait partie d'un couvent de religieux récollets qui furent remplacés au 19e s. par quelques pénitents blancs. Le portail baroque, assez étonnant : il est composé de quatre colonnes dont les chapiteaux laissent perplexe quant à la finition de l'entablement qu'elles soutiennent.

Rue Jean-Jacques-Rousseau

Artère principale de ce quartier, elle est jalonnée de belles maisons anciennes. Au n° 9, à l'angle de la côte de Toulouse, l'hôtel Monméja présente une belle façade du 18e s., et à l'angle de la rue de La-Boétie, une échauguette signale le **couvent Ste-Claire**, vaste bâtiment du 17e s. autrefois occupé par les clarisses, aujourd'hui transformé en habitations HLM.

CÔTÉ JARDIN
Celui du couvent Ste-Claire est utilisé lors du Festival de théâtre en été, ou lors de concerts et autres événements culturels.

Tour de guet

Imbriquée dans des immeubles au bout de la rue Rousset, elle est couronnée par des mâchicoulis du 15e s. et flanquée d'une tourelle en encorbellement.

Rue des Trois-Conils (des Trois-Lapins)

Elle se coude au pied d'une maison agrémentée d'une tour ayant appartenu à des consuls apparentés à la famille de La Boétie.

Tour du Bourreau

Dix-huit tours reliaient les remparts de la ville. Il n'en reste plus que deux, dont celle-ci, qui date de 1580.

visiter

Musée automobile

♿ *Juil.-août : 10h30-19h ; mai-juin et sept. : tlj sf lun. 14h30-18h30 ; avr. : tlj sf lun. et mar. 14h30-18h30. 35F (enf. : 25F). ☎ 05 53 31 62 81.*

Soixante véhicules regroupés par marques, rutilants et en état de fonctionnement, proposent au visiteur un voyage dans le temps. Parmi eux, une étonnante Panhard et Levassor, constituée d'un attelage rudimentaire fait d'un moteur et de roues de charrette dont la construction présumée se situerait entre 1891 et 1894, côtoie un rarissime taxi de la Marne (Renault 1912). Un peu plus loin, une Rolls Royce de 1929 rivalise avec une Hispano Suiza de 1936. Bon nombre de marques prestigieuses sont présentes : Lorraine Dietrich 1926, De Dion-Bouton, Hotchkiss, Bentley, Amilcar, Bugatti... et plus contemporaine, une Ferrari futuriste rouge.

AGRUME

Un détail : une Citroën « Citron » (parce que peinte en jaune citron) des années 1920 rappelle, si besoin en était, l'origine de son surnom.

alentours

Marquay

11,5 km au Nord-Ouest de Sarlat par D 47, puis la D 6.

Environné de sites paléolithiques important, le bourg est devenu un centre de villégiature apprécié. Son église fortifiée, du 12e s., présente un plan insolite : ses croisillons se terminent en absidioles.

Tamniès

15 km au Nord-Ouest de Sarlat par D 47, puis la D 6.

Le bourg domine la vallée de la Beune de son église du 12e s. et de l'ancien prieuré qui la jouxte. Tamniès est par ailleurs apprécié pour son étang de loisirs.

circuits

LE SUD DU PÉRIGORD NOIR***

(voir Vallée de la Dordogne)

Circuit de 70 km - environ 1/2 journée

DE LA DORDOGNE AU PAYS D'ARTABAN**

(voir Le Périgord noir)

Circuit de 75 km - environ 1/2 journée

DE LA DORDOGNE À LA BEUNE*

Circuit de 60 km - environ 1/2 journée.

Quitter Sarlat par le Sud-Ouest en empruntant la D 57. Peu après Vézac, prendre à droite sur la D 703.

Beynac-et-Cazenac** *(voir ce nom)*

Poursuivre sur la D 703 en direction de St-Cyprien. À la sortie du village, tourner à droite.

Cazenac

Perché sur une colline perdue au milieu des bois, ce village possède une petite église gothique. De là, belle vue sur la vallée.

Faire demi-tour et reprendre la D 703.

St-Cyprien *(voir Le Bugue)*

Quitter St-Cyprien par le Nord-Est en empruntant la D 25.

ARTISANAL

Sur le foie gras, la famille Coustaty est intarissable. Visite d'élevage d'oies, conserverie artisanale, mais aussi stages de préparation de foie gras... Le tout dans la bonne humeur, incontournable ! S'adresser à la ferme-auberge Coustaty, Fort de la Rhonie, 24220 Meyrals, ☎ 05 53 29 24 83.

Les murs en belle pierre jaune du château de Puymartin s'élèvent sur une colline abrupte au cœur du Périgord noir.

Chapelle de Redon-l'Espi

Perdue au fond d'un vallon sauvage, cette sobre chapelle romane est flanquée au Sud des ruines d'un petit monastère. Au début du 16e s., des religieuses de l'ordre de Fontevrault habitaient les bâtiments qui furent saccagés pendant les guerres de Religion. Le nom de Redon-l'Espi viendrait du latin *rotondo spino*, évocation possible d'une relique de la sainte épine conservée pendant des siècles à la proche abbaye de St-Cyprien.

Pèlerinage
On prête à une jeune bergère une brève apparition de la Vierge. Depuis cet événement, survenu au 19e s., un pèlerinage se déroule tous les mois de septembre.

Revenir sur la D 25 (à droite). Peu après Allas, prendre à gauche sur la D 47. Après 1,5 km, tourner à droite.

Cabanes du Breuil★

♿ *De mi-mars à mi-nov. : 10h-12h, 14h-18h (juin-sept. : 10h-19h30) ; de mi-nov. à mi-mars : sur demande. 15F. ☎ 05 53 29 67 15.*

Les cabanes du Breuil constituent un ensemble unique de bories du Périgord : cinq cabanes, dont certaines jumelées, aux toits de lauze percés de lucarnes s'organisent autour d'un petit corps de ferme toujours en activité. Sur demande, vous pouvez vous faire expliquer les techniques de construction des bories.

Faire demi-tour et reprendre la D 47 (à gauche), direction Sarlat. Après 3 km tourner à gauche.

Château de Puymartin★

D'avr. à déb. nov. : visite guidée (3/4h) 10h-12h, 14h-18h (juil.-août : 10h-12h, 14h-18h30). 30F (enf. : 16F). ☎ 05 53 59 29 97.

Durant les guerres de Religion, ce château fut une base catholique face aux protestants établis à Sarlat. Construit aux 15e et 16e s., il est formé de plusieurs corps de logis reliés à des tours rondes et cernés de courtines.

Intérieur – Il offre un **décor** et un **mobilier** de qualité. La chambre d'honneur est ornée de verdures d'Aubusson (18e s.) aux tons restés très frais. Dans la grande salle, la cheminée est habillée de trompe-l'œil et le plafond fait de poutres peintes au 17e s. Belle suite de 6 tapisseries flamandes relatant la guerre de Troie, une table et des sièges Louis XIII, une commode Régence, un secrétaire Louis XV. La visite permet d'accéder à une chambre de défense hexagonale voûtée en étoile, puis aux combles. Au rez-de-chaussée : ancienne salle d'armes, où sont rassemblés divers meubles, tapisseries et peintures.

Pièce maîtresse
Jouxtant la grande salle, le charmant **cabinet de méditation★** est le petit joyau du château, ses boiseries murales sont recouvertes de peintures à la détrempe évoquant des thèmes mythologiques.

Revenir sur la D 47 (à gauche) qui ramène à Sarlat.

Sorges

Ici, la reine est un champignon ensorcelant pour les papilles délicates : la truffe. Sorges résonne de ces syllabes magiques, et vous aurez du mal à la quitter sans avoir dégusté un peu de ce « diamant noir ».

La situation

Cartes Michelin nos 75 pli 6 ou 233 pli 43 – Dordogne (24).

Sorges est une étape gastronomique de la région, idéalement coincée sur la N 21, entre Périgueux et Limoges.

Marché
Le marché aux truffes, bien sûr se tient tous les ans en janvier. Avis aux amateurs !

ℹ *Maison de la truffe, 24420 Sorges, ☎ 05 53 05 90 11.*

Le nom
Sur ce point, rien à voir avec la truffe. Ici, il s'agit plutôt d'un dérivé du mot latin *sorbius*, désignant le sorbier.

Les gens
1 074 Sorgeais. Au milieu du 19e s., on vendait encore au marché de Périgueux, et à la criée, le vin de Sorges. Cette production a aujourd'hui disparu.

Sur les traces de la truffe
Un parcours pédestre de 3 km intitulé « À la découverte de la truffe » a été aménagé à 2 km de Sorges. *Visite guidée mar. et jeu. à 15h30 en juil.-août. Rendez-vous à la Maison de la truffe.*

visiter

Maison de la truffe
♿ *Juil.-août : 9h30-12h30, 14h-19h (dernière entrée 1/2h av. fermeture) ; sept.-juin : tlj sf lun. 10h-12h, 14h-17h. Fermé 1er janv., 1er nov., 25 déc. 20F. ☎ 05 53 05 90 11.*
Ce musée didactique, fort bien installé dans les locaux du syndicat d'initiative (ancienne grange réaménagée) a été ouvert en 1982. Il illustre la récolte de la truffe au moyen de tableaux, de cartes, de photos, de films et même de textes littéraires : à l'étage, vous pouvez ainsi consulter les références de quelque 700 auteurs ayant un jour évoqué ce champignon envoûtant. Il apprend aussi au visiteur l'histoire de la truffe, présente les différentes espèces, les terrains d'élection, les arbres-hôtes, les méthodes de recherche, et donne un aperçu de la place de ce champignon dans l'économie et la gastronomie. Des informations sont aussi disponibles sur les trufficulteurs locaux et la Fédération nationale.

À part la truffe ?
L'église de Sorges mérite votre attention. Cet édifice roman à dôme possède encore un puissant clocher carré à baies jumelées. Beau portail Renaissance.

La truffe serait-elle un remède contre la stérilité ? Si l'on en croit la légende, Napoléon aurait conçu le futur roi de Rome après avoir dégusté un plein panier de truffes provenant du Périgord.

Souillac★

La ville est considérée comme la porte orientale du Périgord noir : animée, voire remuante, elle conjugue avec une certaine réussite patrimoine et économie. Bref, un excellent lieu de villégiature pour découvrir le Quercy et le Sarladais.

La situation
Cartes Michelin nos 75 pli 18 ou 235 pli 6 - Schéma p. 168 - Lot (46). Souillac se situe à la croisée de la N 20 et de la D 703 (Sarlat-Martel).
Bd L.-J.-Malvy, BP 99, 46200 Souillac, ☎ 05 65 37 81 56.

Le nom
L'ancien Souillès proviendrait d'un mot local, *souilh*, désignant un lieu marécageux où se vautrent les sangliers.

Les gens
3 459 Souillagais. Virginia Woolf fut ravie de son séjour et assura : « L'Angleterre, après cela, a l'air d'une bonbonnière grouillante de vacanciers. » Nous sommes alors en 1937. Depuis, les choses ont quelque peu changé.

L'embarras du choix
À Souillac, les magasins de bouche se touchent. À condition de descendre dans la vieille ville, vous trouverez des foies gras, de l'alcool de noix, des vins de Cahors et autres réjouissances partout.

carnet d'adresses

Où dormir

• À bon compte

Camping Domaine de la Paille Basse – *6,5 km au NO de Souillac par D 15 – ☎ 05 65 37 85 48 – ouv. 12 mai au 15 sept. – réserv. conseillée en été – 254 empl. : 131F.* Un camping fait pour les amateurs de vieilles pierres et de grand air. Autour d'un hameau de maisons anciennes soigneusement restaurées, ils apprécieront les emplacements sauvages de ce vaste domaine escarpé sans pour autant se priver d'un bon confort. Club enfants.

• Valeur sûre

Grand Hôtel – *1 allée Verninac – ☎ 05 65 32 78 30 – fermé 2 nov. au 31 mars et mer. en avr. et oct. – 44 ch. : 285/410F – : 38F – restaurant 80/245F.* De sa terrasse à balustres sur le toit, vous aurez le village à vos pieds. Chambres actuelles dans le bâtiment principal. D'autres plus rustiques dans une maison du 18ᵉ s. La salle à manger se prolonge d'une véranda et d'une belle terrasse sous les platanes.

Vieille Auberge – *1 r. Recège – ☎ 05 65 32 79 43 – fermé 15 nov. au 6 déc., 3 au 24 janv., dim. soir et lun. de nov. à mars – P – 19 ch. : 280/360F – ☕ 40F – restaurant 100/350F.* Cette auberge est à deux pas de l'église, dans un quartier calme. Les chambres sont modernes et fonctionnelles, mansardées au 3ᵉ étage. Après votre déjeuner, plongez dans la piscine découverte en été. Salon fitness pour les plus courageux.

Gîte rural Le Manoir – *La Forge – ☎ 05 65 32 77 66 – fermé oct. à avr. – ⊄ – 5 gîtes. : sem. 3000/4200F.* Vous qui avez besoin de calme et de repos, voilà une maison séduisante. Les gîtes confortables ont, pour certains, un accès direct à la piscine. Dans le bâtiment principal, les chambres ouvrent sur les bois alentour. Préférez celles avec sanitaires privées. Fumeurs s'abstenir.

comprendre

Légende

Le moine Théophile, injustement privé de ses fonctions d'économe, signa un pacte avec le diable pour recouvrer son emploi. Rongé par les remords, il implora le secours de la Vierge qui lui apparut en rêve, accompagnée de saint Michel et de deux anges, pour lui accorder son pardon.

Du marécage au tabac – Quand les bénédictins s'installent dans la plaine de Souillès, ils remplacent une communauté fondée d'après la tradition, par saint Éloi. Les moines assèchent sans relâche et transforment le marécage en un riche domaine. Plusieurs fois ruinée et saccagée par les Anglais au cours de la guerre de Cent Ans, l'abbaye se relève grâce à la ténacité des abbés, mais les guerres de Religion lui causent encore de plus grands dommages. Reconstruite au 17ᵉ s., et rattachée alors à la congrégation de St-Maur, l'abbaye cesse d'exister à la Révolution, ses bâtiments étant transformés en magasin des Tabacs.

découvrir

Ancienne église abbatiale

En lieu et place de l'église St-Martin, détruite lors des guerres de Religion, fut édifié un nouveau bâtiment rebaptisé Ste-Marie. Il s'apparente largement aux édifices de style byzantin tels que Périgueux et Cahors en connaissent, mais il est plus évolué dans ses formes, plus aérien dans ses élévations. De l'extérieur, on admire un ravissant chevet aux absidioles pentagonales à l'Est, et une étonnante tour de l'autre côté du bâtiment.

L'ancienne église abbatiale s'apparente aux cathédrales romanes d'inspiration byzantine d'Angoulême. De la place de l'abbaye, admirez le joli chevet aux cinq absidioles pentagonales.

À l'intérieur, un magnifique revers de **portail*** retiendra votre attention. Constitué des restes de l'ancien portail endommagé par les protestants, il fut placé à l'intérieur de la nef. Trois registres retracent la légende de Théophile et la préparation au sacrifice d'Isaac.

Non loin de l'église, l'ancien clocher de l'église St-Martin sert de beffroi.

INCONTOURNABLE
Situé à droite de la porte, le bas-relief du prophète **Isaïe**** est saisissant d'expression.

visiter

Musée national de l'Automate et de la Robotique*

Juin-sept. : 10h-12h, 15h-18h (juil.-août : 10h-19h) ; avr.-mai et oct. : tlj sf lun. 10h-12h, 15h-18h ; nov.-mars : tlj sf lun. et mar. 14h-17h. 30F (enf. : 15F). ☎ 05 65 37 07 07.

Accès par le parvis de l'abbatiale St-Pierre. Ce musée-spectacle, toujours en mouvement, réunit plus de 3 000 pièces, dont mille automates, et permet de revivre plus d'un siècle d'histoire du jouet mécanique. Un tel lieu n'aurait jamais existé sans la perspicacité de la dynastie Roullet-Descamps qui, à travers quatre générations de créateurs, a renouvelé ce monde du mécanisme où l'homme anime, tel Frankenstein la matière inerte.

JAZZBAND
Groupe d'automates électriques créé en 1920, où violoniste, pianiste et batteurs noirs donnent un vrai concert.

Musée des Attelages de la Belle Époque

♿ Juil.-août : 10h30-13h, 14h-18h30 ; avr.-juin et sept. oct. : tlj sf lun. 10h30-12h, 14h30-17h (juin et sept. : tlj). 25F. ☎ 05 65 32 72 31.

Cet espace rassemble une cinquantaine de voitures à cheval du 19e s., de l'omnibus à la calèche, et présente une sellerie d'exception.

Tourtoirac

Niché autour d'une abbaye fondée au 11e s., ce bourg est un centre de villégiature apprécié où se cultivent bonhomie et qualité de vie. Et lorsque vous vous serez suffisamment reposé à votre goût, une cinquantaine de kilomètres de chemins de randonnée balisés vous attendent.

La situation

Cartes Michelin nos 75 plis 6, 7 ou 233 Nord-Ouest du pli 44 – Dordogne (24).

De Hautefort, par la D 62 et la D 5, on arrive aux portes de Tourtoirac, baigné par les eaux de l'Auvézère.

Le nom

« Tourtoirac » semble être mentionné dès la création de l'abbaye ; il est alors latinisé en *Turturiacum*, provenant d'un nom de propriétaire gallo-romain, *Turturius*.

Les gens

756 Tourtoiracois. Le personnage le plus curieux de Tourtoirac est sans aucun doute le roi de Patagonie, qui est enterré dans le cimetière du village.

UN ROI PÉRIGOURDIN CHEZ LES PATAGONS

Orélie-Antoine de Tounens exerce en 1858 la profession d'avoué à Périgueux quand le désir d'un destin hors mesure s'empare de lui. Persuadé qu'un individu audacieux s'imposerait facilement aux tribus d'Amérique du Sud, et parviendrait à créer un royaume puissant, il débarqua vers 1860 dans les contrées reculées du Chili et d'Argentine. Accueilli par les Indiens comme un libérateur, il est proclamé roi d'Araucanie en 1860, sous le nom d'Orélie-Antoine Ier. Il lève une armée et promulgue une constitution. Les autorités chiliennes en prendront ombrage et le font rapatrier en France. Le monarque ne perd pas courage, rassemble les fonds nécessaires pour une seconde expédition et débarque secrètement en Patagonie. Après une extraordinaire équipée, il est de nouveau rapatrié. Il s'éteindra à Tourtoirac en 1878, où il s'était retiré.

visiter

Abbaye

De juil. à fin août : visite guidée 10h-12h30, 14h30-18h.
Les vestiges de l'abbaye se dressent sobrement dans l'ancien enclos abbatial, aujourd'hui transformé en jardinet ouvert au public.
À droite, une petite chapelle voûtée en berceau, le four à pain des moines, et le chemin de ronde. À gauche, l'ancienne abbatiale dont le chœur et la croisée du transept sont décorés de fresques murales. Dans les caves du presbytère situé à côté de l'église, la salle capitulaire a été mise au jour. Elle est ornée de remarquables chapiteaux romans.

Turenne★

La cité dresse autour des ruines de son château le bel amphithéâtre de ses maisons. Fief du hugenot Henri de La Tour d'Auvergne, maréchal de France et héros de la guerre de Trente Ans, Turenne conserve sa fierté de capitale de l'ancienne « vicomté ». Comme dit le dicton, comparant la ville à ses voisines : « Pompadour pompe, Ventadour vente. Turenne règne. »

OÙ SE RESTAURER
Maison des Chanoines – *☎ 05 55 85 93 43 – fermé 4 nov. au 2 avr., mer. midi en sept., mar., mer. et jeu. d'oct. à juin – 155/195F.* Entrez dans cette maison du 16e s. par son escalier à vis. Vous aurez le choix entre la salle à manger voûtée avec pierres apparentes ou la petite terrasse avec son coin jardin et son potager.

La situation

Cartes Michelin nos 75 pli 8 ou 239 pli 26 – 15 km au Sud-Est de Brive – Schéma p. 124 – Corrèze (19).
Aux portes du Périgord (la région du Quercy est à moins de 2 km), Turenne est accroché à une butte calcaire isolée au cœur du causse corrézien où domine le chêne.
Pl. du Foirail, 19500 Turenne, ☎ 05 55 85 94 38.

Le nom

Castrum Torina au 8e s., puis *Torena* trois siècles plus tard, Turenne voit la forme presque définitive de son nom apparaître au milieu du 12e s. : *Turena*. Du précel-tique *turra* (hauteur).

Les gens

Les 740 Turennois rêvent encore au temps où les habitants de la vicomté étaient exonérés de la taille (impôt). Le dicton « heureux comme les vicomtins » prit fin en 1738, lors de la vente de la vicomté à Louis XV...

Comment ne pas remarquer ce beau village, qui étage ses maisons aux toits d'ardoises, sur une butte isolée culminant à 320 m d'altitude.

comprendre

Petite ville, grand passé – L'incapacité des derniers carolingiens à gouverner l'ensemble de leurs possessions, et l'aptitude des seigneurs de Turenne à résister aux invasions normandes semblent être à l'origine de l'émancipation du fief vis-à-vis du pouvoir royal. Dès le 11e s. une forteresse couronne la butte témoin détachée du causse de Martel. Au 15e s., Turenne a sous sa dépendance le tiers du Bas-Limousin, le Haut-Quercy et le Sarladais, soit 1 200 villages et bon nombre d'abbayes. La vicomté jouit alors d'enviables privilèges.

PRIVILÈGES
Tout comme le roi de France, les vicomtes agissent en véritables souverains anoblissant à leur guise, créant offices et consulats, battant monnaie, levant les impôts.

se promener

LA VILLE BASSE

C'est le quartier du Barri-bas, ancien faubourg de la ville.

Place du Foirail

Au Sud, l'**hôtel Sclafer** avec sa terrasse à l'italienne était la demeure de notaires au 17e s.

REMARQUER
En face, une **échoppe** du 15e s. ouvre sa grande arcade.

Remonter la rue du Commandant-Charolais.

Place de la Halle

Les logis tout autour témoignent de la richesse des habitants, surtout l'élégante **maison Vachon**, demeure des consuls de Turenne aux 16e et 17e s.

Rue Droite

Entre deux hôtels, cette rue étroite s'élève vers le château, bordée de maisons anciennes en encorbellement et d'échoppes.

De la place de la Halle, prendre à droite.

Rue Joseph-Rouveyrol

Admirez la **maison de l'Ancien Chapitre** dont la tour est décorée d'une belle porte de style gothique flamboyant.

Poursuivre tout droit en empruntant la rue de l'Église.

Église

Sa construction fut décidée par Charlotte de La Marck en 1593, année de la conversion au catholicisme de Henri IV, mais ne fut consacrée qu'en 1668.

L'édifice, en forme de croix grecque, est curieusement voûté d'une belle mosaïque de pierres jaunes et blanches dessinant un réseau de nervures prismatiques. Le mobilier des 17e et 18e s. comprend des stalles et surtout un maître-autel surmonté d'un retable en bois sculpté et doré figurant la Passion du Christ.

DÉTAIL
Un décor en trompe l'œil plus tardif occupe de part et d'autre l'espace entre les colonnes torses.

Juste au-dessus de l'église, un vaste bâtiment, la **maison Tournadour**, était l'ancien grenier à sel de la ville.

LA VILLE HAUTE

Les enceintes

On pénètre dans la ville haute par la **porte fortifiée** de la deuxième des trois enceintes qui protégeaient le château. À droite la **maison du Sénéchal** s'orne d'une élégante tour. À gauche la **chapelle des Capucins** (1644) sert de cadre à des expositions.

Château *(voir au chapitre « visiter »)*

En contournant le château par la droite, remarquez une série de manoirs recouverts de toits d'ardoises et flanqués de tours trapues.

INSOLITE
Ces solides constructions ont des noms parfois évocateurs comme l'**ancienne fonderie d'or**.

Redescendre vers la ville basse en empruntant la ruelle qui sépare la deuxième de la troisième enceinte, puis la **rue Droite** *(description dans la première partie du circuit)*.

TURENNE

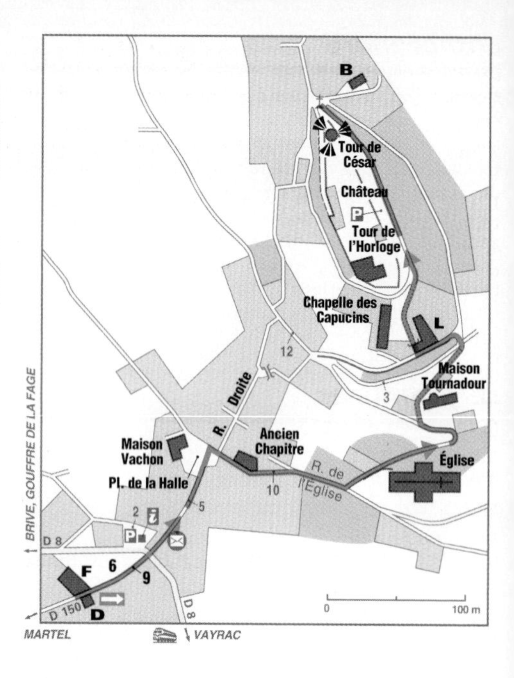

visiter

Château

Avr.-oct. : 10h-12h, 14h-18h (juil.-août : 10h-19h) ; nov.-mars : dim. et j. fériés 14h-17h. Fermé 1er janv. et 25 déc. 16F. ☎ 05 55 85 91 87.

Il fut démantelé par le roi juste après la réunion de la vicomté à la Couronne. Seules les tours de l'Horloge et de César furent épargnées, occupant chacune une extrémité du promontoire, **site★** remarquable qui était autrefois entièrement couvert par le château et ses vastes corps de logis. Une chapelle s'élevait derrière la tour de l'Horloge.

Tour de l'Horloge – De cet ancien donjon du 13e s., on ne visite que la salle des gardes voûtée en berceau brisé. Quelques objets évoquant le passé de Turenne y ont été rassemblés. Au-dessus se trouve la salle de la monnaie ou salle du trésor.

Table d'orientation
Belle vue sur la région par-delà un paysage verdoyant et vallonné, les monts du Cantal vers l'Est et en plein Sud la vallée de la Dordogne.

Tour de César – Cette tour circulaire à l'appareillage irrégulier semble dater du 11e s. Un escalier permet d'accéder au sommet d'où vous pourrez contempler un superbe **panorama★★**.

Les La Tour d'Auvergne

Cette famille a rendu célèbre le nom de Turenne. Au 16e s., Henri de La Tour d'Auvergne (1611-1675) est le chef des huguenots du Limousin et le plus vaillant soutien de la Réforme. Pour récompenser son zélé lieutenant, Henri IV lui fait épouser l'héritière du duché de Bouillon, Charlotte de La Marck ; les Turenne émigrent alors à Sedan. Charlotte meurt trois ans après ce mariage, laissant à son mari les titres de duc de Bouillon et de prince de Sedan. Celui-ci se remarie avec Élizabeth de Nassau dont il aura huit enfants. Son fils cadet, prénommé aussi Henri deviendra le Grand Turenne. Mais c'est l'aîné, Frédéric-Maurice, qui hérite de la vicomté. Il y reçoit en 1650 la princesse de Condé et son fils le duc d'Enghien. La rencontre entre ces deux partisans de la Fronde fut l'objet de telles magnificences qu'elle resta célèbre sous le nom de « semaine folle de Turenne » et qu'il fallut prélever deux années d'impôts pour rembourser les dépenses occasionnées.

Vendoire

Aux confins du Périgord et de l'Angoumois, la Lizonne constitue une frontière naturelle qui marque la limite du monde méridional : côté Périgord, on parle encore la langue d'oc avec cet accent chantant qui caractérise les parlers du Midi ; côté Angoumois, se trouve l'accent des parlers du Nord et la langue d'oïl, et au milieu : Vendoire.

La situation

Cartes Michelin nos 75 pli 4 ou 233 plis 30, 41 - Dordogne (24). Si vous projetez de visiter les tourbières de Vendoire, privilégiez les chaussures fermées qui résistent un peu à l'eau. *Mairie, 24320 Verteillac, ☎ 05 53 90 37 78.*

Le nom

Il proviendrait de l'adjectif gaulois *vindo* (blanc) d'où est aussi issu le nom de la Vendée.

Le bourg

On y découvre une demeure à fronton central en plein cintre, bâtie sous Louis XVI. À l'Est du château, la petite église romane a conservé une abside polygonale. La façade Ouest, très abîmée, a gardé son premier niveau d'arcatures d'influence saintongeaise.

visiter

Écomusée de la tourbe

Mai-sept. : tlj sf lun. 10h-19h ; avr. et oct. : dim. 10h-18h ; nov.-mars : sur demande préalable 2j. av. Fermé déc.-janv. 20F (enf. : 10F). ☎ 05 53 90 79 56 ou ☎ 05 53 92 41 65 (hors sais.).

Accès : 3 km à l'Ouest de Vendoire (itinéraire fléché), sur les bords de la Lizonne. Une superficie d'environ 30 ha a été aménagée pour la découverte de cet écosystème singulier : observation de la faune et de la flore à l'aide d'un livret explicatif vendu sur place, promenades en barques sur des plans d'eau communiquants. Dans le bâtiment, des vitrines pédagogiques permettent d'approfondir la visite.

Dans le lit majeur de la Lizonne se sont développées de vastes tourbières de fond de vallée.

circuit

LE « PAYS DE BOURZAC »

Circuit de 45 km - compter environ une demi-journée

Quitter Vendoire par le Sud en empruntant la D 102. À la sortie du village, prendre à droite.

Nanteuil-Auriac

L'**église** résulte de la superposition de plusieurs époques. Son origine est romane, comme l'attestent l'abside aux beaux chapiteaux et le chœur voûté d'une coupole. Dotée ensuite d'un clocher-porche et d'une abside surélevée, l'église reçut au 16e s. des bas-côtés et des voûtes d'ogives dont subsistent les contreforts. Le porche d'entrée est typiquement Renaissance.

Quitter Nanteuil par le Sud-Ouest en empruntant la D 100. Après 5 km, tourner à gauche sur la D 97.

Pays de Bourzac

Le territoire vallonné de ce « pays de Bourzac », depuis Fontaine au Nord jusqu'à St-Paul-Lizonne au Sud, se caractérise par la richesse de ses cultures, la beauté et la tranquillité de ses villages massés autour d'églises romanes souvent fortifiées.

Bouteilles-St-Sébastien

Église – Elle illustre parfaitement la vague de fortification qui modifia, dans la région, de nombreux édifices romans pendant la guerre de Cent Ans. Ici, l'abside fut surélevée pour former avec le clocher un curieux donjon.

Faire demi-tour et quitter la D 97 à gauche, 2 km après la sortie de Bouteilles.

St-Paul-Lizonne

Fortifiée, l'**église** conserve un **plafond peint★** et un retable de la fin du 17e s. (*s'adresser à la mairie*).

Quitter St-Paul par le Sud et rejoindre la D 97E.

Lusignac

Construit sur une crête, le village présente des maisons anciennes et un manoir des 15e et 17e s. L'**église** fut fortifiée au 15e s. sur les bases d'une nef à file de coupoles du 12e s. (retable en bois sculpté du 17e s.)

Quitter Lusignac par le Nord, en direction de Vertaillac, et suivre la D 97E.

Défensif
Autour de chacune de ces ouvertures, les quatre trous permettaient aux défenseurs de fixer les étais d'un plancher de défense en encorbellement.

St-Martial-Viveyrol

Le caractère austère de l'**église** romane à deux dômes et clocher-donjon est souligné par ses étroites baies. La chambre de défense disposée au-dessus des voûtes est percée de grandes ouvertures.

Poursuivre sur la D 97E.

Cherval

Ce village possède l'une des plus jolies **églises à coupoles** de la région, restaurée par les Monuments historiques. Quatre coupoles en file – trois sur la nef, une sur le chœur – sont portées par de grands arcs brisés qui épousent la courbure des pendentifs. La voûte du chœur est ornée d'une couronne de pointes de diamant.

Quitter Cherval par le Nord en empruntant la D 2E, puis tourner à gauche sur la D 100 en direction de Nanteuil. Après 2 km, prendre à droite.

Champagne-et-Fontaine

Église fortifiée voûtée d'ogives sur une double nef au 16e s. et précédée d'un porche à multiples voussures. Remarquer quelques belles maisons et le manoir de Chaumont (16e s.).

De l'église, une petite route ramène à Vendoire.

Villefranche-de-Lonchat

Le village est le centre le plus actif du pays de Gurson, région vallonnée et couverte de vignes entre Libourne et Ste-Foy-la-Grande. Et il ne s'agit pas des premières vignes venues, mais de celles qui donnent les crus de Bergerac et de St-Émilion.

La situation

Cartes Michelin nos 75 pli 13 ou 234 pli 4 – Dordogne (24).
Gros bourg situé à 13 km à l'Ouest de Ste-Foy-la-Grande et à quelques encablures de la limite du département.
Hôtel de ville, 24610 Villefranche-de-Lonchat, ☎ 05 53 58 63 16.

Le nom

L'expression de « villefranche » ne date que du 12e s. et désigne une ville ou une bourgade affranchie des droits seigneuriaux, par le roi. Le village de Lonchat connaît des heures paisibles jusqu'à la création de Villefranche, bastide fondée à la fin du 13e s.

Les gens

801 Villafrancois. La famille Rouchon, notables du bourg, fit construire une étonnante maison Second Empire qui accueille toujours la mairie et un petit musée d'Histoire locale.

circuit

LE PAYS DE GURSON

Circuit de 45 km – compter environ une demi-journée

Quitter Villefranche-de-Lonchat par l'Est en empruntant la D 32.

Château de Gurson

Campé sur une butte, le château a conservé quelques vestiges de ses fortifications. Donné par Henri III d'Angleterre, duc d'Aquitaine, à son sénéchal Jean de Grailly, il fut reconstruit au 14e s. Au pied de la butte, un plan d'eau a été aménagé.

Revenir sur la D 32 (à droite), puis prendre à gauche.

BASE DE LOISIRS DE GURSON
Un lac de 11 ha pour pratiquer pêche et activités de plage. Tennis et randonnée.

Carsac-de-Gurson

Entouré de vignobles, ce village possède une église dont la façade romane présente toutes les caractéristiques du style saintongeais.

Quitter Carsac par le Nord-Est en empruntant la D 33.

St-Martin-de-Gurson

Église – Elle présente une belle façade (12e s.) de style saintongeais. Le portail sans tympan s'ouvre sous cinq voussures lisses retombant sur dix colonnes aux chapiteaux sculptés d'oiseaux et de monstres. Au-dessus, une arcature, composée de sept arcs en plein cintre reposant sur des colonnettes, est bordée d'une moulure décorée de têtes surmontée d'une belle corniche à modillons sculptés.

Poursuivre sur la D 33, puis tourner à droite sur la D 11. Après Vélines, prendre à droite sur la D 936, direction Libourne. Au lieu dit Tête-Noire (3 km), tourner à droite.

Montcaret

Avr.-sept. : 9h-12h, 14h-18h (dernière entrée 3/4h av. fermeture) ; oct.-mars : 10h-12h, 14h-16h. Fermé 1er janv., 1er mai, 1er et 11 nov., 25 déc. 25F (enf. : 15F). ☎ 05 53 58 50 18.

À l'emplacement de Montcaret s'étendait, à l'époque gallo-romaine, une grande villa établie sur les premières pentes du coteau de la Dordogne.

L'ensemble des vestiges, utilisés comme nécropole du 6e au 12e s., correspond à une villa à péristyle et cour intérieure, avec ses **thermes**. Ils sont remarquables par leur système de chauffage fonctionnant grâce à des appels d'air, par leurs mosaïques du 4e s. Une partie apparaît à ciel ouvert, tandis que l'autre a été mise à l'abri des intempéries dans le bâtiment du musée.

DÉCOUVERTE
Dévastée par les Barbares au temps des invasions, lieu de culte pour les premiers chrétiens et siège d'un prieuré bénédictin au Moyen Âge, la villa était depuis longtemps oubliée lorsqu'en 1827 apparut fortuitement une mosaïque lors de la construction d'un lavoir. Son dégagement fut entrepris en 1921.

Musée – Il abrite l'élément le plus intéressant de la villa, une grande salle tréflée de 55 m^2, au sol fait de mosaïques et chauffée par tout un réseau de conduits aménagés sous le sol et dans les murs. Les objets découverts au cours des fouilles y sont exposés : fragments de marbre et chapiteaux romains, sépultures du 6e au 12e s. avec leur mobilier funéraire.

L'**église** dépendait de l'abbaye St-Florent-de-Saumur. Au fond de l'abside, du 11e s., quatre beaux chapiteaux romains et mérovingiens en marbre, à décor d'acanthes, ont été réemployés dans l'édifice, par les bénédictins.

À VOIR
Dans le champ de fouilles côté église, remarquez une piscine intacte dont le sol, pavé d'une mosaïque, est disposé obliquement pour en faciliter le nettoyage et la vidange.

Quitter Montcaret par le Nord en empruntant la D 9.

Château de Montaigne *(voir ce nom)*

Poursuivre la D 9 vers le Nord, puis tourner à droite sur la D 21.

Montpeyroux

De l'extrémité de la butte de Montpeyroux, une belle **vue** s'offre sur la région, les maisons basses se dispersant au milieu du vignoble. Dans le village, la maison noble des Marroux a appartenu à Bertrand Eyquem, frère cadet de Michel de Montaigne. Entourée du cimetière, l'**église** romane présente une façade saintongeaise rappelant celle de St-Martin-de-Gurson. À côté, un élégant **château** des 17e et 18e s. s'organise autour d'un logis flanqué de deux pavillons en équerre cantonnés de tours rondes. Chaque ouverture est surmontée d'un œil-de-bœuf.

CORNICHE
Admirez la très belle corniche à modillons sculptés courant le long de l'abside revêtue de neuf arcs d'appliques.

Quitter Montpeyroux par le Nord et rejoidre la D 9 (à droite) qui ramène à Villefranche-de-Lonchat.

Index

Cahors .... Villes, curiosités et régions touristiques.
Le Roy (Eugène) .... Noms historiques et termes faisant l'objet d'une explication.

Les curiosités isolées (châteaux, abbayes, grottes...) sont répertoriées à leur propre nom.

Sources iconographiques

p.1 : S. Sauvignier/MICHELIN
p.4 : J. Damase /MICHELIN
p.4 : J. Damase/MICHELIN
p.5 : Musée des arts et traditions populaires du Périgord, Mussidan
p.5 : J.-B. Laffitte/EXPLORER
p.14 : S. Sauvignier/MICHELIN
p.15 : S. Sauvignier/MICHELIN
p.16 : S. Sauvignier/MICHELIN
p.17 : S. Sauvignier/MICHELIN
p.18 : J. Damase/MICHELIN
p.19 : J.-P. Clapham/MICHELIN
p.22 : S. Sauvignier/MICHELIN
p.23 : S. Sauvignier/MICHELIN
p.24 : S. Sauvignier/MICHELIN
p.25 : S. Sauvignier/MICHELIN
p.25 : S. Sauvignier/MICHELIN
p.26 : S. Sauvignier/MICHELIN
p.26 : S. Sauvignier/MICHELIN
p.27 : S. Sauvignier/MICHELIN
p.28 : S. Sauvignier/MICHELIN
p.28 : S. Sauvignier/MICHELIN
p.29 : S. Sauvignier/MICHELIN
p.30 : S. Sauvignier/MICHELIN
p.31 : S. Sauvignier/MICHELIN
p.32 : R. Corbel/MICHELIN
p.33 : S. Sauvignier/MICHELIN
p.34 : Taillefer/IMAGES TOULOUSE
p.35 : S. Sauvignier/MICHELIN
p.36 : S. Sauvignier/MICHELIN
p.37 : S. Sauvignier/MICHELIN
p.38 : J.-P. Clapham/MICHELIN
p.39 : Boyer/IMAGES TOULOUSE
p.40 : Boyer/IMAGES TOULOUSE
p.42 : R. Delon/CASTELET, mairie de Cabrerets
p.43 : R. Delon/CASTELET, mairie de Cabrerets
p.44 : S. Sauvignier/MICHELIN
p.44 : S. Sauvignier/MICHELIN
p.44 : Thais/PIX
p.44 : S. Sauvignier/MICHELIN
p.45 : Rosenfeld/DIAF
p.45 : M. Stock/DIAF
p.46 : S. Sauvignier/MICHELIN
p.47 : J.-P. Ferrero/EXPLORER
p.48 : MICHELIN
p.49 : J. Damase/MICHELIN
p.49 : MICHELIN
p.50 : J. Damase/MICHELIN
p.50 : P. Somelet/DIAF
p.51 : J. Damase/MICHELIN
p.51 : J.-Ch. Pratt-D. Pries/DIAF
p.51 : G. Guittot/DIAF
p.52 : J.-D. Sudres/DIAF
p.52 : J.-Ch. Gérard/DIAF
p.53 : J.-D. Sudres/DIAF
p.53 : J.-Ch. Gérard/DIAF
p.54 : J.-D. Sudres/DIAF
p.54 : J.-D. Sudres/DIAF
p.55 : S. Sauvignier/MICHELIN
p.55 : J. Damase/MICHELIN
p.55 : J. Damase/MICHELIN
p.55 : S. Sauvignier/MICHELIN
p.55 : J. Damase/MICHELIN
p.55 : J. Damase/MICHELIN
p.56 : J. Damase/MICHELIN
p.57 : J. Damase/MICHELIN
p.57 : J. Damase/MICHELIN
p.57 : J. Damase/MICHELIN
p.58 : R. Corbel/MICHELIN
p.59 : M. Ruspoli/C.N.M.H.S.
p.59 : R. Corbel/MICHELIN
p.59 : J. Damase/MICHELIN
p.60 : R. Corbel/MICHELIN
p.60 : R. Corbel/MICHELIN
p.60 : R. Corbel/MICHELIN
p.60 : R. Corbel/MICHELIN
p.60 : R. Corbel/MICHELIN
p.60 : R. Corbel/MICHELIN
p.60 : R. Delon/CASTELET
p.61 : R. Delon/CASTELET
p.61 : R. Corbel/MICHELIN
p.61 : MICHELIN
p.62 : J. Grelet/SEMITOUR PÉRIGORD
p.62 : R. Delon/CASTELET
p.62 : R. Delon/CASTELET
p.63 : R. Corbel/MICHELIN
p.63 : R. Delon/CASTELET
p.64 : D. Reperant/EXPLORER
p.64 : S. Sauvignier/MICHELIN
p.65 : J. Damase/MICHELIN
p.65 : S. Sauvignier/MICHELIN
p.66 : GIRAUDON
p.68 : GIRAUDON
p.69 : Taillefer/IMAGES
p.69 : GIRAUDON
p.70 : R. Corbel/MICHELIN
p.71 : R. Corbel/MICHELIN
p.72 : R. Corbel/MICHELIN
p.73 : R. Corbel/MICHELIN
p.74 : R. Corbel/MICHELIN
p.75 : R. Corbel/MICHELIN
p.76 : J. Damase/MICHELIN
p.76 : J. Frizot/MICHELIN
p.76 : J.-P. Garçin/DIAF
p.77 : J.-L. Barde/SCOPE
p.77 : S. Sauvignier/MICHELIN
p.78 : J. Damase/MICHELIN
p.78 : J. Grelet/SEMITOUR
p.78 : J. Damase/MICHELIN
p.79 : J. Damase/MICHELIN
p.79 : S. Sauvignier/MICHELIN
p.80 : Ph. Poux/PIX
p.81 : D. Reperant/EXPLORER
p.81 : S. Sauvignier/MICHELIN
p.82 : J. Damase/MICHELIN
p.83 : J. Damase/MICHELIN
p.84 : S. Sauvignier/MICHELIN/ © ADAGP Paris 2000
p.86 : B. Kaufmann
p.86 : J. Damase/MICHELIN
p.88 : J.-D. Sudres/DIAF
p.90 : J. Damase/MICHELIN
p.90 : M. Thiery/MICHELIN
p.91 : J. Damase/MICHELIN
p.91 : J. Damase/MICHELIN
p.93 : B. Kaufmann
p.93 : B. Kaufmann
p.94 : J.-D. Sudres/DIAF
p.95 : B. Kaufmann
p.96 : B. Kaufmann
p.97 : S. Sauvignier/MICHELIN
p.99 : B. Kaufmann
p.100 : E. Baret
p.101 : C. Boisvieux/EXPLORER
p.101 : J. Damase/MICHELIN
p.104 : J. Damase/MICHELIN
p.105 : J. Damase/MICHELIN
p.105 : Musée du Tabac, Bergerac
p.106 : J. Damase/MICHELIN
p.107 : S. Sauvignier/MICHELIN
p.107 : J. Damase/MICHELIN
p.109 : J. Damase/MICHELIN
p.110 : J. Grelet/SEMITOUR PÉRIGORD
p.111 : J. Damase/MICHELIN
p.113 : J. Damase/MICHELIN
p.114 : J. Grelet/SEMITOUR PÉRIGORD
p.115 : S. Sauvignier/MICHELIN
p.116 : B. Kaufmann
p.117 : J.-P. Clapham/MICHELIN
p.117 : J. Damase/MICHELIN
p.119 : R. Delon/CASTELET
p.120 : S. Sauvignier/MICHELIN
p.120 : J.-D. Sudres/DIAF
p.121 : J.-D. Sudres/DIAF
p.123 : Musée Labenche, Brive
p.125 : R. Delon/CASTELET
p.125 : Revault/PIX
p.127 : A. Kumurdjian/EXPLORER
p.128 : J. Damase/MICHELIN
p.128 : R. Delon/CASTELET
p.130 : Novali/IMAGES TOULOUSE
p.131 : Colette/IMAGES TOULOUSE
p.132 : J. Damase/MICHELIN
p.132 : J. Grelet/SEMITOUR PÉRIGORD
p.133 : B. Kaufmann
p.136 : J. Damase/MICHELIN
p.137 : J. Damase/MICHELIN
p.140 : J. Damase/MICHELIN
p.140 : J. Damase/MICHELIN
p.141 : J. Damase/MICHELIN
p.142 : J. Damase/MICHELIN
p.143 : Ph. Clair/Ed. La Clé des Champs, Cahors
p.143 : S. Sauvignier/MICHELIN
p.144 : S. Sauvignier/MICHELIN
p.144 : S. Sauvignier/MICHELIN
p.146 : J. Damase/MICHELIN
p.146 : J. Damase/MICHELIN
p.147 : S. Sauvignier/MICHELIN
p.149 : J. Damase/MICHELIN
p.150 : J. Damase/MICHELIN
p.151 : J. Damase/MICHELIN
p.152 : Peuriot-Ploquin/IMAGES TOULOUSE
p.153 : J. Damase/MICHELIN
p.154 : Anger/IMAGES TOULOUSE
p.155 : B. Kaufmann
p.157 : J. Hervy/DIAF
p.159 : Pratt-Pries/DIAF
p.160 : J.-F. Amelot
p.161 : J. Damase/MICHELIN
p.163 : Anger/IMAGES TOULOUSE
p.164 : S. Sauvignier/MICHELIN
p.166 : J. Damase/MICHELIN
p.168 : S. Sauvignier/MICHELIN
p.170 : J. Damase/MICHELIN
p.171 : J. Damase/MICHELIN
p.172 : J. Damase/MICHELIN
p.174 : Anger/IMAGES TOULOUSE
p.176 : J. Damase/MICHELIN
p.176 : R. Corbel/MICHELIN
p.177 : M. Delaplanche/Abri Pataud
p.178 : R. Delon/CASTELET
p.179 : R. Delon/CASTELET
p.181 : J. Damase/MICHELIN
p.182 : J. Damase/MICHELIN
p.183 : J. Damase/MICHELIN
p.185 : Boyer/IMAGES TOULOUSE
p.185 : J. Damase/MICHELIN
p.186 : N. Blaya/Musée Champollion

p.188 : S. Sauvignier/MICHELIN
p.188 : S. Sauvignier/MICHELIN
p.189 : S. Sauvignier/MICHELIN
p.189 : J. Damase/MICHELIN
p.190 : J. Damase/MICHELIN
p.191 : J. Damase/MICHELIN
p.192 : J. Damase/MICHELIN
p.192 : P. Tetrel/EXPLORER
p.195 : Roulland/IMAGES TOULOUSE
p.196 : J. Damase/MICHELIN
p.197 : J. Damase/MICHELIN
p.199 : J.-L. Barde/SCOPE
p.200 : ROGER-VIOLET
p.200 : J. Damase/MICHELIN
p.202 : J. Damase/MICHELIN
p.203 : J.-J. Brochard/IMAGES TOULOUSE
p.204 : J. Vertut
p.205 : J. Grelet/SEMITOUR PÉRIGORD
p.206 : S. Sauvignier/MICHELIN
p.207 : S. Sauvignier/MICHELIN
p.207 : J. Boyer/IMAGES TOULOUSE
p.210 : S. Sauvignier/MICHELIN
p.211 : J. Damase/MICHELIN
p.212 : S. Sauvignier/MICHELIN
p.213 : J. Damase/MICHELIN
p.214 : S. Sauvignier/MICHELIN
p.215 : Anger/IMAGES TOULOUSE
p.217 : J. Damase/MICHELIN
p.219 : J. Damase/MICHELIN
p.220 : S. Sauvignier/MICHELIN
p.221 : J. Damase/MICHELIN
p.222 : S. Sauvignier/MICHELIN
p.223 : J. Damase/MICHELIN
p.224 : J. Damase/MICHELIN
p.224 : J. Damase/MICHELIN
p.225 : J. Damase/MICHELIN
p.227 : Erskine/IMAGES TOULOUSE
p.228 : D. Reperat/EXPLORER
p.229 : S. Sauvignier/MICHELIN
p.230 : J. Damase/MICHELIN
p.231 : M. Garnier/EXPLORER
p.232 : S. Sauvignier/MICHELIN
p.234 : J. Damase/MICHELIN
p.235 : Colette/IMAGES TOULOUSE
p.237 : J. Damase/MICHELIN
p.242 : Mairie de Cabreret
p.242 : R. Delon/CASTELET
p.245 : J. Damase/MICHELIN
p.245 : J. Damase/MICHELIN
p.246 : J. Damase/MICHELIN
p.246 : S. Sauvignier/MICHELIN
p.247 : B. Kaufmann
p.250 : B. Kaufmann
p.254 : Anger/IMAGES TOULOUSE
p.255 : S. Sauvignier/MICHELIN
p.255 : S. Sauvignier/MICHELIN
p.256 : Musée du Périgord, Périgueux
p.258 : J.-J. Brochard/IMAGES TOULOUSE
p.258 : J.-P. Clapham/MICHELIN
p.260 : J.-C. Meauxsoone/PIX
p.261 : S. Sauvignier/MICHELIN
p.264 : Ph. Poux/PIX
p.269 : J. Damase/MICHELIN
p.271 : S. Sauvignier/MICHELIN
p.272 : S. Sauvignier/MICHELIN
p.274 : J. Damase/MICHELIN
p.275 : R. Delon/CASTELET
p.277 : S. Sauvignier/MICHELIN
p.278 : S. Sauvignier/MICHELIN
p.278 : J. Boyer/IMAGES TOULOUSE
p.279 : S. Sauvignier/MICHELIN
p.279 : S. Sauvignier/MICHELIN
p.281 : D. Taillefer/IMAGES TOULOUSE
p.283 : S. Sauvignier/MICHELIN
p.285 : Victor/IMAGES TOULOUSE
p.287 : S. Sauvignier/MICHELIN
p.289 : B. Kaufmann
p.290 : J. Damase/MICHELIN
p.291 : Pratt-Pries/DIAF
p.292 : P. Cointe/PIX
p.294 : J. Damase/MICHELIN
p.295 : J. Damase/MICHELIN
p.297 : J. Damase/MICHELIN
p.297 : J. Damase/MICHELIN
p.298 : S. Sauvignier/MICHELIN
p.300 : Anger/IMAGES TOULOUSE
p.301 : S. Sauvignier/MICHELIN
p.302 : J. Damase/MICHELIN
p.304 : G. Guittot/DIAF
p.307 : J. Damase/MICHELIN

La Fondation du Patrimoine

Par dizaines de millions, vous partez chaque année à la découverte de l'immense richesse du patrimoine bâti et naturel de la France. Vous visitez ces palais nationaux et ces sites classés que l'État protège et entretient. Mais vous admirez également ce patrimoine de proximité, ce trésor constitué de centaines de milliers de chapelles, fontaines, pigeonniers, moulins, granges, lavoirs ou ateliers anciens..., indissociables de nos paysages et qui font le charme de nos villages.

Ce patrimoine n'est pas protégé par l'État. Souvent abandonné, il se dégrade inexorablement. Chaque année, des milliers de témoignages de la vie économique, sociale et culturelle du monde rural, disparaissent à jamais.

La Fondation du Patrimoine, organisme privé à but non lucratif, reconnu d'utilité publique, a été créé en 1996. Sa mission est de recenser les édifices et les sites menacés, de participer à leur sauvegarde et de rassembler toutes les énergies en vue de leur restauration, leur mise en valeur et leur réintégration dans la vie quotidienne.

Les délégations régionales et départementales sont la clef de voûte de l'action de la Fondation sur le terrain. À partir des grands axes définis au niveau national, elles déterminent leur propre politique d'action, retiennent les projets et mobilisent les associations, les entreprises, les communes et tous les partenaires potentiels soucieux de patrimoine et d'environnement.

Rejoignez la Fondation du Patrimoine !

L'enthousiasme et la volonté d'entreprendre en commun sont à la base de l'action de la Fondation.

En devenant membre ou sympathisant de la Fondation, vous défendez l'avenir de votre patrimoine.

✂ ....

Bulletin d'adhésion

Nom et prénom : ....

....

Adresse : ....

Date : Téléphone *(facultatif)* : ....

Membre actif *(don supérieur ou égal à 300F)*

Membre bienfaiteur *(don supérieur ou égal à 3 000F)*

Sympathisant *(don inférieur à 300F)*

Je souhaite que mon don soit affecté au département suivant :

....

Bulletin à renvoyer à :

Fondation du Patrimoine, Palais de Chaillot, 1 place du Trocadéro, 75116 Paris.

Merci de libeller votre chèque à l'ordre de la Fondation du Patrimoine.

Fondation du Patrimoine, Palais de Chaillot, 1 place du Trocadéro, 75116 Paris.
Téléphone : 01 53 70 05 70 – Télécopie : 01 53 70 69 79.

LE GUIDE VERT a changé, aidez-nous à toujours mieux répondre à vos attentes en complétant ce questionnaire.

Merci de renvoyer ce questionnaire à l'adresse suivante :
Michelin Éditions du Voyage / Questionnaire Marketing G. V.
46, avenue de Breteuil – 75324 Paris Cedex 07

1. Est-ce la première fois que vous achetez LE GUIDE VERT ? oui non
Si oui, passez à la question n° 3. Si non, répondez à la question n° 2

2. Si vous connaissiez déjà LE GUIDE VERT, quelle est votre appréciation sur les changements apportés ?

	Nettement moins bien	Moins bien	Égal	Mieux	Beaucoup mieux
La couverture					
Les cartes du début du guide Les plus beaux sites Circuits de découverte Lieux de séjour					
La lisibilité des plans Villes, sites, monuments.					
Les adresses					
La clarté de la mise en pages					
Le style rédactionnel					
Les photos					
La rubrique Informations pratiques en début de guide					

3. Pensez-vous que LE GUIDE VERT propose un nombre suffisant d'adresses ?

HÔTELS :	Pas assez	Suffisamment	Trop
Toutes gammes confondues			
À bon compte			
Valeur sûre			
Une petite folie			

RESTAURANTS :	Pas assez	Suffisamment	Trop
Toutes gammes confondues			
À bon compte			
Valeur sûre			
Une petite folie			

4. Dans LE GUIDE VERT, le classement des villes et des sites par ordre alphabétique est, d'après vous une solution :

Très mauvaise	Mauvaise	Moyenne	Bonne	Très bonne

5. Que recherchez-vous prioritairement dans un guide de voyage ?
Classez les critères suivants par ordre d'importance (de 1 à 12).

6. Sur ces mêmes critères, pouvez-vous attribuer une note entre 1 et 10 à votre guide.

	5. Par ordre d'importance	6. Note entre 1 et 10
Les plans de ville		
Les cartes de régions ou de pays		
Les conseils d'itinéraire		
La description des villes et des sites		
La notation par étoile des sites		
Les informations historiques et culturelles		
Les anecdotes sur les sites		
Le format du guide		
Les adresses d'hôtels et de restaurants		
Les adresses de magasins, de bars, de discothèques...		
Les photos, les illustrations		
Autre (spécifier)		

7. La date de parution du guide est-elle importante pour vous ? oui non

8. Notez sur 20 votre guide :

9. Vos souhaits, vos suggestions d'amélioration :

Vous êtes : Homme Femme Âge

Agriculteurs exploitants		Employés	
Artisans, commerçants, chefs d'entreprise		Ouvriers	
Cadres et professions libérales		Préretraités	
Enseignants		Autres personnes sans activité professionnelle	
Professions intermédiaires			

Nom et prénom :

Adresse :

Titre acheté :

Ces informations sont exclusivement destinées aux services internes de Michelin.
Elles peuvent être utilisées à toute fin d'étude, selon la loi informatique et liberté du 06/01/78.
Droits d'accès et de rectification garantis.